GW00370533

Nützliche Redewendungen

✔ **Günaydın!** (*gün-aj-dın*; Guten Morgen!)

✔ **Merhaba!** (*mär-ha-ba*; Hallo!, Grüß Sie/dich!)

✔ **İyi günler!** (*i-ji gün-lär*; Guten Tag!/ Auf Wiedersehen!)

✔ **İyi akşamlar!** (*i-ji ak-scham-lar*; Guten Abend!/Auf Wiedersehen!)

✔ **İyi geceler!** (*i-ji gä-dschä-lär*; Gute Nacht!/Auf Wiedersehen!)

✔ **Görüşmek üzere!** (*gö-rüsch-mäk ü-sä-ra*; Auf Wiedersehen!)

✔ **Güle güle!** (*gü-lä gü-lä*; Auf Wiedersehen! *Erwiderung auf einen Abschiedsgruß*)

✔ **Teşekkür ederim!** (*tä-schäk-kür ä-dä-rim*; Danke!)

✔ **Bir şey değil!** (*bir schäj dää-il*; Keine Ursache!)

Nützliche Fragen

✔ **hangi?** (*han-gi*; welcher?)

✔ **kaç?** (*katsch*; wie viele?)

✔ **kaç tane?** (*katsch taa-nä*; wie viel Stück?)

✔ **kim?** (*kim*; wer?)

✔ **kimde?** (*kim-dä*; bei wem?)

✔ **kimden?** (*kim-dän*; von wem?)

✔ **kime?** (*ki-mä*; zu wem/wem?)

✔ **kimi?** (*ki-mi*; wen?)

✔ **kimin?** (*ki-min*; wessen?)

✔ **kiminle?** (*ki-min-lä*; mit wem?)

✔ **nasıl?** (*na-ssıl*; wie?)

✔ **ne?** (*nä*; was?)

✔ **neden/niye/niçin?** (*nä-dän/ni-jä/ni-tschin*; wieso/weshalb/warum?)

✔ **ne kadar?** (*nä ka-dar*; wie viel?)

✔ **nerede?** (*nä-rä-dä*; wo?)

✔ **nereden?** (*nä-rä-dän*; woher?)

✔ **nereli?** (*nä-rä-li*; wo geboren?, *wörtlich:* woher stammend?)

✔ **nereye?** (*nä-rä-jä*; wohin?)

✔ **neyle?** (*näj-lä*; womit?)

✔ **ne zaman?** (*nä sa-man*; wann?)

✔ **saat kaç?** (*ssa-at katsch*; wie spät ist es?)

✔ **saat kaçta?** (*ssa-at katsch-ta*; um wie viel Uhr?)

Türkisch für Dummies – Schummelseite

Der türkische Kalender

Wochentage

- ✔ Montag: **pazartesi** *(pa-sar-tä-ssi)*
- ✔ Dienstag: **salı** *(ssa-lı)*
- ✔ Mittwoch: **çarşamba** *(tschar-scham-ba)*
- ✔ Donnerstag: **perşembe** *(pär-schäm-bä)*
- ✔ Freitag: **cuma** *(dschu-maa)*
- ✔ Samstag: **cumartesi** *(dschu-mar-tä-ssi)*
- ✔ Sonntag: **pazar** *(pa-sar)*

Monate

- ✔ Januar: **ocak** *(o-dschak)*
- ✔ Februar: **şubat** *(schu-bat)*
- ✔ März: **mart** *(mart)*
- ✔ April: **nisan** *(nii-ssan)*
- ✔ Mai: **mayıs** *(ma- jıss)*
- ✔ Juni: **haziran** *(ha-sii-ran)*
- ✔ Juli: **temmuz** *(täm-mus)*
- ✔ August: **ağustos** *(aa-uss-toss)*
- ✔ September: **eylül** *(äj-lül)*
- ✔ Oktober: **ekim** *(ä-kim)*
- ✔ November: **kasım** *(ka-ssım)*
- ✔ Dezember: **aralık** *(a-ra-lık)*

Zahlen

- ✔ 0 **sıfır** *(ssı-fır)*
- ✔ 1 **bir** *(bir)*
- ✔ 2 **iki** *(i-ki)*
- ✔ 3 **üç** *(ütsch)*
- ✔ 4 **dört** *(dört)*
- ✔ 5 **beş** *(bäsch)*
- ✔ 6 **altı** *(al-tı)*
- ✔ 7 **yedi** *(jä-di)*
- ✔ 8 **sekiz** *(ssä-kis)*
- ✔ 9 **dokuz** *(do-kus)*
- ✔ 10 **on** *(on)*

- ✔ 11 **on bir** *(on bir)*
- ✔ 12 **on iki** *(on i-ki)*
- ✔ 13 **on üç** *(on ütsch)*
- ✔ 14 **on dört** *(on dört)*
- ✔ 15 **on beş** *(on bäsch)*
- ✔ 16 **on altı** *(on al-tı)*
- ✔ 17 **on yedi** *(on jä-di)*
- ✔ 18 **on sekiz** *(on ssä-kis)*
- ✔ 19 **on dokuz** *(on do-kus)*
- ✔ 20 **yirmi** *(jir-mi)*
- ✔ 30 **otuz** *(o-tuz)*

- ✔ 40 **kırk** *(kırk)*
- ✔ 50 **elli** *(äl-li)*
- ✔ 60 **altmış** *(alt-mış)*
- ✔ 70 **yetmiş** *(jät-miş)*
- ✔ 80 **seksen** *(ssäk-ssän)*
- ✔ 90 **doksan** *(dok-ssan)*
- ✔ 100 **yüz** *(jüs)*
- ✔ 1000 **bin** *(bin)*
- ✔ 10 000 **on bin** *(on bin)*
- ✔ 100 000 **yüz bin** *(jüs bin)*
- ✔ 1 000 000 **bir milyon** *(bir mil-jon)*

Türkisch
für Dummies

Elif Dilmaç

Türkisch
für Dummies

WILEY-
VCH

WILEY-VCH Verlag GmbH & Co. KGaA

Bibliografische Information der Deutschen Nationalbibliothek
Die Deutsche Nationalbibliothek verzeichnet diese Publikation
in der Deutschen Nationalbibliografie; detaillierte bibliografische
Daten sind im Internet über http://dnb.d-nb.de abrufbar.

1. Auflage 2012

© 2012 WILEY-VCH Verlag GmbH & Co. KGaA, Weinheim

Printed in Germany

Gedruckt auf säurefreiem Papier

Coverfoto: © S. John, fotolia
Korrektur: Frauke Wilkens, München
Satz: Mitterweger und Partner, Plankstadt
Druck und Bindung: CPI – Ebner & Spiegel, Ulm

ISBN: 978-3-527-70546-7

Über die Autorin

Elif Dilmaç, geboren 1971 in Ankara, wuchs in verschiedenen Städten in Deutschland auf und machte ihr Abitur in Berlin. Dort begann sie auch ihr Studium der Turkologie (Philologie der Turksprachen), das sie in Krakau mit dem Schwerpunkt Sprachwissenschaft abschloss. In ihrer phonetisch-phonologisch ausgerichteten Magisterarbeit beschäftigte sie sich mit zwei Turksprachen Sibiriens.

Während ihres dreijährigen Aufenthalts in Polen war sie als Redaktionsassistentin für eine etymologische Zeitschrift tätig und engagierte sich im Centre of Siberian Studies. Im Anschluss verbrachte sie zwei Jahre als Gastwissenschaftlerin in Tokio, wo sie sich mit dem Thema türkisch-deutscher Sprachkontakt auseinandersetzte.

Sie unterrichtete verschiedene Sprachen an Universitäten in Polen und Japan und wurde nach ihrer Rückkehr nach Deutschland Lehrkraft für besondere Aufgaben am Institut für Islamwissenschaft an der Freien Universität Berlin. Dort gab sie Seminare zur linguistischen Feldforschung und leitet nun hauptsächlich Türkischkurse mit verschiedenen Ausrichtungen für Studierende der Islamwissenschaft, der Turkologie und für Hörer aller Fachrichtungen. Außerdem ist sie als Türkischdozentin beim Auswärtigen Amt tätig.

Inzwischen ist sie in der Fremdsprachendidaktik beheimatet und insbesondere interessiert an den technischen Möglichkeiten, die die neuen Learning-Management-Systeme bieten. Neben Lektürekursen sieht sie ihren Schwerpunkt in der Grammatikvermittlung.

Cartoons im Überblick

von Rich Tennant

Seite 23

Seite 75

Seite 183

Seite 259

Seite 279

Fax: 001-978-546-7747
Internet: www.the5thwave.com
E-Mail: richtennant@the5thwave.com

Inhaltsverzeichnis

Kapitel 3
Grüßen und Vorstellen

Teil II
Türkisch im Alltag
75

Einführung

Heutzutage werden wir tagtäglich mit Fremdsprachen konfrontiert und es erweist sich als nützlich, wenigstens ein paar Worte in der einen oder anderen Sprache verstehen und sagen zu können. Vielleicht haben Sie türkische Freunde und wollen endlich einmal verstehen, worüber sie sich eigentlich unterhalten, vielleicht möchten Sie auch einfach einmal Ihre türkischen Nachbarn auf Türkisch begrüßen. Oder Sie sind vielleicht einmal unterwegs in der Türkei, um Urlaub zu machen oder aus beruflichen Gründen.

All dies ist mehr als Grund genug, um sich mit der Sprache zu beschäftigen, die in der Türkei von über 70 Millionen und darüber hinaus allein in Deutschland von etwa drei Millionen Menschen gesprochen wird. Welche Gründe Sie auch dafür haben mögen, etwas Türkisch zu lernen, dieses Buch soll Sie dabei auf unterhaltsame Weise begleiten.

Wenn Sie neugierig sind auf eine Sprache, die keine indoeuropäische ist und ganz anders funktioniert, oder Sie schon immer einmal wissen wollten, warum das Türkische so viele ü hat, dann haben Sie mit diesem Buch die richtige Lektüre gewählt.

Über dieses Buch

Türkisch für Dummies ist kein Lehrbuch und keine Grammatik im klassischen Sinn. Sie müssen damit nicht systematisch Lektion für Lektion durcharbeiten. Vielmehr soll es Ihnen als Handbuch oder Nachschlagewerk dienen, um Ihre Kenntnisse aufzufrischen, auszubauen oder einen Einblick in den Aufbau der Sprache zu gewinnen.

Das Buch ist themenorientiert aufgebaut, sodass Sie die Kapitel nicht unbedingt in ihrer Abfolge lesen müssen und – je nach Interesse und Bedürfnis – hin und her blättern können. Die unvermeidlichen Grammatikeinheiten sind dabei so geschrieben, dass Sie kein Sprachwissenschaftler sein müssen, um sie zu verstehen.

Wenn Sie aber noch keinen Kontakt mit der türkischen Sprache hatten, empfehle ich Ihnen, tatsächlich mit dem ersten Teil zu beginnen. Später können dann auch Sie in einem beliebigen Kapitel stöbern, um Redewendungen und den Wortschatz zu einem Thema Ihrer Wahl zu entdecken.

Konventionen in diesem Buch

Im Buch sind die türkischen Wörter und Endungen **fett** gedruckt. Es folgt im Anschluss in Klammern die Aussprache, die *kursiv* gedruckt ist, sowie die deutsche Übersetzung.

Die Umschrift, die die Aussprache der türkischen Wörter wiedergibt, soll Ihnen helfen, ein Wort möglichst authentisch auszusprechen. Damit die Aussprachehilfe nicht zu einer eigenen Herausforderung wird, ist sie hier vereinfacht dargestellt und basiert auf dem deutschen Alphabet.

Eine Sprache zu lernen ist etwas anderes, daher enthält dieses ... *für Dummies*-Buch einige Abschnitte, die Sie in anderen ... *für Dummies*-Büchern nicht finden. Diese Abschnitte begegnen Ihnen in diesem Buch immer wieder:

✔ **Im Gespräch:** Die Dialoge sind möglichst wirklichkeitsnah gehalten und sollen veranschaulichen, wie Sie mit Vokabeln und Ausdrücken in Satzzusammenhängen umgehen sollten. Die meisten Dialoge finden Sie auch auf der beiliegenden CD; bei diesen Dialogen ist die Tracknummer angegeben.

✔ **Wortschatz-Kästchen:** Ein wesentlicher Punkt beim Lernen einer Sprache ist das Vokabellernen. Nach jedem Dialog finden Sie ein Wortschatz-Kästchen, in dem einige Vokabeln mit Aussprachehilfe und Übersetzung zusammengefasst sind.

✔ **Spiel und Spaß:** Wenn Sie keinen Muttersprachler in Ihrem Umfeld haben, können Sie diesen Abschnitt nutzen, um das Erlernte auszuprobieren. Jedes Kapitel der Teile I, II und III endet mit einem kleinen Rätsel, das Ihnen noch mal das Hauptthema des Kapitels in Erinnerung rufen soll.

Nicht alles lässt sich wortwörtlich aus einer Sprache in die andere übersetzen. Manchmal gebe ich die wörtliche Bedeutung dennoch an, damit Sie die Übersetzung nachvollziehen können.

Törichte Annahmen über den Leser

Bevor ich anfing, dieses Buch zu schreiben, musste ich mir zunächst einmal Gedanken über *Sie* machen. Ich versuchte mir vorzustellen, wer Sie sind und was Sie veranlassen könnte, ausgerechnet dieses Buch zur Hand zu nehmen:

✔ Türkisch kommt Ihnen ganz und gar »spanisch« vor, Sie hatten also noch nie etwas mit dieser Sprache zu tun.

✔ Vielleicht haben Sie schon einmal Türkisch gelernt; das liegt aber so weit zurück, dass Sie gerade noch einen Döner auf Türkisch bestellen können.

✔ Vielleicht haben Sie sogar solide Grundkenntnisse und möchten einfach themenorientiert Ihren Wortschatz erweitern.

✔ Sie sind nicht der Typ, der aus Langeweile Wörterbücher liest oder beim Anblick von Grammatiktabellen Adrenalin ausschüttet.

✔ Sie möchten sich nicht dirigieren lassen, sondern selbst entscheiden, in welchem Kapitel Sie stöbern und was Sie jetzt lernen wollen.

✔ Ihre Briefmarkensammlung ist komplett, Yoga machen alle, an der Musikschule haben Sie schon alles ausprobiert ... Sie brauchen demnach ein neues, exklusives Hobby.

✔ Sie »müssen« diese Sprache nicht lernen, sondern haben private oder berufliche Gründe.

✔ Sie sind kein Professor für Linguistik und wollen unterhaltsam lernen und Grammatik so erklärt bekommen, dass Ihnen die Freude am Entdecken nicht vergeht.

Wenn einer dieser Gründe auf Sie zutrifft, möchte ich Sie einladen, jetzt weiterzulesen.

Wie dieses Buch aufgebaut ist

Türkisch für Dummies ist in fünf Teile untergliedert, jeder dieser Teile wiederum in mehrere Kapitel. Hier finden Sie einen kurzen Überblick darüber, was Sie in den einzelnen Teilen erwartet.

Teil I: Los geht's

Der erste Teil ist Pflichtlektüre, wenn Sie ein »echter« Anfänger sind und noch nie etwas mit Türkisch zu tun hatten. Hier stelle ich Ihnen das Alphabet vor und erkläre Ihnen, wie ich die Umschrift in diesem Buch für Sie vereinfacht habe. Sie erfahren hier zunächst etwas über die Türkei und die Türken und lernen die wichtigsten Redewendungen und Ausdrücke kennen. Nach einem Überblick über die Grundlagen der Grammatik zeige ich Ihnen, was Sie bei der ersten Begegnung sagen können.

Teil II: Türkisch im Alltag

Dieser Teil führt Sie ein in den Wortschatz und in die Ausdrücke, die Sie für Ihren ersten Small Talk brauchen. Ich gebe Ihnen in diesem Teil auch reichlich Stoff an die Hand, damit Sie sich in Alltagssituationen wie beim Einkaufen, im Restaurant oder bei der Vereinbarung von Verabredungen zurechtfinden und auf Türkisch über Ihre Hobbys oder Ihre Familie plaudern können.

Teil III: Mehr Türkisch

In diesem Teil können Sie sich Anregungen für Gesprächssituationen im Land holen. Hier lernen Sie, wie Sie Geld wechseln oder ein Hotelzimmer reservieren. Ich zeige Ihnen außerdem, wie Sie nach dem Weg fragen und die Beschreibung verstehen oder was Sie in einer Notsituation sagen können.

Der Top-Ten-Teil

In den Kapiteln dieses Teils verrate ich Ihnen die wichtigsten Redewendungen und gebe Ihnen Hinweise, wie Sie Ihre Türkischkenntnisse verbessern können. Außerdem erfahren Sie auch etwas über die wichtigsten Dinge, auf die Sie im Umgang mit Türken achten sollten, und welche Feiertage von Bedeutung sind.

Anhänge

Möchten Sie einmal schnell etwas nachschlagen, dann ist dieser Teil sicher nützlich. Hier finden Sie ein Mini-Wörterbuch Türkisch – Deutsch und Deutsch – Türkisch sowie die Lösungen zu den »Spiel und Spaß«-Rätseln. Hier gibt es auch eine Übersicht über die Tracks auf der beiliegenden CD, damit Sie sich gezielt einen Dialog anhören können. Einige Tabellen zu Konjugation und Deklination sollen Ihnen beim Lernen der türkischen Sprache helfen. Sie finden hier auch eine Liste mit türkischen Vornamen und deren Bedeutung sowie eine Übersicht über Länder, Leute und Sprachen.

Symbole, die in diesem Buch verwendet werden

Vielleicht schauen Sie ja nach ganz bestimmten Informationen, während Sie in diesem Buch blättern. Damit Sie gezielt an diese Informationen kommen, ohne lange suchen zu müssen, ist dieses Buch mit verschiedenen Symbolen ausgestattet. Folgende Symbole werden Ihnen in diesem Buch begegnen:

Dieses Symbol weist Sie auf Tipps hin. Sie finden hier nützliche Hinweise darüber, wie sie Ihre Türkischkenntnisse verbessern können oder im Land leichter zurechtkommen.

Bei diesem Symbol werden Sie an etwas erinnert. Meistens geht es dabei um grammatische Hinweise, die Sie nicht vergessen sollten, manchmal aber auch um Konventionen in diesem Buch.

Mit diesem Symbol erhalten Sie Informationen, die Sie davor bewahren, ins Fettnäpfchen zu treten. Dies können grammatische Stolperfallen sein oder aber kulturelle Hinweise à la Knigge.

Grammatik ist das Garn, das die Sprache zusammenhält. Auch wenn dieses Buch kein Grammatikwerk ist, werden Sie durch dieses Symbol auf grammatische Grundlagen hingewiesen.

Wenn Sie nach Informationen Ausschau halten, die Sie auf kulturelle Besonderheiten hinweisen, dann achten Sie auf dieses Symbol. Hier finden Sie auch landeskundliche Angaben, die Ihre Türkischkenntnisse abrunden.

In beinahe jedem Kapitel finden Sie »Im Gespräch«-Abschnitte mit lebensnahen Dialogen. Wenn Sie dieses Symbol sehen, können Sie sich den Dialog auf der beiliegenden CD anhören. Die Dialoge wurden von Muttersprachlern für Sie gesprochen, damit Sie Ihr Hörverständnis verbessern können.

Wie es weitergeht

Wenn Sie ein richtiger Grammatik-Junkie sind, können Sie sich getrost an die Abfolge der Kapitel halten und mit Teil I anfangen! Allerdings ist dieses Buch so angelegt, dass Sie zwischen den Kapiteln blättern und sich gezielt Lese- und Lernstoff zu Themenbereichen holen können. Wenn Sie sich beim Einkaufen beraten lassen möchten, blättern Sie zu Kapitel 6. Oder steht Ihnen ein Telefongespräch auf Türkisch bevor? Dann werfen Sie bitte einen Blick in Kapitel 9.

Şimdi sıra sizde! – (*schim-di ssı-ra ssis-dä*) Jetzt sind Sie dran!

Teil I

Los geht's

In diesem Teil ... stelle ich Ihnen das türkische Alphabet und die Aussprache vor. Ich zeige Ihnen, welche türkischen Begriffe Sie bereits kennen, ohne es zu wissen. Dann werfen Sie einen Blick auf die türkische Grammatik, lernen in verschiedenen Zeitformen zu konjugieren und außerdem, wie im Türkischen »sein« und »haben« ausgedrückt wird. Zum Schluss werden Sie die Grundlagen beherrschen, um sich zu begrüßen, vorzustellen, zu verabschieden und ein erstes Gespräch zu führen.

Sie können bereits ein wenig Türkisch

In diesem Kapitel

▷ Das Alphabet und die Aussprache

▷ Grundlagen der Betonung

▷ Türkische Begriffe, die Sie bereits kennen

▷ Deutsche Wörter im Türkischen

▷ Die wichtigsten Ausdrücke und Redewendungen

Merhaba! Hoş geldiniz! *(mär-ha-ba hosch gäl-di-nis*; Hallo! Herzlich willkommen!) ... in der türkischen Sprache! Sicher kennen Sie bereits das eine oder andere türkische Wort, das Sie im Urlaub oder in Ihrer Umgebung, zum Beispiel beim Gemüsehändler um die Ecke, aufgeschnappt haben. Aber auch Wörter wie Joghurt sind Ihnen nicht fremd, das im Türkischen **yoğurt** *(joo-urt)* lautet und ins Deutsche entlehnt wurde.

Haben Sie auch schon mal einen **döner** *(dö-när)* bestellt und einen **ayran** *(aj-ran)* – ein aus Joghurt und Salz zubereitetes Getränk – dazu getrunken? In diesem Kapitel bereite ich Sie ein wenig auf die türkische Sprache vor: Ich verrate Ihnen, wie Sie Türkisch aussprechen und nenne Ihnen ein paar wichtige Ausdrücke und Redewendungen.

Türkisch und die Türken

In der Türkei leben über 70 Millionen Menschen und die Bevölkerung wächst rasant. So hat sich die Einwohnerzahl seit 1960 mehr als verdoppelt. Das Land hat eine sehr junge Bevölkerung: Statistiken zufolge liegt das Durchschnittsalter in der Türkei unter 30 Jahren. Auch leben zahlreiche Minderheiten in der Türkei, von denen die Kurden die größte Gruppe und im Westen die bekannteste Gruppe sind.

Die türkische Sprache wird vor allem auf dem Territorium der Türkischen Republik gesprochen, wozu auch Nordzypern zählt, aber auch innerhalb der türkischen Minderheiten in den angrenzenden Ländern wie Bulgarien oder Griechenland.

Auch in vielen europäischen Ländern – wie in Deutschland – gibt es große türkische Gemeinden, die ihre Sprache auch in der zweiten und dritten Generation bewahren. Die Zahl der in Deutschland lebenden Türken ist schwer auszumachen, da in Statistiken nach Staatsbürgerschaft zugeordnet wird. Inzwischen sind aber viele Türken der zweiten, vor allem aber der dritten Generation in Deutschland eingebürgert – haben also die deutsche Staatsbürgerschaft angenommen – und tauchen in den Statistiken demnach nicht als Türken auf.

So wie das Deutsche hat auch das Türkische einige Dialekte, die mehr oder weniger von der modernen Hochsprache abweichen, der das Istanbuler Türkisch zugrunde liegt. Das Gebiet der Türkei erstreckt sich über eine recht große Fläche, wobei etwa 3 Prozent auf dem europäischen und etwa 97 Prozent auf dem asiatischen Kontinent liegen, sodass es zahlreiche Dialekte gibt. Jeder Dialekt hat seine Besonderheiten, doch wird an den Schulen und anderen staatlichen Bildungseinrichtungen das Hochtürkische vermittelt. Abgesehen von lokalen Radio- und Fernsehsendern sowie lokalen Zeitungen wird in der gesamten Medienlandschaft der Türkei das Hochtürkische eingesetzt.

So wie in Deutschland die Ostfriesen Protagonisten vieler Witze und Anekdoten sind, gibt es auch eine Bevölkerungsgruppe in der Türkei, deren Dialekt für das hochtürkische Ohr »lustig« erscheint und die entsprechend häufig in Witzen und Anekdoten die Hauptrolle spielt: die Bewohner der Region am Schwarzen Meer.

Zunächst können wir aber erleichtert feststellen, dass Türkisch mit dem lateinischen Alphabet geschrieben wird. Nach der Gründung der Türkischen Republik durch Mustafa Kemal Atatürk im Jahre 1923 wurde das Osmanische – auch Osmanisch-Türkisch genannt – schrittweise verändert und zum (Neu-)Türkischen, mit dem wir es heute zu tun haben. Der wichtigste Schritt hierbei war die Einführung des lateinischen Alphabets im Jahre 1928, das das arabische Alphabet ablöste.

Das türkische Alphabet

Da das arabische Alphabet nur drei Vokalzeichen kennt (**a**, **i**, **u**), hat sich diese Schriftreform für die türkische Sprache als vorteilhaft erwiesen, weil das Türkische insgesamt acht Vokale kennt. Sieben dieser Vokale (**a**, **e**, **i**, **o**, **u**, **ö**, **ü**) sind Ihnen aus dem deutschen Alphabet bekannt, ein weiterer Vokal (**ı**) wird durch ein i ohne Punkt wiedergegeben. Einige Konsonanten, die wir auch im deutschen Alphabet haben, wurden mittels eines diakritischen Zeichens erweitert: **ş**, **ğ** und **ç**. Somit kann man einen Laut wie *tsch*, für den man im Deutschen eine Kombination aus vier Buchstaben benötigt, mit dem einen Buchstaben **ç** notieren. Die Buchstaben **ä**, **w**, **ß**, **x** und **q**, die Sie aus dem Deutschen kennen, gibt es im Türkischen nicht. In Tabelle 1.1 finden Sie das türkische Alphabet und eine Übersicht über die Aussprache der Laute auf Türkisch. Auf Track 1 der CD hören Sie das Buchstabieralphabet, dass sich an türkischen Städtenamen orientiert.

 ## *Track 1: Einführung in das türkische Alphabet*

Türkischer Buchstabe	Lautschrift	wie im deutschen Wort	Benennung Aussprache	Türkisches Beispiel
A	a	<u>A</u>ffe; kurzer, dunkler Vokal	a *(a)*	**Adana** *(a-da-na)*
B	b	<u>B</u>anane	be *(bä)*	**Bolu** *(bo-lu)*
C	dsch	<u>Dsch</u>ungel	ce *(dschä)*	**Ceyhan** *(dschäj-han)*
Ç	tsch	<u>tsch</u>üs	çe *(tschä)*	**Çanakkale** *(tscha-nak-ka-lä)*
D	d	<u>d</u>enken	de *(dä)*	**Denizli** *(dä-nis-li)*

Türkischer Buchstabe	Lautschrift	wie im deut-schen Wort	Benennung Aussprache	Türkisches Beispiel
E	ä	echt; meist kur-zer, offener Vokal	e *(ä)*	**Edirne** *(ä-dir-nä)*
F	f	finden	fe *(fä)*	**Fatsa** *(fat-ssa)*
G	g	gehen	ge *(gä)*	**Giresun** *(gi-rä-ssun)*
Ğ	**yumuşak g** *(ju-mu-schak gä)*	Dieser Buchstabe hat in der Hoch-sprache keinen eigenen Lautwert und längt den vorausgehenden Vokal. Er kommt nur als Inlaut mitten im Wort oder am Ende des Wortes vor, nie am Wortan-fang.	yumuşak ge *(ju-mu-schak gä)*	**yumuşak g** *(ju-mu-schak gä)* **doğru** *(doo-ru;* richtig), **dağ** *(daa;* Berg)
H	h/ch	am Silbenanfang wie in Husten; am Silbenende wie in ich oder Bach	he *(hä)*	**Hatay** *(ha-taj)*
I	ı	laufen; dumpfes, kurzes i	ı *(ı)*	**Isparta** *(ıss-par-ta)*
İ	i	immer	i *(i)*	**İzmir** *(is-mir)*
J	zh	Garage, genieren	je *(zhä)*	**jandarma** *(zhan-dar-ma;* Gendarm, Gendarmerie)
K	k	Klammer	ke *(kä)*	**Kars** *(karss)*
L	l	lustig	le *(lä)*	**Lüleburgaz** *(lü-lä-bur-gas)*
M	m	Milch	me *(mä)*	**Muş** *(musch)*
N	n	Name	ne *(nä)*	**Niğde** *(nii-dä)*
O	o	Pfosten; meist kurz und offen	o *(o)*	**Ordu** *(or-du)*
Ö	ö	gönnen; meist kurz und offen	ö *(ö)*	**Ödemiş** *(ö-dä-misch)*
P	p	pusten	pe *(pä)*	**Polatlı** *(po-lat-lı)*
R	r	Caramba!; Zun-genspitzen-r, am Ende eines Wor-tes weicher und fast wie »gezischt«	re *(rä)*	**Rize** *(ri-sä)*

Türkischer Buchstabe	Lautschrift	wie im deutschen Wort	Benennung Aussprache	Türkisches Beispiel
S	ss	Nu<u>ss</u>; immer scharf	se *(ssä)*	**Sinop** *(ssi-nop)*
Ş	sch	<u>Sch</u>ule	şe *(schä)*	**Şırnak** *(schır-nak)*
T	t	<u>t</u>urnen	te *(tä)*	**Tokat** *(to-kat)*
U	u	F<u>u</u>tter, meist kurz	u *(u)*	**Uşak** *(u-schak)*
Ü	ü	l<u>ü</u>ften; kurzer Vokal	ü *(ü)*	**Ünye** *(ün-jä)*
V	w	<u>W</u>ein	ve *(wä)*	**Van** *(wan)*
Y	j	<u>J</u>oghurt	ye *(jä)*	**Yozgat** *(jos-gat)*
Z	s	<u>S</u>onne; immer stimmhaft	ze *(sä)*	**Zonguldak** *(son-gul-dak)*

Tabelle 1.1: Das türkische Alphabet und die Aussprache

Türkisch richtig betonen

Wenn Sie es jetzt nicht mehr abwarten können, weiter ins Türkische einzusteigen, können Sie diesen Abschnitt mit gutem Gewissen überspringen, da es im Grunde keine eindeutigen Betonungsregeln im Türkischen gibt. Daher verzichte ich in diesem Buch darauf, diejenigen Silben hervorzuheben, die etwas schwächer oder stärker betont werden. Im Zweifel können Sie aber auch immer die dem Buch beiliegende CD zu Hilfe nehmen, um zu prüfen, ob Sie ein bestimmtes Wort wie ein Muttersprachler aussprechen. Möchten Sie es aber ganz genau wissen, sind Sie herzlich eingeladen weiterzulesen.

Das deutsche Verb »laufen« hat die Betonung auf der ersten Silbe, das Substantiv »Verabredung« wird auf der zweiten Silbe betont. Anders verhält es sich im Türkischen: Im Vergleich zu vielen europäischen Sprachen weist es keine eindeutigen Betonungsregeln auf. Die Betonung der Silben verläuft hier mehr oder weniger gleichmäßig und konzentriert sich selten auf eine Silbe. Wenn Sie versuchen, das Wort »Verabredung« ohne eindeutige Hervorhebung einer bestimmten Silbe auszusprechen, kommen Sie dem regulären Betonungsmuster des Türkischen schon recht nahe.

So ganz egal ist die Betonung im Türkischen allerdings dann doch nicht: Eine stärkere oder schwächere Betonung – mit Betonung ist hier gemeint, dass eine Silbe mehr oder weniger »ins Ohr fällt« – hat die Funktion, die unterschiedlichen Bedeutungen eines Ausdrucks zu unterscheiden. So bedeutet **televizyon da** *(tä-lä-wis-*<u>jon</u>* da)* »auch der Fernseher«, wohingegen mit **televizyonda** *(tä-lä-wis-jon-*<u>da</u>*)* »auf dem Fernseher« oder »im Fernsehen« gemeint ist.

Im Türkischen gibt es Endungen (Suffixe), die stärker betont sind, und solche, die nicht betont sind. Mehr über die Bedeutung der Endungen erfahren Sie in Kapitel 2.

Fremdwörter hingegen unterliegen eigenen Betonungsregeln. Das **radyo** (Radio) ist auf der ersten Silbe betont (<u>rad</u>-*jo*) und der **televizyon** (Fernseher) auf der letzten Silbe (*tä-lä-wis-*<u>jon</u>). Das Gleiche gilt auch für Länder- und Städtenamen: **Türkiye** (<u>tür</u>-*ki-jä*; Türkei), **Paris** (<u>paa</u>-*ris*; Paris), **Münih** (<u>mü</u>-*nich*; München), **Berlin** (<u>bär</u>-*lin*; Berlin).

Selbstverständlich können Sie beim Sprechen auch einzelne Satzglieder durch eine Veränderung der Tonhöhe hervorheben, das funktioniert genau wie im Deutschen. Im Türkischen kann die Veränderung der Tonhöhe darüber hinaus bedeutungsunterscheidend sein. So kann, je nach Tonhöhe, **Bu sandalye.** (*bu* (kurze Sprechpause) *ssan-dal-yä*) ein ganzer Satz sein: »Das ist ein Stuhl.« oder auch **bu sandalye** (<u>bu</u> *ssan-dal-yä*) einfach »dieser Stuhl« bedeuten.

 Eine Betonungsregel hat aber eine wichtige Funktion: Bei verneinten Verben wird die Silbe vor der Verneinung leicht betont, zum Beispiel **Beklemedim.** (*bäk-lä-mä-dim*; Ich habe *nicht* gewartet.) oder **içmemek** (<u>itsch</u>-*mä-mäk*; *nicht* trinken). Außerdem sorgt dieses Betonungsmuster dafür, dass es nicht zu Verwechslungen kommt: **Dans etme!** (*danss* <u>ät</u>-*mä*; Tanz nicht!) im Gegensatz zu **dans etme** (*danss ät*-<u>mä</u>; das Tanzen).

Groß- und Kleinschreibung

Wie in allen Sprachen, außer dem Deutschen, werden alle Substantive im Türkischen kleingeschrieben. Ausgenommen davon sind Eigennamen; dazu zählen Personennamen, Länder- und Städtenamen sowie Firmennamen oder die Namen bestimmter Institutionen und Einrichtungen. Auch am Satzanfang wird großgeschrieben. Bestimmte Begriffe, die hauptsächlich aus dem religiösen Bereich stammen, zum Beispiel auch das Wort **Allah** (*al-lach*; Gott), werden großgeschrieben. Nach einem Eigennamen oder einem Wort, das großgeschrieben wird, wird meistens ein Apostroph gesetzt, wenn eine Endung antritt:

✔ **Türkiye'ye** (*tür-ki-jä-jä*; in die Türkei)

✔ **Almanya'dan** (*al-man-ja-dan*; aus Deutschland)

✔ **Ayşe'yle** (*aj-schäj-lä*; mit Ayşe)

Besonderheiten der Lesart und Aussprache

Üzüntülü müsünüz? (*ü-sün-tü-lü mü-ssü-nüs*; Sind Sie bekümmert/betrübt?) ist ein Satz, den Sie ohne Weiteres auch ohne Türkischkenntnisse als Türkisch identifizieren können. Aber keine Angst vor den vielen **ü**! In Kapitel 2 erfahren Sie im Abschnitt über Vokalharmonie, dass Sie es gar nicht mit so vielen »echten« **ü** zu tun haben, sondern sozusagen mit einer Folgeerscheinung. Denn ein **ü** im Wortstamm, zum Beispiel im Verb **üzmek** (*üs-mäk*; jemanden bekümmern), zieht immer weitere **ü** nach sich. Auch vor den Häkchen sollten Sie sich nicht scheuen, denn **Çeçen** *(tschä-tschän)* ist ja nur eine andere Notation für das deutsche Wort »Tschetschene«, was eigentlich viel komplizierter erscheint. Oder?

Dennoch gibt es einiges, was Sie bei der Aussprache beachten sollten:

✔ **Doppelvokale:** Stoßen zwei Vokale aufeinander, werden sie immer getrennt gesprochen, sodass jeder Vokal hörbar ist, wie im Deutschen be-achten:

- **ait** (*a-it*; zugehörig)

- **saat** (*ssa-at*; Uhr, Uhrzeit)

✔ **Doppelkonsonanten:** Stoßen zwei Konsonanten aufeinander, werden sie gelängt ausgesprochen. Gelängt bedeutet hier, dass man kurz darauf verweilt:

- **anne** (*an-nä*; Mutter, Mama)

- **İsveççe** (*iss-wätsch-tschä*; Schwedisch)

✔ **Der Zirkumflex (^):** Dieses Zeichen kommt nur in einigen Wörtern vor und wird heute kaum noch und vor allem unregelmäßig verwendet, wobei es eine wichtige Bedeutung für die Aussprache hat. Der Zirkumflex hat dabei zwei Funktionen: Er längt den Vokal und er »erweicht« den vorangehenden Konsonanten. Sie finden ihn auf den Vokalen **a** (**â**) und **u** (**û**), seltener auf dem **i** (**î**), um deren Länge anzuzeigen. Steht er auf einem Vokal nach den Konsonanten **l**, **g** oder **k**, zeigt er an, dass diese Konsonanten weiter vorn artikuliert werden, also weich gesprochen werden.

In diesem Buch finden Sie den Zirkumflex nur bei Wörtern, in denen der vorangehende Konsonant weich gesprochen wird oder Missverständnisse in der Wortbedeutung ausgeschlossen werden sollen.

Bei folgenden Wörtern hört es sich an, als würde dem **k** ein angedeutetes **j** folgen:

- **kâğıt** (*kjaa-ıt*; Papier)

- **bekâr** (*bä-kjaar*; ledig)

Ist kein Zirkumflex in der Notation vorhanden, obwohl der Vokal lang ausgesprochen wird, finden Sie in der Lautschrift einen doppelten Vokal, wie bei **Jale** (*zhaa-lä*; weiblicher Eigenname). Der Zirkumflex ist besonders wichtig in der Schreibung, wenn Missverständnisse ausgeschlossen werden müssen:

- **hâlâ** (*haa-laa*; immer noch) im Gegensatz zu **hala** (*ha-la*; Tante väterlicherseits)

- **resmî** (*räss-mii*; offiziell) im Gegensatz zu **resmi** (*räss-mi*; sein/ihr Bild)

✔ **Mittelsilbenschwund:** Vor allem in der Umgangssprache wird bei einigen Wörtern der mittlere Vokal nicht immer ausgesprochen, obwohl er geschrieben wird. Hier einige Beispiele:

- **burada** (*bu-ra-da*; hier) wird gesprochen wie *bur-da*.

- **gazete** (*ga-sä-tä*; Zeitung) wird gesprochen wie *gass-tä*.

- **dakika** (*da-ki-ka*; Minute) wird gesprochen wie *dak-ka*.

- **buyurun** (*bu-ju-run*; Ja bitte!, Bitte sehr!) wird gesprochen wie *buj-run*

In diesem Buch wird der sogenannte Mittelsilbenschwund der gesprochenen Sprache in der Lautschrift nicht berücksichtigt. Sie finden die Wörter in einer für Sie vereinfachten Lautschrift, die Ihnen die Aussprache so einfach wie möglich machen und sicherstellen soll, dass Sie von jedem verstanden werden und Sie auch Nachrichten oder Durchsagen, bei denen der Mittelsilbenschwund nicht immer zum Tragen kommt, verstehen können.

»Deutsche« Wörter im Türkischen

Im Türkischen gibt es eine ganze Reihe von Wörtern, die Sie bereits aus dem Deutschen oder einer anderen europäischen Sprache kennen. Auch wenn die Schreibweise manchmal anders aussieht, ist die Aussprache dieser Wörter recht nah am Original.

Türkisch wird erst seit rund 80 Jahren in lateinischen Buchstaben geschrieben, daher entspricht die Rechtschreibung eines Wortes in erster Linie der Lautung seines Originalwortes. Die meisten dieser Lehnwörter stammen übrigens aus dem Französischen, sodass Wörter wie **müzik** (*mü-sik*; Musik) fast französisch klingen. Aber auch Entlehnungen aus dem Englischen und Italienischen sind im Türkischen vertreten, wie **çet** (*tschät*; Chat) oder **banka** (*ban-ka*; Bank). Diese Wörter kommen Ihnen aus der deutschen Sprache garantiert bekannt vor:

- ✔ **şort** (*schort*; Shorts)
- ✔ **tişört** (*ti-schört*; T-Shirt)
- ✔ **taksi** (*tak-ssi*; Taxi)
- ✔ **tiyatro** (*ti-jat-ro*; Theater)
- ✔ **radyo** (*rad-jo*; Radio)
- ✔ **televizyon** (*tä-lä-wis-jon*; Fernseher)
- ✔ **sinema** (*ssi-nä-ma*; Kino)
- ✔ **filarmoni** (*fi-lar-mo-ni*; Philharmonie)
- ✔ **otel** (*o-täl*; Hotel)
- ✔ **viski** (*wiss-ki*; Whisky)
- ✔ **piyano** (*pi-ja-no*; Klavier)
- ✔ **adres** (*a-dräss*; Adresse)
- ✔ **kültür** (*kül-tür*; Kultur)
- ✔ **faks** (*fakss*; Fax(-gerät))
- ✔ **süpermarket** (*ssü-pär-mar-kät*; Supermarkt)
- ✔ **çek** (*tschäk*; Check)
- ✔ **makarna** (*ma-kar-na*; Spaghetti, Makkaroni)
- ✔ **greyfurt** (*gräj-furt*; Grapefruit)
- ✔ **sandviç** (*ssand-witsch*; Sandwich)
- ✔ **ceket** (*dschä-kät*; Jacke)

Warum kommen so viele Wörter aus dem Französischen?

Vielseitige Kontakte zwischen Europäern und Osmanen führten seit Jahrhunderten zu einer kulturellen Beeinflussung in beide Richtungen. Tiefgreifender jedoch waren Einflüsse des Westens auf das Osmanische Reich, die im 19. Jahrhundert in Form einer staatlich verordneten Europäisierung ihren Höhepunkt erreichten.

Während das osmanische Heer nach preußischem Vorbild neu organisiert wurde, lag der Verwaltungsreform und der Reform des Staatsapparates das französische Vorbild zugrunde. Die westlichen Ideen, die von den Osmanen aufgenommen wurden, führten ebenfalls zu einer tief greifenden Veränderung der Gesellschaftsstruktur, was sich dann auch in der türkischen Sprache niederschlug. So haben wir heute etliche Entlehnungen aus dem Französischen bei der Bezeichnung von technischen Neuerungen, Begriffen des Staatswesens und der Künste. Mit der Einführung des lateinischen Alphabets 1928 unter Atatürk begann eine Phase der Reinigung der Sprache, wobei vor allem arabischer und persischer Wortschatz durch rein türkischen Wortschatz ersetzt wurde. Gab es aber kein türkisches Wort, wie für die Elektrizität, wurde es aus dem Französischen entlehnt: **elektrik** *(ä-läk-trik)*, da viele Gelehrte eine Ausbildung in Europa, vornehmlich in Frankreich, genossen hatten.

Zu Beginn des 18. Jahrhunderts wurde ein Freundschaftsvertrag zwischen Preußen und dem Osmanischen Reich unterzeichnet, in dessen Folge die deutsch-türkischen Beziehungen besonders auf militärischem Gebiet gediehen. Mit der Europäisierung des Osmanischen Reiches Mitte des 19. Jahrhunderts kam es zu einer Vertiefung des kulturellen Austauschs sowie der wirtschaftlichen und politischen Beziehungen. Im Jahre 1924, kurz nach Gründung der Türkischen Republik, wurden diplomatische Beziehungen zwischen Ankara und Berlin aufgenommen. Im Dritten Reich gingen etliche deutsche Künstler und Wissenschaftler ins Exil in die Türkei, wo sie an der Universität lehrten, wichtige Werke ins Türkische übersetzten und maßgeblich am Aufbau der Verwaltung mitwirkten. Zu den wichtigsten Exilanten gehörten der Politiker und spätere Oberbürgermeister von Berlin Ernst Reuter, der Komponist Paul Hindemith und der Mediziner Rudolf Nissen. In den Jahren zwischen 1933 und 1945 wirkte an und um die Universität Ankara herum ein so großer Kreis von deutschen Gelehrten, dass man regelrecht von einer »Gelehrtenrepublik« sprechen kann. Ein weiterer Meilenstein in den deutsch-türkischen Beziehungen ist auch die Unterzeichnung des Anwerbe-Abkommens für Gastarbeiter Anfang der 1960er-Jahre. All das geht selbstverständlich nicht an der Sprache vorbei, so haben wir heute nicht nur türkisches Wortgut im Deutschen – wie zum Beispiel das Wort Joghurt –, sondern auch deutsche Wörter im Türkischen:

✔ **haymatlos** *(haj-mat-loss*; heimatlos, Heimatlose/r)

✔ **dübel** *(dü-bäl*; Dübel)

✔ **laytmotif** *(lajt-mo-tif*; Leitmotiv)

✔ **hinterland** *(hin-tär-land*; Hinterland, Einzugsgebiet)

✔ **kinderhaym** *(kin-där-hajm*; Kinderheim)

Die wichtigsten Ausdrücke und Redewendungen

So wie in der deutschen Sprache finden Sie auch im Türkischen eine Reihe von Aus
die im Alltag häufig verwendet werden und einem Small Talk die richtige Würze geb
einige davon:

- ✔ **Ne var, ne yok?** (*na war nä jok*; Wie geht's, wie steht's?)
- ✔ **Bir dakika lütfen!** (*bir da-ki-ka lüt-fän*; Einen Moment bitte!, *wörtlich:* Eine Minute bitte!)
- ✔ **Buyurun.** (*bu-ju-run*; Ja bitte! Bitte sehr!)
- ✔ **Tabii.** (*ta-bi*; Natürlich.)
- ✔ **Efendim?** (*ä-fän-dim*; Wie bitte?)
- ✔ **Haa!** (*haa*; Ach so!)
- ✔ **Tamam.** (*ta-mam*; In Ordnung.)
- ✔ **Eh ... şöyle böyle.** (*äh schöj-lä böj-lä*; Na ja ... so lala.)
- ✔ **Aferin!** (*aa-fä-rin*; Bravo!)
- ✔ **Maalesef.** (*maa-lä-ssäf*; Leider.)
- ✔ **Ne güzel.** (*nä gü-säl*; Wie schön!)
- ✔ **Hayrola!** (*haj-ro-la*; Nanu!, Huch!)
- ✔ **Merhaba.** (*mär-ha-ba*; Grüß Sie!/Grüß dich!/Hallo!)
- ✔ **Memnun oldum.** (*mäm-nun ol-dum*; Sehr erfreut.)
- ✔ **Hoşça kal!/Hoşça kalın!** (*hosch-tscha kal/hosch-tscha kal-ın*; Mach's gut./Machen Sie's gut.)
- ✔ **Ne yazık.** (*nä ja-sık*; Wie schade.)
- ✔ **Geçmiş olsun.** (*gätsch-misch ol-ssun*; Gute Besserung.)
- ✔ **Allah Allah.** (*al-lach al-lach*; Du meine Güte./Oh Gott.)

Darüber hinaus gibt es etliche Redewendungen und Ausdrücke, die eins zu eins übersetzt oft-
mals keinen Sinn ergeben.

- ✔ **Bu hoşuma gidiyor.** (*bu ho-schu-ma gi-di-jor*; Das geht mir zum Angenehmen. *Bedeu-tung:* Das gefällt mir.)
- ✔ **kokuyu almak** (*ko-ku-ju al-mak*; den Geruch wahr- oder aufnehmen, *Bedeutung:* den Bra-ten riechen)
- ✔ **aklında tutmak** (*ak-lın-da tut-mak*; etwas im Verstand halten, *Bedeutung:* sich etwas mer-ken)
- ✔ **kilo almak** (*ki-lo al-mak*; Kilos auf-/nehmen, *Bedeutung:* zunehmen)
- ✔ **kilo vermek** (*ki-lo wär-mäk*; Kilos ab-/geben, *Bedeutung:* abnehmen)
- ✔ **boş vermek** (*bosch wär-mäk*; etwas leer geben, *Bedeutung:* sich nichts aus etwas machen)
- ✔ **ince ruhlu** (*in-dschä ruch-lu*; mit feiner Seele, *Bedeutung:* feinfühlig)

Anmerkungen zur Wiedergabe der Aussprache in diesem Buch

Damit Sie die türkischen Wörter richtig und mühelos aussprechen können, wurde auf eine wissenschaftliche Transkription verzichtet. Die Lautschrift, die Sie in Klammern hinter jedem türkischen Wort finden, ist stark vereinfacht und an die deutsche Rechtschreibung angepasst. Die Silben sind hierbei nicht nach der Silbentrennung oder den Endungen, sondern nach tatsächlichen Sprechsilben geordnet. Besondere Erscheinungen in der Aussprache, wie etwa der Mittelsilbenschwund, werden nicht berücksichtigt.

Alle Vokale in der Lautschrift werden kurz gesprochen. So finden Sie lange Vokale durch einen doppelten Vokal gekennzeichnet:

✔ **dağ** (*daa*; Berg) im Unterschied zu **da** (*da*; auch)

✔ **yağ** (*jaa*; Öl, Fett) im Unterschied zu **ya** (*ja*; und)

Im Deutschen hat das **e** verschiedene Lautwerte. In der Regel wird es geschlossen und lang gesprochen, wie im Wort **dem**. Manchmal ist die Aussprache aber offen und kurz, wie im Wort **des**. Im Türkischen hat der Buchstabe **e** ebenfalls verschiedene Lautwerte. Um Ihnen die Aussprache zu erleichtern, werde ich immer ein *ä* angeben, damit Sie nicht in die Verlegenheit kommen, diesen Laut automatisch lang und geschlossen auszusprechen. Im Zweifelsfall können Sie sich an der Aussprache der Sprecher auf der beiliegenden CD orientieren.

 Alle Vokale werden kurz gesprochen. Um die Lautschrift möglichst einfach darzustellen, wird ein Wort wie **geldik** (*gäl-dik*; wir sind gekommen) nicht als (*gäll-dick*) angegeben. Ein Wort wie **anladım** (*an-la-dım*, ich habe verstanden) wird nicht als (*ann-la-dımm*) in der Lautschrift erscheinen. Sollte die Aussprache eines Vokals lang sein, finden Sie einen doppelten Vokal in der Lautschrift: **kira** (*ki-raa*; Miete).

 Auch im türkischen Kulturraum gibt es Besonderheiten in der Körpersprache. Eine verbreitete Möglichkeit, ein »Nein« wiederzugeben, ist das kurze Schnalzen mit der Zunge. Es erscheint zum Beispiel in Comics als **cık** (*dschık*; Geräusch des Zungenschnalzens) in der Sprechblase. Gleichzeitig heben Sie leicht den Kopf und die Augenbrauen, um das »Nein« zu unterstreichen.

Spiel und Spaß

Wie werden diese Begriffe auf Türkisch geschrieben?

a. Fax _____

b. Short _____

c. T-Shirt _____

d. Check _____

e. Whisky _____

Die Lösung finden Sie in Anhang C.

Einführung in die türkische Sprache

In diesem Kapitel

- Die Struktur der türkischen Sprache
- Verschiedene Wortarten und Satzbildung
- Die Fälle, Pronomen und Zahlen
- Der Infinitiv
- Die Gegenwart, die Vergangenheit, die Zukunft

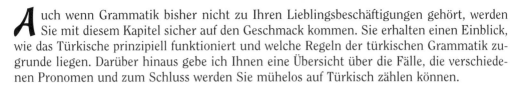

Auch wenn Grammatik bisher nicht zu Ihren Lieblingsbeschäftigungen gehört, werden Sie mit diesem Kapitel sicher auf den Geschmack kommen. Sie erhalten einen Einblick, wie das Türkische prinzipiell funktioniert und welche Regeln der türkischen Grammatik zugrunde liegen. Darüber hinaus gebe ich Ihnen eine Übersicht über die Fälle, die verschiedenen Pronomen und zum Schluss werden Sie mühelos auf Türkisch zählen können.

Auch die Konjugation der Verben in verschiedenen Zeiten laden Sie dazu ein, sich an der Regelmäßigkeit der türkischen Sprache zu erfreuen.

Wenn Sie die Grammatikgrundlagen schon beherrschen oder Sie sie zu einem späteren Zeitpunkt noch einmal auffrischen möchten, können Sie zu diesem Kapitel zurückblättern und einzelne Abschnitte als Merkhilfe benutzen.

Türkisch über »Suffixe« strukturieren

Vielleicht haben Sie sich schon darüber gewundert, dass es im Türkischen relativ lange Wörter gibt, wie das Wort – oder besser der Satz – **Gözlükçülerimizdeydik** (*gös-lük-tschü-lä-ri-mis-däj-dik*; Wir waren bei unseren Optikern). Hier sehen Sie die Struktur des Türkischen in einem Wort, das, auseinander genommen, aus einer Aneinanderreihung von Suffixen (Endungen) besteht, die jede für sich eine grammatische Information tragen. Auseinander gedröselt sieht das dann so aus:

- ✔ **göz:** Substantiv: **göz** (*gös*; Auge)
- ✔ **lük:** Endung zur Bildung eines abstrakten oder konkreten Substantivs: **gözlük** (*gös-lük*; Brille)
- ✔ **çü:** Endung zur Bildung eines Substantivs, das Berufsbezeichnungen oder Nomina Agentis bezeichnet: **gözlükçü** (*gös-lük-tschü*; Optiker)
- ✔ **ler:** Pluralendung: **gözlükçüler** (*gös-lük-tschü-lär*; Optiker)
- ✔ **imiz:** besitzanzeigende Endung der ersten Person Plural: »unsere«

✔ **de:** Lokativendung, dazu siehe die Fälle in diesem Kapitel. Die Grundbedeutung dieser Endung ist »in«, »bei«, »an«, »auf« und »um«, *hier:* »bei«

✔ **y:** Füll- oder Bindekonsonant, verbindet zwei Vokale

✔ **di:** Vergangenheit (Präteritum) von **idi** »sein« in suffigierter Form (als Endung)

✔ **k:** Personalendung der ersten Person Plural des zweiten Typs, zeigt die Person an: »wir«

Dieses Prinzip der Aneinanderreihung von Endungen nennt man Agglutination, Türkisch ist also eine agglutinierende (anleimende, anfügende) Sprache. Dabei wird an ein Ausgangswort eine Endung angefügt, wodurch die Bedeutung des Wortes erweitert wird. Dieses Phänomen kennen Sie auch im Deutschen, denn die Endungen in den Wörtern »Schön-*heit*«, »Duldsam-*keit*«, »Unterhalt-*ung*« oder »glück-*lich*« sind nichts anderes als wortbildende Endungen. Im Türkischen haben wir es mit sehr vielen Endungen zu tun; sie stehen immer in einer bestimmten Reihenfolge und können daher nicht beliebig aneinandergereiht werden.

Alle Turksprachen wie das Usbekische, Tatarische oder Kasachische sind agglutinierende Sprachen. Aber auch Sprachen wie Finnisch, Baskisch oder Quechua kennen dieses Prinzip, obwohl sie nicht mit dem Türkischen verwandt sind.

Vorsilben (Präfixe) wie im Deutschen *ab*laden, *auf*treten, *ver*schieben und viele andere gibt es im Türkischen nicht. Die Funktion der Vorsilben übernehmen die Endungen. Auch Infixe, wie Sie sie vielleicht aus dem Lateinischen kennen, kommen im Türkischen nicht vor. Auch Präpositionen wie zum Beispiel *in, nach* oder *über* gibt es im Türkischen nicht. Diese Funktion übernehmen ebenfalls Endungen oder aber Postpositionen – eine »nachgestellte Präposition«.

Die Rolle der Vokale in den Endungen

Ein weiteres, besonders wichtiges Merkmal des Türkischen ist die Vokalharmonie bei den Endungen. Die Endungen unterliegen einer Regel, nach der sie nur bestimmte Vokale annehmen dürfen. Dabei wird unterschieden zwischen der zweiförmigen Vokalharmonie, die wir der Einfachheit halber die »kleine« nennen, und der vierförmigen Vokalharmonie, die wir als die »große« bezeichnen. Um die Vokalharmonie anwenden zu können, werden die Vokale wiederum in helle (vordere, palatale) und dunkle (hintere, velare) Vokale unterschieden, wobei die Begriffe »hell« und »dunkel« die Klangfarbe bezeichnen:

✔ helle Vokale: **e, i, ö, ü**

✔ dunkle Vokale: **a, ı, o, u**

Die zweiförmige Vokalharmonie

Die kleine (zweiförmige) Vokalharmonie besteht aus den beiden Vokalen **e** und **a**. Die Vokalharmonie richtet sich nach dem letzten Vokal eines Wortes; sie ist also »kurzsichtig«, berücksichtigt also wirklich nur den Vokal, der als Letztes im Wort steht.

✔ Nach den hellen Vokalen **e, i, ö, ü** folgt **e**.

✔ Nach den dunklen Vokalen **a, ı, o, u** folgt **a**.

So unterliegt die Pluralendung im Türkischen der kleinen Vokalharmonie. Die Pluralendung lautet **-er** (-*lär*) oder **-lar** (-*lar*), je nachdem, welcher Vokal als Letztes in einem Wort steht. Ist in einem Wort der letzte Vokal hell, so lautet die Pluralendung **-ler** (mit hellem Vokal **e**); ist der letzte Vokal in einem Wort dunkel, lautet die Pluralendung **-lar** (mit dunklem Vokal **a**). Und so können Sie nun von jedem Wort den Plural bilden:

✔ **taksi** (*tak-ssi*; Taxi), der letzte Vokal ist ein heller Vokal (**i**), die Pluralendung lautet **-ler** wie in **taksiler** (*tak-ssi-lär*; Taxen)

✔ **kitap** (*ki-tap*; Buch), der letzte Vokal ist ein dunkler Vokal (**a**), die Pluralendung lautet **-lar** wie in **kitaplar** (*ki-tap-lar*; Bücher)

Die vierförmige Vokalharmonie

Die große (vierförmige Vokalharmonie) besteht aus vier Vokalen: **ı, i, u, ü**. Um nachzuvollziehen, wann welcher Vokal zum Einsatz kommt, werden die Vokale weiter aufgeteilt, diesmal kommt eine neue Kategorie hinzu, nämlich gerundet (labial) und ungerundet (illabial):

✔ helle, ungerundete Vokale: **e, i**

✔ helle, gerundete Vokale: **ö, ü**

✔ dunkle, ungerundete Vokale: **a, ı**

✔ dunkle, gerundete Vokale: **o, u**

Zwei Vokale, **o** und **ö**, kommen in keiner Endung vor, die einer der beiden Vokalharmonien unterliegt. Die Regel für die große Vokalharmonie lautet:

✔ Ist in einem Wort der letzte Vokal hell und ungerundet (**e** oder **i**), folgt ein **i** in der Endung. Ist in einem Wort der letzte Vokal hell und gerundet (**ö** oder **ü**), folgt ein **ü** in der Endung. Ist in einem Wort der letzte Vokal dunkel und ungerundet (**a** oder **ı**), folgt ein **ı** in der Endung.

✔ Ist der letzte Vokal aber dunkel und gerundet (**o** oder **u**), folgt ein **u** in der Endung.

Die folgende Endung, die zur Bildung von Adjektiven dient, zeigt auch die Herkunft einer Person im Sinne der Abstammung an. Sie lautet **-lı, -li, -lu** oder **-lü**. Achten Sie hier auf den Vokal, der unmittelbar vor der Endung steht:

✔ **Berlin** (*bär-lin*; Berlin) – **Berlin*li*** (*bär-lin-li*; Berliner)

✔ **Brüksel** (*brük-ssäl*; Brüssel) – **Brüksel*li*** (*brük-ssäl-li*; Brüssler)

✔ **Köln** (*köln*; Köln) – **Köln*lü*** (*köln-lü*; Kölner)

✔ **Ürgüp** (*ür-güp*; eine Stadt in der Türkei) – **Ürgüp*lü*** (*ür-güp-lü*; Ürgüper)

✔ **Londra** (*lon-dra*; London) – **Londra*lı*** (*lon-dra-lı*; Londoner)

✔ **İstanbul** (*iss-tan-bul*; Istanbul) – **İstanbul*lu*** (*iss-tan-bul-lu*; Istanbuler)

Die meisten Endungen im Türkischen folgen der kleinen oder der großen Vokalharmonie. Es gibt nur wenige Endungen, die aus einer festen Form bestehen und sich nicht vokalharmonisch anpassen.

Die Rolle der Konsonanten in den Endungen

Nachdem Sie nun mit der kleinen und großen Vokalharmonie, die die Vokale in den Endungen reguliert, vertraut sind, bleibt nur noch die Konsonantenassimilation (Angleichung der Konsonanten), womit Sie dann die beiden Grundregeln des Türkischen beherrschen. Diese Regel, die die Konsonanten nach dem Gegensatz stimmlos oder stimmhaft aufteilt, greift bei etlichen Endungen. Auch hier sollten Sie sich immer bei jeder neuen Endung einprägen, ob die Konsonanten assimiliert (angeglichen) werden. Diese Regel betrifft nur Endungen, die mit einem Konsonanten beginnen. Betrachten wir zuerst einmal, wie die Aufteilung der Konsonanten in stimmhafte und stimmlose aussieht. Nicht alle stimmhaften Konsonanten haben ein stimmloses Pendant.

In der oberen Reihe in Tabelle 2.1 sehen Sie die stimmhaften Konsonanten, in der unteren Reihe das stimmlose Gegenstück dazu. Nicht jeder stimmhafte Konsonant hat ein stimmloses Gegenstück, das stimmlose **h** hat kein stimmhaftes Gegenstück.

b	c	d	g	ğ		j	l	m	n	r	v	y	z
p	ç	t	k		h	ş					f		s

Tabelle 2.1: Stimmhafte und stimmlose Konsonanten im Türkischen

Für die Regel der Konsonantenangleichung interessieren uns nur die stimmlosen Konsonanten, denn die Regel besagt: Ist der letzte Konsonant eines Wortes stimmlos, wird der erste Konsonant der Endung ebenfalls stimmlos. Das betrifft nur die Endungen, die mit den stimmhaften Konsonanten **c** oder **d** anlauten. Steht also ein stimmloser Konsonant davor, wird das **c** zu **ç** und das **d** zu seinem stimmlosen Gegenstück **t**.

Betrachten wir hierzu eine neue Endung: **-ce**, **-ca**, **-çe** oder **-ça**. Diese Endung funktioniert demnach nach der kleinen Vokalharmonie in Kombination mit der Konsonantenangleichung und dient dazu, Sprachbezeichnungen zu bilden.

✔ **Rus** (*russ*; Russe) – **Rusça** (*russ-tscha*; Russisch)

✔ **Türk** (*türk*; Türke) – **Türkçe** (*türk-tschä*; Türkisch)

✔ **Alman** (*al-man*; Deutscher) – **Almanca** (*al-man-dscha*; Deutsch)

✔ **İngiliz** (*in-gi-lis*; Engländer) – **İngilizce** (*in-gi-lis-dschä*; Englisch)

Um diese Regel anwenden zu können, müssen Sie sich die stimmlosen Konsonanten einprägen. Hierbei gibt es eine Eselsbrücke. Merken Sie sich einfach diese beiden deutschen Wörter, die mit türkischen Buchstaben geschrieben sind: **haifiş-postkuçe** (Haifisch-Postkutsche). In diesen beiden Wörtern haben Sie die acht stimmlosen Konsonanten. Sie können sich aber auch einen türkischen Satz als Eselsbrücke einprägen: Efe **Pa**şa **ç**ok **h**asta. (*ä-fä pa-scha tschok hass-ta*; Der Pascha Efe ist sehr krank.) Auch in diesem Satz erscheinen nur stimmlose Konsonanten. **Efe** (*ä-fä*) ist ein männlicher Vorname, das Wort **paşa** (*pa-scha*) war ein Ehrentitel, mit dem im Osmanischen Reich Offiziere im Generalsrang, aber auch hohe Verwaltungsbeamte bezeichnet wurden. Das Wort wird in diesem Merksatz großgeschrieben, weil es als Titel dem Namen folgt und somit einen Teil des Eigennamens bildet.

Artikel – gibt's nicht

Hier nun erfreuliche Neuigkeiten über die türkische Sprache: Türkisch kennt keine bestimmten Artikel und auch (wie im Englischen) kein grammatisches oder natürliches Geschlecht. So kann **Türk** (*türk*) sowohl Türke als auch Türk*in* bedeuten oder **Alman** (*al-man*) kann *der* Deutsche oder *die* Deutsche sein.

 Vielleicht ist Ihnen aufgefallen, dass Türken, die nicht in Deutschland aufgewachsen sind, sich besonders schwertun mit den Artikeln. Das liegt daran, dass es die Unterscheidung in männlich, weiblich und sächlich in ihrer Muttersprache nicht gibt. Ist Ihnen in einer Gesprächssituation auf Türkisch nicht klar, ob über eine Frau oder einen Mann gesprochen wird, können Sie einfach nachfragen. In diesem Buch wird in der Übersetzung nur eine Form angegeben (der Einfachheit halber meist die männliche).

Allerdings gibt es einen unbestimmten Artikel, der zugleich das Zahlwort »eins« darstellt: **bir** (*bir*; ein/e, eins). Wenn Sie die Anzahl eins ausdrücken möchten, stellen Sie **bir** an den Anfang:

✔ **bir büyük kitap** (*bir bü-jük ki-tap*; ein großes Buch, im Gegensatz zu *zwei* großen Büchern)

Wenn Sie den unbestimmten Artikel **bir** verwenden möchten, stellen Sie das Wort **bir** direkt vor sein Bezugswort:

✔ **büyük bir kitap** (*bü-jük bir ki-tap*; ein großes Buch, im Gegensatz zu ein großer *Tisch*)

Wortarten und Satzbildung

Grundsätzlich unterscheidet das Türkische zwischen Nomen und Verben. Ein Nomen ist alles, was kein Verb ist, also Adjektive, Substantive und so weiter. Das liegt daran, dass sämtliche Endungen entweder nur an ein Verb oder nur an ein Nomen angefügt werden können. Darüber hinaus ist eine Unterscheidung zwischen einem Substantiv und einem Adjektiv nicht immer möglich.

So kann das Wort **Türk** (*türk*) das Substantiv »Türke/Türkin« bedeuten, oder es bezeichnet das Adjektiv »türkisch«. Ein weiteres Beispiel ist das Wort **güzel** (*gü-säl*), das als Substantiv »die Schöne« bedeutet, als Adjektiv aber »schön«. Es gibt aber Endungen, die ausschließlich ein Substantiv bilden, und solche, die ein Adjektiv bilden.

✔ Wie im Deutschen steht das Adjektiv vor seinem Bezugswort: **güzel kız** (*gü-säl kıs*; schönes Mädchen), **yeni kitap** (*jä-ni ki-tap*; neues Buch), **büyük masa** (*bü-jük ma-ssa*; großer Tisch).

Der Satzbau unterscheidet sich ziemlich vom deutschen Satzbau, der der Abfolge Subjekt – Prädikat – Objekt folgt: Nina (= Subjekt) geht (= Prädikat) nach Hause (= Objekt). Der türkische Satzbau ist anders angeordnet: Nina (= Subjekt) nach Hause (= Objekt) geht (= Prädikat).

Nominalsätze

Es gibt kein Verb für »sein« in der Gegenwart, wozu Sie in Kapitel 3 einiges entdecken können. An dessen Stelle treten Personalendungen, sodass Sie es häufig mit Sätzen ohne Verb zu tun haben. In diesem Fall haben Sie am Ende des Satzes ein Prädikatsnomen; das bedeutet einen Satzkern, der aus einem Nomen besteht:

✔ **Ankara büyük.** (_an-ka-ra bü-jük_; Ankara ist groß. _Wörtlich_: Ankara groß (ist).)

✔ **Elmalar taze.** (_äl-ma-lar taa-sä_; Die Äpfel sind frisch. _Wörtlich_: Äpfel frisch (sind).)

In dieser Personalendung ist auch die entsprechende Person markiert, sodass Sie das Subjekt (das Personalpronomen) nicht nennen müssen. Das Subjekt ist in solch einem Satz in das Prädikatsnomen einverleibt. Sie erhalten dann einen Satz, der aus nur einem Wort bestehen kann:

✔ **Evimdeyim.** (_ä-wim-dä-jim_; Ich bin in meinem Haus. _Wörtlich:_ Haus mein in ich (bin).)

✔ **Arabasındayız.** (_a-ra-ba-ssın-da-jıs_; Wir sind in seinem Auto. _Wörtlich_: Auto sein in wir (sind).)

Komposita

Eine einfache Methode der Wortbildung ist die Wortzusammensetzung, die Kompositum oder auch Wortverkettung genannt wird. Im Deutschen setzen Sie zwei Substantive nebeneinander, um ein neues zu erhalten: Wasser und Hahn wird zu »Wasserhahn«. Manchmal benötigen Sie hierbei ein Fugen-_n_ oder -_s_: Schönheit und Königin wird zu »Schönheitskönigin«. Im Türkischen gibt es einige Wortzusammensetzungen, bei denen Sie nichts weiter berücksichtigen müssen, als zwei Wörter miteinander zu kombinieren; in der Regel müssen Sie aber »verketten«. Dazu benötigen Sie die besitzanzeigende Endung (Possessivsuffix) der dritten Person Singular, die an das zweite Wortglied angefügt wird.

Diese Endung wird nach der großen Vokalharmonie gebildet, sodass Sie folgende Endungen haben: **-i**, **-ı**, **-ü**, **-u** und nach einem Vokal **-si**, **-sı**, **-sü**, **-su**:

✔ **kredi kartı** (_krä-di kar-tı_; Kreditkarte)

✔ **çocuk doktoru** (_tscho-dschuk dok-to-ru_; Kinderärztin)

✔ **telefon numarası** (_tä-lä-fon nu-ma-ra-ssı_; Telefonnummer)

✔ **fotoğraf makinesi** (_fo-too-raf ma-ki-nä-ssi_; Fotoapparat)

Die meisten Komposita werden auseinandergeschrieben; es gibt aber auch einige Wortzusammensetzungen, die zusammengeschrieben werden:

✔ **buzdolabı** (_bus-do-la-bı_; Kühlschrank, _wörtlich:_ Eisschrank)

 Im Türkischen gibt es keine Unterscheidung zwischen männlich und weiblich. Daher kann **çocuk doktoru** (_tscho-dschuk dok-to-ru_) sowohl »Kinderärztin« als auch »Kinderarzt« bedeuten. In diesem Buch gebe ich immer nur eine Form an, der Einfachheit halber meist die männliche. Dasselbe gilt auch für Sätze in der dritten Person Singular (»er« oder »sie«).

Fragesätze bilden

Um einen Fragesatz zu bilden, benötigen Sie ein Fragewort (*wer?*, *was?*, *wo?* oder andere Fragewörter). Wenn Sie eine Frage bilden möchten, ohne ein Fragewort zu benutzen, benötigen Sie im Türkischen eine Fragepartikel.

Die Fragepartikel wird gewöhnlich ans Ende des Satzes gestellt und nimmt einen Vokal der großen Vokalharmonie an. Es gibt also folgende Formen: **mi**, **mı**, **mü** und **mu**. Die Fragepartikel wird getrennt geschrieben, auch wenn sich die Vokale harmonisch an den letzten Vokal im Wort davor angleichen.

- ✔ **Gülçin öğrenci.** (*gül-tschin öö-rän-dschi*; Gülçin ist Studentin.) als Frage: **Gülçin öğrenci mi?** (*gül-tschin öö-rän-dschi mi*; Ist Gülçin Studentin?)

- ✔ **Bu kitap.** (*bu ki-tap*; Dies ist ein Buch.) als Frage: **Bu kitap mı?** (*bu ki-tap mı*; Ist dies ein Buch?)

- ✔ **Ev büyük.** (*äw bü-jük*; Das Haus ist groß.) als Frage: **Ev büyük mü?** (*äw bü-jük mü*; Ist das Haus groß?)

- ✔ **Sonja doktor.** (*son-ja doktor*; Sonja ist Ärztin.) als Frage: **Sonja doktor mu?** (*son-ja doktor mu?*; Ist Sonja Ärztin?)

Die »wandernde« Fragepartikel

Je nachdem, wo die Fragepartikel im Satz steht, wird ein anderes Satzglied betont. Im Deutschen erfolgt die Betonung des einen oder anderen Satzglieds durch die Stimme. Im Türkischen liegt eine Betonung auf dem Wort, das direkt vor der Fragepartikel steht. Dazu hier ein Beispiel, bei dem ich von diesem Satz ausgehe:

- ✔ **Ali çok çalışıyor.** (*a-li tschok tscha-lı-schı-jor*; Ali arbeitet viel.)

Zunächst bilde ich einen neutralen Fragesatz, bei dem die Fragepartikel am Ende des Satzes steht, sodass die Tätigkeit betont wird. Die betonten Satzglieder zeige ich Ihnen unterstrichen an:

- ✔ **Ali çok çalışıyor mu?** (*a-li tschok tscha-lı-schı-jor mu*; <u>Arbeitet</u> Ali viel?)

Jetzt lasse ich die Fragepartikel schrittweise wandern, um andere Satzglieder zu betonen:

- ✔ **Ali mi çok çalışıyor?** (*a-li mi tschok tscha-lı-schı-jor*: Arbeitet <u>Ali</u> viel?)

- ✔ **Ali çok mu çalışıyor?** (*a-li tschok mu tscha-lı-schı-jor*; Arbeitet Ali <u>viel</u>?)

Je nachdem, wo die Fragepartikel im Satz steht, passt sie sich immer wieder neu vokalharmonisch an und richtet sich dann nach dem letzten Vokal des Wortes, das betont werden soll.

Die Fälle

Fälle bestehen aus bestimmten Endungen, die in einem Satz die Bezüge der Wörter untereinander klären. Fälle werden unter anderem von Verben ausgelöst, jedes Verb »regiert« einen bestimmten Fall (Rektion). Im Deutschen verlangt zum Beispiel das Verb »sehen« den Akkusativ: Ich sehe *den* Vater.

Aber auch Präpositionen können einen bestimmten Fall auslösen. Die Präposition »zu« verlangt im Deutschen den Dativ: Ich gehe zu _meinem_ Vater. Da es im Türkischen keine Präpositionen gibt, wird deren Aufgabe von einem Fall oder einer Postposition übernommen, die meist auch mit einem vorangehenden Fall steht.

 Wenn Sie Verben lernen, sollten Sie sich gleich einprägen, welcher Fall dazugehört. Im Nachhinein ist es meist schwieriger, sich den richtigen Fall zu merken oder immer nachschlagen zu müssen. In einem Wörterbuch wird bei Verben auch immer der benötigte Fall angegeben.

Im Deutschen gibt es vier Fälle (Kasus):

✔ Nominativ (zum Beispiel »der Türke«)

✔ Genitiv (»des Türken«)

✔ Dativ (»dem Türken«)

✔ Akkusativ (»den Türken«)

Im Türkischen kommen aber noch zwei weitere Fälle hinzu:

✔ der Lokativ (der Wo-Fall) – »beim Türken« – und

✔ der Ablativ (der Woher-oder-von-wem-Fall) – »vom Türken«

Da es im Türkischen keine Artikel gibt, werden die Fälle mit Endungen gebildet. Ausgenommen von dieser Regel ist der Nominativ, der Ihr Lieblingsfall werden könnte. Jeder Fall antwortet auf eine bestimmte Frage, aus der sich die Antwort im entsprechenden Fall ergibt. Übrigens stehen Adjektive im Türkischen immer ohne einen Fall.

Im Deutschen gibt es die Zweiteilung der Fragewörter in Person und Gegenstand: »wer« oder »was«? Im Türkischen gibt es eine Dreiteilung in Person, Gegenstand und Ort: _Wer_ oder _was_ oder _welcher Ort_? Eine Übersicht sehen Sie in Tabelle 2.2.

Nominativ

Der Nominativ hat – wie im Deutschen – keine Markierung, also keine Endung, die ihn anzeigt. In einem Wörterbuch finden Sie alle Substantive in ihrer Grundform, also dem Nominativ. Die Funktion des Nominativs deckt sich mit der im Deutschen. So steht im Satz **Bu ev büyük.** (_bu äw bü-jük_; Dieses Haus ist groß.) das Wort **ev** (_äw_; Haus) im Nominativ.

Genitiv

Der Genitiv übernimmt die Aufgabe, die Zugehörigkeit oder den Besitzer anzugeben, und die sogenannte _Genitivverbindung_ ist das tragende Gerüst vieler Sätze. Eine Genitivverbindung besteht aus einem Wort, das mit der Genitivendung versehen ist, und einem Wort, das mit einer besitzanzeigenden Endung (Possessivsuffix) versehen ist. Über die besitzanzeigenden Endungen erfahren Sie mehr in Kapitel 3. Sobald man einer Person, einem Gegenstand oder einem Ort etwas zuordnet, baut man eine Genitivverbindung. Die Genitivendung nimmt einen Vokal der großen Vokalharmonie an. Nach vokalischem Auslaut eines Wortes wird der Bindekonsonant **n** eingefügt.

	Nominativ	Genitiv	Dativ	Akkusativ	Lokativ	Ablativ
Frage-wort	**kim?** (*kim*; wer?), **ne?** (*nä*; was?), **neresi?** (*nä-rä-ssi*; welcher Ort?)	**kimin?** (*ki-min*; wessen?), **neyin?** (*nä-jin*; von was?), **nerenin?** (*nä-rä-nin*; welchem Ort zugehörig?)	**kime?** (*ki-mä*; wem/zu wem?), **neye?** (*nä-jä*; zu was?), **nereye?** (*nä-rä-jä*; wohin?)	**kimi?** (*ki-mi*; wen?), **neyi?** (*nä-ji*, was?), **nereyi?** (*nä-rä-ji*; welchen Ort?)	**kimde?** (*kim-dä*; bei wem?), **nede?** (*nä-dä*; in/bei was?), **nerede?** (*nä-rä-dä*; wo?)	**kimden?** (*kim-dän*; von wem?), **neden?** (*nä-dän*; von/aus was?), **nereden?** (*nä-rä-dän*; woher?)
En-dung		nach einem Vokal: **-nin** (*-nin*) **-nın** (*-nın*) **-nün** (*-nün*) **-nun** (*-nun*) nach einem Konsonanten: **-in** (*-in*) **-ın** (*-ın*) **-ün** (*-ün*) **-un** (*-un*)	nach einem Vokal: **-ye** (*-jä*) **-ya** (*-ja*) nach einem Konsonanten: **-e** (*-ä*) **-a** (*-a*)	Nach einem Vokal: **-yi** (*-ji*) **-yı** (*- jı*) **-yü** (*-jü*) **-yu** (*-ju*) nach einem Konsonanten: **-i** (*-i*) **-ı** (*-ı*) **-ü** (*-ü*) **-u** (*-u*)	nach stimmhaften Konsonanten oder Vokalen: **-de** (*-dä*) **-da** (*-da*) nach einem stimmlosen Konsonanten: **-te** (*-tä*) **-ta** (*-ta*)	nach stimmhaften Konsonanten oder Vokalen: **-den** (*-dän*) **-dan** (*-dan*) nach einem stimmlosen Konsonanten: **-ten** (*-tän*) **-tan** (*-tan*)

Tabelle 2.2: Deklination

Der Genitiv hat folgende Endungen:

✔ -in, -ın, -ün, -un

✔ -nin, -nın, -nün, -nun

  • **Ali'nin arabası büyük.** (*a-li-nin a-ra-ba-ssı bü-jük*; Alis Auto ist groß.)

  Das Wort **Ali** (*a-li*; männlicher Eigenname) steht im Genitiv, sein **araba** (*a-ra-ba*; Auto) ist mit einer Possessivendung versehen.

Dativ

Der Dativ hat zwei Funktionen, die erste Funktion deckt sich mit der deutschen: Wem oder was? Die zweite Funktion bezeichnet eine Richtung, weshalb der türkische Dativ auch *Richtungsdativ* genannt wird. Er steht im Türkischen für die deutschen Präpositionen »zu«, »in« und »nach«, gibt also eine Richtung an. Der Dativ nimmt in der Endung einen Vokal der kleinen Vokalharmonie an (**e** oder **a**). Nach vokalischem Auslaut eines Wortes wird ein **y** eingesetzt, das das Wort mit der Endung verbindet.

Der Dativ hat folgende Endungen:

✔ -a, -e

✔ -ya, -ye

  • **Ayşe'ye kalem veriyor.** (*aj-schä-jä ka-läm wä-ri-jor*; Er gibt Ayşe einen Stift.)

Ayşe (_aj-schä_; weiblicher Eigenname) steht im Dativ (_wem_ gebe ich einen Stift?).

- **Münih'e gidiyor.** (_mü-ni-chä gi-di-jor_; Sie fährt nach München.)

Münih (_mü-nich_; München) ist mit der Dativendung versehen und heißt auf Deutsch »_nach_ München«.

Akkusativ

Dieser Fall bestimmt in erster Linie das direkte Objekt eines Satzes und wird durch ein Verb ausgelöst. Auch der Akkusativ hat im Türkischen zwei Funktionen, wobei die erste sich mit dem Deutschen deckt: Wen oder was? Darüber hinaus kann man den Akkusativ einsetzen, um eine Bestimmtheit zu markieren, wozu man im Deutschen auch den bestimmten Artikel (»der«, »die«, »das«) gebraucht. Der Akkusativ nimmt einen Vokal der großen Vokalharmonie an (ı, i, u oder ü). Endet ein Wort auf einen Vokal, wird der Bindekonsonant **y** eingesetzt.

Der Akkusativ hat folgende Endungen:

✔ -i, -ı, -ü, -u

✔ -yi, -yı, -yü, -yu

- **Berlin'i seviyor.** (_bär-li-ni ssä-wi-jor_; Sie liebt Berlin.)

Das Wort »Berlin« steht im Akkusativ: _welchen Ort_ liebe ich?

- **Masayı görüyor.** (_ma-ssa-jı gö-rü-jor_; Er sieht den Tisch.)

Das Wort **masa** (_ma-ssa_; Tisch) steht im Akkusativ. Es handelt sich hier um einen bestimmten Tisch im Vergleich zu (irgend-)einem unbestimmten Tisch. Im Gegensatz dazu bedeutet der Satz ohne direktes Objekt **Masa görüyor.** (_ma-ssa gö-rü- jor_; Er sieht einen Tisch), bei dem der Tisch im Nominativ steht.

Lokativ

Der Lokativ dient zur Ortsbestimmung und wird daher auch der Ortsfall genannt. Er steht für die deutschen Präpositionen »in«, »bei«, »an«, »auf« und »um«. Die Lokativendung nimmt einen Vokal der kleinen Vokalharmonie an, außerdem wird der Konsonant angeglichen (einem stimmlosen Konsonanten folgt ein stimmloser Konsonant).

Der Lokativ hat folgende Endungen:

✔ -da, -de

✔ -ta, -te

- **Ankara'da oturuyor.** (_an-ka-ra-da o-tu-ru-jor_; Sie wohnt in Ankara.)

Die Stadt »Ankara« steht im Lokativ: _in_ Ankara.

Ablativ

Der Ablativ steht für die deutschen Präpositionen »von«/»aus … her«, aber auch für »durch«/ »hindurch« und kennzeichnet eine Person, einen Gegenstand oder einen Ort, aus dem oder von dem aus etwas geschieht. Für die Ablativendung benötigen Sie die kleine Vokalharmonie und berücksichtigen die Konsonantenangleichung.

Der Ablativ hat folgende Endungen:

✔ **-dan, -den**

✔ **-tan, -ten**

- **Restorandan geliyor.** (*räss-to-ran-dan ge-li-jor*; Er kommt vom/aus dem Restaurant.)

restoran (*räss-to-ran*; Restaurant) ist mit der Ablativendung versehen: *aus* oder *vom* Restaurant.

Die Pronomen

Nun möchte ich Ihnen etwas über drei Arten von Pronomen (Fürwörtern) erzählen. Das sind die Personalpronomen (personenanzeigende Fürwörter), die Possessivpronomen (besitzanzeigende Fürwörter) und die Demonstrativpronomen (hinweisende Fürwörter), die Sie auch aus dem Deutschen kennen.

Personalpronomen

Ein Personalpronomen verwenden Sie im Türkischen, wenn Sie etwas hervorheben möchten oder einen Sachverhalt gegenüberstellen (»Ich bin ja ehrlich, aber du … «). Das Personalpronomen kann aber weggelassen werden, da zur Kennzeichnung der Person in einem Satz unbedingt eine Personalendung angegeben werden muss. (Über Personalendungen, die das Verb »sein« in der Gegenwart ersetzen, erfahren Sie mehr in Kapitel 3.) Anhand der Personalendung wissen Sie, um welche Person es sich handelt, sodass Sie das entsprechende Pronomen nicht immer verwenden müssen.

Im Türkischen gibt es sechs Personalpronomen, drei im Singular (Einzahl), drei im Plural (Mehrzahl).

Die Personalpronomen im Singular sind:

✔ **ben** (*bän*; ich)

✔ **sen** (*ssän*; du)

✔ **o** (*o*; er/sie/es)

Die Personalpronomen im Plural sind:

✔ **biz** (*bis*; wir)

✔ **siz** (*ssis*; Sie/ihr)

✔ **onlar** (*on-lar*; sie)

Anders als im Deutschen wird in der zweiten Person Plural gesiezt!

Possessivpronomen

Wie die Personalpronomen können Sie auch die Possessivpronomen weglassen. In einem solchen Satz müssen Sie unbedingt das Wort, um das es geht, mit einer Possessivendung kennzeichnen: Besitzen Sie beispielsweise ein Haus und möchten sagen, dass es _Ihr Haus_ ist, müssen Sie »das Haus« mit einer Possessivendung (besitzanzeigende Endung) ausstatten (über diese Endungen erfahren Sie mehr in Kapitel 3). Das Possessivpronomen verwenden Sie, wenn Sie etwas hervorheben möchten oder einen Sachverhalt gegenüberstellen (»Meine Tochter ist schlau, aber deine ... «).

Die Possessivpronomen (besitzanzeigende Fürwörter) im Singular sind:

✔ **benim** (_bä-nim_; mein/e)

✔ **senin** (_ssä-nin_; dein/e)

✔ **onun** (_o-nun_; sein/e oder ihr/e)

Die Possessivpronomen (besitzanzeigende Fürwörter) im Plural sind:

✔ **bizim** (_bi-sim_; unser/e)

✔ **sizin** (_ssi-sin_; euer/e oder Ihr/e)

✔ **onların** (_on-la-rın_; ihr/e)

Demonstrativpronomen

Die Demonstrativpronomen (dieser/e/s, jener/e/s) werden Ihnen mehr Spaß machen, denn sie müssen immer dann vor dem Substantiv stehen, wenn Sie auf etwas Bestimmtes hinweisen möchten. Außerdem werden Sie Freude daran haben, dass es drei davon gibt, die auch noch im Plural stehen können. Grundsätzlich gilt, **bu** und **şu** stehen nebeneinander, **şu** ist dabei sehr stark hinweisend und Sie werden es einsetzen, wenn Sie mit dem Finger auf etwas zeigen.

 Vermeiden Sie es unbedingt, im Zusammenhang mit Personen **şu** zu verwenden, denn das kann abfällig wirken. Sicher kennen Sie die Redewendung »Mit dem nackten Finger zeigt man nicht auf andere Leute«. Das türkische **şu** entspricht dem nackten Zeigefinger im übertragenen Sinne.

Während **bu** und **şu** in Bezug auf die Entfernung näher am Sprecher stehen, bezeichnet **o** Personen, Gegenstände oder Sachverhalte, die weiter entfernt sind.

Hier die hinweisenden Fürwörter auf einen Blick mit einer genauen Übersetzung. Da diese Fürwörter sehr häufig gebraucht werden, werden sie meist einfach als »der«, »die«, »das« übersetzt.

Die Demonstrativpronomen (hinweisende Fürwörter) im Singular lauten:

✔ **bu** (_bu_; diese/r/s hier)

✔ **şu** (_schu_; der/die/das da)

✔ **o** (_o_; jene/r/s)

Die Demonstrativpronomen (hinweisende Fürwörter) im Plural lauten:

✔ **bunlar** (*bun-lar*; diese hier)

✔ **şunlar** (*schun-lar*; diese da)

✔ **onlar** (*on-lar*; jene)

Auf Türkisch zählen

Auf diesen Abschnitt mit den Zahlen, **sayılar** (*ssa-jı-lar*), können Sie immer dann im Verlauf des Buches zurückgreifen, wenn Sie Ihr Alter angeben oder Telefonnummern austauschen möchten, wenn Sie Geld wechseln oder Uhrzeiten erfragen.

Alle Zahlen werden im Türkischen auseinander- und kleingeschrieben, also jede Zahl für sich. Die Zahlen von 10 bis 20 werden gebildet, indem zur 10 eine Zahl zwischen 1 und 9 addiert wird, also zehn eins (= 11), zehn zwei (= 12) und so weiter. Dieses Muster wiederholt sich bei allen Zehnern und Hundertern, sodass Sie es hier mit einer Sprache zu tun haben, deren Zahlen tatsächlich erlernbar sind. Eine Übersicht über die Zahlen auf Türkisch finden Sie in Tabelle 2.3.

Ziffer	Aussprache	Ziffer	Aussprache
0	**sıfır** (*ssı-fır*)	60	**altmış** (*alt-mış*)
1	**bir** (*bir*)	70	**yetmiş** (*jät-miş*)
2	**iki** (*i-ki*)	80	**seksen** (*ssäk-ssän*)
3	**üç** (*ütsch*)	90	**doksan** (*dok-ssan*)
4	**dört** (*dört*)	100	**yüz** (*jüs*)
5	**beş** (*bäsch*)	200	**iki yüz** (*i-ki jüs*)
6	**altı** (*al-tı*)	300	**üç yüz** (*ütsch jüs*)
7	**yedi** (*jä-di*)	...	
8	**sekiz** (*ssä-kis*)	1000	**bin** (*bin*)
9	**dokuz** (*do-kus*)	2000	**iki bin** (*i-ki bin*)
10	**on** (*on*)	3000	**üç bin** (*ütsch bin*)
11	**on bir** (*on bir*)	...	
12	**on iki** (*on i-ki*)	10 000	**on bin** (*on bin*)
13	**on üç** (*on ütsch*)	20 000	**yirmi bin** (*jir-mi bin*)
20	**yirmi** (*jir-mi*)	30 000	**otuz bin** (*o-tus bin*)
30	**otuz** (*o-tus*)	...	
40	**kırk** (*kırk*)	100 000	**yüz bin** (*jüs bin*)
50	**elli** (*äl-li*)	1 000 000	**bir milyon** (*bir mil-jon*)

Tabelle 2.3: Die Zahlen auf Türkisch

Vor 100 **yüz** (_jüs_) und 1000 **bin** (_bin_) steht _nicht_ das Zahlwort eins. Erst ab dem Zahlwert 1 000 000 **bir milyon** (_bir mil-jon_) wird eins vorangestellt.

Zu guter Letzt hier einige Zahlen, um das System zu verinnerlichen:

✔ 74 **yetmiş dört** (_jät-misch dört_)

✔ 99 **doksan dokuz** (_dok-ssan do-kus_)

✔ 105 **yüz beş** (_jüs bäsch_)

✔ 213 **iki yüz on üç** (_i-ki jüs on ütsch_)

✔ 8888 **sekiz bin sekiz yüz seksen sekiz** (_ssä-kis bin ssä-kis jüs ssäk-ssän ssä-kis_)

✔ 12 541 **on iki bin beş yüz kırk bir** (_on i-ki bin bäsch jüs kırk bir_)

✔ 6 000 666 **altı milyon altı yüz altmış altı** (_al-tı mil-jon al-tı jüs alt-mısch al-tı_)

Der Infinitiv

Der Infinitiv ist die Grundform eines Verbs, unter der ein Verb auch in einem Wörterbuch oder einer Vokabelliste erscheint. Im Deutschen ist die häufigste Infinitivendung -en: geh-_en_, lauf-_en_ oder sag-_en_. Im Türkischen gibt es nur eine einzige Endung, die an den Verbstamm angefügt den Infinitiv bildet. Diese Endung richtet sich nach der kleinen Vokalharmonie und lautet **-mak** (_-mak_) oder **-mek** (_-mäk_):

✔ **oku**mak (_o-ku-mak_; lesen)

✔ **gel**mek (_gäl-mäk_; kommen)

Die Verneinungsendung (Negationssuffix) wird direkt an den Verbstamm angefügt, bevor die Infinitivendung angefügt wird. Die Verneinungsendung richtet sich ebenfalls nach der kleinen Vokalharmonie und lautet **-ma** (_-ma_) oder **-me** (_-mä_):

✔ **oku**mamak (_o-ku-ma-mak_; lesen)

✔ **gel**memek (_gäl-mä-mäk_; kommen)

Die Gegenwart

Glücklicherweise gibt es im Türkischen gleich zwei Gegenwartsformen, sodass wenig Platz für Langeweile ist: das Präsens (Gegenwart; _yor_-Präsens) und der Aorist (_r_-Präsens; generelle Gegenwart). Der Aorist ist die einzige Zeitform, die unregelmäßig gebildet wird. Sie werden auch im Alltag beiden Formen der Gegenwart begegnen.

Das yor-Präsens

Die erste Präsensform im Türkischen, die dem Präsens im Deutschen entspricht, wird mit der Präsensendung **-yor** gebildet, woher auch die Bezeichnung _yor_-Präsens herrührt. Diese Endung unterliegt keiner Vokalharmonie und bleibt unverändert erhalten. Das yor-Präsens bezeichnet eine Handlung in ihrem tatsächlichen Ablauf. Das **-yor-** folgt dem Verbstamm oder dem verneinten Verbstamm. Vor der Präsensendung muss ein Vokal der großen Vokalharmonie stehen (also **i, ı, ü** oder **u**), sodass Sie für die Konjugation im Präsens dieses Schema haben:

✔ Verbstamm + **i, ı, ü** oder **u** + **yor** + Personalendung

    gel + **i** + **yor** (*gä-li-jor*; er kommt)

    Die dritte Person Singular hat keine Personalendung, sodass nach der Zeitform keine Endung mehr angefügt werden muss.

Endet der Verbstamm bereits auf einen Vokal der großen Vokalharmonie, übernehmen Sie diesen und setzen aber keinen zusätzlichen Vokal ein:

✔ **okumak (**o-ku-mak*; lesen) wird zu **okuyor** (*o-ku-jor*; sie liest)

Endet der Verbstamm auf einen Vokal, der nicht zu den Vokalen der großen Vokalharmonie gehört, wird dieser Vokal getilgt und der großen Vokalharmonie entsprechend ersetzt:

✔ **beklemek** (*bäk-lä-mäk*; warten) wird zu **bekliyor** (*bäk-li-jor*; er wartet)

✔ **anlamak** (*an-la-mak*; verstehen) wird zu **anlıyor** (*an-lı-jor*; sie versteht)

Vier Verben unterliegen einer Sonderregel, die Sie sich einprägen sollten:

✔ **etmek** (*ät-mäk*; machen, tun), das als Hilfsverb gebraucht wird, um eine ganze Reihe von Verben zu bilden, wird zu **ediyor** (*ä-di-jor*; sie macht)

✔ **gitmek** (*git-mäk*; gehen, fahren) wird zu **gidiyor** (*gi-di-jor*; er geht/fährt)

✔ **demek** (*dä-mäk*; sagen, meinen) wird zu **diyor** (*di-jor*; sie sagt/ meint)

✔ **yemek** (*jä-mäk*; essen) wird zu **yiyor** (*ji-jor*; er isst)

Die generelle Gegenwart

Der Aorist (generelle Gegenwart) wird auch das *r*-Präsens genannt, weil diese Zeitform durch ein **-r** angegeben wird. Mit dieser Zeitform beschreiben Sie Handlungen oder Tätigkeiten, die gewohnheitsmäßig und wiederholt stattfinden. Darunter fallen Sätze wie »Sonntags lese ich beim Frühstück Zeitung« oder »Meine Mutter ruft jeden Tag an«. Der Aorist kann auch zur Wiedergabe von Gepflogenheiten und Eigenschaften eingesetzt werden, wie im Satz »Mein Mann kann sehr gut kochen« oder »Ich bevorzuge Gemüse«.

Da der Aorist im Gegensatz zum Präsens die Handlung nicht als aktuell und tatsächlich ablaufend wiedergibt, können Sie damit auch unverbindliche Zusagen machen. Durch diese Unverbindlichkeit kann auch Höflichkeit ausgedrückt werden, was Sie beim Bestellen im Restaurant ausprobieren können. Der Aorist ist die einzige Zeitform, die Unregelmäßigkeiten aufweist. Dabei gelten folgende Regeln:

✔ Endet ein Verbstamm auf einen Vokal, wird der Aoristmarker **-r** angefügt und die Personalendung angehängt, wobei die dritte Person Singular keine Endung hat:

    • **okumak** (*o-ku-mak*; lesen) wird zu **okur** (*o-kur*; sie liest)

    • **beklemek** (*bäk-lä-mäk*; warten) wird zu **bekler** (*bäk-lär*; er wartet)

✔ Endet ein Verbstamm auf einen Konsonanten, ist es entscheidend, ob dieser Stamm ein- oder mehrsilbig ist.

Bei einsilbigen Verbstämmen wird vor den Aoristmarker **-r** ein Vokal der kleinen Vokalharmonie (**e** oder **a**) eingefügt:

- **gülmek** (*gül-mäk*; lachen) wird zu **güler** (*gü-lär*; sie lacht)
- **satmak** (*ssat-mak*; verkaufen) wird zu **satar** (*ssa-tar*; er verkauft)

Bei mehrsilbigen Verbstämmen, die auf einen Konsonanten enden, fügen Sie einen Vokal der großen Vokalharmonie (**i**, **ı**, **ü** oder **u**) ein:

- **katılmak** (*ka-tıl-mak*; teilnehmen) wird zu **katılır** (*ka-tı-lır*; sie nimmt teil)
- **giyinmek** (*gi-jin-mäk*; sich anziehen) wird zu **giyinir** (*gi-ji-nir*; er zieht sich an)
- **düşünmek** (*dü-schün-mäk*; denken) wird zu **düşünür** (*dü-schü-nür*; sie denkt)
- **unutmak** (*u-nut-mak*; vergessen) wird zu **unutur** (*u-nu-tur*; er vergisst)

Die Ausnahmen betreffen nur die bejahte Form, allerdings sind einige Verben dabei, die im Grundwortschatz enthalten sind. Ein Verbstamm, der auf einen Konsonanten auslautet und einsilbig ist, braucht einen Vokal der kleinen Vokalharmonie (**e** oder **a**) im Aorist. Ausnahme bedeutet in diesem Fall, dass diese Verben wie mehrsilbige Verben behandelt werden, also einen Vokal der großen Vokalharmonie annehmen. Unten sehen Sie eine Zusammenstellung der wichtigsten Verben, die eine Ausnahme darstellen. Es handelt sich um Verbstämme, die einsilbig sind und auf **-l**, **-r** oder **-n** ausgehen. Noch ein Hinweis: Nicht alle einsilbigen Verben, die auf **-l**, **-r** oder **-n** enden, sind eine Ausnahme.

Die häufigsten unregelmäßigen Verben, die ich Ausnahmen nenne, sind:

✔ **bilmek** (*bil-mäk*; wissen, kennen): **bilir** (*bi-lir*; sie weiß, kennt)

✔ **bulmak** (*bul-mak*; finden): **bulur** (*bu-lur*; er findet)

✔ **almak** (*al-mak*; kaufen, nehmen): **alır** (*a-lır*; sie kauft, nimmt)

✔ **gelmek** (*gäl-mäk*; kommen): **gelir** (*gä-lir*; er kommt)

✔ **kalmak** (*kal-mak*; bleiben): **kalır** (*ka-lır*; sie bleibt)

✔ **olmak** (*ol-mak*; werden): **olur** (*o-lur*; er wird)

✔ **vermek** (*wär-mäk*; geben): **verir** (*wä-rir*; sie gibt)

✔ **durmak** (*dur-mak*; stehen, stehen bleiben): **durur** (*du-rur*; er steht, bleibt stehen)

✔ **görmek** (*gör-mäk*; sehen): **görür** (*gö-rür*; sie sieht)

✔ **sanmak** (*ssan-mak*; meinen): **sanır** (*ssa-nır*; er meint)

Der Aorist ist die Zeitform, die bei Sprichwörtern, Redewendungen und Witzen verwendet wird. Auch in Sachtexten und Anekdoten finden Sie ihn häufig wieder.

Eine weitere Zeitform, die in die Gegenwart fällt (der Kontinuativ), soll Sie hier nicht weiter von der Vergangenheit abhalten, da er meist nur in schriftlicher Form in offiziellen Schreiben verwendet wird.

Die Vergangenheit

Wenn Sie gerade Türkisch lernen und demnächst auch einmal sagen möchten »ich habe Türkisch gelernt«, sind Sie an dieser Stelle richtig. Es gibt etliche Vergangenheitsformen im Türkischen (zwei einfache, sechs erweiterte und fünf modale Formen der Vergangenheit), von denen Sie sich aber nicht abschrecken lassen sollten, denn in diesem Buch werde ich nur auf die Vergangenheitsform eingehen, die am häufigsten vorkommt: das *Präteritum*.

Mit dem Präteritum bezeichnet man Ereignisse, die zum Sprechzeitpunkt abgeschlossen sind. Sie können diese Zeitform mit »Ich *nahm* das Buch in die Hand und *lernte* Türkisch« übersetzen, Sie können es aber auch mit dem deutschen Perfekt übersetzen: »Ich *habe* das Buch in die Hand *genommen* und *habe* Türkisch *gelernt*«.

 Streng genommen müsste der Übersetzer auch im Präteritum bleiben (aß, las, ging), doch da im Deutschen die Zeitform Perfekt allmählich die Zeitform Präteritum verdrängt – das nennt man Sprachwandel –, wird auch bei der Übersetzung gerne Perfekt genommen. So auch in diesem Buch, bis auf wenige Ausnahmen.

Bei der Bildung des Präteritums beachten Sie die Konsonantenangleichung (nach einem stimmlosen Konsonanten folgt ein stimmloser Konsonant) und die große Vokalharmonie (also **i**, **ı**, **ü** oder **u**). Die Endung wird direkt an den Verbstamm oder an den verneinten Verbstamm angehängt. Sie ist für das Präteritum **-di, -dı, -dü, -du** oder **-ti, -tı, -tü, -tu**.

Hier finden Sie je einen Beispielsatz für die vier vokalharmonischen Varianten nach einem stimmhaften Konsonanten oder einem vokalischen Auslaut:

✔ **gelmek** (*gäl-mäk*; kommen): **Dün Türkiye'den gel*di*.** (*dün tür-ki-jä-dän gäl-di*; Sie ist gestern aus der Türkei gekommen.)

✔ **uyanmak** (*u-jan-mak*; aufwachen): **Geç uyan*dı*.** (*gätsch u-jan-dı*; Er ist spät aufgewacht.)

✔ **dönmek** (*dön-mäk*; zurückkehren): **Dün Ankara'ya dön*dü*.** (*dün an-ka-ra-ja dön-dü*; Sie ist gestern nach Ankara zurück gekehrt.)

✔ **bulmak** (*bul-mak*; finden): **Para bul*du*.** (*pa-ra bul-du*; Er hat Geld gefunden.)

Hier finden Sie je einen Beispielsatz für die vier vokalharmonischen Varianten nach einem stimmlosen Konsonanten:

✔ **gitmek** (*git-mäk*; gehen, fahren): **Margarete Frankfurt'a git*ti*.** (*mar-ga-rä-tä frank-fur-ta git-ti*; Margarete ist nach Frankfurt gegangen/gefahren.)

✔ **kalkmak** (*kalk-mak*; aufstehen): **Erken kalk*tı*.** (*är-kän kalk-tı*; Sie ist früh aufgestanden.)

✔ **öpmek** (*öp-mäk*; küssen): **Thomas Ayla'yı öp*tü*.** (*too-mass aj-la-jı öp-tü*; Thomas hat Ayla geküsst.)

✔ **uçmak** (*utsch-mak*; fliegen): **Bugün Almanya'ya uç*tu*.** (*bu-gün al-man-ja-ja utsch-tu*; Er ist heute nach Deutschland geflogen.)

Wenn Sie kein Verb, sondern ein Adjektiv oder Substantiv in die Vergangenheit setzen möchten, stellen Sie das Funktionswort **idi** (*i-di*) nach:

✔ **O hasta idi.** (*o hass-ta i-di*; Er war krank.)

✔ **Angela genç idi.** (*an-gää-la gäntsch i-di*; Angela war jung.)

Viel häufiger wird das Funktionswort der Vergangenheit aber »suffigiert«, das heißt als Endung an das Wort angehängt. In diesem Fall achten Sie darauf, dass ein **y** eingeschoben wird, wenn das Wort auf einen Vokal ausgeht. Endet das Wort auf einen Konsonanten, fällt das erste **i** des Wortes **idi** weg und der Konsonant wird angeglichen.

Natürlich werden die Vokale der Endung an die große Vokalharmonie angepasst (also **i**, **ı**, **ü** oder **u**):

✔ **O hasta*y*dı.** (*o hass-taj-dı*; Er war krank.)

✔ **Angela genç*ti*.** (*an-gää-la gäntsch-ti*; Angela war jung.)

Die Zukunft

Die Zukunftsform, die ich nun erkläre, entspricht dem deutschen Futur I (»Ich werde gehen«). Die Endung der Zukunft lautet **-ecek** (*ä-dschäk*) oder **-acak** (*a-dschak*). Diese Endung folgt also der kleinen Vokalharmonie, die die Vokale **e** oder **a** berücksichtigt. Diese Endung wird direkt an den Verbstamm angefügt. Wenn der Verbstamm auf einen Vokal endet, wird ein **y** zur Verbindung eingeschoben, sodass die Endung **-yecek** (*jä-dschäk*) oder **-yacak** (*ja-dschak*) lautet.

✔ **Gürkan bugün gel*ecek*.** (*gür-kan bu-gün gä-lä-dschäk*; Gürkan wird heute kommen.) – von **gelmek** (*gäl-mäk*; kommen)

✔ **Beni bekle*y*ecek.** (*bä-ni bäk-lä-jä-dschäk*; Er wird auf mich warten.) – von **beklemek** (*bäk-lä-mäk*; warten)

✔ **Mektup yaz*acak*.** (*mäk-tup ja-sa-dschak*; Er wird einen Brief schreiben.) – von **yazmak** (*jas-mak*; schreiben)

✔ **Kitap oku*y*acak.** (*ki-tap o-ku-ja-dschak*; Sie wird ein Buch lesen.) – von **okumak** (*o-ku-mak*; lesen)

Spiel und Spaß

Wie lauten die Zahlen auf Türkisch?

a. 12 _____

b. 24 _____

c. 136 _____

d. 591 _____

e. 1001 _____

Die Lösung finden Sie in Anhang C.

Grüßen und Vorstellen

In diesem Kapitel

▷ »Sein« und »haben«

▷ Die Verneinungsformen

▷ Förmliche Begrüßung und Begrüßung unter Freunden

▷ Sich und andere vorstellen

▷ Sich verabschieden

▷ Über Städte, Länder und Nationalitäten sprechen

Sicher möchten Sie wissen, wie Sie »Ich bin … « und »Ich habe … « sagen und erste Sätze bilden. Da es im Türkischen kein »sein« und »haben« gibt, erkläre ich Ihnen in diesem Kapitel, was Sie stattdessen im Türkischen verwenden. Auch die Regeln für die Verneinung können Sie hier finden.

Die Begrüßung und der Austausch von Höflichkeitsfloskeln bilden im türkischen Kulturkreis den Einstieg in jedes Gespräch. Es ist viel wichtiger als im deutschsprachigen Kulturraum, dass Sie der Situation und Ihrem Gegenüber entsprechend höflich reagieren. Der Austausch gewisser Floskeln ist stark ritualisiert und wird Ihnen die Tür zu einem tieferen Gespräch öffnen.

In diesem Kapitel lernen Sie außerdem, wie Sie andere auf Türkisch anreden und begrüßen können, auf Begrüßungen und Höflichkeitsfloskeln reagieren können, sich selbst oder auch jemand anderen vorstellen und einen ersten Small Talk führen. Zum Abschluss eines kurzen Gesprächs gehört natürlich auch die Verabschiedung. Am Ende dieses Kapitels erkläre ich Ihnen, wie Sie nach der Herkunft Ihres Gesprächspartners fragen und sagen, wo Sie selbst herkommen.

Das »sein« im Suffix – Personalsuffixe

Im Türkischen gibt es das Wort »sein« nicht in der Form, in der wir es im Deutschen zur Konjugation verwenden. Anstatt deshalb in Panik zu geraten, sollten Sie sich an dieser Stelle freuen, eine weitere Endung kennenzulernen: das Personalsuffix (personenanzeigende Endung). In dieser Endung, die es für jede Person gibt, ist die Funktion des »sein« enthalten und Sie werden sie auch immer dann brauchen, wenn Sie eine Person kennzeichnen möchten. Die Personalpronomen (personenanzeigende Fürwörter) (**ben, sen, o, biz, siz, onlar**) verlieren dadurch an Bedeutung, denn die Endung muss gesetzt werden, das Personalpronomen kann wegfallen.

Die erste Person Singular (»ich bin«) benötigt die große Vokalharmonie (**i, ı, ü, u**) und den Bindekonsonanten **y**, wenn im Auslaut ein Vokal steht:

✔ **Alman** (*al-man*; Deutsche) – **Alman*ım*.** (*al-man-ım*; Ich bin Deutsche.)

✔ **zengin** (*sän-gin*; reich) – **Zengin*im*.** (*sän-gin-im*; Ich bin reich.)

✔ **Brühllü** (*brüül-lü*; Brühler) – **Brühllü*yüm*.** (*brüül-lü-jüm*; Ich bin Brühler.)

✔ **mutlu** (*mut-lu*; glücklich) – **Mutlu*yum*.** (*mut-lu-jum*; Ich bin glücklich.)

In der zweiten Person Singular (»du bist«) müssen Sie nur die große Vokalharmonie beachten:

✔ **Alman** – **Alman*sın*.** (*al-man-ssın*; Du bist Deutscher.)

✔ **zengin** – **Zengin*sin*.** (*sän-gin-ssin*; Du bist reich.)

✔ **Brühllü** – **Brühllü*sün*.** (*brüül-lü-ssün*; Du bist Brühlerin.)

✔ **mutlu** – **Mutlu*sun*.** (*mut-lu-ssun*; Du bist glücklich.)

In der dritten Person Singular (»er/sie/es ist«) gibt es keine Kennzeichnung der angesprochenen Person, sodass das Wort **Alman** »der« oder »die Deutsche« sein kann, aber auch einen ganzen Satz bilden kann:

✔ **Alman** – **Alman.** (*al-man*; Er ist Deutscher.)

✔ **zengin** – **Zengin.** (*sän-gin*; Sie ist reich.)

✔ **Brühllü** – **Brühllü.** (*brüül-lü*; Er ist Brühler.)

✔ **mutlu** – **Mutlu.** (*mut-lu*; Sie ist glücklich.)

Für die Kennzeichnung der ersten Person Plural (»wir sind«) brauchen Sie den Bindekonsonanten **y**, wenn das Wort auf einen Vokal endet, und die große Vokalharmonie:

✔ **Alman** – **Alman*ız*.** (*al-man-ıs*; Wir sind Deutsche.)

✔ **zengin** – **Zengin*iz*.** (*sän-gin-is*; Wir sind reich.)

✔ **Brühllü** – **Brühllü*yüz*.** (*brüül-lü-jüs*; Wir sind Brühlerinnen.)

✔ **mutlu** – **Mutlu*yuz*.** (*mut-lu-jus*; Wir sind glücklich.)

Bei der zweiten Person Plural (»ihr seid«) beachten Sie nur die große Vokalharmonie:

✔ **Alman** – **Alman*sınız*.** (*al-man-ssı-nıs*; Sie sind/ihr seid Deutsche.)

✔ **zengin** – **Zengin*siniz*.** (*sän-gin-ssi-nis*; Sie sind/ihr seid reich.)

✔ **Brühllü** – **Brühllü*sünüz*.** (*brüül-lü-ssü-nüs*; Sie sind/ihr seid Brühler.)

✔ **mutlu** – **Mutlu*sunuz*.** (*mut-lu-ssu-nus*; Sie sind/ihr seid glücklich.)

In der dritten Person Plural (»sie sind«) haben Sie zwei Möglichkeiten. Sie können zur Kennzeichnung der Person die Pluralendung verwenden oder Sie setzen das Personalpronomen **onlar** (*on-lar*; sie) davor.

Es geht natürlich auch beides zusammen, sodass es folgende Möglichkeiten gibt:

✔ **Mutlu*lar*.** (*mu-lu-lar*; Sie sind glücklich.)

✔ **Onlar mutlu.** (*on-lar mut-lu*; Sie sind glücklich.)

✔ **Onlar mutlu*lar*.** (*on-lar mut-lu-lar*; Sie sind glücklich.)

 Selbstverständlich können Sie auch in den anderen Personen das Personalpronomen voranstellen, meistens ist es aber überflüssig. Wenn Sie die Personalpronomen immer anwenden, ist das nicht falsch, aber man wird Sie sofort als Anfänger erkennen.

Es gibt zwei Arten von Personalendungen. Man spricht von den Personalendungen des ersten und zweiten Typs oder von den Personalendungen Typ I und II. Die Endungen, die Sie hier kennengelernt haben, sind die des ersten Typs.

In Tabelle 3.1 sehen Sie die personenanzeigenden Endungen des ersten Typs auf einen Blick. Bindekonsonanten, die nur nach einem vorangehenden Vokal eingesetzt werden, stehen in Klammern. Die Pluralendung für die dritte Person Plural (**-lar**, **-ler**) kann weggelassen werden, wenn das Pronomen **onlar** (*on-lar*; sie) vorangestellt wird.

Person	Singular	Plural
Erste	*-(y)im, -(y)ım, -(y)üm, -(y)um*	*-(y)iz, -(y)ız, -(y)üz, -(y)uz*
Zweite	*-sin, -sın, -sün, -sun*	*-siniz, -sınız, -sünüz, -sunuz*
Dritte		*-lar, -ler*

Tabelle 3.1: Personalsuffixe Typ I

Personalendungen des ersten Typs verlassen ihre Position und wandern an die letzte Stelle im Satz. Sie stehen dann zum Beispiel an der Verneinung **değil** (*dää-il*; nicht, kein) oder an der Fragepartikel:

✔ **Mutlu*yum*.** (*mut-lu-jum*; Ich bin glücklich.)

✔ **Mutlu değil*im*.** (*mut-lu dää-i-lim*; Ich bin nicht glücklich.)

✔ **Mutlu mu*sun*?** (*mut-lu mu-ssun*; Bist du glücklich?)

✔ **Mutlu değil mi*sin*?** (*mut-lu dää-il mi-ssin*; Bist du nicht glücklich?)

Noch mehr Personalendungen

Für die Konjugation in der Vergangenheit, dem Präteritum, benötigen Sie personenanzeigende Endungen, die denen des ersten Typs ganz ähnlich sind. Diese werden Personalendungen des zweiten Typs genannt. Auch für Sätze ohne Verben, die Sie mithilfe des Funktionswortes **idi** (*i-di*; war) in die Vergangenheit setzen, brauchen die Personalendungen Typ II.

Das Funktionswort **idi** (_i-di_; war), das Adjektive und Substantive in die Vergangenheit setzt, kann getrennt geschrieben werden. Häufiger wird es aber, sowohl in der gesprochenen als auch in der geschriebenen Sprache, als Endung an das Wort rangezogen. Als Endung richtet sich **idi** nach der großen Vokalharmonie und gleicht den Konsonanten an. Wenn das vorhergehende Wort auf einen Vokal endet, wird der Bindekonsonant **y** eingeschoben.

Hier einige Beispiele mit den Personalendungen des zweiten Typs mit dem Funktionswort **idi** in allen Personen (getrennt und als Endung):

✔ **Mutlu idim./Mutluydum.** (_mut-lu i-dim/mut-luj-dum_; Ich war glücklich.)

✔ **Genç idin./Gençtin.** (_gäntsch i-din/gäntsch-tin_; Du warst jung.)

✔ **Doktor idi./Doktordu.** (_dok-tor i-di/dok-tor-du_; Sie war Ärztin.)

✔ **Zengin idik./Zengindik.** (_sän-gin i-dik/sän-gin-dik_; Wir waren reich.)

✔ **Hasta idiniz./Hastaydınız.** (_hass-ta i-di-nis/hass-taj-dı-nıs_; Ihr wart/Sie waren krank.)

✔ **Öğretmen idiler./Öğretmendiler.** (_öö-rät-män i-di-lär/öö-rät-män-di-lär_; Sie waren Lehrer.)

Tabelle 3.2 zeigt die personenanzeigenden Endungen des zweiten Typs auf einen Blick. Die Pluralendung für die dritte Person Plural (**-lar**, **-ler**) kann weggelassen werden, wenn das Pronomen **onlar** (_on-lar_; sie) vorangestellt wird.

Person	Singular	Plural
Erste	_-m_	_-k_
Zweite	_-n_	_-niz, -nız, -nüz, -nuz_
Dritte		_-lar, -ler_

Tabelle 3.2: Personalsuffixe Typ II

Die Personalendungen des zweiten Typs wandern bei Verwendung des Funktionswortes **idi** ebenfalls an die letzte Stelle im Satz. Sie stehen dann zum Beispiel an der Verneinung **değil** (_dää-il_; nicht, kein) oder an der Fragepartikel:

✔ **Mutluydum.** (_mut-luj-dum_; Ich war glücklich.)

✔ **Mutlu değildim.** (_mut-lu dää-il-dim_; Ich war nicht glücklich.)

✔ **Mutlu muydun?** (_mut-lu muj-dun_; Warst du glücklich?)

✔ **Mutlu değil miydin?** (_mut-lu dää-il mij-din_; Warst du nicht glücklich?)

Personalendungen in der Konjugation

Nachdem Sie nun die Personalendungen kennen, können Sie ohne Weiteres Verben konjugieren (in Kapitel 2 haben Sie die Konjugation nur in der dritten Person Singular gelernt). Sie finden hier je ein Beispiel für die Konjugation in den verschiedenen Zeiten.

Konjugation im Präsens

Da die Präsensendung **-yor** immer unverändert bleibt, sich also nicht vokalharmonisch anpasst, stehen die folgenden Personalendungen immer mit dem Vokal **u**. Eine Ausnahme bildet die dritte Person Plural, da die Personalendung hier nach der kleinen Vokalharmonie funktioniert. In der dritten Person Plural haben Sie in der Personalendung der Konjugation im Präsens also immer den Vokal **a**. Im Präsens nehmen Sie die Personalendungen des ersten Typs.

✔ **geliyorum** (*gä-li-jo-rum*; ich komme)

✔ **geliyorsun** (*gä-li-jor-ssun*; du kommst)

✔ **geliyor** (*gä-li-jor*; er kommt)

✔ **geliyoruz** (*gä-li-jo-rus*; wir kommen)

✔ **geliyorsunuz** (*gä-li-jor-ssu-nus*; ihr kommt/Sie kommen)

✔ **geliyorlar** (*gä-li-jor-lar*; sie kommen)

Konjugation im Aorist

Aus Kapitel 2 wissen Sie, dass der Aorist, die generelle Gegenwart oder auch r-Präsens genannt, die einzige Zeitform ist, deren Bildung unregelmäßig ist und Ausnahmen hat. Die Personalendungen werden aber in den bejahten Formen regelmäßig angefügt. Auch der Aorist nimmt die personenanzeigenden Endungen des ersten Typs an:

✔ **okurum** (*o-ku-rum*; ich lese).

✔ **okursun** (*o-kur-ssun*; du liest)

✔ **okur** (*o-kur*; sie liest)

✔ **okuruz** (*o-ku-rus*; wir lesen)

✔ **okursunuz** (*o-kur-ssu-nus*; ihr lest/Sie lesen)

✔ **okurlar** (*o-kur-lar*; sie lesen)

Konjugation im Präteritum

Bei der Bildung des Präteritums gleichen Sie die Vokale nach der großen Vokalharmonie an (**i, ı, ü, u**). Der Konsonant der Endung kann **d** oder **t** lauten, je nachdem, ob der vorangehende Konsonant stimmlos ist oder nicht.

Das Prinzip der Konsonantenangleichung besagt, dass der erste Konsonant einer Endung stimmlos wird, wenn er auf einen stimmlosen Konsonanten trifft. Dazu kennen Sie den Merksatz »**E**fe **Pa**şa **ç**ok **h**ast**a**.«, in dem Sie alle stimmlosen Konsonanten beieinander haben. Im Präteritum wird die Endung **-di** zu **-ti**, wenn das vorherige Wort auf einen stimmlosen Konsonanten endet.

✔ **uçmak** (*utsch-mak*; fliegen) wird zu **uç*t*u** (*utsch-tu*; sie flog)

Im Gegensatz zum Funktionswort **idi**, das Sie nicht bei Verben verwenden, benötigt die Endung des Präteritums keinen Bindekonsonanten.

Hier ein Beispiel für die Konjugation im Präteritum anhand des Verbs **gitmek** (_git-mäk_; gehen, fahren); das Präteritum nimmt die Personalendungen des zweiten Typs an:

 Das türkische Präteritum kann als Präteritum (ich aß) oder als Perfekt (ich habe gegessen) ins Deutsche übersetzte werden.

✔ **gitti*m*** (_git-tim_; ich bin gegangen)

✔ **gitti*n*** (_git-tin_; du bist gegangen)

✔ **gitti** (_git-ti_; er ist gegangen)

✔ **gitti*k*** (_git-tik_; wir sind gegangen)

✔ **gitti*niz*** (_git-ti-nis_; ihr seid/Sie sind gegangen)

✔ **gitti*ler*** (_git-ti-lär_; sie sind gegangen)

 Im Präteritum bleiben die Personalendungen am Verbstamm kleben und wandern nicht an die letzte Stelle im Satz wie in allen anderen Zeiten:

✔ **Geldi*n* mi?** (_gäl-din_ mi; Bist du gekommen?), nicht **Geldi mi*sin*?** oder **Geldi mi*n*?**

Konjugation im Futur

Wenn Sie ein Verb in der Zukunft konjugieren, benötigen Sie die Personalendungen des ersten Typs. Die Endung richtet sich nach der kleinen Vokalharmonie (**-ecek** oder **-acak**) und benötigt den Bindekonsonanten **y**, wenn der Verbstamm auf einen Vokal endet (**-yecek** oder **-yacak**). Die Futurendung weist eine Besonderheit auf: Tritt eine Personalendung an die Futurendung, die mit einem Vokal beginnt, wird das auslautende **k** der Endung zu einem **ğ**. Dazu hier ein Beispiel mit dem Verb **içmek** (_itsch-mäk_; trinken):

✔ **içece*ğim*** (_i-tschä-dschää-im_; ich werde trinken)

✔ **içecek*sin*** (_i-tschä-dschäk-ssin_, du wirst trinken)

✔ **içecek** (_i-tschä-dschäk_; sie wird trinken)

✔ **içece*ğiz*** (_i-tschä-dschää-is_; wir werden trinken)

✔ **içecek*siniz*** (_i-tschä-dschäk-ssi-nis_; ihr werdet/Sie werden trinken)

✔ **içecek*ler*** (_i-tschä-dschäk-lär_; sie werden trinken)

 In der gesprochenen Sprache wird die Futurendung meistens zusammengezogen und verkürzt ausgesprochen. Sie werden oft statt _i-tschä-dschää-im_ einfach ein kurzes _i-tschi-dschäm_ oder _i-tschi-dschijm_ hören (Letzteres vor allem in Istanbul).

»Haben« gibt es nicht als Verb

Auch ein Verb für »haben« gibt es nicht im Türkischen, dennoch kann man natürlich auch auf Türkisch sagen, dass man etwas hat (oder auch nicht). Wenn Sie noch die Possessivpronomen (besitzanzeigende Fürwörter, **benim**, **senin**, **onun**, **bizim**, **sizin**, **onların**) im Kopf haben, haben Sie einen der drei Bausteine, die man für das Türkische »haben« braucht. Daraus können Sie sich dann die »haben«-Konstruktion basteln. Die Possessivpronomen sind identisch mit den Personalpronomen im Genitiv: **benim** (*bä-nim*) bedeutet also sowohl »mein«, »meine« als auch »meiner«, »meines«.

Auch die Genitivendung kennen Sie schon und der Genitiv ist das erste Element der Habenformel. Das zweite Element bildet – wie könnte es anders sein – eine neue Endung: das Possessivsuffix (besitzanzeigende Endung). Das dritte und letzte Element ist das Wörtchen **var** (*war*), was so viel wie »es gibt, ist vorhanden, ist existent« bedeutet.

Kurzgefasst, bilden Sie Sätze mit dem Wort »haben« wie folgt:

✔ Genitivendung + Possessivendung + **var**

Auch bei »Haben«-Sätzen kann die Kennzeichnung der Person durch ein Personalpronomen weggelassen werden, da aus der Possessivendung die Person eindeutig hervorgeht. Aus diesem Grund stehen die Pronomen jetzt in Klammern.

Die Possessivendung für die erste Person Singular braucht einen Vokal der großen Vokalharmonie (**i**, **ı**, **ü** oder **u**), wenn das Wort auf einen Konsonanten endet. Einer dieser vier Vokale wird also nur eingefügt, um zwei Konsonanten zu verbinden, wie in den folgenden Beispielen:

✔ **araba** (*a-ra-ba*; Auto);
- **(benim) araba*m*** (*bä-nim a-ra-bam*; mein Auto)
- **(Benim) araba*m* var.** (*bä-nim a-ra-bam war*; Ich habe ein Auto.)

✔ **kalem** (*ka-läm*; Stift)
- **(benim) kalem*im*** (*bä-nim ka-lä-mim*; mein Stift)
- **(Benim) kalem*im* var.** (*bä-nim ka-lä-mim war*; Ich habe einen Stift.)

In der zweiten Person Singular benötigen Sie ebenfalls einen Bindevokal der großen Vokalharmonie, wenn das Wort auf einen Konsonanten endet:

✔ **(Senin) araba*n* var.** (*ssä-nin a-ra-ban war*; Du hast ein Auto.)

✔ **(Senin) kalem*in* var.** (*ssä-nin ka-lä-min war*; Du hast einen Stift.)

In der dritten Person Singular haben Sie die große Vokalharmonie und einen Bindekonsonanten **s**, wenn das Wort auf einen Vokal endet:

✔ **(Onun) araba*sı* var.** (*o-nun a-ra-ba-ssı war*; Sie hat ein Auto.)

   Julia'nın araba*sı* var. (*ju-li-ja-nın a-ra-ba-ssı war*; Julia hat ein Auto.)

✔ **(Onun) kalem*i* var.** (*o-nun ka-lä-mi war*; Er hat einen Stift.)

   Julia'nın kalem*i* var. (*ju-li-ja-nın ka-lä-mi war*; Julia hat einen Stift.)

In der ersten Person Plural brauchen Sie die große Vokalharmonie und eventuell einen Binde-vokal aus der Vokalreihe der großen Vokalharmonie:

✔ **(Bizim) araba*mız* var.** (_bi-sim a-ra-ba-mıs war_; Wir haben ein Auto.)

✔ **(Bizim) kalem*imiz* var.** (_bi-sim ka-lä-mi-mis war_; Wir haben einen Stift.)

Die große Vokalharmonie brauchen Sie auch bei der zweiten Person Plural:

✔ **(Sizin) araba*nız* var.** (_ssi-sin a-ra-ba-nıs war_; Sie haben/ihr habt ein Auto.)

✔ **(Sizin) kalem*iniz* var.** (_ssi-sin ka-lä-mi-nis war_; Sie haben/ihr habt einen Stift.)

Bei der dritten Person Plural lautet das Suffix **-ları** (_la-rı_) oder **-leri** (_lä-ri_) und kann durch die Endung der dritten Person Singular ersetzt werden, wenn das Pronomen genannt ist. Es gibt folgende Möglichkeiten, um »Sie haben ein Auto« zu sagen:

✔ **Araba*ları* var.** (_a-ra-ba-la-rı war_; Sie haben ein Auto.)

✔ **Onların araba*ları* var.** (_on-lar-ın a-ra-ba-la-rı war_; Sie haben ein Auto.)

✔ **Onların araba*sı* var.** (_on-lar-ın a-ra-ba-ssı war_; Sie haben ein Auto.)

Die Kombination aus Genitiv und Possessiv wird _Genitivverbindung_ genannt und bildet die tragende Mauer vieler Sätze, also auch der »Haben«-Sätze. Besonders deutlich sehen Sie das in Sätzen der dritten Person:

✔ **Julia'*nın* araba*sı* var.** (_ju-li-ja-nın a-ra-ba-ssı war_; Julia hat ein Auto.)

- Die Person, die etwas hat, steht im Genitiv (hier: Julia).
- Das, was sie hat, steht mit einer Possessivendung (hier: Auto).

Wörtlich ließe sich der Satz so übersetzen: **Julia'nın** (Julias) **arabası** (ihr Auto) **var** (gibt es).

Bei Possessivendungen stehen Bindevokal und Bindekonsonanten in Klammern. In der drit-ten Person Plural kann auch das Suffix der dritten Person Singular stehen, wenn das Prono-men vorangeht.

Person	Singular	Plural
Erste	-(i)m, -(ı)m, -(ü)m, -(u)m	-(i)miz, -(ı)mız, -(ü)müz, -(u)muz
Zweite	-(i)n, -(ı)n, -(ü)n, -(u)n	-siniz, -sınız, -sünüz, -sunuz
Dritte	-(s)i, -(s)ı, -(s)ü, -(s)u	-ları, -leri

Tabelle 3.3: Possessivsuffixe im Türkischen

 Jede Endung hat ihr Zuhause an einer bestimmten Stelle. Die Possessivendung steht nach einer Plural- und vor einer Fallendung, zum Beispiel:

✔ **ev** (_äw_; Haus)

✔ **evler** (_äw-lär_; Häuser)

✔ **evlerim** (_äw-lä-rim_; meine Häuser)

✔ **evlerimde** (_äw-lä-rim-dä_; in meinen Häusern)

Das Wörtchen **var** (*war*) können Sie einfach in die Vergangenheit setzen, indem Sie das Funktionswort **idi** (*i-di*) als Endung ranziehen. Hierzu benötigen Sie die große Vokalharmonie, aus **var** wird also **vardı** (*war-dı*):

✔ **Julia'nın arabası vardı.** (*ju-li-ja-nın a-ra-ba-ssı war-dı*; Julia hatte ein Auto.)

✔ **Benim arabam vardı.** (*bä-nim a-ra-bam war-dı*; Ich hatte ein Auto.)

Die Verneinungsformen

Insgesamt gibt es drei Verneinungsarten im Türkischen, die alle ihren eigenen Regeln folgen. Hierbei unterscheidet man »Nicht-haben-Sätze«, die Verneinung von »sein«, das es ebenfalls nicht als Verb im Türkischen gibt, und die Verneinung von Verben.

Verneinung von »haben«

Vielleicht hat Julia tatsächlich ein Auto, vielleicht hat sie aber auch keins. Auch das können wir sagen, indem wir das Wörtchen **var** (*war*; gibt es, ist vorhanden, ist da) einfach durch sein Gegenstück **yok** (*jok*; gibt es nicht, ist nicht vorhanden, ist nicht da) ersetzen. Schauen Sie sich dazu folgende Sätze an:

✔ **Julia'nın arabası yok.** (*ju-li-ja-nın a-ra-ba-ssı jok*; Julia hat kein Auto.)

✔ **Ekmek yok.** (*äk-mäk jok*; Es gibt kein Brot.)

✔ **Bugün yemek yok.** (*bu-gün jä-mäk jok*; Heute gibt es kein Essen.)

✔ **(Benim) çayım yok.** (*bä-nim tschaj-ım jok*; Ich habe keinen Tee.)

An der *Genitivverbindung*, dem Grundgerüst von »Haben-Sätzen«, verändert sich also nichts. Allein das Wort **var** wird ausgetauscht durch das Wort **yok**. Das Wort **yok** kann auch in die Vergangenheit gesetzt werden, was Sie aus Kapitel 2 kennen. In der Vergangenheit lautet es **yoktu** (*jok-tu*), da zur großen Vokalharmonie auch die Konsonantenangleichung hinzukommt:

✔ **Ekmek yoktu.** (*äk-mäk jok-tu*; Es gab kein Brot.)

✔ **Julia'nın arabası yoktu.** (*ju-li-ja-nın a-ra-ba-ssı jok-tu*; Julia hatte kein Auto.)

✔ **(Benim) çayım yoktu.** (*bä-nim tschaj-ım jok-tu*; Ich hatte keinen Tee.)

Verneinung von »sein«

Kommen wir nun zur zweiten Möglichkeit der Verneinung: **değil** (*dää-il*; nicht, kein). Mit dem Wörtchen **değil** können Sie alle einfachen Aussagen verneinen, es sei denn, Sie möchten ein Verb oder einen **var**-Satz verneinen. Das Wörtchen **değil** kommt ans Ende der Aussage, die Sie verneinen möchten, wird der Aussage also nachgestellt:

✔ **Hava güzel değil.** (*ha-wa gü-säl dää-il*; Das Wetter ist nicht gut.)

✔ **Julia Türk değil.** (*ju-li-ja türk dää-il*; Julia ist nicht Türkin.)

Die Personalendung wandert dabei an die letzte Position im Satz, sodass bei Sätzen wie **Ben Türküm.** (_bän türk-üm_; Ich bin Türkin.) an die Verneinung noch eine Personalendung angehängt wird:

✔ **Ben Türk değil_im_.** (_bän türk dää-il-im_; Ich bin nicht Türkin.)

✔ **Zengin değil_siniz_.** (_sän-gin dää-il-ssi-nis_; Sie sind / ihr seid nicht reich.)

Auch das Wort **değil** können Sie mithilfe des Wortes **idi**, das Sie als Endung ranziehen, einfach in die Vergangenheit setzen. Es lautet dann **değildi** (_dää-il-di_; war nicht):

✔ **Hava güzel değildi.** (_ha-wa gü-säl dää-il-di_; Das Wetter war nicht gut.)

✔ **Julia zengin değildi.** (_ju-li-ja sän-gin dää-il-di_; Julia war nicht reich.)

Verneinung des Verbs

Die dritte und letzte Verneinungsform ist die Verneinung des Verbs. Möchten Sie eine Tätigkeit verneinen, müssen Sie das Verb verneinen. Die Verben werden im Infinitiv, der nach der kleinen Vokalharmonie auf **-mek** (_-mäk_) oder **-mak** (_-mak_) endet, durch eine Endung verneint, die an den Verbstamm angehängt wird und ebenfalls von der kleinen Vokalharmonie beherrscht wird: **-me** (_-mä_) oder **-ma** (_-ma_).

Der Verbstamm von »gehen/fahren« ist beispielsweise **git-** (_git_). Im Infinitiv lautet das Verb also **gitmek** (_git-mäk_).

In einem Wörterbuch finden Sie die Verben immer im Infinitiv, der auf **-mek** (_-mäk_) und **-mak** (_-mak_) endet.

Die Verneinungsendung kommt im verneinten Infinitiv direkt an den Verbstamm, es folgt dann die Infinitivendung:

✔ **git_me_mek** (_git-mä-mäk_; nicht gehen/fahren)

✔ **oku_ma_mak** (_o-ku-ma-mak_; nicht lesen)

✔ **gül_me_mek** (_gül-mä-mäk_; nicht lachen)

✔ **yaz_ma_mak** (_jas-ma-mak_; nicht schreiben)

Sicher erinnern Sie sich an eine der wenigen Betonungsregeln im Türkischen, die ich in Kapitel 1 erläutert habe: Bei verneinten Verben wird die Silbe vor der Verneinung leicht betont. Zum Beispiel:

✔ **gülmemek** (_gül-mä-mäk_; nicht lachen)

✔ **okumamak** (_o-ku-ma-mak_; nicht lesen)

In der Konjugation ändert sich die Reihenfolge der Endungen nicht, es kommt nur die Verneinungsendung hinzu.

Dem Verbstamm folgt die Verneinungsendung, danach kommt die Zeitform und am Ende erscheint die personenanzeigende Endung:

✔ **Gitmiyorum.** (*git-mi-jo-rum*; Ich gehe/fahre nicht.)

✔ **Gitmedim.** (*git-mä-dim*; Ich bin nicht gegangen/gefahren.)

✔ **Gitmeyeceğim.** (*git-mä-jä-dschää-im*; Ich werde nicht gehen/fahren.)

Drei Verneinungsformen

✔ Die einfache Verneinung von Aussagen erfolgt durch ein nachgestelltes **değil**.

✔ Sätze, in denen das Wörtchen **var** enthalten ist, werden durch sein Gegenteil **yok** verneint.

✔ Soll eine Handlung oder Tätigkeit verneint werden, verneinen Sie das Verb mit der Endung **-me** oder **-ma**.

Die Verneinung in den verschiedenen Zeiten

Damit Sie eine Übersicht über die verneinte Konjugation haben, gebe ich Ihnen hier für jede Zeit ein Beispiel.

Verneinte Konjugation im Präsens

Die Präsensendung **-yor** weist eine Besonderheit auf: Vor ihr muss immer ein Vokal der großen Vokalharmonie stehen (**i**, **ı**, **ü** oder **u**). Daher wird in der Konjugation im Präsens der Vokal der Verneinungsendung **-me** oder **-ma**, die sich nach der kleinen Vokalharmonie richtet, umgeformt:

✔ **gel*mi*yorum** (*gäl-mi-jo-rum*; ich komme nicht)

✔ **gel*mi*yorsun** (*gäl-mi-jor-ssun*; du kommst nicht)

✔ **gel*mi*yor** (*gäl-mi-jor*; er kommt nicht)

✔ **gel*mi*yoruz** (*gäl-mi-jo-rus*; wir kommen nicht)

✔ **gel*mi*yorsunuz** (*gäl-mi-jor-ssu-nus*; ihr kommt/Sie kommen nicht)

✔ **gel*mi*yorlar** (*gäl-mi-jor-lar*; sie kommen nicht)

Verneinte Konjugation im Aorist

Die generelle Gegenwart, die in der bejahten Konjugation als einzige Zeit unregelmäßig gebildet wird und als Endung ein **-r** annimmt, ist aus verschiedenen Gründen interessant. Zum einen gibt es diese Zeitform im Deutschen nicht, zum anderen weist sie in der Verneinung neue Merkmale auf. Die Endung (**-r**) fällt in der Verneinung weg, in einigen Personen tritt dafür ein **-z** auf. Achten Sie auch auf den Unterschied der Personalendung in der ersten Person Singular.

In dieser Zeitform wird nicht die Silbe vor der Verneinung betont, sondern die Silben, in denen ein **-z** erscheint, oder, anders gesagt, die Silbe mit der Verneinungsendung.

✔ **okumam** (*o-ku-mam*; ich lese nicht)

✔ **okumazsın** (*o-ku-mas-ssın*; du liest nicht)

✔ **okumaz** (*o-ku-mas*; sie liest nicht)

✔ **okumayız** (*o-ku-ma-jıs*; wir lesen nicht)

✔ **okumazsınız** (*o-ku-mas-ssı-nıs*; ihr lest/Sie lesen nicht)

✔ **okumazlar** (*o-ku-mas-lar*; sie lesen nicht)

Verneinte Konjugation im Präteritum

Die Verneinung im Präteritum funktioniert ganz regelmäßig. Die Verneinungsendung tritt an den Verbstamm, daran wird die Zeit und anschließend die Personalendung gesetzt.

 Das Präteritum nimmt die Personalendungen des zweiten Typs an!

✔ **gitmedim** (*git-mä-dim*; ich bin nicht gefahren)

✔ **gitmedin** (*git-mä-din*; du bist nicht gefahren)

✔ **gitmedi** (*git-mä-di*; er ist nicht gefahren)

✔ **gitmedik** (*git-mä-dik*; wir sind nicht gefahren)

✔ **gitmediniz** (*git-mä-di-nis*; ihr seid/Sie sind nicht gefahren)

✔ **gitmediler** (*git-mä-di-lär*; sie sind nicht gefahren)

Verneinte Konjugation im Futur

Auch im Futur müssen Sie bei der Verneinung keine Besonderheiten oder Ausnahmen beachten. Sie fügen die Verneinungsendung an den Verbstamm, anschließend kommt die Futurendung, gefolgt von der Personalendung.

✔ **içmeyeceğim** (*itsch-mä-jä-dschää-im*; ich werde nicht trinken)

✔ **içmeyeceksin** (*itsch-mä-jä-dschäk-ssin*, du wirst nicht trinken)

✔ **içmeyecek** (*itsch-mä-jä-dschäk*; sie wird nicht trinken)

✔ **içmeyeceğiz** (*itsch-mä-jä-dschää-is*; wir werden nicht trinken)

✔ **içmeyeceksiniz** (*itsch-mä-jä-dschäk-ssi-nis*; ihr werdet/Sie werden nicht trinken)

✔ **içmeyecekler** (*itsch-mä-jä-dschäk-lär*; sie werden nicht trinken)

 Wie auch in der bejahten Form ist die Aussprache der verneinten Verben im Futur nicht wie gedruckt. Statt *itsch-mä-jä-dschää-im* hören Sie ein zusammengezogenes *itsch-mij-dschäm*, besonders in der Istanbuler Aussprache.

Die Begrüßung

Wie auch im Deutschen gibt es verschiedene Möglichkeiten, durch eine Begrüßung den ersten Kontakt herzustellen. Wenn Sie jemandem zum ersten Mal begegnen, sollten Sie immer eine förmliche Variante wählen. Wenn Sie dagegen vertraute Menschen wie Familienmitglieder, Freunde, gute Bekannte begrüßen, darf es auch ein lockeres »Hallo« sein.

Es gibt Begrüßungen, die passend zur Tageszeit gewählt werden und neutral sind:

✔ **Günaydın!** (*gün-aj-dın*; Guten Morgen!)

✔ **İyi akşamlar!** (*i-ji ak-scham-lar*; Guten Abend!)

Am häufigsten werden allerdings folgende Begrüßungen verwendet:

✔ **İyi günler!** (*i-ji gün-lär*; Guten Tag!)

✔ **Merhaba!** (*mär-ha-ba*; Grüß dich/Sie!, Hallo!)

İyi günler! (*i-ji gün-lär*; Guten Tag!) können Sie vom Vormittag bis zum Abend verwenden, bevor Sie auf **İyi akşamlar!** (*i-ji ak-scham-lar*; Guten Abend!) umsteigen. Diese Form können Sie immer verwenden, wenn Sie jemandem zum ersten Mal begegnen und höflich sein möchten, zum Beispiel wenn Sie

✔ ein Geschäft betreten,

✔ mit einer Person in Kontakt kommen möchten,

✔ ein Anliegen haben.

Merhaba! (*mär-ha-ba*; Grüß dich/Sie!, Hallo!) hingegen ist etwas informeller und wird ebenfalls sehr häufig benutzt. Sie können darauf zurückgreifen, wenn

✔ Sie die Person bereits kennen und

✔ der Anlass keinen offiziellen Charakter hat.

Selam! (*ssä-lam*; Hi/Hallo!) ist eine sehr vertraute Variante. Sie sollten diese Form nur benutzen, wenn Sie gleichaltrige oder etwas jüngere Personen begrüßen, mit denen Sie sehr vertraut sind.

 Üblicherweise begrüßt und verabschiedet man sich mit je einem Küsschen auf jede Wange, was auch von Männern untereinander praktiziert wird. Dabei gibt man sich die rechte Hand. Das ist nicht nur unter engen Freunden üblich, sondern auch unter Bekannten. Manchmal begrüßen sich auch Personen mit einem Küsschen, die einander zum ersten Mal begegnen, zum Beispiel wenn Sie als Gast eingeladen sind und anderen Familienmitgliedern zum ersten Mal begegnen. Bei Amtsgängen oder einem Einkauf küsst man sich dagegen nicht, es wird auch nicht die Hand gereicht. Sollten Sie sich unsicher sein, ob Sie ein Küsschen geben oder nicht, warten Sie ab, wie Ihr Gegenüber reagiert, und lassen Sie sich mitziehen.

Wesentlich älteren Personen wird bei der Begrüßung die rechte Hand geküsst und an die Stirn geführt. Das Küsschen ist dabei kein schmatzendes, sondern eher ein symbolisch angedeutetes. Damit erweist man älteren Menschen seinen Respekt. Manche älteren Personen strecken Ihnen schon, um den Vorgang in Schwung zu bringen, ihre rechte Hand Ihrem Gesicht entgegen. Sollte Ihnen das passieren, wissen Sie nun, was zu tun ist.

Sich vorstellen und jemanden kennenlernen

Gefolgt von der Begrüßung sollten Sie sich zuerst vorstellen. Ob Sie Ihren Vor- und Zunamen oder nur den Vornamen nennen, hängt ganz von der Situation ab. Wenn Sie mit Kindern sprechen, reicht der Vorname. Nachnamen werden kaum benutzt, es sei denn auf dem Amt oder bei offiziellen Anlässen. Begegnen Sie einer Person in einem informellen Zusammenhang zum ersten Mal, mag der Vorname ausreichen. Es ist aber nie verkehrt, den Familiennamen auch zu erwähnen.

Siezen oder duzen? Es ist üblich, sich zunächst zu siezen. Auch gleichaltrige junge Erwachsene, zum Beispiel Studenten, werden sich bei der ersten Begegnung in der Uni siezen. Bis Ihr Gesprächspartner Ihnen das »Du« anbietet, sollten Sie beim »Sie« bleiben. Es ist auch üblich, dass Jüngere geduzt, ältere Gesprächspartner hingegen gesiezt werden. Fassen Sie es nicht als Beleidigung auf, wenn ein offensichtlich älterer Gesprächspartner Sie duzt und bleiben Sie beim »Sie«.

Da es kein Verb »heißen« gibt, stellen Sie sich vor mit:

✔ **Adım Georg.** (*a-dım gää-org*; Mein Name ist Georg.) oder

✔ **Adım Georg Büchner.** (*a-dım gää-org büüch-när*; Mein Name ist Georg Büchner.) oder

✔ **Adım Georg, soyadım Büchner.** (*a-dım gää-org ssoj-a-dım büüch-när*; Mein Name ist Georg, mein Familienname ist Büchner.)

Fragen Sie nun geduzt:

✔ **(Senin) adın ne?** (*ssä-nin a-dın nä*; Wie ist dein Name?)

oder gesiezt:

✔ **(Sizin) adınız ne?** (*ssi-sin a-dı-nıs nä*; Wie ist Ihr Name?)

Gefolgt wird ein Kennenlernen immer von der Floskel **memnun oldum** (*mäm-nun ol-dum*; sehr erfreut).

Track 2: Im Gespräch

Georg und Mehmet lernen sich kennen.

Georg: **İyi günler! Adım Georg, soyadım Büchner. Ya sizin adınız ne?**
i-ji gün-lär! a-dım gää-org, ssoj-a-dım büüch-när. ja ssi-sin a-dı-nıs nä?
Guten Tag! Mein Name ist Georg, mein Nachname ist Büchner. Und wie ist Ihr Name?

Mehmet: **İyi günler! Adım Mehmet, Mehmet Uzun.**
i-ji gün-lär! a-dım mäh-mät, mäh-mät u-sun.
Guten Tag! Mein Name ist Mehmet, Mehmet Uzun.

Georg: **Memnun oldum.**
mäm-nun ol-dum.
Sehr erfreut.

Mehmet: **Ben de.**
bän dä.
Gleichfalls. (*wörtlich:* Ich auch.)

Kleiner Wortschatz

İyi günler! (*i-ji gün-lär*; Guten Tag!)

ad (*ad*; Name)

adım (*a-dım*; mein Name)

soyad (*ssoj-ad*; Nachname)

soyadım (*ssoj-a-dım*; mein Nachname)

nä (*nä*; was?, hier in der Bedeutung »wie«)

memnun oldum (*mäm-nun ol-dum*; sehr erfreut)

ben de (*bän dä*; ich auch, gleichfalls)

ya (*ja*; und (in einer Gegenüberstellung))

In religiös geprägten Kreisen oder traditionellen, ländlichen Gebieten sollten Sie als Mann auf das Wangenküsschen bei den Frauen verzichten und unter Umständen auch vermeiden, Frauen die Hand zu reichen. Warten Sie ab, ob Ihnen von einer Frau die Hand gereicht wird. Wenn nicht, können Sie mit einem leichten Kopfnicken Ihre Begrüßung zum Ausdruck bringen.

Nach dem Befinden fragen

Der nächste Schritt in einem Gespräch ist es, nach dem Befinden zu fragen:

✔ **Nasılsınız?** (*na-ssıl-ssı-nıs*; Wie geht es Ihnen?)

✔ **Nasılsın?** (*na-ssıl-ssın*; Wie geht es dir?)

Auch wenn Sie sich noch nicht kennen und es sich um eine erste Begegnung handelt, wird die Frage nach dem Befinden obligatorisch gestellt. Die Antwort darauf ist bei einem Small Talk immer:

✔ **Teşekkür ederim, iyiyim.** (*tä-schäk-kür ä-dä-rim i-ji-jim*; Danke, mir geht es gut.)

Die Anrede im Türkischen

Die Nachnamen werden kaum benutzt, außer zu förmlichen Anlässen oder bei Behörden. Dennoch gibt es ein Pendant zu den deutschen Anredeformen »Frau« und »Herr«. Diese werden den Vornamen nachgestellt:

✔ **Georg Bey** (*gää-org bäj*; Herr Georg)

✔ **Susanne Hanım** (*su-san-nä ha-nım*; Frau Susanne)

Wenn Sie jemanden siezen, ist diese Form der Anrede die richtige. Es kommt auch vor, dass man sich mit **bey** und **hanım** anredet, sich aber duzt. Das ist allerdings selten der Fall. Wörtlich bedeutet **bey** »Herr« und **hanım** »Dame« oder »Frau«. Stehen diese Begriffe nach einem Eigennamen, werden sie großgeschrieben. In Situationen, in denen der Nachname verwendet wird, werden die Anredeformen **bay** »Herr« und **bayan** »Frau« vor den Nachnamen gesetzt:

✔ **Bayan Müller** (*ba-jan mül-lär*; Frau Müller)

✔ **Bay Büchner** (*baj büüch-när*; Herr Büchner)

 Die Anredeformen **bay** und **bayan** werden nur bei offizielle Anlässen verwendet. Vielleicht werden Sie einmal so beim Arzt oder in einer Behörde aufgerufen. Außerdem werden diese Formen bei Synchronisationen ausländischer Filme verwendet, da in europäischen Ländern meistens der Nachname benutzt wird, dessen Kombination mit den Anredeformen **bey** und **hanım** unüblich ist.

Andere vorstellen

Vielleicht möchten Sie Ihrem Gesprächspartner auch eine weitere Person vorstellen, wobei – wie im deutschen Kulturkreis – sollten Sie einen Mann und eine Frau vorstellen – zuerst die Dame vorgestellt wird. Grundsätzlich gilt, dass Kinder zuletzt vorgestellt werden. Die Reihenfolge der vorgestellten Personen, das heißt die Regel »Ladies first«, kann aufgehoben werden, wenn Sie eine ältere Person oder eine im Rang höherstehende Person vorstellen möchten. Eingeleitet wird eine Vorstellung mit:

✔ **Tanıştırayım: ...** (*ta-nısch-tı-ra-jım*; Ich möchte vorstellen: ...)

In der Aussprache wird dieses Wort häufig zusammengezogen, sodass Sie ein *ta- nısch-tı-rıjm* hören anstatt *ta-nısch-tı-ra-jım*.

Track 3: Im Gespräch

Mustafa begegnet seiner Kollegin Susanne und stellt ihr seine Frau vor.

Mustafa: **Merhaba Susanne. Nasılsın?**
mär-ha-ba su-san-nä. na-ssıl-ssın?
Grüß dich, Susanne! Wie geht es dir?

Susanne: **İyi akşamlar, Mustafa. Teşekkür ederim, iyiyim. Ya sen nasılsın?**
i-ji ak-scham-lar muss-ta-fa. tä-schäk-kür ä-dä-rim, i-ji-jim. ja ssän na-ssıl-ssın?
Guten Abend, Mustafa! Danke, mir geht es gut. Und wie geht es dir?

Mustafa: **Sağ ol, ben de iyiyim. Çocuklar nasıl?**
ssaa ol, bän dä i-ji-jim. tscho-dschuk-lar na-ssıl?
Danke, mir geht es auch gut. Wie geht es den Kindern?

Susanne: **Onlar da iyiler. Bu kim?**
on-lar da i-ji-lär. bu kim?
Ihnen geht es auch gut. Wer ist das?

Mustafa: **Tanıştırayım: eşim Pervin. İş arkadaşım Susanne.**
ta-nısch-tı-ra-jım: ä-schim pär-win. isch ar-ka-da-schım su-san-nä.
Ich stelle vor: Meine Frau Pervin. Meine Kollegin Susanne.

Susanne: **Çok memnun oldum, Pervin Hanım.**
tschok mäm-nun ol-dum, pär-win ha-nım.
Sehr erfreut, Frau Pervin.

Pervin: **Ben de memnun oldum, Susanne Hanım.**
bän dä mäm-nun ol-dum, su-san-nä ha-nım.
Ebenfalls sehr erfreut, Frau Susanne. (*wörtlich:* Ich bin auch …)

Kleiner Wortschatz

Merhaba. (*mär-ha-ba*; Hallo!, Grüß dich/Sie!)

İyi akşamlar! (*i-ji ak-scham-lar*; Guten Abend!)

Nasılın? (*na-ssıl-ssın*; Wie geht es dir?)

teşekkür ederim (*tä-schäk-kür ä-dä-rim*; danke)

sağ ol (ssaa ol; danke)

iyi (*i-ji*; gut)

iyiyim (*i-ji-jim*; mir geht es gut)

çocuk (*tscho-dschuk*; Kind)

kim? (*kim*; wer?)

Tanıştırayım: … (*ta-nısch-tı-ra-jım*; Ich stelle vor: …)

eş (*äsch*; Ehepartner)

iş arkadaşı (*isch ar-ka-da-schı*; Kollege)

çok (*tschok*; sehr)

Da es im Türkischen keine Unterscheidung im grammatischen Geschlecht gibt, bedeutet **eş** (*äsch*) sowohl Ehepartner als auch Ehepartnerin. Sie können dieses Wort auch mit Ehefrau oder Ehemann übersetzen. Ebenso ist **iş arkadaşı** (*isch ar-ka-da-schı*) der Kollege oder die Kollegin.

Auf Wiedersehen

Um sich zu verabschieden, haben Sie im Türkischen mehrere Möglichkeiten, die – je nach Vertrautheit – variiert werden. Die häufigsten Abschiedsfloskeln sind:

✔ **İyi günler!** (*i-ji gün-lär*; Guten Tag!), in dem Sinne, dass Sie einen schönen Tag wünschen

✔ **İyi akşamlar!** (*i-ji ak-scham-lar*; Guten Abend!), in dem Sinne, dass Sie einen schönen Abend wünschen

✔ **İyi geceler!** (*i-ji gä-dschä-lär*; Guten Nacht!), Sie wünschen jemandem eine gute Nacht beim Zubettgehen oder verabschieden sich spät in der Nacht

Diese drei Abschiedsfloskeln sind neutral zu verstehen; soll es etwas freundlicher oder herzlicher sein, können Sie auch diese Floskeln verwenden:

✔ **Hoşça kal!/Hoşça kalın!** (*hosch-tscha kal/ka-lın*; Mach's gut!/Machen Sie's gut!)

✔ **Görüşmek üzere!** (*gö-rüsch-mäk ü-sä-rä*; Auf Wiedersehen!, *wörtlich:* Auf ein Wiedersehen!)

Möchten Sie es ganz vertraut und dennoch unverbindlich, können Sie auf diese Floskel zurückgreifen:

✔ **Görüşürüz!** (*gö-rü-schü-rüs*; Wir sehen uns!/Man sieht sich!)

Recht häufig hört man auch diese Variante, die immer passt:

✔ **Allahaısmarladık!** (*al-la-cha ıss-mar-la-dık*; Auf Wiedersehen!, *wörtlich:* Wir haben es Gott bestellt!)

Als Erwiderung auf jede mögliche Abschiedsfloskel können Sie mit dieser Variante antworten:

✔ **Güle güle!** (*gü-lä gü-lä*; Antwort auf jeglichen Abschiedsgruß)

Wenn Sie sich als Erster verabschieden, sollten Sie niemals **Güle güle!** verwenden. Das wäre unhöflich, denn da **Güle güle!** erst die Antwort auf einen Abschiedsgruß ist, käme das einer Aufforderung zum Gehen oder einem Rausschmiss gleich.

Woher »stammen« Sie?

Wenn Sie sich in der Türkei aufhalten und Sie offensichtlich als Tourist zu erkennen sind, wird man Sie auf Schritt und Tritt nach Ihrer Herkunft fragen. Tatsächlich ist die Frage nach der Herkunft **nereli?** (*nä-rä-li*) eine der wichtigsten und häufigsten, mit der man unter Türken konfrontiert wird. Auch Türken untereinander fragen sich früher oder später beim Kennenlernen danach, woher sie kommen.

Auf die Fragen

✔ **Nerelisin?** (*nä-rä-li-ssin*; Woher kommst/stammst du?)

✔ **Nerelisiniz?** (*nä-rä-li-ssi-nis*; Woher kommen/stammen Sie?)

können Sie zunächst mit Ihrer Nationalität antworten. Sicher wird im Anschluss die Frage nach dem Ort kommen, aus dem Sie kommen oder stammen. Sie können gleich zuvorkommen und beides nennen:

✔ **Almanım. Berlinliyim.** (*al-man-ım. bär-lin-li-jim*; Ich bin Deutscher. Ich bin Berliner.)

✔ **Avusturyalıyım. Viyanalıyım.** (*a-wuss-tur-ja-lı-jim. wi-ja-na-lı-jim*; Ich bin Österreicherin. Ich bin Wienerin.)

Fragen sich Türken nach der Herkunft, geht es immer um den Ort, aus dem sie stammen. Selbst wenn man dort nie gelebt hat, stammen ja die Eltern daher und das ist die wichtigere Information. Als Türke könnten Sie zum Beispiel sagen: »Ich bin in Ankara geboren und aufgewachsen, aber wir stammen aus Urfa.«

Sie sehen, dass bei **Berlinli** und **Viyanalı** eine Endung an die Städtenamen angehängt wird, die hier als Herkunftsendung bezeichnet werden kann. Sie funktioniert nach der großen Vokalharmonie und hat die Formen **-li, -lı, -lü, -lu**. Mit diesem Suffix machen Sie aus »Rom« den »Römer«, aus »Oldenburg« die »Oldenburgerin«.

In Tabelle 3.4 finden Sie einige Städtenamen und die abgeleitete Herkunft, damit Sie Ihrem Gesprächspartner zuvorkommen können.

Stadt und Herkunft	Aussprache	Deutsch
Berlin, Berlinli	*bär-lin, bär-lin-li*	Berlin, Berliner
Hamburg, Hamburglu	*ham-burg, ham-burg-lu*	Hamburg, Hamburger
Erfurt, Erfurtlu	*är-furt, är-furt-lu*	Erfurt, Erfurter
Köln, Kölnlü	*köln, köln-lü*	Köln, Kölner
Dresden, Dresdenli	*dräs-dän, dräs-dän-li*	Dresden, Dresdener
Münih, Münihli	*mü-nich, mü-nich-li*	München, Münchner
Bremen, Bremenli	*brä-män, brä-män-li*	Bremen, Bremer
Bonn, Bonnlu	*bon, bon-lu*	Bonn, Bonner
Potsdam, Potsdamlı	*pots-dam, pots-dam-lı*	Potsdam, Potsdamer
Zürih, Zürihli	*sü-rich, sü-rich-li*	Zürich, Züricher

Tabelle 3.4: Städte und Herkunftsbezeichnungen

Vielleicht möchten Sie auch einmal über andere Nationalitäten und Länder sprechen oder sagen, dass Ihre Freundin Spanierin und Ihr Nachbar Engländer ist. Einige der Nationalitätsbezeichnungen werden auch mit dem Herkunftssuffix (**-li, -lı, -lü, -lu**) gebildet, jedoch nur wenige. Dafür finden Sie in Tabelle 3.5 das nötige Vokabular.

Land	Nationalität	Aussprache	Deutsch
Almanya	**Alman**	*al-man-ja, al-man*	Deutschland, Deutscher
Avusturya	**Avusturyalı**	*a-wuss-tur-ja, a-wuss-tur-ja-lı*	Österreich, Österreicher
İsviçre	**İsviçreli**	*iss-witsch-rä, iss-witsch-rä-li*	Schweiz, Schweizer
İspanya	**İspanyol**	*iss-pan-ja, iss-pan-jol*	Spanien, Spanier
Yunanistan	**Yunanlı**	*ju-na-niss-tan, ju-nan-lı*	Griechenland, Grieche
İtalya	**İtalyan**	*i-tal-ja, i-tal-jan*	Italien, Italiener
İngiltere	**İngiliz**	*in-gil-tä-rä, in-gi-lis*	England, Engländer
Polonya	**Polonyalı**	*po-lon-ja, po-lon-ja-lı*	Polen, Pole
Rusya	**Rus**	*russ-ja, russ*	Russland, Russe
Fransa	**Fransız**	*fran-ssa, fran-ssıs*	Frankreich, Franzose

Tabelle 3.5: Länder und Nationalitäten

Im Gespräch

Mustafas Kollegin Susanne und seine Frau Pervin lernen einander näher kennen.

Pervin: **Susanne Hanım, nerelisiniz? Amerikalı mısınız?**
su-san-nä ha-nım, nä-rä-li-ssi-nis? a-mä-ri-ka-lı mı-ssı-nıs?
Frau Susanne, woher kommen Sie? Sind Sie Amerikanerin?

Susanne: **Hayır, Amerikalı değilim. Almanım.**
ha-jır, a-mä-ri-ka-lı dää-il-im. al-man-ım.
Nein, ich bin nicht Amerikanerin. Ich bin Deutsche.

Pervin: **Haa. Peki tam olarak nerelisiniz?**
haa. pä-ki tam o-la-rak nä-rä-li-ssi-nis?
Aha. Gut, und woher stammen Sie genau?

Susanne: **Aslında Ulmluyum, ama Erfurt'ta büyüdüm. Ya siz nerelisiniz?**
ass-lın-da ulm-lu-jum, a-ma är-furt-ta bü-jü-düm. ja ssis nä-rä-li-ssi-nis?
Eigentlich bin ich Ulmerin, aber ich bin ich Erfurt aufgewachsen. Und woher kommen Sie?

Pervin: **Ben mi? Ben Ankara'da doğdum, Afyon'da büyüdüm, ama biz Bursalıyız.**
bän mi? bän an-ka-ra-da doo-dum, af-jon-da bü-jü-düm, a-ma bis bur-ssa-lı-jıs.
Ich? Ich bin in Ankara geboren, in Afyon aufgewachsen, aber wir stammen aus Bursa.

Susanne: **Çok enteresan, Pervin Hanım.**
tschok än-tä-rä-ssan, pär-win ha-nım.
Sehr interessant, Frau Pervin.

Kleiner Wortschatz

haa (*haa*; aha, ach so)

peki (*pä-ki*; nun gut, ja gut)

tam olarak (*tam o-la-rak*; genau)

büyümek (*bü-jü-mäk*; wachsen, aufwachsen)

doğmak (*doo-mak*; geboren werden)

aslında (*ass-ln-da*; eigentlich)

enteresan (*än-tä-rä-ssan*; interessant)

Spiel und Spaß

Füllen Sie die Lücken im Dialog unten aus.

Merhaba, _____ Hannah, _____ Schultz.

Guten Tag, mein Name ist Hannah, mein Nachname ist Schultz.

_____ oldum, Hannah Hanım. Benim adım Mahir, soyadım Yavuz.

Sehr erfreut, Frau Hannah. Mein Name ist Mahir, mein Nachname ist Yavuz.

Ben de memnun _____, Mahir _____. Nasılsınız?

Ich bin auch sehr erfreut, Herr Mahir. Wie geht es Ihnen?

Teşekkür _____, iyiyim. Ya siz _____ ?

Vielen Dank, mir geht es gut. Und wie geht es Ihnen?

Ben _____ iyiyim. Türk müsünüz?

Mir geht es auch gut. Sind Sie Türke?

Evet, _____ . Ya siz?

Ja, ich bin Türke. Und Sie?

Ben _____ . Heilgenhafenliyim.

Ich bin Deutsche. Ich bin Heiligenhafenerin.

Haa, _____ enteresan.

Ach so, sehr interessant.

Die Lösung finden Sie in Anhang C.

Teil II

Türkisch im Alltag

The 5th Wave   By Rich Tennant

Kebabs   Döner

»Die türkische Küche ist so vielseitig und das Bestellen
auf Türkisch erfordert viel Geschick.
Gerade lernen wir im Türkischkurs den Dönerbuden-Slang.«

In diesem Teil ... erweitern Sie Ihren Wortschatz und lernen Wendungen und Ausdrücke kennen, um Ihren Alltag auf Türkisch zu meistern. Nachdem ich Ihnen die Geheimnisse des Small Talks über das Wetter und die Familie verrate, nehme ich Sie mit ins Restaurant, zum Einkaufen und in den Büroalltag. Sie lernen, sich auf dem Wohnungsmarkt zurechtzufinden, Nachrichten zu hinterlassen und mit Ihrem Gesprächspartner über Hobbys und Interessen zu plaudern.

Small Talk betreiben

In diesem Kapitel

▷ Über sich sprechen

▷ Über die Familie sprechen

▷ Seinen Gesprächspartner fragen

▷ Das Wetter und die Jahreszeiten

Wenn Sie etwas über sich erzählen möchten, wird Ihr Gesprächspartner Sie schnell zum Thema Familie lenken und erwarten, dass auch Sie sich für seine familiären Verhältnisse interessieren. Auf die Frage **Nerelisiniz?** (*nä-rä-li-ssi-nis*; Woher kommen Sie?) dürfte schnell die Frage **Evli misiniz?** (*äw-li mi-ssi-nis*; Sind Sie verheiratet?) folgen. Sollten Sie das bejahen, ist die folgende Frage mit Sicherheit: **Çocuklarınız var mı?** (*tscho-dschuk-la-rı-nıs war mı*; Haben Sie Kinder?)

Die Familie nimmt in der türkischen Kultur einen großen Platz ein, und zwar nicht nur die Anzahl der Familienmitglieder. In einem gepflegten Small Talk geht es nicht nur um Sie, um Ihren Beruf oder woher Sie kommen, es geht vielmehr um Sie im Rahmen Ihrer Familie. In diesem Kapitel zeige ich Ihnen, wie Sie Small Talk führen können, etwas über das Wetter sagen und sich mit den Familienverhältnissen zurechtfinden.

Über sich sprechen

Sicher möchten Sie erst einmal etwas über sich berichten, ohne sich ausgiebig dem Thema Familie zu widmen. Einen guten Einstieg bieten die Themen Arbeit, Studium und Beruf. Vielleicht finden Sie hier auch Ihren Beruf:

✔ **avukat** (*a-wu-kat*; Anwalt)

✔ **işçi** (*isch-tschi*; Arbeiter)

✔ **mimar** (*mii-mar*; Architekt)

✔ **doktor** (*dok-tor*; Arzt)

✔ **memur** (*mää-mur*; Beamter)

✔ **kitapçı** (*ki-tap-tschı*; Buchhändler)

✔ **muhasebeci** (*mu-ha-ssä-bä-dschi*; Buchhalter)

✔ **tornacı** (*tor-na-dschı*; Dreher)

✔ **eğitici** (*ää-i-ti-dschi*; Erzieher)

✔ **işadamı, işkadını** (*isch-a-da-mı, isch-ka-dı-nı*; Geschäftsmann, Geschäftsfrau)

✔ **mühendis** (*mü-hän-diss*; Ingenieur)

✔ **gazeteci** (*ga-sä-tä-dschi*; Journalist)

✔ **garson** (*gar-sson*; Kellner)

✔ **aşçı** (*asch-tschı*; Koch)

✔ **hasta bakıcı** (*hass-ta ba-kı-dschı*; Krankenpfleger)

✔ **hemşire** (*häm-schi-rä*; Krankenschwester)

✔ **sanatçı** (*ssa-nat-tschı*; Künstler)

✔ **çiftçi** (*tschift-tschi*; Landwirt, Bauer)

✔ **öğretmen** (*öö-rät-män*; Lehrer)

✔ **gözlükçü** (*gös-lük-tschü*; Optiker)

✔ **polis** (*po-liss*; Polizist)

✔ **emekli** (*ä-mäk-li*; Rentner)

✔ **doğramacı** (*doo-ra-ma-dschı*; Schreiner)

✔ **öğrenci** (*öö-rän-dschi*; Schüler, Student)

✔ **sekreter** (*ssäk-rä-tär*; Sekretär)

✔ **marangoz** (*ma-ran-gos*; Tischler)

✔ **satıcı** (*ssa-tı-dschı*; Verkäufer)

✔ **dişçi** (*disch-tschi*; Zahnarzt)

Wenn Sie über Ihre Arbeit oder Ihr Studium erzählen möchten, haben Sie verschiedene Möglichkeiten, dies auszudrücken:

✔ **Polisim.** (*po-liss-im*; Ich bin Polizist.)

✔ **Aslında aşçıyım, ama şimdi garson olarak çalışıyorum.** (*ass-lın-da asch-tschı-jım, a-ma schim-di gar-sson o-la-rak tscha-lı-schı-jo-rum*; Eigentlich bin ich Koch, aber jetzt arbeite ich als Kellner.)

✔ **Avukatım, ama şimdi çalışmıyorum.** (*a-wu-kat-ım ama schim-di tscha-lısch-mı-jo-rum*; Ich bin Anwalt, aber jetzt arbeite ich nicht.)

✔ **Severek çalışıyorum.** (*ssä-wä-räk tscha-lı-schı-jo-rum*; Ich arbeite gern.)

✔ **Ev hanımıyım.** (*äw ha-nı-mı-jım*; Ich bin Hausfrau.)

✔ **Öğrenciyim.** (*öö-rän-dschi-jim*; Ich bin Student.)

✔ **Üniversitede tarih okuyorum.** (*ü-ni-wär-ssi-tä-dä taa-rich o-ku-jo-rum*; Ich studiere Geschichte an der Universität.)

✔ **Tıp okuyorum.** (*tıp o-ku-jo-rum*; Ich studiere Medizin.)

Vielleicht möchten Sie auch sagen, dass Sie Arbeit suchend oder Rentner sind:

✔ **Maalesef işsizim.** (*maa-lä-ssäf isch-ssi-sim*; Ich bin leider arbeitslos.)

✔ **Emekliyim.** (*ä-mäk-li-jim*; Ich bin Rentner.)

✔ **İş arıyorum.** (*isch a-rı-jo-rum*; Ich suche Arbeit.)

 Wie Sie wissen, gibt es im Türkischen keine Artikel und keine Unterscheidung der Geschlechter. Daher bedeutet zum Beispiel das Wort **öğrenci** (*öö-rän-dschi*) sowohl »der Schüler/Student« als auch »die Schülerin/Studentin«. In diesem Buch wird auf die Angabe beider Formen verzichtet.

Die Familie

Ihr Gesprächspartner wird Sie bald über Ihre familiären Verhältnisse ausfragen, da die »Familie« **aile** (*aa-i-lä*) in der türkischen Kultur stets im Zentrum des Geschehens steht. Das zeigt sich auch in den detaillierten Bezeichnungen für Familienmitglieder, die genauer als die deutschen Bezeichnungen das Verwandtschaftsverhältnis widerspiegeln. Damit Sie sich in der türkischen und Ihrer eigenen Familie zurechtfinden, hier nun die Begriffe rund um die Kernfamilie:

✔ **ağabey** (*aa-bi*; älterer Bruder)

✔ **erkek kardeş** (*är-käk kar-däsch*; allgemein: Bruder; speziell: jüngerer Bruder)

✔ **kuzen** (*ku-sän*; Cousin, -e)

✔ **karı** (*ka-rı* ; Ehefrau)

✔ **koca** (*ko-dscha*; Ehemann)

✔ **eş** (*äsch*; Ehepartner)

✔ **torun** (*to-run*; Enkel, -in)

✔ **kardeşler** (*kar-däsch-lär*; Geschwister)

✔ **anneanne** (*an-naa-nä*; Großmutter mütterlicherseits)

✔ **babaanne** (*ba-ba-an-nä*; Großmutter väterlicherseits)

✔ **dede** (*dä-dä*; Großvater)

✔ **oğlan** (*oo-lan*; Junge)

✔ **çocuk** (*tscho-dschuk*; Kind)

✔ **anne** (*an-nä*; Mutter)

✔ **yeğen** (*jää-än*; Nichte, Neffe)

✔ **enişte** (*ä-nisch-tä*; angeheirateter Onkel oder Ehemann der älteren Schwester)

✔ **dayı** (*da-jı*; Onkel mütterlicherseits)

- ✔ **amca** (_am-dscha_; Onkel väterlicherseits)

- ✔ **kayın/kayın birader** (_ka-jın/ka-jın bi-raa-där_; Schwager)

- ✔ **baldız** (_bal-dıs_; Schwägerin: Schwester der Ehefrau)

- ✔ **görümce** (_gö-rüm-dschä_; Schwägerin: Schwester des Ehemanns)

- ✔ **abla** (_ab-la_; ältere Schwester)

- ✔ **kız kardeş** (_kıs kar-däsch_; allgemein: Schwester, speziell: jüngere Schwester)

- ✔ **dünür** (_dü-nür_; Schwiegereltern der Tochter oder des Sohns)

- ✔ **kayın valide** (_ka-jın waa-li-dä_; Schwiegermutter)

- ✔ **damat** (_daa-mat_; Schwiegersohn; Bräutigam)

- ✔ **gelin** (_gä-lin_; Schwiegertochter; Braut)

- ✔ **kayın peder** (_ka-jın pä-där_; Schwiegervater)

- ✔ **elti** (_äl-ti_; Schwippschwägerin)

- ✔ **bacanak** (_ba-dscha-nak_; Schwippschwager)

- ✔ **oğul** (_oo-ul_; Sohn)

- ✔ **yenge** (_jän-gä_; angeheiratete Tante oder Ehefrau des älteren Bruders)

- ✔ **teyze** (_täj-sä_; Tante mütterlicherseits)

- ✔ **hala** (_ha-la_; Tante väterlicherseits)

- ✔ **kız** (_kıs_; Tochter)

- ✔ **baba** (_ba-ba_; Vater)

- ✔ **akraba** (_ak-ra-baa_; Verwandte)

Wichtige Begriffe um die Familie herum sind natürlich die Wörter, die Ihren Familienstand beschreiben:

- ✔ **Evliyim.** (_äw-li-jim_; Ich bin verheiratet.)

- ✔ **Evli değilim, nişanlıyım.** (_äw-li dää-i-lim, ni-schan-lı-jım_; Ich bin nicht verheiratet, ich bin verlobt.)

- ✔ **Bekârım.** (_bä-kjaa-rım_; Ich bin ledig.)

- ✔ **Dulum.** (_dul-um_; Ich bin verwitwet.)

- ✔ **Boşandım.** (_bo-schan-dım_; Ich bin geschieden.)

Vielleicht möchten Sie auch eine Absicht im Zusammenhang mit Ihrem Familienstand zum Ausdruck bringen:

- ✔ **Evlenmek istiyorum.** (_äw-län-mäk iss-ti-jo-rum_; Ich möchte heiraten.)

- ✔ **Evlenmek istemiyorum.** (_äw-län-mäk iss-tä-mi-jo-rum_; Ich möchte nicht heiraten.)

✔ **Boşanmak istiyorum.** (*bo-schan-mak iss-ti-jo-rum*; Ich möchte mich scheiden lassen.)

✔ **Boşanmak istemiyorum.** (*bo-schan-mak iss-tä-mi-jo-rum*; Ich möchte mich nicht scheiden lassen.)

✔ **Seninle nişanlanmak istiyorum.** (*ssä-nin-lä ni-schan-lan-mak iss-ti-jo-rum*; Ich möchte mich mit dir verloben.)

✔ **Benimle evlenir misin?** (*bä-nim-lä äw-lä-nir mi-ssin*; Heiratest du mich?)

Familie und Verwandtschaft in der türkischen Kultur

Auch im türkischen Kulturkreis meint man Vater, Mutter und Kind, wenn man von der **çekirdek aile** (*tschä-kir-däk aa-i-lä*; Kernfamilie) spricht. Allerdings ist die **aile** (*aa-i-lä*; Familie) nicht nur innerhalb des ersten Grades stark vernetzt. Auch zu Verwandten des zweiten und dritten Grades sowie zu angeheirateten Familienmitgliedern und deren näheren Verwandten wird enger Kontakt gehalten.

In ländlichen Gebieten ist es üblich, dass mehrere Generationen unter einem Dach leben, während es in den Städten den Trend gibt, als Kernfamilie zusammenzuwohnen. Aber auch in der Großstadt leben ältere Familienmitglieder selten in einem Heim, denn sie werden von den Kindern aufgenommen und in die Kernfamilie integriert. Unverheiratete Kinder bleiben, unabhängig von ihrem Alter, in der Regel bei ihren Eltern, sofern sie nicht aus beruflichen Gründen oder zum Studium in die Stadt ziehen.

Grundsätzlich werden ältere Familienmitglieder mit ihrem Titel angesprochen. Die ältere Schwester wird also nicht mit ihrem Namen, sondern mit **abla** (*ab-la*) angesprochen. Der Vorname wird, wenn er verwendet wird, der Anredeform vorangestellt:

✔ **Gül abla** (*gül ab-la*; Anrede für die ältere Schwester namens Gül)

✔ **Nil teyze** (*nil täy-sä*; Anrede für die Tante mütterlicherseits namens Nil)

✔ **Gürkan ağabey** (*gür-kan aa-bi*; Anrede für den älteren Bruder namens Gürkan)

Fragen stellen

Der Einstieg in ein Gespräch läuft am besten über eine gezielte Frage, die selbstverständlich zum Small Talk gehört. Hier finden Sie die wichtigsten Fragewörter und Fragesätze auf einen Blick:

✔ **Hangi?** (*han-gi*; Welcher?)

✔ **Kaç?** (*katsch*; Wie viele?)

✔ **Kim?** (*kim*; Wer?)

✔ **Kimde?** (*kim-dä*; Bei wem?)

✔ **Kimden?** (*kim-dän*; Von wem?)

✔ **Kime?** (*ki-mä*; Zu wem/Wem?)

✔ **Kimi?** (*ki-mi*; Wen?)

✔ **Kimin?** (*ki-min*; Wessen?)

✔ **Kiminle?** (*ki-min-lä*; Mit wem?)

✔ **Nasıl?** (*na-ssıl*; Wie?)

✔ **Ne?** (*nä*; Was?)

✔ **Ne kadar?** (*nä ka-dar*; Wie viel?)

✔ **Nerede?** (*nä-rä-dä*; Wo?)

✔ **Nereden?** (*nä-rä-dän*; Woher?)

✔ **Nereli?** (*nä-rä-li*; Wo geboren?, *wörtlich:* Woher stammend?)

✔ **Nereye?** (*nä-rä-jä*; Wohin?)

✔ **Neyle?** (*näj-lä*; Womit?)

✔ **Ne zaman?** (*nä sa-man*; Wann?)

✔ **Saat kaç?** (*ssa-at katsch*; Wie spät ist es?)

✔ **Saat kaçta?** (*ssa-at katsch-ta*; Um wie viel Uhr?)

Mithilfe dieser Fragewörter können Sie Fragesätze bilden, indem Sie verschiedene Endungen anfügen:

✔ **Adın ne?** (*a-dın nä*; Wie heißt du?, *wörtlich:* Was ist dein Name?)

✔ **Adınız ne?** (*a-dı-nıs nä*; Wie heißen Sie?, *wörtlich:* Was ist Ihr Name?)

✔ **Kimsin?** (*kim-ssin*; Wer bist du?)

✔ **Kimsiniz?** (*kim-ssi-nis*; Wer sind Sie?)

✔ **Nerelisin?** (*nä-rä-li-ssin*; Woher stammst du?)

✔ **Nerelisiniz?** (*nä-rä-li-ssi-nis*; Woher stammen Sie?)

✔ **Nasılsın?** (*na-ssıl-ssın*; Wie geht es dir?)

✔ **Nasılsınız?** (*na-ssıl-ssı-nıs*; Wie geht es Ihnen?)

✔ **Neredesin?** (*nä-rä-dä-ssin*; Wo bist du?)

✔ **Neredesiniz?** (*nä-rä-dä-ssi-nis*; Wo sind Sie?)

✔ **Ne iş yapıyorsunuz?** (*nä isch ja-pı-jor-ssu-nus*; Was arbeiten Sie?)

✔ **Ne olarak çalışıyorsunuz?** (*nä o-la-rak tscha-lı-schı-jor-ssu-nus*; Als was arbeiten Sie?)

✔ **Mesleğiniz ne?** (*mäss-lää-i-nis nä*; Was ist Ihr Beruf?)

✔ **Ne zaman geliyorsunuz?** (*nä sa-man gä-li-jor-ssu-nus*; Wann kommen Sie?)

✔ **Saat kaçta gidiyorsunuz?** (*ssa-at katsch-ta gi-di-jor-ssu-nus*; Um wie viel Uhr gehen Sie?)

Sie wissen ja, dass im Türkischen die zweite Person Plural (»ihr«) zum Siezen verwendet wird. Eine Frage in der »Sie-Form« kann also auch mehrere Leute ansprechen:

✔ **Nerede çalışıyorsunuz?** (*nä-rä-dä tscha-lı-schı-jor-ssu-nus*) bedeutet »Wo arbeiten Sie?« oder »Wo arbeitet ihr?«.

✔ **Kimsiniz?** (*kim-ssi-nis*) bedeutet »Wer sind Sie?« oder »Wer seid ihr?«.

Lauterscheinungen im Türkischen

Es gibt insgesamt vier Lauterscheinungen, die ich Ihnen nicht vorenthalten möchte. Diese Lauterscheinungen stellen Ausnahmen dar und sollten beim Erlernen von Vokabeln gleich mitgelernt werden. Diese Lauterscheinungen, die ich Ihnen nach und nach erläutern möchte, vollziehen sich unter bestimmten Bedingungen. Alle Lauterscheinungen treten nur dann auf, wenn eine Endung angefügt wird, die mit einem Vokal beginnt.

Konsonantenwandel

Der Konsonantenwandel wird auch Konsonantenerweichung genannt. Diese Lauterscheinung verändert den letzten Konsonanten in einem Wort, wenn eine Endung antritt, die mit einem Vokal beginnt. Diese Lauterscheinung betrifft Wörter, die auf einen dieser stimmlosen Konsonanten enden: **-t**, **-k**, **-p**, **-ç**. Steht der stimmlose Konsonant dann zwischen zwei Vokalen oder folgt einfach nur ein Vokal, verwandelt er sich in sein stimmhaftes Pendant:

✔ **t** wird zu **d**

✔ **k** wird zu **ğ**

✔ **p** wird zu **b**

✔ **ç** wird zu **c**

Zum Beispiel ist das Wort **kitap** (*ki-tap*; Buch) von dieser Lauterscheinung betroffen. Wenn Sie »mein Buch« sagen möchten, hängen Sie die besitzanzeigende Endung der ersten Person Singular an, die nach einem Konsonanten mit einem Vokal der großen Vokalharmonie beginnt (**i**, **ı**, **ü**, **u**). Sobald das **-p-** zwischen zwei Vokalen steht, wird es »erweicht« und zu einem **-b-** überführt. Hier sehen Sie einige Beispiele dazu:

✔ **kitap** (*ki-tap*; Buch) wird zu **kita*b*ım** (*ki-ta-bım*; mein Buch)

✔ **çocuk** (*tscho-dschuk*; Kind) wird zu **çocu*ğ*un** (*tscho-dschuu-un*; dein Kind)

✔ **genç** (*gäntsch*; jung; Jugendlicher) wird zu **gencim** (*gän-dschim*; ich bin jung)

✔ **armut** (*ar-mut*; Birne) wird zu **armudumuz** (*ar-mu-du-mus*; unsere Birne)

Diese Lauterscheinung ist die häufigste, betrifft aber nicht alle Wörter, die auf einen der oben genannten Konsonanten enden. Ob ein Wort von der Konsonantenerweichung betroffen ist oder nicht, müssen Sie auswendig lernen oder nachschlagen.

In einem Wörterbuch oder einem Vokabelverzeichnis finden Sie folgende Einträge, wenn ein Wort dieser Veränderung unterliegt:

✔ **kitap, -bı**

✔ **armut, -du**

✔ **çocuk, -ğu**

✔ **genç, -ci**

Es wird in einem Wörterbuch also immer die besitzanzeigende Endung der dritten Person Singular hinter dem Wort angegeben, da diese nach einem Konsonanten immer ein Vokal ist.

Wird eine Endung angefügt, die mit einem Konsonanten beginnt, zum Beispiel die Pluralendung, verändert sich der Konsonant nicht:

✔ **kitaplar** (_ki-tap-lar_; Bücher)

✔ **çocuklar** (_tscho-dschuk-lar_; Kinder)

Auch zwei sehr häufig gebrauchte Verbstämme unterliegen der Konsonantenerweichung, nämlich **et-** und **git-**. Wenn Sie das Hilfsverb **etmek** (_ät-mäk_; machen, tun) oder das Verb **gitmek** (_git-mäk_; gehen, fahren) im Präsens konjugieren, tritt ein Vokal an den Verbstamm, sodass das **t** zwischen zwei Vokalen steht und zu **d** erweicht wird:

✔ **git-** wird zu **gi**_d_**iyorum** (_gi-di-jo-rum_; ich gehe/fahre)

✔ **et-** wird zu **dans e**_d_**iyor** (_danss ä-di-jor_; sie tanzt)

Track 4: Im Gespräch

Gül und Petra arbeiten bei einer Firma in Istanbul. In der Mittagspause treffen sie sich im Restaurant um die Ecke und unterhalten sich.

Gül: **Merhaba. Sizi tanıyorum, siz de bu şirkette çalışıyorsunuz, değil mi? Ben Gül.**
mär-ha-ba. ssi-si ta-nı-jo-rum, ssis dä bu schir-kät-tä tscha-lı-schı-jor-ssu-nus, dää-il mi? bän gül.
Hallo. Ich kenne Sie, Sie arbeiten auch bei dieser Firma, nicht wahr? Ich bin Gül.

Petra: **Merhaba. Adım Petra, memnun oldum. Evet, burada çalışıyorum.**
mär-ha-ba. a-dım päät-ra, mäm-nun ol-dum. ä-wät, bu-ra-da tscha-lı-schı-jo-rum.
Hallo. Mein Name ist Petra, sehr erfreut. Ja, ich arbeite hier.

Gül: **Ben de. Ne olarak çalışıyorsunuz, Petra Hanım? Ben avukatım.**
bän dä. nä o-la-rak tscha-lı-schı-jor-ssu-nus, päät-ra ha-nım? bän a-wu-kat-ım.
Gleichfalls. Als was arbeiten Sie, Frau Petra? Ich bin Anwältin.

Petra: **Ah, ne tesadüf! Ben de avukatım. Evli misiniz?**
aa, nä tä-ssaa-düf! bän dä a-wu-kat-ım. äw-li mi-ssi-nis?
Oh, was für ein Zufall. Ich bin auch Anwältin. Sind Sie verheiratet?

Gül: **Evet, evliyim. Ya siz?**
ä-wät, äw-li-jim. ja ssis?
Ja, ich bin verheiratet. Und Sie?

Petra: **Hayır, ama nişanlıyım. Çocuklarınız var mı?**
ha-jır, a-ma ni-schan-lı-jim. tscho-dschuk-la-rı-nıs war mı?
Nein, aber ich bin verlobt. Haben Sie Kinder?

Gül: **Evet, iki kızım var. Siz de çocuk istiyor musunuz?**
ä-wät, i-ki kı-sım war. ssis dä tscho-dschuk iss-ti-jor mu-ssu-nus?
Ja, ich habe zwei Töchter. Möchten Sie auch Kinder haben?

Petra: **Ne güzel! Ben mi? Henüz bilmiyorum. Ah, saat ikiye geliyor! Maalesef gitmem lazım.**
nä gü-säl. bän mi? hä-nüs bil-mi-jo-rum. ah, ssa-at i-ki-jä gä-li-jor! maa-lä-ssäf git-mäm laa-sım.
Wie schön! Ich? Ich weiß es noch nicht. Oh, es ist kurz vor zwei Uhr! Ich muss leider gehen.

Gül: **Görüşmek üzere, Petra Hanım! Yarın yine buradayım.**
gö-rüsch-mäk ü-sä-rä, päät-ra ha-nım. ja-rın ji-nä bu-ra-da-jım.
Auf Wiedersehen, Frau Petra! Morgen bin ich wieder hier.

Petra: **Tamam, güle güle!**
ta-mam, gü-lä gü-lä!
Gut, auf Wiedersehen!

Kleiner Wortschatz

tanımak (*ta-nı-mak*; kennen)

şirket (*schir-kät*; Firma)

çalışmak (*tscha-lısch-mak*; arbeiten)

burada (*bu-ra-da*; hier)

ne olarak? (*nä o-la-rak*; als was?)

Ne tesadüf! (*nä tä-ssaa-düf*; Was für ein Zufall!)

evli (*äw-li*; verheiratet)

nişanlı (*ni-schan-lı*; verlobt)

çocuk, -ğu (*tscho-dschuk*; Kind)

kız (*kıs*; Mädchen, Tochter)

maalesef (*maa-lä-ssäf*; leider)

yarın (*ja-rın*; morgen)

yine (*ji-nä*; wieder, erneut)

Sonne satt – das Wetter und die Jahreszeiten

Das unverfänglichste Thema für Small Talk ist natürlich das **hava** (*ha-wa*; Wetter), das aber nicht so häufig aufgegriffen wird wie im deutschen Kulturraum. Vielleicht möchten Sie sich im Urlaub aber einfach über das Wetter informieren, um den nächsten Ausflug zu planen. In Zeitungen und Nachrichten sollten Sie also auf den Begriff **hava durumu** (*ha-wa du-ru-mu*; Wetterbericht) achten, um nichts zu verpassen. Sie können natürlich auch immer fragen:

✔ **Bugün hava nasıl?** (*bu-gün ha-wa na-ssıl*; Wie ist das Wetter heute?)

✔ **Yarın hava nasıl olacak?** (*ja-rın ha-wa na-ssıl o-la-dschak*; Wie wird das Wetter morgen?)

✔ **Bugün hava kaç derece?** (*bu-gün ha-wa katsch dä-rä-dschä*; Wie viel Grad sind es heute?)

✔ **Yarın hava kaç derece olacak?** (*ja-rın ha-wa katsch dä-rä-dschä o-la-dschak*; Wie viel Grad werden es morgen?)

Damit Sie sich entsprechend kleiden und dem Wetter entsprechend planen können, verrate ich Ihnen hier die wichtigsten Begriffe rund um das Wetter:

✔ **bulutlu** (*bu-lut-lu*; bewölkt)

✔ **şimşek, -ği** (*schim-schäk*; Blitz)

✔ **derece** (*dä-rä-dschä*; Grad)

✔ **soğuk, -ğu** (*ssoo-uk*; kalt)

✔ **serin** (*ssä-rin*; kühl)

✔ **yağmur** (*jaa-mur*; Regen)

✔ **yağmurlu** (*jaa-mur-lu*; regnerisch)

✔ **kar** (*kar*; Schnee)

✔ **karlı** (*kar-lı*; mit Schneefall)

✔ **güneş** (*gü-näsch*; Sonne)

✔ **güneşli** (*gü-näsch-li*; sonnig)

✔ **sıcak, -ğı** (*ssı-dschak*; warm, heiß)

✔ **rüzgâr** (*rüs-gjar*; Wind)

✔ **rüzgârlı** (*rüs-gjar-lı*; windig)

✔ **bulut** (*bu-lut*; Wolke)

Um Ihren Beitrag zu einer Unterhaltung zum Wetter zu leisten, können Sie auch sagen oder fragen:

✔ **Yarın yağmur yağacak mı?** (*ja-rın jaa-mur jaa-a-dschak mı*; Wird es morgen regnen?)

✔ **Bugün hava çok soğuk.** (*bu-gün ha-wa tschok ssoo-uk*; Heute ist es sehr kalt., *wörtlich:* Heute ist das Wetter sehr kalt.)

Kleiner Wortschatz

şimdi (*schim-di*; jetzt)

hava (*ha-wa*; Wetter)

hava durumu (*ha-wa du-ru-mu*; Wetterbericht)

sıcak, -ğı (*ssı-dschak*; warm; Hitze)

derece (*dä-rä-dschä*; Grad)

yağmur (*jaa-mur*; Regen)

yağmur yağmak (*jaa-mur jaa-mak*; regnen)

deli (*dä-li*; verrückt; Verrückter)

Track 5: Im Gespräch

Thomas sitzt mit seiner Freundin Ayla im Reisebus auf dem Weg von Istanbul nach Antalya. Dort wollen die beiden Urlaub machen. Sie sind natürlich daran interessiert, wie das Wetter sein wird.

Thomas: **Ayla, Antalya'da şimdi hava nasıl?**
aj-la, an-tal-ja-da schim-di ha-wa na-ssıl?
Ayla, wie ist das Wetter jetzt in Antalya?

Ayla: **Bu sabah hava durumunu dinledim. Antalya çok sıcak: 38 derece!**
bu ssa-bach ha-wa du-ru-mu-nu din-lä-dim. an-tal-ja tschok ssı-dschak: o-tus ssä-kis dä-rä-dschä!
Heute Morgen habe ich den Wetterbericht gehört. In Antalya ist es sehr warm: 38 Grad!

Thomas: **Sence bu hafta yağmur yağacak mı?**
ssän-dschä bu haf-ta jaa-mur jaa-a-dschak mı?
Meinst du, es wird diese Woche regnen?

Ayla: **Deli misin? Yazın Antalya'da yağmur yağmaz ki …**
dä-li mi-ssin? ja-sın an-tal-ja-da jaa-mur jaa-mas ki …
Bist du verrückt? Im Sommer regnet es doch nicht in Antalya …

Da das Wetter auch in der Türkei abhängig von der **mevsim** (*mäw-ssim*; Jahreszeit) ist, hier der passende Wortschatz:

✔ **ilkbahar; bahar** (*ilk-ba-har*; *ba-har*; Frühling)

✔ **yaz** (*jas*; Sommer)

✔ **sonbahar** (*sson-ba-har*; Herbst)

✔ **kış** (*kisch*; Winter)

✔ **ilkbaharda/baharda** (*ilk-ba-har-da / ba-har-da*; im Frühling)

✔ **yazın** (*ja-sın*; im Sommer)

✔ **sonbaharda** (*sson-ba-har-da*; im Herbst)

✔ **kışın** (*kı-schın*; im Winter)

 Im Türkischen bezeichnen viele Adjektive gleichzeitig das dazugehörende Substantiv. Zum Beispiel bedeutet das Adjektiv **soğuk** (*ssoo-uk*; kalt) auch »die Kälte«.

Spiel und Spaß

Benennen Sie die Jahreszeiten.

a. _____

b. _____

c. _____

d. _____

Die Lösung finden Sie in Anhang C.

Guten Appetit: Der Hunger ruft

5

In diesem Kapitel

▷ Alles über Mahlzeiten

▷ Ist schon Essenszeit?

▷ Im Restaurant

▷ Im Supermarkt und auf dem Markt

Egal ob Sie nur kurz oder auch länger in der Türkei sind, **yemek** (*jä-mäk*; essen; Essen) müssen Sie auf jeden Fall. Sicher werden Sie auch ein **yemek** im Restaurant zu sich nehmen oder einmal etwas einkaufen, was Sie dann zu Hause **yemek** möchten. Gleich nach der Familie nimmt wohl das Essen den höchsten Stellenwert in der türkischen Kultur ein und Sie werden auf Schritt und Tritt verschiedene Lebensmittel sehen und riechen.

In diesem Kapitel erweitern Sie Ihren Wortschatz rund ums Essen und Trinken, Sie lernen, wie Sie in einem Restaurant bestellen, die Rechnung verlangen und Lebensmittel im Supermarkt oder auf dem Markt einkaufen.

Die Mahlzeiten

Die drei wichtigsten Mahlzeiten sind:

✔ **kahvaltı** (*kach-wal-tı*; Frühstück)

✔ **öğle yemeği** (*öö-lä jä-mää-i*; Mittagessen)

✔ **akşam yemeği** (*ak-scham jä-mää-i*; Abendessen)

Zwischen dem Frühstück und dem Mittagessen, etwa gegen 11 Uhr, wird gerne ein **Türk kahvesi** (*türk kach-wä-ssi*; türkischer Mokka) getrunken. Am Nachmittag, um 17 Uhr herum, gibt es den **çay** (*tschaj*; Tee), zu dem salzige und süße Kleinigkeiten gereicht werden.

Die wichtigsten Verben in Verbindung mit Essen und Trinken sind **içmek** (*itsch-mäk*; trinken) und **yemek** (*jä-mäk*; essen). Beide Verben verlangen immer ein Objekt davor. Wenn Sie nur sagen **içmek istiyorum** (*itsch-mäk iss-ti-jo-rum*; ich möchte trinken) wird Ihr Gesprächspartner denken, dass Sie Alkohol trinken möchten. Sie sollten daher immer dazu sagen, was Sie trinken oder trinken möchten:

✔ **Su içmek istiyorum.** (*ssu itsch-mäk iss-ti-jo-rum*; Ich möchte Wasser trinken.)

✔ **Kola içiyorum.** (*ko-la i-tschi-jo-rum*; Ich trinke Cola.)

Als Objekt können Sie auch **bir şey** (*bir schäj*; etwas) verwenden:

✔ **Bir şey içmek istiyoruz.** (*bir schäj itsch-mäk iss-ti-jo-rus*; Wir möchten etwas trinken.)

Häufig wird das Wort »etwas« im Plural verwendet, was dann **bir şeyler** (*bir schäj-lär*) lautet.

Auch das Verb »essen« verlangt immer ein Objekt davor, und das Verb **yemek** (*jä-mäk*) bezeichnet auch gleichzeitig das Substantiv in der Bedeutung »Essen«. Wenn Sie nicht benennen, was Sie essen, stellen Sie das Substantiv einfach davor. Sie haben dann ein Objekt vor dem Verb: **yemek yemek** (*jä-mäk jä-mäk*; essen), was wörtlich »Essen essen« bedeutet. Ansonsten können Sie, wie beim Verb »trinken«, als Objekt wieder **bir şey** benutzen:

✔ **Yemek yemek istiyor musun?** (*jä-mäk jä-mäk iss-ti-jor mu-ssun*; Möchtest du essen?)

✔ **Muz yiyorum.** (*mus ji-jo-rum*; Ich esse eine Banane.)

✔ **Bir şey yemek istemiyorum.** (*bir schäj jä-mäk iss-tä-mi-jo-rum*; Ich möchte nichts essen.)

Wenn nach dem Wort **bir şey** (*bir schäj*; etwas) eine Verneinung folgt, nimmt **bir şey** die Bedeutung »nichts« an.

Es gibt zwei Verben, die bei der Konjugation im Präsens ihren Vokal im Verbstamm verändern. Das sind die Verben **yemek** (*jä-mäk*; essen) und **demek** (*dä-mäk*; sagen, bedeuten). Sie wissen bereits, dass der Präsensmarker **-yor-** immer einen Vokal der großen Vokalharmonie davor verlangt. Es dürfen also nur die Vokale **i, ı, ü** oder **u** vor dem Präsensmarker **-yor-** stehen. Der Verbstamm der beiden Verben **yemek** und **demek** endet aber auf **e**, also auf einen Vokal, der dort nicht stehen kann, wenn Sie das Verb im Präsens konjugieren. Nun gibt es aber in diesen beiden Verbstämmen **ye-** und **de-** keinen vorhergehenden Vokal, nach dem sich die Vokalharmonie richten könnte. Merken Sie sich daher gesondert, dass diese Verben im Präsens wie folgt lauten:

✔ **Muz yiyorum.** (*mus ji-jo-rum*; Ich esse eine Banane.)

✔ **diyoruz** (*di-jo-rus*; wir sagen)

In der Verneinung verändert sich der Vokal des Verbstamms nicht, sondern der Vokal der Verneinung:

✔ **yememek** (*jä-mä-mäk*; nicht essen) wird zu **yemiyorum** (*jä-mi-jo-rum*; ich esse nicht)

✔ **dememek** (*dä-mä-mäk*; nicht sagen) wird zu **demiyorum** (*dä-mi-jo-rum*; ich sage nicht)

Lauterscheinungen im Türkischen

In Kapitel 4 beschreibe ich die erste der insgesamt vier Lauterscheinungen im Türkischen, die sogenannte »Konsonantenerweichung«. Diese Lauterscheinung betrifft auch das Wort **yemek** (*jä-mäk*; Essen), weshalb es in einem Wörterbuch oder einem Wörterverzeichnis wie folgt angegeben wird: **yemek, -ği.**

Zur Erinnerung: Wird ein Vokal an ein Wort angefügt, das auf einen der stimmlosen Konsonanten -t, -k, -p oder -ç endet, verwandelt sich dieser manchmal in sein stimmhaftes Pendant -d, -ğ, -b oder -c:

✔ **Yemeğe çıkmak istemiyorum.** (*jä-mää-ä tschık-mak iss-tä-mi-jo-rum*; Ich möchte nicht zum Essen ausgehen.)

Abweichungen von der Vokalharmonie

Wie die Konsonantenerweichung, die auch Konsonantenwandel genannt wird, betrifft auch die Abweichung von der Vokalharmonie nur einige Wörter, die sozusagen eine Ausnahme bilden. Welches Wort von dieser Lauterscheinung betroffen ist, lernen Sie am besten gleich mit, wenn Sie sich die Vokabel einprägen. Diese Lauterscheinung ist die zweithäufigste.

Abweichung von der Vokalharmonie bedeutet, dass alle angefügten Endungen sich nicht nach der Vokalharmonie richten. Alle Endungen nehmen helle Vokale an, auch wenn der letzte Vokal in einem Wort ein dunkler Vokal ist. Bei Endungen, die sich nach der kleinen Vokalharmonie richten, kommt also nur das **e** infrage (nicht **a**). Bei Endungen, die nach der großen Vokalharmonie gebildet werden, erscheinen also nur die Vokale **i** und **ü** (nicht **ı** oder **u**). Diese Abweichung betrifft nicht nur Endungen, sondern auch die Fragepartikel und das Wort **de/da** (*dä/da*; auch), das sich normalerweise nach der kleinen Vokalharmonie richtet und seinem Bezugswort nachgestellt wird.

Wir finden die Abweichung von der Vokalharmonie bei Wörtern, die nicht türkischen Ursprungs sind. Der letzte Konsonant in den betroffenen Wörtern ist seinem Klang nach so hell, dass auch der folgende Vokal hell wird. Hier einige Beispiele:

✔ **liberal** (*li-bä-ral*; liberal) wird zu **Liberal*i*m.** (*li-bä-ra-lim*; Ich bin liberal.)

✔ **normal** (*nor-mal*; normal) wird zu **Bu normal m*i*?** (*bu nor-mal mi*; Ist das normal?)

✔ **seyahat** (*ssä-ja-hat*; Reise) wird zu **seyahatler** (*ssä-ja-hat-lär*; Reisen)

> Wenn sich diese Wörter nach der Vokalharmonie richteten, hätten wir in der Endung ein **ı** in den ersten beiden Beispielen (**-ım** und **mı**) und ein **a** im letzten Beispiel (**-lar**).

In einem Wörterbuch oder einem Vokabelverzeichnis finden Sie eine entsprechende Angabe nach dem Wort, die Sie auf diese Lauterscheinung hinweist. Es wird dabei immer der letzte Konsonant des Wortes mit der besitzanzeigenden Endung der dritten Person Singular angegeben, da diese nach einem Konsonanten immer mit einem Vokal der großen Vokalharmonie gebildet wird:

✔ **liberal, -li**

✔ **normal, -li**

✔ **seyahat, -ti**

Das Frühstück

Das Frühstück ist nicht die wichtigste Mahlzeit des Tages, auch wenn es sehr viel Auswahl bietet. Es wird Herzhaftes und Süßes gegessen, egal in welcher Reihenfolge und oft auch gemischt. Dazu gibt es auch Gemüse, Tomaten und Gurken, manchmal auch frische Kräuter wie Blattpetersilie oder Minze. In Hotels und Pensionen, die sich auf ausländische Gäste eingestellt haben, finden Sie auf dem Frühstücksbüfett auch Müsli und frisches Obst.

Hier wichtige Begriffe rund um das Frühstück:

✔ **ekmek, -ği** (*äk-mäk*; Brot)

✔ **tereyağı** (*tä-rä-jaa-ı*; Butter)

✔ **yumurta** (*ju-mur-ta*; Ei)

✔ **pide** (*pi-dä*; Fladenbrot)

✔ **salatalık, -ğı** (*ssa-la-ta-lık*; Gurke)

✔ **kaşar** (*ka-schar*; Hartkäse)

✔ **bal** (*bal*; Honig)

✔ **yoğurt, -du** (*joo-urt*; Joghurt)

✔ **kahve** (*kach-wä*; Kaffee)

✔ **sucuk, -ğu** (*ssu-dschuk*; Knoblauchwurst)

✔ **reçel** (*rä-tschäl*; Konfitüre)

✔ **margarin** (*mar-ga-rin*; Margarine)

✔ **marmelat** (*mar-mä-lat*; Marmelade)

✔ **süt** (*ssüt*; Milch)

✔ **nane** (*naa-nä*; Minze)

✔ **zeytin** (*säj-tin*; Olive)

✔ **maydanoz** (*maj-da-nos*; Petersilie)

✔ **kaymak, -ğı** (*kaj-mak*; Rahm)

✔ **pastırma** (*pass-tır-ma*; gewürzter Rinderschinken)

✔ **beyaz peynir** (*bä-jas päj-nir*; Schafkäse)

✔ **çay** (*tschaj*; Tee)

✔ **domates** (*do-ma-täss*; Tomate)

✔ **salam** (*ssa-lam*; Wurstaufschnitt)

Die Aufforderungsform in der dritten Person

Die Aufforderung in der dritten Person Singular wird Ihnen häufig rund um das Thema Essen und Trinken begegnen. Wenn Sie zum Beispiel sagen möchten, dass etwas so oder nicht so »sein soll«, brauchen Sie den Voluntativ (Aufforderungs- und Wunschform) in der dritten Person Singular. Da es kein Modalverb »sollen« im Türkischen gibt, wird eine Endung eingesetzt.

Diese Endung wird nach der großen Vokalharmonie gebildet und lautet **-sin** (*-ssin*), **-sın** (*-ssın*), **-sün** (*-ssün*) oder **-sun** (*-ssun*).

✔ **Sütlü ol*sun* lütfen.** (*ssüt-lü ol-ssun lüt-fän*; Mit Milch bitte!, *wörtlich:* Es soll mit Milch sein.)

✔ **Şekersiz ol*sun*.** (*schä-kär-ssis ol-ssun*; Ohne Zucker., *wörtlich:* Es soll ohne Zucker sein.)

✔ **Soğuk olma*sın*.** (*ssoo-uk ol-ma-ssın*; Es soll nicht kalt sein.)

Häufig wird diese Endung mit dem Hilfsverb **olmak** (*ol-mak*; sein, werden) verwendet. Sie können sie aber an jedes Verb hängen, wenn Sie eine Aufforderung aussprechen oder eine Frage mit »soll« formulieren:

✔ **Ayla Antalya'ya git*sin*.** (*aj-la an-tal-ja-ja git-ssin*; Ayla soll nach Antalya fahren.)

✔ **Thomas İstanbul'da kalma*sın*.** (*too-mass iss-tan-bul-da kal-ma-ssın*; Thomas soll nicht in Istanbul bleiben.)

✔ **Türkçe konuş*sun*.** (*türk-tschä ko-nusch-ssun*; Sie soll Türkisch sprechen.)

In der dritten Person Plural folgt die Pluralendung, sodass Sie folgende Endungen haben:

✔ **-sinler** (*-ssin-lär*)

✔ **-sınlar** (*-ssın-lar*)

✔ **-sünler** (*-ssün-lär*)

✔ **-sunlar** (*-ssun-lar*)

Hier zwei Beispiele dazu:

✔ **Otur*sunlar*.** (*o-tur-ssun-lar*; Sie sollen sich setzen.)

✔ **Thomas ile Ayla pilav ye*sinler*.** (*too-mass i-lä aj-la pi-law jä-ssin-lär*; Thomas und Ayla sollen Reis essen.)

Mit dieser Endung können Sie aber in Fragesätzen auch Dinge erfragen:

✔ **Ayla pilav ye*sin* mi?** (*aj-la pi-law jä-ssin mi*; Soll Ayla Reis essen?)

✔ **Thomas otur*sun* mu?** (*too-mass o-tur-ssun mu*; Soll Thomas sich setzen?)

 Türkischer Tee ist fester Bestandteil des Alltags. Türkischer Tee wird kochend heiß in kleinen Gläsern serviert und von morgens bis zur Schlafenszeit getrunken. Eines sollten Sie beachten: Zu einem türkischen Frühstück wird Tee getrunken, der frisch gebrüht und für den europäischen Geschmack meist zu stark ist. Wenn Sie den Tee stark mögen, können Sie dazusagen:

✔ **demli olsun** (*däm-li ol-ssun*; kräftig, *wörtlich:* er soll kräftig sein)

Sollten Sie Ihren Tee nicht so stark bevorzugen, sagen Sie:

✔ **açık olsun** (*a-tschık ol-ssun*; nicht so kräftig, *wörtlich:* er soll hell sein)

Dann wird weniger Teesud und mehr kochendes Wasser hinzugefügt. **Şeker** (*schä-kär*; Zucker) steht manchmal bereits auf dem Tisch, sodass Sie sich selbst bedienen können, meist finden Sie aber ein paar Zuckerwürfel, die Ihnen auf der Untertasse neben dem Glas serviert werden. Auch **limon** (_li-mon_; Zitrone) können Sie zu Ihrem Tee bekommen, wenn Sie sagen:

✔ **limonlu olsun** (_li-mon-lu ol-ssun_; mit Zitrone, _wörtlich:_ er soll mit Zitrone sein)

Das Mittagessen

Das **öğle yemeği** (_öö-lä jä-mää-i_; Mittagessen) ist nur Nebensache, da die Familie nicht immer beisammen ist. Es ist weniger üppig und es werden die Reste des Abendessens vom Vortag aufgewärmt. In Vierteln mit Büros finden Sie zahlreiche kleine Restaurants, die die Beschäftigten in der Mittagspause aufsuchen. Hier können Sie ein günstiges Mittagsmenü nach Hausmannsart bekommen.

Lecker Abendessen

Endlich ist es Abend und die Familie kommt zusammen, was immer mit einem reichlichen und unbedingt warmen Mahl belohnt wird. Das Abendessen besteht aus mehreren Gängen und wird ab 20 Uhr gegessen. Meist beginnt das Essen mit einer **çorba** (_tschor-ba_; Suppe), gefolgt vom Hauptgang, der für unsere Verhältnisse die Mahlzeit abschließt. Auf den Hauptgang folgt immer noch eine Art Vorspeise, **zeytinyağlı** (_säj-tin-jaa-lı_; mit Olivenöl zubereitetes Gericht, _wörtlich:_ mit Olivenöl), das in der Regel kalt serviert wird. Zu jeder Mahlzeit wird viel **ekmek** (_äk-mäk_; Brot) gegessen, das immer Weißbrot ist, und ein **salata** (_ssa-la-ta_; Salat) steht in der Mitte des Tisches.

Zu den Mahlzeiten wird **su** (_ssu_; Wasser) getrunken. Es folgt das **tatlı** (_tat-lı_; Dessert), das unverzichtbar ist. Nach dem Abendessen wird ein türkischer Mokka gereicht, ein Ritual, das nicht wegzudenken ist. Im weiteren Verlauf des Abends, zwischen 22 und 23 Uhr, wenn die Familie gemütlich beisammensitzt, wird frisches Obst der Saison serviert, das meist geschält und in mundgerechten Häppchen zubereitet ist.

 Kaffeetrinken – was wäre der Tag ohne den türkischen Mokka am Vormittag, gegen 11 Uhr, und am Abend nach dem üppigen Mahl …? Türkischer Kaffee wird immer frisch aufgebrüht und schwarz getrunken. Gut ist er, wenn er eine Schicht aus dünnem Schaum aufweist. Aus dem Kaffeesatz wird auch gerne die Zukunft gelesen, die nicht immer nur Gutes verheißt. Ältere Frauen sind besonders geübt darin und vor allem junge Mädchen lassen sich gerne aus dem Kaffeesatz lesen.

Wenn Sie einen **kahve** (_kach-wä_; Kaffee) bestellen, wird Ihnen Mokka serviert. Sollten Sie sich in einer touristischen Gegend aufhalten und türkischen Mokka wollen, sagen Sie bei Ihrer Bestellung **Türk kahvesi lütfen!** »Einen türkischen Kaffee, bitte!«, damit Sie nicht Filterkaffee bekommen. Der Zucker wird bei der Zubereitung hinzugefügt, sodass Sie bereits bei der Bestellung angeben, wie süß Sie ihn gern hätten. Es gibt verschiedene Stufen:

✔ **sade** (_ssaa-dä_; schwarz, _wörtlich:_ schlicht)

✔ **az şekerli** (_as schä-kär-li_; mittelsüß, _wörtlich:_ mit wenig Zucker)

✔ **şekerli** (_schä-kär-li_; süß, _wörtlich:_ mit Zucker)

Sie sollten wissen, dass die Version **az şekerli** für unseren Gaumen bereits die süße Stufe bildet.

Wenn Sie Filterkaffee trinken möchten, bestellen Sie **Amerikan kahvesi** (*a-mä-ri-kan kach-wä-ssi; amerikanischer Kaffee*) oder **filtre kahve** (*filt-rä kach-wä; Filter-kaffee*). Der Zucker wird dann, sollte er nicht auf dem Tisch stehen, in Form von Würfelzucker auf der Untertasse serviert. Wenn Sie Ihren Kaffee **sütlü** (*ssüt-lü; mit Milch*) trinken, geben Sie das bei der Bestellung an:

✔ **sütlü olsun** (*ssüt-lü ol-ssun; mit Milch, wörtlich: er soll mit Milch sein*)

In der Türkei ist als Variante zum landestypischen Mokka der **neskafe** (*näss-ka-fä; löslicher Kaffee*) sehr verbreitet und beliebt. Bei Ihrer Bestellung sollten Sie daher zunächst fragen, ob Filterkaffee geführt wird.

Wann gibt es Essen?

Sollten Sie zwischendurch Hunger oder Durst bekommen, können Sie sagen:

✔ **Acıktım.** (*a-dschık-tım; Ich habe Hunger., wörtlich: Ich habe Hunger bekommen/bin hungrig geworden.*)

✔ **Susadım.** (*ssu-ssa-dım; Ich habe Durst., wörtlich: Ich bin durstig geworden/habe Durst bekommen.*)

Sie können auch direkt mitteilen:

✔ **Bir şey yemek/içmek istiyorum.** (*bir schäj jä-mäk/itsch-mäk iss-ti-jo-rum; Ich möchte etwas essen/trinken.*)

✔ **Soğuk/sıcak bir şey yemek istiyorum.** (*ssoo-uk/ssı-dschak bir schäj jä-mäk iss-ti-jo-rum; Ich möchte etwas Kaltes/Warmes essen.*)

✔ **Soğuk/sıcak bir şey içmek istiyorum.** (*ssoo-uk/ssı-dschak bir schäj itsch-mäk iss-ti-jo-rum; Ich möchte etwas Kaltes/Warmes trinken.*)

✔ **Küçük/hafif bir şey yemek istiyorum.** (*kü-tschük/ha-fif bir schäj jä-mäk iss-ti-jo-rum; Ich möchte etwas Kleines/Leichtes essen.*)

Als kleine Zwischenmahlzeit wird gerne ein **sandviç** (*ssand-witsch; Sandwich*), ein **tost** (*tosst; getoastetes Sandwich*), ein **simit** (*ssi-mit; Sesamkringel*) oder auch **poğaça** (*poo-a-tscha; Pi-roggen*) und **börek** (*bö-räk; Blätterteigpastete*) gereicht (die letzten beiden sind typisch für den Tee am Nachmittag). Bei **tost** und **sandviç** haben Sie in der Regel die Wahl zwischen:

✔ **kaşarlı** (*ka-schar-lı; mit Käse*)

✔ **sucuklu** (*ssu-dschuk-lu; mit Koblauchwurst*)

✔ **karışık** (*ka-rı-schık; gemischt, bedeutet: mit Wurst und Käse*)

Bei **poğaça** und **börek** können Sie meist wählen zwischen:

✔ **peynirli** (*päj-nir-li; mit Schafskäse*)

✔ **ıspanaklı** (*ıss-pa-nak-lı*; mit Spinat)

✔ **patatesli** (*pa-ta-täss-li*; mit Kartoffeln)

✔ **kıymalı** (*kıj-ma-lı*; mit Hackfleisch)

Salziges wird bei Zwischenmahlzeiten bevorzugt, beim Tee am Nachmittag wird aber auch etwas Süßes gereicht. Das kann Folgendes sein:

✔ **kurabiye** (*ku-raa-bi-jä*; süßes Gebäck)

✔ **bisküvi** (*biss-kü-wi*; Kekse)

✔ **kek** (*käk*; Kuchen)

✔ **pasta** (*pass-ta*; Torte)

Was Sie vor, beim und nach dem Essen sagen

Die Tischmanieren unterscheiden sich von denen in deutschsprachigen Ländern, besonders darin, was wann gesagt wird.

Vor dem Essen

Zu einem türkischen Essen wird immer Weißbrot gereicht, das – auch in gehobenen Restaurants – immer mit der Hand gegessen wird. Wenn Sie zum **çay** (*tschaj*; Tee) eingeladen sind, gibt es sicherlich Kleinigkeiten, die mit der Hand gegessen werden. Sollten Sie bei einer Familie zum Essen eingeladen sein, könnte Ihnen eine lokale Spezialität serviert werden, die traditionell mit den Händen eingenommen wird. Dementsprechend spielt das **el yıkamak** (*äl jı-ka-mak*; Händewaschen) vor einer Mahlzeit oder bevor man sich zu Tisch setzt eine große Rolle. Bevor Sie sich an die **sofra** (*ssof-ra*; Tafel, gedeckter Tisch) setzen, können Sie fragen:

✔ **Pardon, lavabo nerede?** (*par-don la-wa-bo nä-rä-dä*; Verzeihung, wo ist das Waschbecken?)

Der Kellner oder die Gastgeber werden sofort verstehen, dass Sie sich die Hände waschen möchten und Ihnen den Weg zum Badezimmer weisen. Sie können aber auch direkt sagen:

✔ **Ellerimi yıkamak istiyorum.** (*äl-lä-ri-mi jı-ka-mak iss-ti-jo-rum*; Ich möchte mir die Hände waschen.)

 In manchen Kreisen wird auch ein **sofra duası** (*ssof-ra du-aa-ssı*; Tischgebet) gesprochen, bevor zugelangt wird. Das **dua** (*du-aa*; Gebet) wird dann in der Regel von der ältesten Person gesprochen, die sich an der Tafel befindet. In einer solchen Situation beobachten Sie einfach die anderen Gäste und verhalten sich so wie sie. Das Gebet wird dann mit einem gemeinsam gesprochenen **amin** (*aa-min*; Amen) abgeschlossen.

Bevor mit der Mahlzeit begonnen wird, wünscht man sich gegenseitig **Afiyet olsun!** (*aa-fi-jät ol-ssun*; Guten Appetit!) und reicht sich Brot, Salz und – dem Gericht entsprechend – andere Gewürze oder Zitrone.

Beim Essen

Das Essen spielt eine zentrale Rolle in der türkischen Kultur, und jemanden zum Essen einzuladen ist dabei wichtiger, als selbst eingeladen zu werden. Ihr Gastgeber möchte Sie unter allen Umständen zufriedenstellen und wird Ihnen immer Nachschlag anbieten. Es wäre unhöflich, einen Nachschlag kategorisch abzulehnen. Essen Sie nach Möglichkeit etwas mehr als gewohnt und versuchen Sie, Einladungen an zwei aufeinanderfolgenden Tagen zu vermeiden. Um auszuweichen, können Sie sagen:

✔ **Teşekkür ederim, belki daha sonra alırım.** (*tä-schäk-kür ä-dä-rim bäl-ki da-ha sson-ra a-lı-rım*; Vielen Dank, vielleicht nehme ich später.)

Sollte es gar nicht anders gehen, können Sie auch sagen:

✔ **Teşekkür ederim, ama çok doydum.** (*tä-schäk-kür ä-dä-rim a-ma tschok doj-dum*; Danke schön, aber ich bin sehr satt.)

✔ **Gerçekten çok doydum.** (*gär-tschäk-tän tschok doj-dum*; Ich bin wirklich sehr satt.)

Vielleicht sind Sie aber auch allergisch gegen manche Speisen oder Zutaten oder mögen ein Gericht einfach nicht. Unter keinen Umständen sollten Sie durch Ihre Mimik äußere Anzeichen von Nichtgefallen zeigen. In dem Fall versuchen Sie es lieber mit:

✔ **Maalesef bu bana dokunur.** (*maa-lä-ssäf bu ba-na do-ku-nur*; Leider bekommt mir das nicht.)

Wenn Alkohol getrunken wird, dürften Ihnen einige Trinksprüche behilflich sein, damit Sie dem Anlass gemäß anstoßen können:

✔ **Şerefe!** (*schä-rä-fä*; Prost!, Zum Wohl!, *wörtlich:* Auf die Ehre!)

✔ **Şerefine!** (*schä-rä-fi-nä*; Prost!, Auf dein Wohl!, *wörtlich:* Auf deine Ehre!)

✔ **Şerefinize!** (*schä-rä-fi-ni-sä*; Prost!, Auf Ihr Wohl!, *wörtlich:* Auf Ihre Ehre!)

✔ **Şerefimize!** (*schä-rä-fi-mi-sä*; Prost!, Auf unser Wohl!, *wörtlich:* Auf unsere Ehre!)

✔ **Sağlığa!** (*ssaa-lı-a*; Zum Wohl!, *wörtlich:* Auf die Gesundheit!)

✔ **Sağlığına!** (*ssaa-lı-ı-na*; Auf deine Gesundheit!)

✔ **Sağlığınıza!** (*ssaa-lı-ı-nı-sa*; Auf Ihre Gesundheit!)

✔ **Sağlığımıza!** (*ssaa-lı-ı-mı-sa*; Auf unsere Gesundheit!)

✔ **Yarasın!** (*ja-ra-ssın*; Prosit!, Zum Wohl!, *wörtlich:* Möge es gut bekommen!)

 Im Türkischen wird mit der zweiten Person Plural gesiezt. **Sağlığınıza!** (*ssaa-lı-ı-nı-sa*; Auf Ihre Gesundheit!) bedeutet also auch »Auf eure Gesundheit!«.

Es ist üblich, bereits während des Essens seine – immer sehr positive – Meinung über die Speisen zum Ausdruck zu bringen.

Sie können bei Ihrem Gastgeber punkten, wenn Sie das ebenfalls abwechselnd mit einer der folgenden Wendungen beherzigen:

✔ **Yemekler harika!** (*jä-mäk-lär haa-ri-ka*; Die Gerichte sind ausgezeichnet!)

✔ **Şahane!** (*scha-haa-nä*; Vorzüglich!)

✔ **Nefis!** (*nä-fiss*; Köstlich!)

✔ **Çok lezzetli!** (*tschok läs-sät-li*; Sehr lecker!)

Wundern Sie sich nicht, wenn Ihre Mitesser hin und wieder hörbar schlürfen. Der **çay** (*tschaj*; Tee), **kahve** (*kach-wä*; Kaffee) oder eine **çorba** (*tschor-ba*; Suppe) werden so heiß eingenommen, dass es ohne schlürfen gar nicht geht.

Besonders unhöflich ist das Naseputzen beim Essen, selbst wenn sie läuft. Es ist höflicher, die Nase hochzuziehen, als am Tisch in ein Taschentuch zu schnäuzen. Die Nase sollte grundsätzlich vor oder nach dem Mahl geputzt werden, und zwar im Bad. Ein lautes Naseschnäuzen in der Öffentlichkeit gilt als äußerst unhöflich und eklig. Wenn Sie es mit Ihrer laufenden Nase nicht mehr aushalten, fragen Sie wieder nach dem Waschbecken wie vor dem Essen. Bei einer Erkältung sollten Sie eine Einladung zum Essen lieber absagen und auf Ihre Erkältung hinweisen. Eine laufende Nase ist in der türkischen Kultur wirklich ein guter Grund, um einer Veranstaltung fernzubleiben. Ein kleiner Rülpser jedoch ist mit einem **Pardon!** (*par-don*; Verzeihung!) vergeben und vergessen. Niemand wird sich daran erinnern oder stören.

Nutzen Sie die Gunst der Stunde, um sich an Ihrem Knigge zu rächen! Versuchen Sie es mit einem kleinen Rülpser, schlürfen Sie ordentlich und ziehen Ihre laufende Nase ständig hoch. Wenn Sie dann auch noch immer wieder das Essen loben, sind Sie der perfekte Gast.

Nach dem Essen

Nach dem Essen, und zwar nach jedem Gang, sollten Sie die Person, die das Mahl zubereitet hat, mit der Wendung **Eline sağlık!** (*ä-li-nä ssaa-lık*) oder gesiezt mit **Elinize sağlık!** (*ä-li-ni-sä ssaa-lık*) loben. Wörtlich bedeutet das »Gesundheit deinen/Ihren Händen!«. Mit dieser Redewendung drückt man gleichzeitig aus, dass das Essen geschmeckt hat, und bedankt sich für die Mühen der Zubereitung.

Die Antwort des Gastgebers daraufhin ist wiederum **Afiyet olsun!** (*aa-fi-jät ol-ssun*), was nicht nur »Guten Appetit!« bedeutet. Wörtlich bedeutet das so viel wie »Möge es Wohlgefallen finden!« oder »Möge es zu Wohlergehen führen!« oder sinngemäß einfach »Möge es (wohl) schmecken/geschmeckt haben«.

Um Ihr Entzücken zu unterstreichen, können Sie wieder einige Redewendungen benutzen, die Sie bereits beim Essen ausgesprochen haben, indem Sie sie einfach in die Vergangenheit setzen. Hierzu fügen Sie einfach das Funktionswort der Vergangenheit **idi** (*i-di*) als Endung an. Als Endung richtet es sich nach der großen Vokalharmonie (**i, ı, ü, u**) und nimmt nach einem Vokal ein **-y-** zur Verbindung an. Nach stimmlosen Konsonanten berücksichtigen Sie die Konsonantenangleichung, aus dem **-d-** wird also ein **-t-**:

✔ **Yemekler harika*ydı*!** (*jä-mäk-lär haa-ri-kaj-dı*; Die Gerichte waren ausgezeichnet!)

✔ **Şahane*ydi*!** (*scha-haa-näj-di*; Es war vorzüglich!)

✔ **Nefis*ti*!** (*nä-fiss-ti*; Es war köstlich!)

✔ **Çok lezzetli*ydi*!** (*tschok läs-sät-lij-di*; Es war sehr lecker!)

Das Funktionswort der Vergangenheit **idi** (*i-di*) verwenden Sie immer dann, wenn Sie einen Satz ohne Verb in die Vergangenheit setzen. Es ersetzt dann das nicht vorhandene Verb »sein«.

Abschließend können Sie Ihren Gastgeber mit diesen Worten zu einem Gegenbesuch einladen:

✔ **Ben de beklerim!** (*bän dä bäk-lä-rim*; Ich erwarte (dich/Sie/euch) ebenfalls!)

✔ **Biz de bekleriz!** (*bis dä bäk-lä-ris*; Wir erwarten (dich/Sie/euch) ebenfalls!)

Der Gastgeber wird wahrscheinlich mit einem dieser Sätze antworten, bevor er Sie Ihren Magenbeschwerden überlässt:

✔ **Yine bekleriz!** (*ji-nä bäk-lä-ris*; Wir erwarten (dich/Sie/euch) wieder!)

✔ **Bunu saymayız!** (*bu-nu ssaj-ma-jıs*; Dieses Mal zählen wir nicht (mit)!)

Essen gehen

Ein gebührender Abschluss des Tages ist ein Besuch im **restoran** (*räss-to-ran*; Restaurant) oder **lokanta** (*lo-kan-ta*; Restaurant), das alle gängigen türkischen Gerichte anbietet. Sie können aber auch ein Spezialitätenrestaurant aufsuchen, wenn Sie etwas Besonderes essen möchten. Es gibt zum Beispiel **çorbacı** (*tschor-ba-dschı*; Suppenrestaurant) und **balık lokantası** (*ba-lık lo-kan-ta-ssı*; Fischrestaurant), wobei die Suppenrestaurants gerne spät in der Nacht nach einem Trinkgelage aufgesucht werden, um noch etwas Warmes in den Magen zu bekommen.

Auch auf mit Käse oder Hackfleisch überbackene Teigwaren spezialisierte **pide salonu** (*pi-dä ssa-lo-nu*; Pide-Restaurant) oder **lahmacun salonu** (*lach-maa-dschun ssa-lo-nu*; Türkische-Pizza-Restaurant) sind einen Besuch wert. Wenn Sie Fleisch mögen, besuchen Sie ein **kebap salonu** (*kä-bap ssa-lo-nu*; Kebap-Restaurant), in dem Sie ausgezeichnet gegrilltes Fleisch essen können. Auch einen Döner bekommen Sie in solch einem Kebap-Restaurant.

Das türkische **döner kebap** (*dö-när kä-bap*) wird auf einem Teller mit Beilagen als ganzes Gericht serviert. Es hat also kaum etwas mit dem Döner gemeinsam, das hierzulande im Fladenbrot mit Salat und Soße angeboten wird. Diese Version werden Sie in der Türkei vergebens suchen, da der »deutsche Döner« in den 1970er-Jahren in Berlin erfunden wurde. Auch das Fleisch, das für den Döner in der Türkei verwendet wird, ist meist hochwertiger als hierzulande.

Wenn Sie ein Restaurant aufsuchen, sollten Sie sich zunächst Zeit nehmen, die **yemek listesi** (_jä-mäk liss-tä-ssı_; Speisekarte) anzuschauen. Den Kellner – die Bedienung ist tatsächlich fast immer männlich – können Sie immer mit **Garson Bey!** (_gar-sson bäj_; Herr Ober!) auf sich aufmerksam machen. Auf einer Speisekarte können Sie diese Unterteilungen finden:

✔ **balıklar** (_ba-lık-lar_; Fische)

✔ **çorbalar** (_tschor-ba-lar_; Suppen)

✔ **içecekler** (_i-tschä-dschäk-lär_; Getränke)

✔ **içkiler** (_itsch-ki-lär_; alkoholische Getränke)

✔ **kebap ve ızgaralar** (_kä-bap wä ıs-ga-ra-lar_; Kebap und Gegrilltes)

✔ **mezeler** (_mä-sä-lär_; Vorspeisen)

✔ **salatalar** (_ssa-la-ta-lar_; Salate)

✔ **tatlılar** (_tat-lı-lar_; Desserts)

✔ **yemekler** (_jä-mäk-lär_; (Haupt-)Gerichte)

Suppen

Eine warme **çorba** (_tschor-ba_; Suppe) bereitet Ihren Magen auf das folgende Mahl vor. Die bekanntesten Suppen, zu denen Zitrone gereicht wird, sind:

✔ **domates çorbası** (_do-ma-täss tschor-ba-ssı_; Tomatensuppe)

✔ **düğün çorbası** (_düü-ün tschor-ba-ssı_; Hochzeitssuppe)

✔ **işkembe çorbası** (_isch-käm-bä tschor-ba-ssı_; Kuttelsuppe)

✔ **mercimek çorbası** (_mär-dschi-mäk tschor-ba-ssı_; Linsensuppe)

✔ **yayla çorbası** (_jaj-la tschor-ba-ssı_; Joghurtsuppe)

Vorspeisen

Vorspeisen sind sehr beliebt und es gibt sie warm oder kalt. Die **meze** (_mä-sä_; Vorspeise) gehört in jedem Fall zu einer Raki-Tafel, denn zum Alkohol gibt es immer etwas zu essen. Einige beliebte **mezeler** sind:

✔ **Arnavut ciğeri** (_ar-na-wut dschii-ä-ri_; gebratene Lammleber, _wörtlich:_ albanische Leber)

✔ **barbunya** (_bar-bun-ja_; rote Bohnen)

✔ **cacık, -ğı** (_dscha-dschık_; Tsatsiki)

✔ **humus** (_hu-muss_; pürierte Kichererbsen)

✔ **piyaz** (_pi-jas_; Salat aus weißen Bohnen)

✔ **sigara böreği** (_ssi-ga-ra bö-rää-i_; »Zigaretten-Börek«: mit Petersilie und Schafskäse gefüllte, frittierte Teigröllchen)

✔ **tarama** (*ta-ra-ma*; Püree aus Fischrogen)

✔ **yaprak sarma** (*jap-rak ssar-ma*; gefüllte Weinblätter)

Hauptgerichte

In der türkischen Küche ist **et** (*ät*; Fleisch) in allen Varianten vertreten und nicht wegzudenken, aber auch **balık** (*ba-lık*; Fisch) und **tavuk** (*ta-wuk*; Huhn) wird viel und gerne gegessen. Hier eine kleine Auswahl typischer Gerichte und Beilagen:

✔ **bulgur pilavı** (*bul-gur pi-la-wı*; Gericht aus Weizenschrot)

✔ **dolma** (*dol-ma*; *wörtlich:* Gefülltes; verschiedene Gemüsesorten, die mit Reis und anderen Zutaten gefüllt sind)

✔ **güveç, -ci** (*gü-wätsch*; Schmortopf)

✔ **karnıyarık, -ğı** (*kar-nı-ja-rık*; mit Hackfleisch gefüllte Auberginen)

✔ **köfte** (*köf-tä*; Frikadellen)

✔ **makarna** (*ma-kar-na*; Nudeln)

✔ **mantı** (*man-tı*; Maultaschen mit Hackfleischfüllung und Knoblauchjoghurt mit Gewürzen)

✔ **mücver** (*müdsch-wär*; Zucchini-Puffer)

✔ **patates** (*pa-ta-täss*; Kartoffeln)

✔ **patlıcan kızartması** (*pat-lı-dschan kı-sart-ma-ssı*; gebratene Auberginen)

✔ **pilav** (*pi-law*; Reis)

Nachspeisen

Bei Süßspeisen unterscheidet man zwischen zwei Typen: **sütlü** (*ssüt-lü*; mit Milch) zubereitete Nachspeisen und mit **şerbet** (*schär-bät*; Zuckersirup) übergossenes Gebäck aus Teig. Es gibt auch Desserts, die aus Grieß oder Mehl hergestellt werden. Nachspeisen, die mit **şerbet** behandelt sind, sind meist zu süß für den europäischen Geschmack. Hier eine Auswahl an bekannten Nachspeisen:

✔ **baklava** (*bak-la-wa*; Blätterteigpastete mit Nüssen)

✔ **dondurma** (*don-dur-ma*; Eis)

✔ **kadayıf** (*ka-da-jıf*; Süßigkeit aus Blätterteig)

✔ **muhallebi** (*mu-hal-lä-bi*; Pudding)

✔ **sütlaç, -cı** (*ssüt-latsch*; Milchreis)

Getränke

Bei den **içecek** (*i-tschä-dschäk*; Getränke) handelt es sich immer um alkoholfreie. Die gängigsten angebotenen Getränke sind:

✔ **ayran** (*aj-ran*; Kefir)

✔ **elma suyu** (*äl-ma ssu-ju*; Apfelsaft)

✔ **gazoz** (*ga-sos*; Brause)

✔ **kayısı suyu** (*ka-jı-ssı ssu-ju*; Aprikosensaft)

✔ **kola** (*ko-la*; Cola)

✔ **limonata** (*li-mo-na-ta*; Limonade)

✔ **maden suyu** (*maa-dän ssu-ju*; Mineralwasser)

✔ **portakal suyu** (*por-ta-kal ssu-ju*; Orangensaft)

✔ **şeftali suyu** (*schäf-taa-li ssu-ju*; Pfirsichsaft)

✔ **vişne suyu** (*wisch-nä ssu-ju*; Sauerkirschsaft)

 Das Wort **su** (*ssu*; Wasser) ist eines der wenigen Wörter, die einer Ausnahme unterliegen. Wenn Sie das Wort mit einem anderen Wort zusammensetzen, also mit einer besitzanzeigenden Endung der dritten Person Singular (**-i, -ı, -ü, -u** und nach Vokal **-si, -sı, -sü, -su**) verketten, wird ein **-y-** eingeschoben. Dieser Buchstabe zählt nicht zu den Vokalen, sodass Sie bei einer Wortzusammensetzung wie **meyve** (*mäj-wä*; Obst, Früchte) + **su** (*ssu*; Wasser) das Wort **meyve suyu** (*mäj-wä ssu-ju*; (Frucht-)Saft) erhalten. Ein Wort wie **meyve susu** existiert nicht.

Alkoholische Getränke

Die **içki** (*itsch-ki*) bezeichnen immer alkoholhaltige Getränke. Die einheimischen alkoholhaltigen Getränke sind etwas günstiger als die importierten Produkte. Sie bekommen Alkohol in jedem Restaurant, an dem nicht **aile lokantası** (*aa-i-lä lo-kan-ta-ssı*) oder **aile salonu** (*aa-i-lä ssa-lo-nu*) »Familienlokal« steht. Diese haben keine Lizenz zum Alkoholausschank und möchten es auch nicht. In diesen Lokalen können Sie mit Ihren Kindern essen, ohne auf betrunkene Menschen zu stoßen. Daneben gibt es die **meyhane** (*mäj-haa-nä*; Kneipen) und **birahane** (*bi-ra-haa-nä*; Bierhäuser) oder **bar** (*bar*; Bars), in denen auch kleine Snacks geboten werden. Hier eine Liste alkoholischer Getränke:

✔ **bira** (*bi-ra*; Bier)

✔ **cin** (*dschin*; Gin)

✔ **kırmızı/beyaz şarap, -bı** (*kır-mı-sı/bä-jas scha-rap*; Rotwein/Weißwein)

✔ **kokteyl** (*kok-täjl*; Cocktail)

✔ **likör** (*li-kör*; Likör)

✔ **nane likörü** (*naa-nä li-kö-rü*; Pfefferminzlikör)

✔ **rakı** (*ra-kı*; Anisschnaps)

✔ **şarap, -bı** (*scha-rap*; Wein)

✔ **viski** (*wiss-ki*; Whisky)

In der türkischen Trinkkultur spielt **rakı** eine besondere Rolle. Eine **rakı sofrası** (*ra-kı ssof-ra-ssı*; Raki-Tafel) ist eine Zusammenkunft von Männern und Frauen oder auch nur Männern, die beinahe wie ein Ritual begangen wird. Es gehört in jedem Fall eine große Auswahl an kalten und warmen Vorspeisen dazu, meist auch Musik und Gesang, wobei die Tafelrunde ab einem gewissen Zeitpunkt mitsingt. Sie sollten vorsichtig sein beim Trinken, wenn Sie den hochprozentigen Schnaps nicht gewohnt sind. Das heiße und schwüle Wetter steigert die Wirkung des Alkohols. Trinken Sie Ihren **rakı** wie die Türken: verdünnt mit Wasser, danach mit einem großen Schluck Wasser nachspülen und zwischen den Schlückchen immer etwas Salziges und Fettiges essen. Den Raki-Abend sollten Sie mit einer heißen Linsensuppe oder Kuttelsuppe abschließen, damit Sie vom folgenden Tag etwas haben.

Sollten Sie sich während der Fastenzeit (einen Monat im Jahr) außerhalb von touristischen Gegenden aufhalten, werden Sie nicht überall Alkohol bekommen. Fastende verzichten im Fastenmonat ganz auf Alkohol, aber auch Menschen, die nicht fasten, nehmen dann Abstand davon. Sind Sie sich nicht sicher, ob im aufgesuchten Restaurant Alkohol serviert wird, beobachten Sie die Getränkebestellungen anderer Gäste, bevor Sie nach Alkohol fragen.

In Restaurants gehört die Bereitstellung von **su** (*ssu*; stilles Wasser) und **ekmek** (*äk-mäk*; Brot) zum Service des Hauses. Sie müssen dafür nicht bezahlen und können beliebig nachbestellen.

Die Aufforderungsform in der ersten Person Singular

Da es kein Modalverb »sollen« im Türkischen gibt, muss auch hier eine Endung herhalten, die bei Fragen in der ersten Person Singular diese Funktion übernimmt. Diese Endung lautet:

✔ **-eyim** (*ä-jim*) oder **-ayım** (*a-jim*)

✔ **-yeyim** (*jä-jim*) oder **-yayım** (*ja-jım*) nach einem Vokal

Sie hängen diese Endung direkt an den Verbstamm:

✔ **Şarap iç*eyim* mi?** (*scha-rap i-tschä-jim mi*; Soll ich Wein trinken?)

✔ **Antalya'da kal*ayım* mı?** (*an-tal-ja-da ka-la-jım mı*; Soll ich in Antalya bleiben?)

✔ **Seni bekl*eyeyim* mi?** (*ssä-ni bäk-lä-jä-jim mi*; Soll ich auf dich warten?)

✔ **Bu gazeteyi okuma*yayım* mı?** (*bu ga-sä-tä-ji o-ku-ma-ja-jım mı*; Soll ich diese Zeitung nicht lesen?)

Wenn Sie keine Frage stellen, können Sie mit dieser Endung eine spontane Willensäußerung zum Ausdruck bringen (»ich will/möchte«). Sie verleihen mit dieser Endung auch der Bereitschaft Ausdruck, etwas in die Tat umzusetzen oder nicht umzusetzen (»ich nehme mal/nehme mal nicht«):

✔ **Ben bir bardak kola al*ayım*.** (*bän bir bar-dak ko-la a-la-jım*; Ich möchte ein Glas Cola.; *wörtlich:* … ein Glas Cola nehmen.)

✔ **Bugün şarap içme*yeyim*.** (*bu-gün scha-rap itsch-mä-jä-jim*; Heute trinke ich mal keinen Wein.)

In der gesprochenen Sprache wird diese Endung bei der Aussprache in der Regel zusammengezogen, sodass Sie ein Wort wie **gideyim** (*gi-dä-jim*; ich gehe mal) wie *gi-dijm* hören. Ein Wort wie **bakayım** (*ba-ka-jım*; ich schaue mal) hört sich meist an wie *ba-kijm*.

Bei der Aufforderungs- und Wunschform der ersten Person Singular gibt es zwei Verben, die eine Ausnahme bilden. Die Verben **yemek** (*jä-mäk*; essen) und **demek** (*dä-mäk*; sagen) verändern das **e** in ihrem Verbstamm zu **i**:

✔ **Elma y*i*yeyim.** (*äl-ma ji-jä-jim*; Ich möchte einen Apfel essen./Ich esse mal einen Apfel.)

✔ **Ne d*i*yeyim?** (*nä di-jä-jim*; Was soll ich sagen?)

Bestellen

Scheuen Sie sich nicht, nachdem Sie den **Garson Bey** (*gar-sson bäj*; Herr Ober) auf sich aufmerksam gemacht haben, ihn nach einer Empfehlung zu fragen: **Hangi yemeği tavsiye edersiniz?** (*han-gi jä-mää-i taw-ssi-jä ä-där-ssi-nis*; Welches Gericht empfehlen Sie?). Auch für Sonderwünsche wird der Kellner offen sein und für Kinder wird auch gerne ein spezieller Wunsch erfüllt.

Track 6: Im Gespräch

Ayla und Thomas sind in Antalya angekommen und besuchen am Abend ein Restaurant. Der Kellner schenkt ihnen Wasser ein und überreicht ihnen die Speisekarte. Nach einer Weile sind die beiden bereit, etwas zu bestellen.

Ayla: **Garson Bey, bakar mısınız lütfen?**
gar-sson bäj, ba-kar mı-ssı-nıs lüt-fän?
Herr Ober, würden Sie (mal) schauen bitte?

Ober: **Tabii hanımefendi. Arzunuz?**
ta-bi ha-nım-ä-fän-di. ar-su-nus?
Natürlich meine Dame. Ihr Wunsch?

Ayla: **Ben bir bardak vişne suyu alayım.**
bän bir bar-dak wisch-nä ssu-ju a-la-jım.
Ich nehme ein Glas Kirschsaft.

Thomas: **Bana da bir bira lütfen.**
ba-na da bir bi-ra lüt-fän.
Und für mich ein Bier bitte.

Ober: **Tabii. Yemek seçtiniz mi?**
ta-bi. jä-mäk ssätsch-ti-nis mi?
Natürlich. Haben Sie (schon) ein Gericht gewählt?

Ayla: **Önce bir mercimek çorbası alayım. Hangi yemeği tavsiye edersiniz?**
ön-dschä bir mär-dschi-mäk tschor-ba-ssı a-la-jım. han-gi jä-mää-i taw-ssi-jä ä-där-ssi-nis?
Zuerst möchte ich eine Linsensuppe (*wörtlich:* Zuerst nehme ich mal …). Welches Gericht empfehlen Sie?

Ober: **Bugün size özellikle et yemeklerini tavsiye ederim.**
bu-gün ssi-sä ö-säl-lik-lä ät jä-mäk-lä-ri-ni taw-ssi-jä ä-dä-rim.
Heute empfehle ich Ihnen besonders die Fleischgerichte.

Ayla: **Tamam. Öyleyse köfte alayım, yanına da pilav.**
ta-mam. öj-läj-ssä köf-tä a-la-jım. ja-nı-na da pi-law.
Gut. Wenn das so ist, nehme ich Frikadellen und dazu Reis.

Ober: **Ya siz ne alırsınız beyefendi?**
ja ssis nä a-lır-ssı-nıs bäj-ä-fän-di?
Und was nehmen Sie, mein (*wörtlich:* der) Herr?

Thomas: **Ben de önden bir yayla çorbası alayım, sonra da karnıyarıkla pilav.**
bän dä ön-dän bir jaj-la tschor-ba-ssı a-la-jım, sson-ra da kar-nı-ja-rık-la pi-law.
Und ich nehme vorweg eine Joghurtsuppe und dann mit Hackfleisch gefüllte Auberginen mit Reis.

Ober: **Başka arzunuz var mı?**
basch-ka ar-su-nus war mı?
Haben Sie weitere Wünsche? (*wörtlich:* … einen anderen Wunsch?)

Thomas: **Tatlıyı sonra seçeriz, değil mi Ayla?**
tat-lı-jı sson-ra ssä-tschä-ris, dää-il mi aj-la?
Das Dessert wählen wir später aus, nicht wahr Ayla?

Ayla: **Evet. Haa, ortaya bir de yeşil salata olsun.**
ä-wät. haa, or-ta-ja bir dä jä-schil ssa-la-ta ol-ssun.
Ja. Ach ja, in die Mitte (*Bedeutung:* auf den Tisch) noch einen grünen Salat.

Thomas: **İyi fikir, Ayla.**
i-ji fi-kir, aj-la.
Eine gute Idee, Ayla.

Kleiner Wortschatz

bakmak (*bak-mak*; schauen, gucken)

hanımefendi (*ha-nım-ä-fän-di*; Dame)

arzu (*ar-su*; Wunsch)

bardak, -ğı (*bar-dak*; Glas)

seçmek (*ssätsch-mäk*; auswählen)

almak (*al-mak*; nehmen, kaufen)

tavsiye etmek (*taw-ssi-jä ät-mäk*; empfehlen)

yanına (*ja-nı-na*; dazu, *wörtlich:* daneben)

önden (*ön-dän*; vorweg)

başka (*basch-ka*; andere)

ortaya (*or-ta-ja*; in die Mitte)

bir de (*bir dä*; noch dazu)

yeşil (*jä-schil*; grün)

fikir (*fi-kir*; Idee)

Die Rechnung

Wenn Sie das Restaurant verlassen möchten, können Sie den Kellner mit **Garson Bey, hesabı lütfen!** (*gar-sson bäj hä-ssaa-bı lüt-fän*; Herr Ober, die Rechnung bitte!) an Ihren Tisch rufen. Sie können aber auch etwas höflicher fragen: **Hesabı alabilir miyim, lütfen?** (*hä-ssaa-bı a-la-bi-lir mi-jim lüt-fän*; Könnte ich bitte die Rechnung bekommen?)

 Anders als in Deutschland wird die Rechnung nicht getrennt gezahlt. Sollten Sie mit mehreren unterwegs sein, schauen Sie sich die Rechnung an und legen so zusammen, dass jeder seinen Anteil bezahlt und einer dem Kellner die Gesamtsumme übergibt. Wenn Sie mit Türken unterwegs sind, zahlt einer für alle (sollten Sie eingeladen werden, können Sie sich beim nächsten Mal revanchieren). Achten Sie darauf, ob jemand von Ihrem Tisch gegen Ende des Abends »mal kurz verschwindet«. Dieser Gang wird wahrscheinlich nicht auf dem WC, sondern beim Kellner enden, um die Rechnung zu bezahlen und Sie nicht in Anwesenheit des Kellners in Verlegenheit zu bringen. Wenn es gar nicht anders geht, können Sie auch **ayrı ayrı** (*aj-rı aj-rı*; getrennt) bezahlen. Sie sollten aber wissen, dass diese Art der Rechnung auch **Alman hesabı** (*al-man hä-ssaa-bı*; Rechnung nach deutscher Art, *wörtlich:* deutsche Rechnung) genannt wird.

Das **bahşis** (*bach-schisch*; Trinkgeld) gehört in der Türkei beim Bezahlen der Rechnung im Restaurant dazu. Sie können dabei ungefähr von 10 Prozent der Summe ausgehen. Je teurer das Restaurant, desto mehr sollten Sie bezahlen. Wenn Sie das Geld passend haben, legen Sie das Trinkgeld darauf. Wenn Sie noch Wechselgeld bekommen, können Sie das Trinkgeld, bevor Sie gehen, auf den Tisch legen oder nach Erhalt Ihres Wechselgeldes überreichen.

Einkaufen

Einkaufen können Sie in einem **süpermarket** (*ssü-pär-mar-kät*; Supermarkt), in einem **bakkal** (*bak-kal*; kleines Geschäft mit Lebensmitteln, Haushalts- und Tabakwaren und Presse) oder auf dem **pazar** (*pa-sar*; Markt).

Im Supermarkt und im Geschäft werden Sie keine Schwierigkeiten haben, da alle Preise ausgeschildert sind und auch nicht gehandelt wird. Es sind Festpreise, in denen die Mehrwertsteuer enthalten ist. Wenn die Kassiererin Sie etwas fragt, möchte sie sicher wissen, ob Sie eine Punktekarte haben. Sie können einfach den Kopf schütteln oder auch sagen, dass Sie zu Besuch sind: **Misafirim.** (*mi-ssaa-fi-rim*; Ich bin zu Gast.) oder **Turistim.** (*tu-riss-tim*; Ich bin Tourist.). Wenn Sie ein Produkt nicht finden können oder wissen möchten, ob es überhaupt angeboten wird, haben Sie verschiedene Möglichkeiten, danach zu fragen:

✔ **Pardon, … var mı?** (*par-don … war mı*; Entschuldigung, gibt es …?)

✔ **… nerede?** (*… nä-rä-dä*; Wo ist/sind …?)

✔ **… nerede var?** (*… nä-rä-dä war*; Wo gibt es …?)

Frisches Obst und Gemüse sollten Sie auf dem Wochenmarkt kaufen, da es dort günstiger und frisch ist und Sie dort eine größere Auswahl haben. Aber nicht alles bekommen Sie auf dem Markt und ein Einkauf im **süpermarket** ist einfach und praktisch. Damit Sie dort alles finden, hier einige Produkte rund um den Haushalt und den persönlichen Bedarf:

✔ **bebek maması** (*bä-bäk ma-ma-ssı*; Babynahrung)

✔ **havlu** (*haw-lu*; Handtuch)

✔ **düğme** (*düü-mä*; Knopf)

✔ **krem** (*kräm*; Creme)

✔ **iğne** (*ii-nä*; Nadel)

✔ **iplik, -ği** (*ip-lik*; Nähgarn)

✔ **makas** (*ma-kass*; Schere)

✔ **sabun** (*ssa-bun*; Seife)

✔ **şampuan** (*scham-pu-an*; Shampoo)

✔ **güneş kremi** (*gü-näsch krä-mi*; Sonnenkreme)

✔ **bulaşık yıkama deterjanı** (*bu-la-schık jı-ka-ma dä-tär-zha-nı*; Spülmittel)

✔ **çamaşır tozu/deterjan** (*tscha-ma-schır to-su/dä-tär-zhan*; Waschpulver)

✔ **çocuk bezi** (_tscho-dschuk bä-si_; Windeln)

✔ **diş fırçası** (_disch fır-tscha-ssı_; Zahnbürste)

✔ **diş macunu** (_disch maa-dschu-nu_; Zahnpasta)

Interessanter wird es für Sie auf dem **pazar** (_pa-sar_; Markt), auf dem Sie einiges zu sehen und auch zu hören bekommen. Mitunter kann es dort recht hektisch sein, da die **satıcı** (_ssa-tı-dschı_; Verkäufer) lauthals ihre Waren anpreisen und sich gegenseitig übertönen müssen. Auch wenn Sie keinen Einkauf planen, sollten Sie sich nach dem Wochenmarkt erkundigen, um einen Eindruck zu bekommen. Sollten Sie mit kleinen Kindern unterwegs sein, bedenken Sie, dass es sehr voll ist und man sich leicht aus den Augen verlieren kann. Auf dem **pazar** bekommen Sie alles, von der Tischdecke über Bekleidung bis hin zu Klebstoff. Aber Sie werden wohl den **pazar** aufsuchen, um sich an den Gewürzen, am Obst und Gemüse sattzusehen. Vielleicht werden Sie sich über die Mengen wundern, die eine türkische Hausfrau einkauft. Es ist ungewöhnlich, ein einziges Stück Obst oder eine Scheibe Wassermelone zu kaufen. Hier eine Liste, damit Sie Mengen angeben können:

✔ **bir demet** (_bir dä-mät_; ein Bund)

✔ **yüz gram** (_jüs gram_; hundert Gramm)

✔ **bir avuç, -cu** (_bir a-wutsch_; eine Handvoll)

✔ **iki kilo** (_i-ki ki-lo_; zwei Kilo)

✔ **bir baş** (_bir basch_; eine Knolle, _wörtlich:_ Kopf)

✔ **iki metre** (_i-ki mät-rä_; zwei Meter)

✔ **üç dilim** (_ütsch di-lim_; drei Scheiben, Schnitten)

✔ **bir tane/bir parça** (_bir taa-nä/bir par-tscha_; ein Stück)

✔ **bir diş** (_bir disch_; eine Zehe (zum Beispiel Knoblauch), _wörtlich:_ ein Zahn)

✔ **on santimetre** (_on ssan-ti-mät-rä_; zehn Zentimeter)

 Nach Zahlen, die größer sind als eins, benötigt man im Türkischen keine Mehrzahl (**-lar, -ler**). Die Einzahl steht im Türkischen auch als Gattungsbegriff, sodass **elma** (_äl-ma_) »Apfel«, aber auch »Äpfel« bedeutet.

Hier eine Zusammenstellung von **meyve** (_mäj-wä_; Obst), das Sie auf dem Wochenmarkt immer frisch finden:

✔ **elma** (_äl-ma_; Apfel)

✔ **kayısı** (_ka-jı-ssı_; Aprikose)

✔ **muz** (_mus_; Banane)

✔ **armut, -du** (_ar-mut_; Birne)

✔ **hurma** (_hur-ma_; Dattel)

✔ **çilek, -ği** (_tschi-läk_; Erdbeere)

- ✔ **incir** (*in-dschir*; Feige)
- ✔ **kavun** (*ka-wun*; Honigmelone)
- ✔ **kiraz** (*ki-ras*; Kirsche)
- ✔ **mandalina** (*man-da-li-na*; Mandarine)
- ✔ **portakal** (*por-ta-kal*; Orange)
- ✔ **şeftali** (*schäf-taa-li*; Pfirsich)
- ✔ **erik, -ği** (*ä-rik*; Pflaume)
- ✔ **karpuz** (*kar-pus*; Wassermelone)
- ✔ **üzüm** (*ü-süm*; Weintraube)

Vielleicht möchten Sie auf dem **pazar** aber auch **sebze** (*ssäb-sä*; Gemüse) kaufen, das Sie dort in Hülle und Fülle finden werden. Hier eine Liste mit verschiedenen Gemüsesorten:

- ✔ **enginar** (*än-gi-nar*; Artischocke)
- ✔ **patlıcan** (*pat-lı-dschan*; Aubergine)
- ✔ **fasulye** (*fa-ssul-jä*; Bohne)
- ✔ **yeşil soğan** (*jä-schil ssoo-an*; Frühlingszwiebel)
- ✔ **salatalık, -ğı** (*ssa-la-ta-lık*; Gurke)
- ✔ **patates** (*pa-ta-täss*; Kartoffel)
- ✔ **sarımsak, -ğı** (*ssa-rım-ssak*; Knoblauch)
- ✔ **lahana** (*la-ha-na*; Kohl)
- ✔ **marul** (*ma-rul*; Kopfsalat)
- ✔ **mısır** (*mı-ssır*; Mais)
- ✔ **pazı** (*pa-sı*; Mangold)
- ✔ **havuç, -cu** (*ha-wutsch*; Möhre)
- ✔ **bamya** (*bam-ja*; Okraschote)
- ✔ **biber** (*bi-bär*; Paprika)
- ✔ **mantar** (*man-tar*; Pilz)
- ✔ **pırasa** (*pı-ra-ssa*; Porree)
- ✔ **kereviz** (*kä-rä-wis*; Sellerie)
- ✔ **ıspanak, -ğı** (*ıss-pa-nak*; Spinat)
- ✔ **domates** (*do-ma-täss*; Tomate)
- ✔ **kabak, -ğı** (*ka-bak*; Zucchini)
- ✔ **soğan** (*ssoo-an*; Zwiebel)

Die Aufforderungsform in der ersten Person Plural

Auch für die erste Person Plural (»wir«) gibt es eine Endung, um in Fragesätzen ein »sollen« oder auch »wollen« wiederzugeben. Diese Endung lautet:

✔ **-elim** (_ä-lim_) oder **-alım** (_a-lım_)

✔ **-yelim** (_jä-lim_) oder **-yalım** (_ja-lım_) nach einem Vokal

Sie hängen diese Endung (Voluntativsuffix) direkt an den Verbstamm:

✔ **Şarap iç_elim_ mi?** (_scha-rap i-tschä-lim mi_; Wollen/sollen wir Wein trinken?)

✔ **Antalya'da kal_alım_ mı?** (_an-tal-ja-da ka-la-lım mı_; Sollen wir in Antalya bleiben?)

✔ **Seni bekl_eyelim_ mi?** (_ssä-ni bäk-lä-jä-lim mi_; Sollen wir auf dich warten?)

✔ **Bu gazeteyi okuma_yalım_ mı?** (_bu ga-sä-tä-ji o-ku-ma-ja-lım mı_; Sollen wir diese Zeitung nicht lesen?)

Wenn Sie keine Frage stellen, können Sie mit dieser Endung eine spontane Willensäußerung oder auch eine Aufforderung zum Ausdruck bringen:

✔ **Sinemaya gid_elim_!** (_ssi-nä-ma-ja gi-dä-lim_; Lass(t) uns ins Kino gehen!)

✔ **Bugün şarap içm_eyelim_.** (_bu-gün scha-rap itsch-mä-jä-lim_; Lass(t) uns heute (mal) keinen Wein trinken.)

Diese Form steht häufig zusammen mit dem Wort **haydi** (_haj-di_), was so viel wie »Los!« bedeutet. Das Wort **haydi** wird dabei an den Satzanfang gestellt:

✔ **Haydi şeftali al_alım_!** (_haj-di schäf-taa-li a-la-lım_; Los, lass(t) uns Pfirsiche kaufen!)

Das Wort **haydi** kommt auch in der verkürzten Form **hadi** (_ha-di_; los!) vor.

Bei der Aufforderungs- und Wunschform der ersten Person Plural gibt es zwei Verben, die eine Ausnahme bilden. Die Verben **yemek** (_jä-mäk_; essen) und **demek** (_dä-mäk_; sagen) verändern das **e** in ihrem Verbstamm zu **i**:

✔ **Elma y_i_yelim.** (_äl-ma ji-jä-lim_; Lass(t) uns einen Apfel essen!)

✔ **Ne d_i_yelim?** (_nä di-jä-lim_; Was sollen wir sagen?)

Track 7: Im Gespräch

Am nächsten Tag gehen Ayla und Thomas auf den Wochenmarkt, um sich ein wenig umzuschauen und frisches Obst und Gemüse zu kaufen.

Verkäufer: **Buyuruuuuuun! Taze domateslere buyurun!**
bu-ju-ruuuuuun! taa-sä do-ma-täss-lä-rä bu-ju-run!
Bitte sehhhhhhr! Bitte zu den frischen Tomaten!

Thomas: **Ayla, kilosu kaça acaba?**
aj-la, ki-lo-ssu ka-tscha a-dscha-baa?

Ayla, wie viel kostet wohl das Kilo? (*wörtlich:* Zu wie viel ist wohl das Kilo?)

Ayla: **Bilmem. Soralım istersen.**
bil-mäm. sso-ra-lım iss-tär-ssän.
Ich weiß es nicht. Lass uns fragen, wenn du willst.

Thomas: **Yok, zaten domates almak istemiyorum.**
jok, saa-tän do-ma-täss al-mak iss-tä-mi-jo-rum.
Nee, ich möchte ohnehin keine Tomaten kaufen.

Verkäuferin: **Geeeeeel! Şeftaliye gel!**
gääääääl! schäf-taa-li-jä gäl!
Koooooomm! Komm zu den Pfirsichen!

Ayla: **Bak, şeftaliler çok güzel görünüyor. Şeftali alalım mı?**
bak, schäf-taa-li-lär tschok gü-säl gö-rü-nü-jor. schäf-taa-li a-la-lım mı?
Schau, die Pfirsiche sehen sehr gut (*wörtlich:* schön) aus. Wollen wir Pfirsiche kaufen?

Thomas: **Olur, alalım.**
o-lur, a-la-lım.
Gut, lass uns (welche) kaufen.

Ayla: **Pardon, kilosu kaça?**
par-don, ki-lo-ssu ka-tscha?
Verzeihung, wie viel kostet das Kilo?

Verkäuferin: **İki lira kızım.**
i-ki li-ra kı-sım.
Zwei Lira mein Kind (*wörtlich:* meine Tochter).

Ayla: **Tamam. Bir kilo olsun.**
ta-mam. bir ki-lo ol-ssun.
In Ordnung. Ein Kilo. (*wörtlich:* Es soll ein Kilo sein.)

Kleiner Wortschatz

taze (*taa-sä*; frisch)

kaça (*ka-tscha*; zu wie viel)

sormak (*ssor-mak*; fragen)

yok (*jok*; *hier:* nee, nein)

zaten (*saa-tän*; ohnehin, sowieso)

görünmek (*gö-rün-mäk*; aussehen)

Spiel und Spaß

Benennen Sie die Gemüsesorten in der Abbildung.

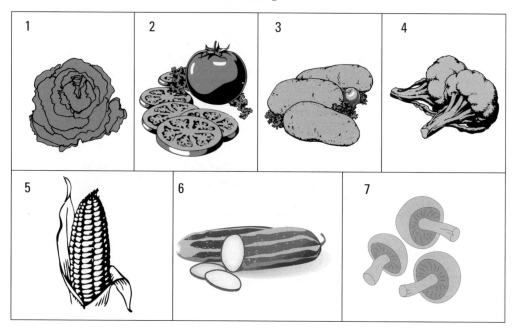

1. _____

2. _____

3. _____

4. _____

5. _____

6. _____

7. _____

Die Lösung finden Sie in Anhang C.

Einkaufen und Handeln für Anfänger

In diesem Kapitel

▷ Die besten Geschäfte finden und stöbern

▷ Um Beratung bitten

▷ Nach bestimmten Farben und Größen fragen

▷ Dinge vergleichen

▷ Verhandeln wie ein Profi und bezahlen

*W*enn Sie zu Hause gern **alışveriş yapmak** (*a-lısch-wä-risch jap-mak*; einkaufen), werden Sie auch sicher in der Türkei Freude daran haben. Wenn nicht, können Sie hier auf den Geschmack kommen. Schließlich macht es immer Spaß, etwas Neues zu entdecken oder einfach nur zu bummeln.

In diesem Kapitel finden Sie den Wortschatz und die wichtigsten Redewendungen, die Sie zum richtigen Geschäft führen, in dem Sie etwas Passendes in der richtigen Farbe und Größe finden. Dafür müssen Sie natürlich mit dem Personal sprechen, Dinge vergleichen und einen fairen Preis aushandeln.

Das Geschäftsviertel finden

Kleine Läden, einen **dükkân** (*dük-kjan*; Laden, Geschäft), finden Sie in jedem Stadtviertel. In fast jedem Stadtviertel gibt es verschiedene Geschäfte wie:

✔ **fırın** (*fı-rın*; Bäcker)

✔ **kitapçı** (*ki-tap-tschı*; Buchladen)

✔ **butik, -ği** (*bu-tik*; Boutique)

✔ **kuaför** (*ku-a-för*; Friseurgeschäft)

✔ **bakkal** (*bak-kal*; Gemischtwarenladen mit Tabak- und Presseartikeln)

✔ **kuyumcu** (*ku-jum-dschu*; Juwelier)

✔ **pastane** (*pass-taa-nä*; Konditorei, Café)

✔ **kasap, -bı** (*ka-ssap*; Metzger)

✔ **mobilyacı** (*mo-bil-ja-dschı*; Möbelgeschäft)

✔ **manav** (*ma-naw*; Obst- und Gemüsehändler)

✔ **terzi** (*tär-si*; Schneiderei)

✔ **kırtasiye dükkânı** (_kır-taa-ssi-jä dük-kja-nı_; Schreibwarengeschäft)

✔ **süpermarket** (_ssü-pär-mar-kät_; Supermarkt)

Vielleicht kommen Sie auch an einer **butik** (_bu-tik_; Boutique) vorbei oder an einem **züccaciye** (_süd-dschaa-dschi-jä_; Glas- und Porzellanwarengeschäft). Möchten Sie aber so richtig shoppen, sollten Sie ein **mağaza** (_maa-a-sa_; Kaufhaus) oder ein **alışveriş merkezi** (_a-lısch-wä-risch mär-kä-si_; Einkaufscenter) aufsuchen, das Sie im **çarşı** (_tschar-schı_; Einkaufsviertel) finden. Fragen Sie einfach nach dem **çarşı** Ihres Bezirks, denn jeder Bezirk hat sein eigenes **çarşı**, in dem Sie alles finden, was das Herz begehrt. Sie können einfach fragen:

✔ **Affedersiniz, acaba çarşı nerede?** (_aff-ä-där-ssi-nis a-dscha-baa tschar-schı nä-rä-dä_; Entschuldigen Sie, wo ist denn das Geschäftsviertel?)

Der Zirkumflex (^) über einem Vokal hat zwei Funktionen. Häufig längt er den Vokal, über dem er steht. Beim Wort **dükkân** (_dük-kjan_; Laden, Geschäft) hat er eine andere Funktion. Er steht als Aussprachehilfe über dem **â**, um anzuzeigen, dass der Konsonant davor ganz weich gesprochen wird, ganz so, als wäre noch ein **j** nach dem Konsonanten zu hören. In diesem Buch finden Sie den Zirkumflex nur bei Wörtern, in denen der vorangehende Konsonant weich gesprochen wird oder Missverständnisse in der Wortbedeutung ausgeschlossen werden sollen.

Herumstöbern

Wenn Sie in einem Geschäft sind, können Sie herumstöbern, solange Sie wollen. Zum guten Service gehört in der Türkei eine zügige Beratung. Daher werden Sie recht bald vom Personal angesprochen werden. Sicher wird man Sie zuerst mit einem **Hoş geldiniz!** (_hosch gäl-di-nis_; Herzlich willkommen!) begrüßen. Mögliche Fragen des Verkäufers an Sie könnten lauten:

✔ **Size yardımcı olabilir miyim?** (_ssi-sä jar-dım-dschı o-la-bi-lir mi-jim_; Kann ich Ihnen behilflich sein?)

✔ **Başka modellere bakmak ister misiniz?** (_basch-ka mo-däl-lä-rä bak-mak iss-tär mi-ssi-nis_; Möchten Sie sich andere Modelle anschauen?)

Sollten Sie sich erst mal in Ruhe umschauen wollen, sagen Sie:

✔ **Teşekkürler, önce biraz bakınmak istiyorum.** (_tä-schäk-kür-lär ön-dschä bi-ras ba-kın-mak iss-ti-jo-rum_; Vielen Dank, ich möchte mich zuerst ein wenig umschauen.)

Wenn Sie gar nichts kaufen möchten, sagen Sie:

✔ **Teşekkürler, sadece bakınmak istiyorum.** (_tä-schäk-kür-lär ssaa-dä-dschä ba-kın-mak iss-ti-jo-rum_; Vielen Dank, ich möchte mich nur umschauen.)

Im **çarşı** finden Sie bestimmt auch ein **alışveriş merkezi** (_a-lısch-wä-risch mär-kä-si_; Einkaufscenter), in dem Sie sich erst einmal orientieren müssen. Vielleicht sind Ihnen dabei diese Fragen behilflich:

✔ **Asansör/merdiven nerede?** (_a-ssan-ssör/mär-di-wän nä-rä-dä_; Wo ist der Aufzug/die Treppe?)

✔ **Giriş/çıkış nerede?** (*gi-risch/tschı-kısch nä-rä-dä*; Wo ist der Eingang/Ausgang?)

✔ **… kaçıncı katta?** (… *ka-tschın-dschı kat-ta*; Im wievielten Stock ist …?)

Die Ordnungszahlen

Die Ordnungszahlen werden immer von den Grundzahlen abgeleitet und haben eine Endung, die nach der großen Vokalharmonie (**ı, i, u, ü**) funktioniert. Hier die Ordnungszahlen von eins bis zehn auf einen Blick:

✔ **birinci** (*bi-rin-dschi*; erster)

✔ **ikinci** (*i-kin-dschi*; zweiter)

✔ **üçüncü** (*ü-tschün-dschü*; dritter)

✔ **dördüncü** (*dör-dün-dschü*; vierter)

✔ **beşinci** (*bä-schin-dschi*; fünfter)

✔ **altıncı** (*al-tın-dschı*; sechster)

✔ **yedinci** (*jä-din-dschi*; siebter)

✔ **sekizinci** (*ssä-ki-sin-dschi*; achter)

✔ **dokuzuncu** (*do-ku-sun-dschu*; neunter)

✔ **onuncu** (*o-nun-dschu*; zehnter)

Das Wort **kat** (*kat*; Etage, Stockwerk) folgt auf die Ordnungszahl, zum Beispiel:

✔ **Kuyumcu ikinci katta.** (*ku-jum-dschu i-kin-dschi kat-ta*; Der Juwelier ist im zweiten Stock.)

✔ **Kuaför beşinci katta mı?** (*ku-a-för bä-schin-dschi kat-ta mı*; Ist der Friseur im fünften Stock?)

Das Fragewort dazu ist **kaçıncı?** (*ka-tschın-dschı*; wievielte, -r, -s?)

Beratung erwünscht

Wenn sich kein Personal an Sie wendet oder Sie zunächst einmal mitgeteilt haben, dass Sie sich nur umschauen wollen, können Sie jederzeit das Verkaufspersonal ansprechen. Wenn Sie eine Frage haben, können Sie Ihr Gegenüber immer mit **Affedersiniz!** (*aff-ä-där-ssi-nis*; Entschuldigen Sie!) oder **Pardon!** (*par-don*; Verzeihung!) auf sich aufmerksam machen. Sie können dann nach Hilfe fragen:

✔ **Bana yardım edebilir misiniz?** (*ba-na jar-dım ä-dä-bi-lir mi-ssi-nis*; Können Sie mir helfen?)

✔ **Bana yardımcı olabilir misiniz?** (*ba-na jar-dım-dschı o-la-bi-lir mi-ssi-nis*; Könnten Sie mir behilflich sein?)

Um auszudrücken, was Sie »brauchen«, benutzen Sie das Personalpronomen **ben** (*bän*; ich) im Dativ. Sicher erinnern Sie sich, dass es **bana** (*ba-na*; mir) lautet. Danach sagen Sie, was Sie brauchen und schließen den Satz mit dem Wort **lazım** (*laa-sım*; nötig, notwendig) ab. Wörtlich haben Sie dann einen Satz wie »Mir ist Brot nötig«. Zum Beispiel:

✔ **Bana ekmek lazım.** (*ba-na äk-mäk laa-sım*; Ich brauche Brot.)

✔ **Bana çok yoğurt lazım.** (*ba-na tschok joo-urt laa-sım*; Ich brauche viel Joghurt.)

✔ **Bana armut da lazım.** (*ba-na ar-mut da laa-sım*; Ich brauche auch Birnen.)

✔ **Bana hemen kahve lazım.** (*ba-na hä-män kach-wä laa-sım*; Ich brauche sofort Kaffee.)

Die Personalpronomen (hinweisende Fürwörter) lauten im Dativ:

✔ **bana** (*ba-na*; mir)

✔ **sana** (*ssa-na*; dir)

✔ **ona** (*o-na*; ihm/ihr)

✔ **bize** (*bi-sä*; uns)

✔ **size** (*ssi-sä*; euch/Ihnen)

✔ **onlara** (*on-la-ra*; ihnen)

Da der Dativ im Türkischen auch die Richtung angibt und auf die Fragen **nereye?** (*nä-rä-jä*; wohin?) und **kime?** (*ki-mä*; wem/zu wem?) antwortet, lässt er sich auch mit *zu mir*, *zu dir* und so weiter übersetzen.

Wenn Sie sich etwas näher anschauen möchten, können Sie das Verb **bakmak** (*bak-mak*; anschauen, gucken) einsetzen. **Bakmak** verlangt den Dativ (**-e**, **-a**, **-ye**, **-ya**), den Sie an das Wort für das, was Sie sich anschauen möchten, anfügen:

✔ **Bu kolye*ye* bakmak istiyorum.** (*bu kol-jä-jä bak-mak iss-ti-jo-rum*; Ich möchte mir diese Kette anschauen.)

✔ **Şu atkı*ya* bakmak istiyorum.** (*schu at-kı-ja bak-mak iss-ti-jo-rum*; Ich möchte mir diesen Schal anschauen.)

✔ **O kalem*e* bakmak istiyorum.** (*o ka-lä-mä bak-mak iss-ti-jo-rum*; Ich möchte mir den (*wörtlich:* jenen) Stift anschauen.)

✔ **Bu pantolon*a* bakmak istiyorum.** (*bu pan-to-lo-na bak-mak iss-ti-jo-rum*; Ich möchte mir diese Hose anschauen.)

Ganz einfach können Sie sagen, was Sie kaufen oder nicht kaufen wollen. Dazu verwenden Sie das Verb **almak** (*al-mak*; kaufen, nehmen). Vielleicht suchen Sie auch etwas, dann nehmen Sie das Verb **aramak** (*a-ra-mak*; suchen):

✔ **Bilezik almak istiyorum.** (*bi-lä-sik al-mak iss-ti-jo-rum*; Ich möchte ein Armband kaufen.)

✔ **Küpe almak istemiyorum.** (*kü-pä al-mak iss-tä-mi-jo-rum*; Ich möchte keine Ohrringe kaufen.)

✔ **Kalem arıyorum.** (*ka-läm a-rı-jo-rum*; Ich suche Stifte.)

✔ **Kitap aramıyorum.** (*ki-tap a-ra-mı-jo-rum*; Ich suche keine Bücher.)

Sobald Sie etwas Bestimmtes kaufen oder nicht kaufen, setzen Sie ein hinweisendes Fürwort davor: **bu** (*bu*; diese/r/es hier), **şu** (*schu*; der/die/das da), **o** (*o*; jene/r/s). Diesem hinweisenden Fürwort folgt der Akkusativ (-ı, -i, -u, -ü, -yi, -yı, -yu, -yü):

✔ **Bu atkıyı istiyorum/istemiyorum.** (*bu at-kı-jı iss-ti-jo-rum/iss-tä-mi-jo-rum*; Ich möchte diesen Schal/nicht.)

✔ **Şu küpeyi almak istiyorum/istemiyorum.** (*schu kü-pä-ji al-mak iss-ti-jo-rum/iss-tä-mi-jo-rum*; Ich möchte diese Ohrringe kaufen/nicht kaufen.)

Track 8: Im Gespräch

Ayla und Thomas möchten ein Geburtstagsgeschenk für Aylas Schwester kaufen und haben noch keine genaue Vorstellung, was es sein soll. Sie gehen in ein Einkaufszentrum und schlendern ein wenig herum.

Ayla: **Thomas, Aylin'in yakında doğum günü var. Ona bir hediye alalım mı?**
too-mass, aj-li-nin ja-kın-da doo-um gü-nü war. o-na bir hä-di-jä a-la-lım mı?
Thomas, Aylin hat bald Geburtstag. Wollen wir ihr ein Geschenk kaufen?

Thomas: **İyi fikir. Aylin neler sever ki?**
i-ji fi-kir. aj-lin nä-lär ssä-wär ki?
Gute Idee. Was mag Aylin denn so?

Ayla: **Aylin daha öğrenci, ona her zaman kalem lazım. Ona güzel bir kalem alalım. Kalemler nerede acaba? Birine soralım.**
aj-lin da-ha öö-rän-dschi, o-na här sa-man ka-läm laa-sım. o-na gü-säl bir ka-läm a-la-lım. ka-läm-lär nä-rä-dä a-dscha-baa? bi-ri-nä sso-ra-lım.
Aylin ist noch Studentin, sie braucht immer Stifte. Lass uns einen schönen Stift für sie kaufen. Wo sind denn die Stifte? Lass uns jemanden fragen.

Thomas: **Tamam. Aah, orada bir satıcı duruyor. Ona sorayım. ... Pardon, bu mağazada kırtasiye reyonu var mı?**
ta-mam. aah, o-ra-da bir ssa-tı-dschı du-ru-jor. o-na sso-ra-jım. ... par-don, bu maa-a-sa-da kır-taa-ssi-jä rä-jo-nu war mı?
In Ordnung. Ah, dort steht ein Verkäufer. Ich frage ihn mal. ... Verzeihung, gibt es in diesem Kaufhaus eine Schreibwarenabteilung?

Verkäufer: **Evet, ikinci katta.**
ä-wät, i-kin-dschi kat-ta.
Ja, in der zweiten Etage.

Thomas: **Asansörler nerede?**
a-ssan-ssör-lär nä-rä-dä?
Wo sind die Aufzüge?

Verkäufer: **Hemen şurada.**
hä-män schu-ra-da.
Gleich hier.

Thomas: **Teşekkürler.**
tä-schäk-kür-lär.
Danke schön.

Verkäufer: **Bir şey değil.**
bir schäj dää-il.
Keine Ursache.

Kleiner Wortschatz

yakında (*ja-kın-da*; bald)

doğum günü (*doo-um gü-nü*; Geburtstag)

hediye (*hä-di-jä*; Geschenk)

fikir, -kri (*fi-kir*; Idee)

... ki (*ki*; denn, denn so)

öğrenci (*öö-rän-dschi*; Student)

biri (*bi-ri*; einer, jemand)

sormak (*ssor-mak*; fragen)

satıcı (*ssa-tı-dschı*; Verkäufer)

kırtasiye reyonu (*kır-taa-ssi-jä rä-jo-nu*; Schreibwarenabteilung)

durmak (*dur-mak*; stehen)

Kleidung und Schmuck – Farben und Größen

Besonders gern wird **giyim** (*gi-jim*; Kleidung) und **takı** (*ta-kı*; Schmuck) in der Türkei gekauft, da die Preise günstiger sind. Wenn Sie Schmuck kaufen möchten, fragen Sie nach **altın** (*al-tın*; Gold) oder **gümüş** (*gü-müsch*; Silber).

Vor Ihrer Abreise in Deutschland sollten Sie sich erkundigen, wie hoch der Wert der Waren sein darf, die Sie bei Ihrer Rückreise nach Deutschland einführen. Wenn Sie diesen Wert überschreiten, müssen Sie Zoll zahlen und das vermeintliche Schnäppchen kommt Sie dann am Ende vielleicht sogar teurer zu stehen.

Wenn Sie in ein **kuyumcu** (*ku-jum-dschu*; Juweliergeschäft) gehen, werden Sie ein großes Angebot an Gold finden. Manche Juweliere bieten auch Silberschmuck an. Wollen Sie eine größere Auswahl an Silber haben, sollten Sie sich zu einem **gümüşçü** (*gü-müsch-tschü*; Silberwarengeschäft) begeben. Hier ein kleiner Wortschatz, damit Sie beim Schmuckkauf alles benennen können.

✔ **bilezik, -ği** (*bi-lä-sik*; Armband)

✔ **kol saati** (*kol ssa-a-ti*; Armbanduhr)

✔ **pırlanta** (*pır-lan-ta*; Brillant)

✔ **broş** (*brosch*; Brosche)

✔ **elmas** (*äl-mass*; Diamant)

✔ **altın** (*al-tın*; Gold)

✔ **kolye** (*kol-jä*; Kette, Kettenanhänger)

✔ **zincir** (*sin-dschir*; Kette ohne Anhänger)

✔ **mercan** (*mär-dschan*; Koralle)

✔ **kol düğmesi** (*kol düü-mä-ssi*; Manschettenknöpfe)

✔ **küpe** (*kü-pä*; Ohrring)

✔ **yüzük, -ğü** (*jü-sük*; Ring)

✔ **yakut/yakut taşı** (*jaa-kut ta-schı*; Rubin)

✔ **gümüş** (*gü-müsch*; Silber)

✔ **zümrüt, -dü** (*süm-rüt*; Smaragd)

✔ **ayna** (*aj-na*; Spiegel)

✔ **taşlı** (*tasch-lı*; mit Steinen)

✔ **taşsız** (*tasch-ssıs*; ohne Steine)

✔ **firuze/turkuaz** (*fi-ruu-sä/tur-ku-as*; Türkis)

Sicher werden Sie auch in der einen oder anderen **butik** (*bu-tik*; Boutique) oder in einem **giyim mağazası** (*gi-jim maa-a-sa-ssı*; Bekleidungsgeschäft) vorbeischauen. Aber auch auf dem Markt finden Sie günstige Kleidung, die **defolu** (*dä-fo-lu*; zweite Wahl) ist. Dabei handelt es sich um so kleine Fehler, dass sie kaum zu sehen sind. Hier eine Auswahl an Kleidungsstücken:

✔ **takım elbise** (*ta-kım äl-bi-ssä*; Anzug)

✔ **mayo** (*ma-jo*; Badeanzug)

✔ **bluz** (*blüs*; Bluse)

✔ **kemer** (*kä-mär*; Gürtel)

✔ **eldiven** (*äl-di-wän*; Handschuh)

✔ **terlik, -ği** (*tär-lik*; Hausschuh)

✔ **gömlek, -ği** (*göm-läk*; Hemd)

✔ **pantolon** (*pan-to-lon*; Hose)

✔ **ceket** (*dschä-kät*; Jacke)

✔ **elbise** (*äl-bi-ssä*; Kleid)

✔ **kravat** (*kra-wat*; Krawatte)

✔ **şapka** (*schap-ka*; Hut, Mütze)

✔ **gecelik, -ği** (*gä-dschä-lik*; Nachthemd)

✔ **kazak, -ğı** (*ka-sak*; Pullover)

✔ **pijama** (*pi-zha-ma*; Pyjama)

✔ **etek, -ği** (*ä-tak*; Rock)

✔ **sandalet** (*ssan-da-lät*; Sandalette)

✔ **atkı** (*at-kı*; Schal)

✔ **ayakkabı** (*a-jak-ka-bı*; Schuhe)

✔ **çizme** (*tschis-mä*; Stiefel)

✔ **çorap, -bı** (*tscho-rap*; Strumpf)

✔ **tişört** (*ti-schört*; T-Shirt)

✔ **yelek, -ği** (*jä-läk*; Weste)

Bei der Kleidung fragt man Sie sicher nach Ihrer **beden** (*bä-dän*; Größe), die Sie ganz einfach mit dem Verb **giymek** (*gij-mäk*; tragen, anziehen) angeben können:

✔ **38 beden giyiyorum.** (*o-tus ssä-kis bä-dän gi-ji-jo-rum*; Ich trage Größe 38.)

✔ **42 beden giyiyor.** (*kırk i-ki bä-dän gi-ji-jor*; Sie trägt Größe 42.)

Wenn etwas zu **dar** (*dar*; eng), **bol** (*bol*; weit), **büyük** (*bü-jük*; groß) oder **küçük** (*kü-tschük*; klein) ist, können Sie sagen:

✔ **Bu kazak çok büyük.** (*bu ka-sak tschok bü-jük*; Dieser Pullover ist zu groß.)

✔ **Bu çorap küçük.** (*bu tscho-rap kü-tschük*; Diese Strümpfe sind (zu) klein.)

✔ **Bu ayakkabı biraz dar.** (*bu a-jak-ka-bı bi-ras dar*; Diese Schuhe sind ein wenig eng.)

✔ **Bu çok bol.** (*bu tschok bol*; Das ist zu weit.)

Vielleicht suchen Sie auch nach einem **kısa** (*kı-ssa*; kurz) oder **uzun** (*u-sun*; lang) Kleidungsstück:

✔ **Kısa etek var mı?** (*kı-ssa ä-täk war mı*; Gibt es kurze Röcke?)

✔ **Uzun pantolon yok mu?** (*u-sun pan-to-lon jok mu*; Gibt es keine langen Hosen?)

Entscheidend bei der Kleiderwahl ist auch die Farbe. Hier die wichtigsten Farben, damit Sie Kleidung in Ihrer Lieblingsfarbe kaufen können:

✔ **bej** (*bäzh*; beige)

✔ **mavi** (*maa-wi*; blau)

✔ **kahverengi** (*kach-wä-rän-gi*; braun)

✔ **lacivert** (*laa-dschi-wärt*; dunkelblau)

✔ **eflatun** (*äf-laa-tun*; fliederfarben)

✔ **sarı** (*ssa-rı*; gelb)

✔ **gri** (*gri*; grau)

✔ **yeşil** (*jä-schil*; grün)

✔ **mor** (*mor*; lila)

✔ **turuncu** (*tu-run-dschu*; orange)

✔ **pembe** (*päm-bä*; rosa)

✔ **kırmızı** (*kır-mı-sı*; rot)

✔ **siyah** (*ssi-jach*; schwarz)

✔ **turkuaz** (*tur-ku-as*; türkis)

✔ **beyaz** (*bä-jas*; weiß)

Mit den Wörtern **açık** (*a-tschık*; hell) und **koyu** (*ko-ju*; dunkel) können Sie Ihr Farbrepertoire ganz einfach erweitern:

✔ **açık yeşil** (*a-tschık jä-schil*; hellgrün)

✔ **koyu sarı** (*ko-ju ssa-rı*; dunkelgelb)

Wenn Sie sich die passende Farbe ausgesucht haben, können Sie sich auf das Material und das Muster konzentrieren:

✔ **pamuk, -ğu** (*pa-muk*; Baumwolle)

✔ **renkli** (*ränk-li*; bunt)

✔ **desenli** (*dä-ssän-li*; gemustert)

✔ **çizgili** (*tschis-gi-li*; gestreift)

✔ **deri** (*dä-ri*; Leder)

✔ **desensiz** (*dä-ssän-ssis*; nicht gemustert)

✔ **çizgisiz** (*tschis-gi-ssis*; nicht gestreift)

✔ **naylon** (*naj-lon*; Nylon)

✔ **kadife** (*ka-di-fä*; Samt)

✔ **saten** (_ssa-tän_; Satin)

✔ **düz** (_düs_; schlicht)

Lauterscheinungen im Türkischen

In Kapitel 4 und 5 erfahren Sie, dass es vier Lauterscheinungen im Türkischen gibt, von denen Sie bisher die sogenannte »Konsonantenerweichung« – **çocuk** (_tscho-dschuk_; Kind) wird zu **çocuğu** (_tscho-dschuu-u_; ihr Kind) – und die »Abweichung von der Vokalharmonie« – **saat** (_ssa-at_; Uhr, Stunde) wird zu **saati** (_ssa-ati_; seine Uhr) – kennengelernt haben.

Der Vokalausfall

Die dritte Lauterscheinung wird »Vokalausfall« genannt und betrifft einige zweisilbige Wörter, die sozusagen eine Ausnahme sind. Welches Wort von dieser Lauterscheinung betroffen ist, lernen Sie am besten gleich dazu, wenn Sie sich die Vokabel einprägen. Diese Lauterscheinung ist die dritthäufigste. Auch zweisilbige Verbstämme können einen Vokalausfall aufweisen, es sind also nicht nur Substantive.

Vokalausfall bedeutet, dass der zweite Vokal in einem Wort ausfällt, wenn eine betonte Endung an das Wort angefügt wird, die mit einem Vokal beginnt. Das sind in der Regel die besitzanzeigenden Endungen (Possessivsuffixe), da diese leicht betont sind. Alle betroffenen Wörter enden auf einen Konsonanten.

Das Wort **oğul** (_oo-ul_; Sohn) ist eines dieser Wörter. Wenn Sie »mein Sohn« sagen möchten, benötigen Sie die besitzanzeigende Endung, die nach einem Konsonanten mit einem Vokal beginnt. Die Form lautet dann **oğlum** (_oo-lum_; mein Sohn), und nicht etwa **oğulum**. Der zweite Vokal des Wortes (**u**) fällt also aus.

In einem Wörterbuch oder einem Vokabelverzeichnis finden Sie eine entsprechende Angabe nach dem Wort, die Sie auf diese Lauterscheinung hinweist. Es wird dabei immer der letzte Konsonant des Wortes vor dem ausfallenden Vokal und der letzte Konsonant des Wortes mit der besitzanzeigenden Endung der dritten Person Singular angegeben, da sie nach einem Konsonanten immer mit einem Vokal der großen Vokalharmonie (**i, ı, ü, u**) gebildet wird:

✔ isim, -smi

✔ oğul, -ğlu

✔ alın, -nım

Es gibt auch Wörter, die von zwei Lauterscheinungen gleichzeitig betroffen sind, wie das Wort **kalp** (_kalp_; Herz). Dieses Wort ist sowohl von der Abweichung von der Vokalharmonie als auch von der Konsonantenerweichung betroffen und wird im Wörterbuch wie folgt angegeben:

✔ kalp, -bi

Artikel vergleichen

Bevor Sie die Artikel miteinander vergleichen, verrate ich Ihnen die gängigsten Adjektive, die Sie dafür brauchen. Einige kennen Sie bereits.

✔ **eski** (*äss-ki*; alt)

✔ **ucuz** (*u-dschus*; billig)

✔ **dar** (*dar*; eng)

✔ **büyük, -ğü** (*bü-jük*; groß)

✔ **iyi** (*i-ji*; gut)

✔ **çirkin** (*tschir-kin*; hässlich)

✔ **küçük, -ğü** (*kü-tschük*; klein)

✔ **kısa** (*kı-ssa*; kurz)

✔ **uzun** (*u-sun*; lang)

✔ **hafif** (*ha-fif*; leicht)

✔ **yeni** (*jä-ni*; neu)

✔ **kötü** (*kö-tü*; schlecht)

✔ **güzel** (*gü-säl*; schön)

✔ **ağır** (*aa-ır*; schwer)

✔ **pahalı** (*pa-ha-lı*; teuer)

✔ **bol** (*bol*; weit)

Die Steigerung (Komparativ) ist im Türkischen sehr einfach, Sie setzen einfach das Wort **daha** (*da-ha*; noch) vor das Adjektiv:

✔ **daha güzel** (*da-ha gü-säl*; schöner)

✔ **daha iyi** (*da-ha i-ji*; besser)

Auch den Superlativ können Sie ganz einfach bilden, indem Sie das Wort **en** (*än*; am …) vor das Adjektiv stellen:

✔ **en pahalı saat** (*än pa-ha-lı ssa-at*; die teuerste Uhr)

✔ **en ucuz yüzük** (*än u-dschus jü-sük*; der billigste Ring)

Im Geschäft können Sie nun auch nach einem **başka** (*basch-ka*; andere/r/s) Artikel fragen:

✔ **Başka bir gömlek var mı?** (*basch-ka bir göm-läk war mı*; Gibt es ein anderes Hemd?)

✔ **Başka mayolar yok mu?** (*basch-ka ma-jo-lar jok mu*; Gibt es keine anderen Badeanzüge?)

Im Gespräch

Ayla geht für ihr Leben gern shoppen. Bei einem Schaufensterbummel entdeckt sie Röcke und Blusen der neuen Saison, die gerade eingetroffen sind. Sie betritt den Laden, um sich etwas Schönes auszusuchen.

Ayla: **Affedersiniz! Bana yardımcı olabilir misiniz? Şu eteklere bakmak istiyorum.**
aff-ä-där-ssi-nis! ba-na jar-dım-dschı o-la-bi-lir mi-ssi-nis? schu ä-täk-lä-rä bak-mak iss-ti-jo-rum.
Entschuldigen Sie! Könnten Sie mir behilflich sein? Ich möchte mir diese Röcke anschauen.

Verkäuferin: **Elbette. Kaç beden giyiyorsunuz?**
äl-bät-tä. katsch bä-dän gi-ji-jor-ssu-nus?
Selbstverständlich. Welche Größe tragen Sie?

Ayla: **38 beden. Yeşil ya da mavi bir etek denemek istiyorum.**
o-tus ssä-kis bä-dän. jä-schil ja da maa-wi bir ä-täk dä-nä-mäk iss-ti-jo-rum.
Größe 38. Ich möchte einen grünen oder blauen Rock anprobieren.

Verkäuferin: **Yeşil bu sene çok moda. Bu etek nasıl?**
jä-schil bu ssä-nä tschok mo-da. bu ä-täk na-ssıl?
Grün ist dieses Jahr sehr in Mode. Wie ist dieser Rock?

Ayla: **Hm, fena değil, ama daha uzun bir etek yok mu?**
hm, fä-naa dää-il, a-ma da-ha u-sun bir ä-täk jok mu?
Hm, nicht übel, aber gibt es keinen längeren Rock?

Verkäuferin: **Var, ama bu renkte yok. Lacivert de olabilir mi?**
war, a-ma bu ränk-tä jok. laa-dschi-wärt dä o-la-bi-lir mi?
Gibt es, aber nicht in dieser Farbe. Kann es auch dunkelblau sein?

Ayla: **Evet, olur. Vitrinde beyaz bir bluz gördüm. Ona da bakmak istiyorum.**
ä-wät, o-lur. wit-rin-dä bä-jas bir blüs gör-düm. o-na da bak-mak iss-ti-jo-rum.
Ja, kann es sein. Im Schaufenster habe ich eine weiße Bluse gesehen. Die möchte ich mir auch anschauen.

Verkäuferin: **Bir dakika. ... Buyurun.**
bir da-ki-ka. ... bu-ju-run.
Einen Moment (_wörtlich:_ eine Minute). ... Bitte sehr.

Ayla: **Daha dar bir bluz yok mu?**
da-ha dar bir blüs jok mu?
Gibt es keine engere Bluse?

Verkäuferin: **Var, ama kısa kollu.**
war, a-ma kı-ssa kol-lu.
Gibt es, aber kurzärmlig.

Ayla: **Zaten kısa kollu bir bluz istiyorum. Bu çok güzel.**
saa-tän kı-ssa kol-lu bir blüs iss-ti-jo-rum. bu tschok gü-säl.
Ich möchte sowieso eine kurzärmlige Bluse. Diese ist sehr schön.

Kleiner Wortschatz

elbette (*äl-bät-tä*; selbstverständlich)

ya da (*ja da*; oder)

denemek (*dä-nä-mäk*; anprobieren)

sene (*ssä-nä*; Jahr)

moda (*mo-da*; Mode; in Mode, modern)

vitrin (*wit-rin*; Schaufenster)

kol (*kol*; Arm; Ärmel)

kısa kollu (*kı-ssa kol-lu*; kurzärmlig)

zaten (*saa-tän*; sowieso, ohnehin)

Zur Kasse, bitte!

Was wäre ein Einkauf ohne **pazarlık** (*pa-sar-lık*; Handeln)! In jedem Fall sollten Sie versuchen zu handeln: **pazarlık yapmak** (*pa-sar-lık jap-mak*; handeln). Es wird aber nicht überall gehandelt. In Supermärkten gibt es feste Preise, dasselbe gilt für die Gastronomie. Auch auf dem Markt können Sie verhandeln, Sie können den **satıcı** (*ssa-tı-dschı*; Verkäufer) fragen, ob er Ihnen zu Ihrem Obsteinkauf etwas Obst dazugibt. Auf dem **pazar** (*pa-sar*; Markt) können Sie auch immer versuchen, vier T-Shirts für den Preis von drei oder einen Artikel etwas günstiger zu bekommen. In einem Bekleidungsgeschäft können Sie fragen, ob es billiger geht.

Das Handeln lohnt sich ganz sicher, wenn Sie bei einem **kuyumcu** (*ku-jum-dschu*; Juweliergeschäft) Schmuck kaufen. Als Faustregel gilt: Je höher die Summe der gekauften Waren, desto eher ist ein Nachlass möglich. Wenn der Verkäufer mitbekommt, dass Sie beim Kauf zögern, wird er Ihnen von sich aus einen günstigeren Preis vorschlagen. Sie können aber immer sagen:

✔ **Bu benim için fazla.** (*bu bä-nim i-tschin fas-la*; Das ist zu viel für mich.)

✔ **Bu gerçekten son fiyat mı?** (*bu gär-tschäk-tän sson fi-jat mı*; Ist das wirklich der letzte Preis?)

✔ **Daha ucuz olmaz mı?** (*da-ha u-dschus ol-mas mı*; Geht es nicht billiger?)

✔ **Beş çocuğum var!** (*bäsch tscho-dschuu-um war*; Ich habe fünf Kinder!)

Auch wenn der Verkäufer **son fiyat** (*sson fi-jat*; letzter Preis) sagt, können Sie noch einen weiteren Versuch unternehmen.

 Damit Sie beim **pazarlık** (*pa-sar-lık*; Handeln) besser wegkommen, können Sie ein bisschen schummeln. Tun Sie zu Beginn einfach so, als wollten Sie das ausgesuchte Stück gar nicht kaufen. Der Verkäufer wird Ihnen dann wahrscheinlich von sich aus einen günstigeren Preis anbieten, um Sie zum Kauf zu animieren.

Bezahlen

Sie werden dann zur Kasse gebeten, um zu **ödemek** (_ö-dä-mäk_; bezahlen). Auch Sie können das einleiten, indem Sie sagen:

✔ **Ödemek istiyorum.** (_ö-dä-mäk iss-ti-jo-rum_; Ich möchte zahlen.)

✔ **Şimdi hepsini ödemek istiyorum.** (_schim-di häp-ssi-ni ö-dä-mäk iss-ti-jo-rum_; Ich möchte das alles jetzt bezahlen.)

✔ **Hepsi ne kadar?** (_häp-ssi nä ka-dar_; Wie viel macht das alles?)

✔ **Borcum ne kadar?** (_bor-dschum nä ka-dar_; Wie viel schulde ich?)

Track 9: Im Gespräch

Thomas kommt bei einem Bummel an einem Silberwarengeschäft vorbei und kann es nicht lassen, wieder einmal Schmuck für Ayla zu kaufen. Nachdem er sich einige Stücke ausgesucht hat, beginnt er mit dem Verkäufer zu verhandeln.

Thomas: **Şimdi bilezikle küpenin fiyatını konuşalım. Daha ucuz olmaz mı?**
schim-di bi-lä-sik-lä kü-pä-nin fi-ja-tı-nı ko-nu-scha-lım. da-ha u-dschus ol-mas mı?
Sprechen wir jetzt über den Preis des Armbands und der Ohrringe. Geht es nicht billiger?

Verkäufer: **Maalesef olmaz. Size zaten ucuz bir fiyat söyledim.**
maa-lä-ssäf ol-mas. ssi-sä saa-tän u-dschus bir fi-jat ssöj-lä-dim.
Das geht leider nicht. Ich habe Ihnen ohnehin einen günstigen Preis genannt.

Thomas: **Öyleyse ikisini alamam. O kadar param yok.**
öj-läj-ssä i-ki-ssi-ni a-la-mam. o ka-dar pa-ram jok.
Dann (_wörtlich:_ wenn es so ist) kann ich nicht beides kaufen. So viel Geld habe ich nicht.

Verkäufer: **O zaman bir de kol düğmesi alın, fiyatı yeniden konuşuruz.**
o sa-man bir dä kol düü-mä-ssi a-lın, fi-ja-tı jä-ni-dän ko-nu-schu-rus.
Dann kaufen Sie auch noch Manschettenknöpfe (dazu), (und) wir besprechen den Preis erneut.

Thomas: **Ama ben kol düğmesi kullanmam.**
a-ma bän kol düü-mä-ssi kul-lan-mam.
Aber ich trage (_wörtlich:_ benutze) keine Manschettenknöpfe.

Verkäufer: **Bileziğin taşları hakiki turkuaz. Bu kalitede turkuaz her yerde bula-mazsınız.**

bi-lä-sii-in tasch-la-rı ha-kii-kii tur-ku-as. bu ka-li-tä-dä tur-ku-as här jär-dä bu-la-mas-ssı-nıs.

Die Steine am Armband (*wörtlich:* des Armbands) sind echte Türkise. Türkise dieser Qualität finden Sie nicht überall (*wörtlich:* können Sie nicht … finden).

Thomas: **Mümkün değil. O kadar param yok.**

müm-kün dää-il. o ka-dar pa-ram jok.

Geht nicht (*wörtlich:* nicht möglich). So viel Geld habe ich nicht.

Verkäufer: **Peki, o zaman size bugün özel bir indirim yapalım.**

pä-ki, o sa-man ssi-sä bu-gün ö-säl bir in-di-rim ja-pa-lım.

Ja gut, dann machen wir Ihnen heute ein besonderes Angebot.

Thomas: **Teşekkür ederim! Kredi kartımla ödemek istiyorum. Bu mümkün mü?**

tä-schäk-kür ä-dä-rim! krä-di kar-tım-la ö-dä-mäk iss-ti-jo-rum. bu müm-kün mü?

Danke schön! Ich möchte mit meiner Kreditkarte bezahlen. Geht das? (*wörtlich:* Ist das möglich?)

Verkäufer: **Hiç sorun değil.**

hitsch sso-run dää-il.

Das ist überhaupt kein Problem.

Kleiner Wortschatz

konuşmak + Akkusativ (*ko-nusch-mak*; über etwas sprechen)

maalesef (*maa-lä-ssäf*; leider)

söylemek (*ssöj-lä-mak*; sagen, *hier:* nennen)

o zaman (*o sa-man*; dann)

yeniden (*jä-ni-dän*; erneut, aufs Neue)

kullanmak (*kul-lan-mak*; benutzen, verwenden)

hakiki (*ha-kii-kii*; echt)

kalite (*ka-li-tä*; Qualität)

mümkün (*müm-kün*; möglich)

özel (*ö-säl*; speziell, besonders)

indirim (*in-di-rim*; Angebot, Preisnachlass)

kredi kartı (*krä-di kar-tı*; Kreditkarte)

sorun (*sso-run*; Problem)

Spiel und Spaß

Die Buchstaben dieser Farbbezeichnungen sind durcheinandergeraten. Wie lauten die Farben richtig?

a. yazbe _____

b. vima _____

c. lişey _____

d. pebme _____

e. hisya _____

f. ırkımzı _____

Die Lösung finden Sie in Anhang C.

Ausgehen

In diesem Kapitel

▷ Die Uhrzeiten kennenlernen

▷ Wochentage und Monate

▷ Was möchten Sie heute unternehmen?

▷ Ins Kino, ins Theater und ins Museum gehen

▷ Wie war's?

▷ Auf eine Party gehen

*W*enn Sie auf eigene Faust losziehen und die Stadt entdecken, können Sie das Erlernte am besten umsetzen. Neben einem Besuch im Museum oder Kino werden Sie vielleicht auch einmal auf eine private Feier eingeladen. Eine Gelegenheit, die Sie nicht verpassen sollten.

In diesem Kapitel lernen Sie die Uhrzeiten kennen, damit Sie zu einer Vorstellung oder Verabredung nicht zu spät kommen und die Öffnungszeiten erfragen können. Sie erfahren außerdem, wie Sie Ihre Meinung mitteilen und Ihre Eindrücke über etwas zum Ausdruck bringen.

Die Uhrzeit

Wenn Sie in der **şehir** (*schä-hir*; Stadt) unterwegs sind, wird es schwierig sein, ein Ticket für die Kinovorstellung zu kaufen oder sich mit jemandem zu verabreden, wenn Sie die Uhrzeiten nicht verstehen oder benennen können. Die **saat** (*ssa-at*) ist also besonders wichtig. Dabei kann **saat** »Uhr«, »Uhrzeit« und »Stunde« bedeuten. Stellen Sie die Zahl vor **saat**, erhalten Sie die Bedeutung »Stunde«:

✔ **bir saat** (*bir ssa-at*; eine Stunde)

✔ **iki saat** (*i-ki ssa-at*; zwei Stunden)

Zwei Fragen sind für Sie im Zusammenhang mit den Uhrzeiten besonders wichtig:

✔ **Saat kaç?** (*ssa-at katsch*; Wie spät ist es?, *wörtlich:* Wie viel Uhr ist es?)

✔ **Saat kaçta?** (*ssa-at katsch-ta*; Um wie viel Uhr?)

Bevor ich Ihnen erkläre, wie Sie die Uhrzeit benennen oder die Antwort auf Ihre Frage nach der Uhrzeit verstehen, hier einige wichtige Vokabeln rund um die Uhr und die Uhrzeit:

✔ **pil** (*pil*; Batterie)

✔ **erken** (*är-kän*; früh)

✔ **tam zamanında** (_tam sa-ma-nın-da_; genau pünktlich, genau zur rechten Zeit)

✔ **buçuk, -ğu** (_bu-tschuk_; halb, Angabe über dem Zahlwert eins)

✔ **yarım** (_ja-rım_; halb, Angabe unter dem Zahlwert eins)

✔ **dakika** (_da-ki-ka_; Minute)

✔ **dakik** (_da-kik_; pünktlich, präzise)

✔ **saniye** (_ssaa-ni-jä_; Sekunde)

✔ **geç** (_gätsch_; spät)

✔ **saat, -ti** (_ssa-at_; Stunde, Uhr)

✔ **çeyrek, -ği** (_tschäj-räk_; Viertel)

✔ **çalar saat, -ti** (_tscha-lar ssa-at_; Wecker)

✔ **zaman** oder **vakit, -kti** (_sa-man / wa-kit_; Zeit)

Sicher ist Ihnen nicht entgangen, dass es zwei Begriffe für »halb« gibt: **yarım** und **buçuk**. Den Begriff **yarım** verwendet man, wenn man einen Wert unter eins, unter einem Ganzen benennen möchte. Zum Beispiel:

✔ **yarım kilo** (_ja-rım ki-lo_; ein halbes Kilo)

✔ **yarım gün** (_ja-rım gün_; einen halben Tag)

✔ **yarım porsiyon** (_ja-rım por-ssi-jon_; eine halbe Portion)

✔ **yarım saat** (_ja-rım ssa-at_; eine halbe Stunde)

Den Begriff **buçuk** verwendet man, um einen Zahlwert über eins zu benennen:

✔ **bir buçuk kilo** (_bir bu-tschuk ki-lo_; einundeinhalb Kilo)

✔ **iki buçuk hafta** (_i-ki bu-tschuk haf-ta_; zweieinhalb Wochen)

✔ **üç buçuk saat** (_ütsch bu-tschuk ssa-at_; dreieinhalb Stunden)

Wie spät ist es?

Für die Bildung der Uhrzeit unterscheiden wir also zwischen zwei Fragen: **Saat kaç?** und **Saat kaçta?** Für die Frage nach der Uhrzeit **Saat kaç?** benötigen Sie bei vollen Stunden nichts weiter:

✔ **Saat bir.** (_ssa-at bir_; Es ist ein Uhr.)

✔ **Saat iki.** (_ssa-at i-ki_; Es ist zwei Uhr.)

Bei halben Stunden verwenden Sie **yarım** oder **buçuk**, wobei **buçuk** der Uhrzeit hinzugerechnet wird. Im Türkischen ist »halb drei« also »zwei + ein halb«:

✔ **Saat yarım.** (_ssa-at ja-rım_; Es ist halb zwölf.)

✔ **Saat bir buçuk.** (_ssa-at bir bu-tschuk_; Es ist halb zwei.)

✔ **Saat iki buçuk.** (_ssa-at i-ki bu-tschuk_; Es ist halb drei.)

Wenn Sie sich auf der rechten Seite der Uhr bewegen, ab eine Minute nach bis eine Minute vor halb, brauchen Sie das Verb **geçmek** (*gätsch-mäk*; vorbeigehen), das den Akkusativ verlangt (**-ı, -i, -u, -ü, -yı, -yi, -yu, -yü**). Wörtlich übersetzt bedeutet »es ist zehn nach zwei« also »es geht zehn an der zwei vorbei«. Das Wort **dakika** »Minute« können Sie dabei weglassen. Auch **saat** muss nicht genannt werden:

✔ **Saat iki*yi* on geçiyor.** (*ssa-at i-ki-ji on gä-tschi-jor*; Es ist zehn nach zwei.)

✔ **Üç*ü* çeyrek geçiyor.** (*ü-tschü tschäj-räk gä-tschi-jor*; Es ist Viertel nach drei.)

✔ **Beş*i* yirmi geçiyor.** (*bä-schi jir-mi gä-tschi-jor*; Es ist zwanzig nach fünf.)

Wenn Sie sich auf der linken Seite der Uhr bewegen, ab eine Minute nach halb bis eine Minute vor der vollen Stunde, brauchen Sie den Dativ (**-e, -a, -ye, -ya**) und schließen die Uhrzeit mit **var** »es gibt« ab. Wörtlich bedeutet dann »es ist fünf vor elf« also »es gibt fünf zur elf«:

✔ **Saat iki*ye* on var.** (*ssa-at i-ki-jä on war*; Es ist zehn vor zwei.)

✔ **Altı*ya* çeyrek var.** (*al-tı-ja taschäj-räk war*; Es ist Viertel vor sechs.)

✔ **Beş*e* yirmi var.** (*bä-schä jir-mi war*; Es ist zwanzig vor fünf.)

Um wie viel Uhr?

Für die Frage **Saat kaçta?** brauchen Sie, wie schon im Fragewort enthalten, den Lokativ (**-de, -da, -te, -ta)** bei der Angabe der vollen und halben Stunde. Der Lokativ entspricht hier dem deutschen »um«:

✔ **Saat bir*de*.** (*ssa-at bir-dä*; Um ein Uhr.)

✔ **Saat iki*de*.** (*ssa-at i-ki-dä*; Um zwei Uhr.)

✔ **Yarım*da*.** (*ja-rım-da*; Um halb eins.)

✔ **Üç buçuk*ta*.** (*ütsch bu-tschuk-ta*; Um halb vier.)

Wenn Sie sich auf der rechten Seite der Uhr bewegen, ab eine Minute nach halb bis eine Minute vor der vollen Stunde, brauchen Sie wieder den Akkusativ und ein vom Verb **geçmek** (*gätsch-mäk*; vorbeigehen, überqueren) abgeleitetes Wort, nämlich **geçe**. Wörtlich bedeutet dann »um zehn nach eins« so viel wie »zehn an der eins vorbeigehend«:

✔ **Saat bir*i* on geçe.** (*ssa-at bi-ri on gä-tschä*; Um zehn nach eins.)

✔ **Üç*ü* çeyrek geçe.** (*ü-tschü tschäj-räk gä-tschä*; Um Viertel nach drei.)

✔ **Dokuz*u* beş geçe.** (*do-ku-su bäsch gä-tschä*; Um fünf nach neun.)

Wenn Sie sich auf der linken Seite der Uhr bewegen, ab eine Minute nach halb bis eine Minute vor der vollen Stunde, brauchen Sie wieder den Dativ und ein vom Verb **kalmak** (*kal-mak*; bleiben, verbleiben) abgeleitetes Wort, nämlich **kala**. Wörtlich bedeutet dann »um fünf vor zwölf« so viel wie »fünf zur zwölf verbleibend«:

✔ **Saat on iki*ye* beş kala.** (*ssa-at on i-ki-jä bäsch ka-la*; Um fünf vor zwölf.)

✔ **Üç*e* on kala.** (*ü-tschä on ka-la*; Um zehn vor drei.)

✔ **On*a* çeyrek kala.** (*o-na tschäj-räk ka-la*; Um Viertel vor zehn.)

Track 10: Im Gespräch

Zwei Männer stehen vor dem Kino und erkunden das Angebot.

Gürkan: **Pardon, saat kaç?**
par-don, ssa-at katsch?
Verzeihung, wie spät ist es?

Max: **Bir dakika ... Saat iki buçuk.**
bir da-ki-ka ... ssa-at i-ki bu-tschuk.
Einen Moment bitte (*wörtlich:* eine Minute) ... Es ist halb drei.

Gürkan: **Teşekkürler! »Tarzan« saat kaçta oynuyor acaba?**
tä-schäk-kür-lär! »tar-san« ssa-at katsch-ta oj-nu-jor a-dscha-baa?
Vielen Dank! Wann (*wörtlich:* um wie viel Uhr) läuft denn »Tarzan«?

Max: **Sanırım üçe çeyrek kala.**
ssa-nı-rım ü-tschä tschäj-räk ka-la.
Ich glaube um Viertel vor drei.

Kleiner Wortschatz

pardon (*par-don;* Verzeihung)

bir dakika (*bir da-ki-ka;* einen Moment, *wörtlich:* eine Minute)

oynamak (*oj-na-mak;* spielen, laufen (Film))

sanmak (*ssan-mak;* meinen, glauben)

Die Tageszeiten

Im Türkischen werden die Zahlen von 1 bis 24 nur bei offiziellen Ansagen verwendet, zum Beispiel im Radio oder bei den Durchsagen am Bahnhof. Auch beim Kauf einer Eintrittskarte können Sie die Zahlen bis zu 24 ausschöpfen. In der gesprochenen Sprache belässt man es bei den Zahlen bis zwölf. Um Missverständnisse zu vermeiden, kann man die Tageszeit dazu sagen:

✔ **sabah** (*ssa-bach;* Morgen, morgens)

✔ **öğleden önce** (*öö-lä-dän ön-dschä;* Vormittag, vormittags)

✔ **öğlen/öğleyin** (*öö-län/öö-lä-jin;* Mittag, mittags)

✔ **öğleden sonra** (*öö-lä-dän sson-ra;* Nachmittag, nachmittags)

✔ **akşam** (*ak-scham;* Abend, abends)

✔ **gece** (*gä-dschä;* Nacht, nachts)

✔ **gece yarısı** (*gä-dschä ja-rı-ssı;* Mitternacht)

Sie können nun zu der Uhrzeit **gece 1** (*gä-dschä bir*) oder **sabah 11** (*ssa-bach on bir*) hinzufügen, um Missverständnisse zu vermeiden.

Wochentage und Monate

Bei einer Verabredung wird man Sie sicher fragen **ne zaman?** (*nä sa-man*; wann?) oder **hangi gün?** (*han-gi gün*; welcher Tag/an welchem Tag?). Damit Sie Ihren Termin nicht verpassen, hier die Wochentage:

✔ **pazartesi** (*pa-sar-tä-ssi*; Montag)

✔ **salı** (*ssa-lı*; Dienstag)

✔ **çarşamba** (*tschar-scham-ba*; Mittwoch)

✔ **perşembe** (*pär-schäm-bä*; Donnerstag)

✔ **cuma** (*dschu-maa*; Freitag)

✔ **cumartesi** (*dschu-mar-tä-ssi*; Samstag)

✔ **pazar** (*pa-sar*; Sonntag)

Sicher haben Sie erkannt, dass das Wort für »Markt« auch das Wort für »Sonntag« ist. Um »am Dienstag« zu sagen, brauchen Sie nur **salı** zu sagen, es bedeutet »Dienstag« und »am Dienstag«. Gerne wird auch das Wort **gün** (*gün*; Tag) nachgestellt, wobei man mit der besitzanzeigenden Endung ein Kompositum bildet: **salı günü**.

Der Sonntag – ein Ruhetag

Anders als in vielen islamisch geprägten Ländern ist der Sonntag in der Türkei ein Ruhetag. Bis zur Gründung der Republik war der Freitag der Feiertag. Auch heute wird die Moschee natürlich am Freitag zum Gebet aufgesucht, auch wenn es sich um einen ganz normalen Arbeits- und Schultag handelt. Der Samstag ist ein gewöhnlicher Wochentag. Die meisten Arbeitnehmer arbeiten sechs Tage die Woche, der Unterricht geht dagegen von Montag bis Freitag.

Rund um das **yıl** (*jıl*; Jahr) oder **sene** (*ssä-nä*; Jahr) sind natürlich auch die Monatsnamen wichtig, wenn Sie etwas planen oder im Voraus reservieren möchten. Hier die **aylar** (*aj-lar*; Monate), damit Sie rechtzeitig buchen können:

✔ **ocak, -ğı** (*o-dschak*; Januar)

✔ **şubat** (*schu-bat*; Februar)

✔ **mart** (*mart*; März)

✔ **nisan** (*nii-ssan*; April)

✔ **mayıs** (*ma-jıss*; Mai)

✔ **haziran** (*ha-sii-ran*; Juni)

✔ **temmuz** (*täm-mus*; Juli)

✔ **ağustos** (*aa-uss-toss*; August)

✔ **eylül** (*äj-lül*; September)

✔ **ekim** (*ä-kim*; Oktober)

✔ **kasım** (*ka-ssım*; November)

✔ **aralık, -ğı** (*a-ra-lık*; Dezember)

Was so alles ansteht

Bestimmt werden Sie einmal gefragt, was Sie unternehmen möchten, oder Sie fragen einen Bekannten, ob er nicht Lust hat, etwas mit Ihnen zu machen. Die Frage könnte so lauten:

✔ **Bugün ne yapmak istiyorsun?** (*bu-gün nä jap-mak iss-ti-jor-ssun*; Was möchtest du heute machen?)

✔ **Yarın bir planınız var mı?** (*ja-rın bir pla-nı-nıs war mı*; Haben Sie morgen etwas vor?, *wörtlich:* ... einen Plan?)

✔ **Gelecek hafta vaktin var mı?** (*gä-lä-dschäk haf-ta wak-tin war mı*; Hast du nächste Woche Zeit?)

Antworten können Sie, indem Sie das Verb **istemek** (*iss-tä-mäk*; wollen, möchten) im Präsens konjugieren und das, was Sie machen möchten, im Infinitiv (**-mek**, **-mak**) davorstellen. Zum Beispiel:

✔ **Yarın dinlenmek istiyoruz.** (*ja-rın din-län-mäk iss-ti-jo-rus*; Morgen möchten wir uns ausruhen.)

✔ **Pazar günü güneşlenmek istiyorum.** (*pa-sar gü-nü gü-näsch-län-mäk iss-ti-jo-rum*; Am Sonntag möchte ich mich sonnen.)

✔ **Bugün hiçbir şey yapmak istemiyorum.** (*bu-gün hitsch-bir schäj jap-mak iss-tä-mi-jo-rum*; Heute möchte ich gar nichts machen.)

✔ **Saat 10'da müzeye gitmek istiyoruz.** (*ssa-at on-da mü-sä-jä git-mäk iss-ti-jo-rus*; Um 10 Uhr möchten wir ins Museum gehen.)

Im Gespräch

Sandra möchte sich mit Taner treffen, der keine Zeit zu haben scheint. Sie schlägt ihm immer wieder neue Termine vor, doch anscheinend hat er wirklich viel zu tun.

Sandra: **Taner, bugün ne yapıyorsun?**
ta-när, bu-gün nä ja-pı-jor-ssun?
Taner, was machst du heute?

Taner: **Bugün annem geliyor.**
bu-gün an-näm gä-li-jor.
Heute kommt meine Mutter.

Sandra: **Ya yarın?**
ja ja-rın?
Und morgen?

Taner: **Yarın bütün gün çalışıyorum.**
ja-rın bü-tün gün tscha-lı-schı-jo-rum.
Morgen arbeite ich den ganzen Tag.

Sandra: **Öbür gün planların var mı?**
ö-bür gün plan-la-rın war mı?
Hast du übermorgen etwas vor (*wörtlich:* Pläne)?

Taner: **Öbür gün televizyon izlemek istiyorum.**
ö-bür gün tä-lä-wis-jon is-lä-mäk iss-ti-jo-rum.
Übermorgen will ich fernsehen.

Sandra: **Hafta sonu bir konser var. Gidelim mi?**
haf-ta sso-nu bir kon-ssär war. gi-dä-lim mi?
Am Wochenende gibt es ein Konzert. Wollen wir hingehen?

Taner: **Hayır, cumartesi misafir geliyor ve pazar günü işim var.**
ha-jır, dschu-mar-tä-ssi mi-ssaa-fir gä-li-jor wä pa-sar gü-nü i-schim war.
Nein, Samstag kommt Besuch und am Sonntag habe ich zu tun.

Sandra: **Tamam. Öyleyse anladım.**
ta-mam. öj-läj-ssä an-la-dım.
Gut. Wenn das so ist, habe ich verstanden.

Kleiner Wortschatz

bugün (*bu-gün*; heute)

yarın (*ja-rın*; morgen)

bütün (*bü-tün*; ganz)

öbür gün (*ö-bür gün*; übermorgen)

hafta sonu (*haf-ta sso-nu*; (am) Wochenende)

konser (*kon-ssär*; Konzert)

misafir (*mi-ssaa-fir*; Gast, Besuch)

öyleyse (*öj-läj-ssä*; wenn es/das so ist)

Im Kino und Theater

Eine beliebte Freizeitbeschäftigung in der Türkei ist es, ins **sinema** (*ssi-nä-ma*; Kino) oder ins **tiyatro** (*ti-jat-ro*; Theater) zu gehen. Ernsthafte Theatergänger haben meist ein Abo fürs Theater, das sie regelmäßig nutzen. Neben den Aufführungen des Staatsensembles gibt es häufig Gastspiele. Es werden internationale **piyes** (*pi-jäss*; Theaterstück), aber auch türkische aufgeführt. Wenn Sie studieren, sollten Sie im Theater nach einer Ermäßigung fragen, vorausgesetzt, Sie haben einen gültigen internationalen Studentenausweis dabei. Im **sinema** werden Sie sich darüber freuen, dass die meisten ausländischen Filme im Original mit türkischen **altyazı** (*alt-ja-sı*; Untertitel) gezeigt werden, im Zweifelfall fragen Sie einfach nach: **Bu film altyazılı mı?** (*bu film alt-ja-sı-lı mı*; Ist dieser Film mit Untertiteln?)

Wenn Sie eine **bilet** (*bi-lät*; Eintrittskarte, Ticket) kaufen möchten, können Sie sagen:

✔ **Saat ondaki film için iki bilet istiyorum.** (*ssa-at on-da-ki film i-tschin i-ki bi-lät iss-ti-jo-rum*; Ich möchte zwei Eintrittskarten für den Film um 10 Uhr.)

✔ **Bir bilet, lütfen!** (*bir bi-lät lüt-fän*; Ein Ticket, bitte.)

Wenn Sie sich nicht sicher sind, wann der Film spielt, beginnt und endet, fragen Sie einfach:

✔ **Bu film saat kaçta oynuyor?** (*bu film ssa-at katsch-ta oj-nu-jor*; Wann (*wörtlich:* um wie viel Uhr) läuft dieser Film?)

✔ **»…« filmi saat kaçta oynuyor?** (*»…« fil-mi ssa-at katsch-ta oj-nu-jor*; Wann (*wörtlich:* um wie viel Uhr) läuft der Film »…«?)

✔ **Film saat kaçta başlıyor?** (*film ssa-at katsch-ta basch-lı-jor*; Wann (*wörtlich:* um wie viel Uhr) fängt der Film an?)

✔ **Film saat kaçta bitiyor?** (*film ssa-at katsch-ta bi-ti-jor*; Wann (*wörtlich:* um wie viel Uhr) ist der Film zu Ende?)

Möchten Sie einen bestimmten Film sehen und wissen nicht, an welchem Tag oder wo er läuft, fragen Sie nach:

✔ **»…« filmi hangi gün oynuyor?** (*»…« fil-mi han-gi gün oj-nu-jor*; An welchem Tag läuft der Film »…«?)

✔ **»…« filmi hangi sinemada oynuyor?** (*»…« fil-mi han-gi ssi-nä-ma-da oj-nu-jor*; In welchem Kino läuft der Film »…«?)

Bei der Auswahl des Films könnten diese Wörter eine Rolle spielen:

✔ **macera filmi** (*maa-dschä-raa fil-mi*; Abenteuerfilm)

✔ **belgesel** (*bäl-gä-ssäl*; Dokumentarfilm)

✔ **gerilim filmi** (*gä-ri-lim fil-mi*; Gruselfilm)

✔ **korku filmi** (*kor-ku fil-mi*; Horrorfilm)

✔ **çocuk filmi** (*tscho-dschuk fil-mi*; Kinderfilm)

✔ **komedi** (*ko-mä-di*; Komödie)

✔ **kovboy filmi** (*kow-boj fil-mi*; Western)

Möchten Sie einen Film zu einem bestimmten Genre sehen, fragen Sie:

✔ **Çocuk filmi oynuyor mu?** (*tscho-dschuk fil-mi oj-nu-jor mu*; Läuft ein Kinderfilm?)

✔ **Korku filmi izlemek istiyorum.** (*kor-ku fil-mi is-lä-mäk iss-ti-jo-rum*; Ich möchte einen Horrorfilm sehen.)

✔ **Komedi var mı?** (*ko-mä-di war mı*; Gibt es eine Komödie?)

Wundern Sie sich nicht, wenn mitten in der Vorstellung ziemlich abrupt die Lichter angehen und alle Zuschauer hinausströmen. Es ist auch bei Filmen ohne Überlänge üblich, dass eine Pause eingelegt wird.

Im Museum

Im **müze** (*mü-sä*; Museum) oder auf einer **sergi** (*ssär-gi*; Ausstellung) gelten die gleichen Regeln wie überall auf der Welt in Museen. Wenn Sie ein Museum besuchen, das von vielen Touristen aufgesucht wird, werden Sie die Verbote auf Schildern mit Symbolen oder auch auf Englisch vorfinden. Wenn aber nicht, sollten Sie folgende Anweisungen beachten:

✔ **Yemek yemek yasaktır** (*jä-mäk jä-mäk ja-ssak-tır*; Essen verboten)

✔ **Fotoğraf çekmek yasaktır** (*fo-too-raf tschäk-mäk ja-ssak-tır*; Fotografieren verboten)

✔ **Sigara içmek yasaktır/Sigara içilmez** (*ssi-ga-ra itsch-mäk ja-ssak-tır/ssi-ga-ra i-tschil-mäs*; Rauchen verboten)

✔ **Giriş yasaktır** (*gi-risch ja-ssak-tır*; Eintritt verboten)

✔ **özel** (*ö-säl*; privat)

Die Öffnungszeiten erfragen

Ob Sie nun ein Museum, eine Kinovorstellung oder eine andere Sehenswürdigkeit aufsuchen – Sie sollten die Öffnungszeiten kennen. Auch beim Einkaufen werden Sie vielleicht einmal vor verschlossener Tür stehen und möchten dann wissen, wann es weitergeht. An Türen finden Sie auch häufig ein Schild, auf dem **açık** (*a-tschık*; geöffnet) oder **kapalı** (*ka-pa-lı*; geschlossen) steht. Hier verrate ich ihnen, wie Sie fragen können, wann das Geschäft oder das Museum auf hat:

✔ **Pardon, müze saat kaçta açılıyor?** (*par-don mü-sä ssa-at katsch-ta a-tschı-lı-jor*; Verzeihung, wann ist das Museum geöffnet?, *wörtlich:* ... um wie viel Uhr wird das Museum geöffnet?)

✔ **Affedersiniz, dükkân ne zaman açık?** (*aff-ä-där-ssi-nis dük-kjan nä sa-man a-tschık*; Entschuldigen Sie, wann ist der Laden geöffnet?)

✔ **Müze şimdi açık mı, kapalı mı?** (*mü-sä schim-di a-tschık mı ka-pa-lı mı*; Ist das Museum jetzt geöffnet oder geschlossen?)

Eine Moscheebesichtigung

Wenn Sie eine **cami** (_dschaa-mi_; Moschee mit Minarett und Kanzel) besichtigen wollen, sollten Sie dabei Verschiedenes beachten. Außerhalb der Gebetszeiten können Sie jede **cami** oder **mescit** (_mäss-dschit_; kleinere Moschee, in der keine Freitagspredigten gehalten und keine Feiertagsgebete gesprochen werden) betreten. Sie müssen allerdings Folgendes beachten:

✔ Vor dem Betreten ziehen Sie Ihre Schuhe aus und stellen sie vor dem Eingang ab (Sie werden da schon viele Schuhe sehen).

✔ Halten Sie Abstand zu betenden Menschen beziehungsweise gehen Sie zügig an ihnen vorbei.

✔ Verlassen Sie zur Gebetszeit die Moschee, um den zum Gebet kommenden Platz zu machen.

✔ Verhalten Sie sich leise.

✔ Wenn Fotografieren verboten ist, wird es ein entsprechendes Verbotsschild geben. Wenn nicht, sollten Sie zunächst um Erlaubnis bitten und erst dann fotografieren.

✔ Betreten Sie als Mann unter keinen Umständen die Frauensektion.

✔ Ihre Kleidung sollte angemessen sein: langärmelige Oberbekleidung und lange Hosen beziehungsweise langer Rock.

✔ Für Frauen ist ein **başörtü** (_basch-ör-tü_; Kopftuch) vorgeschrieben. Sollten Sie gerade keines zur Hand haben, können Sie andere Frauen fragen:

Benim için bir başörtünüz var mı? (_bä-nim i-tschin bir basch-ör-tü-nüs war mı_; Haben Sie ein Kopftuch für mich?)

Fragen Sie doch auch nach, wann geschlossen wird:

✔ **Pardon, ne zaman kapatıyorsunuz?** (_par-don nä sa-man ka-pa-tı-jor-ssu-nus_; Verzeihung, wann schließen Sie?)

✔ **Sinema saat kaçta kapalı oluyor?** (_ssi-nä-ma ssa-at katsch-ta ka-pa-lı o-lu-jor_; Wann ist das Kino geschlossen?)

✔ **Öğlen kapalı mısınız?** (_öö-län ka-pa-lı mı-ssı-nıs_; Haben Sie mittags geschlossen?)

Um Zeitspannen auszudrücken, brauchen Sie den Ablativ (**-den, -dan, -ten, -tan**), den Dativ (**-e, -a, -ye, -ya**) und das Wort **kadar** (_ka-dar_; mit Dativ: bis):

✔ **Saat kaç_tan_ kaç_a_ kadar?** (_ssa-at katsch-tan ka-tscha ka-dar_; Von wann bis wann?, _wörtlich:_ Von wie viel Uhr bis wie viel Uhr?)

✔ **Ne zaman_dan_ ne zaman_a_ kadar?** (_nä sa-man-dan nä sa-ma-na ka-dar_; Von wann bis wann?)

✔ **Saat üç*ten* beş*e* kadar.** (*ssa-at ütsch-tän bä-schä ka-dar*; Von drei bis fünf Uhr.)

✔ **Çarşamba*dan* cuma*ya* kadar kapalıyız.** (*tschar-scham-ba-dan dschu-maa-ja ka-dar ka-pa-lı-jıs*; Wir haben von Mittwoch bis Freitag geschlossen.)

Wie war's? Ihre Meinung ist gefragt

Wenn Sie etwas erlebt, gesehen oder erfahren haben, haben Sie natürlich auch eine Meinung dazu. Sie können zum Beispiel das Verb **hoşuna gitmek** (*ho-schu-na git-mäk*) verwenden, um auszudrücken, dass Ihnen etwas gefallen oder nicht gefallen hat. Im ersten Teil des Verbs muss die Person durch die besitzanzeigende Endung angezeigt werden, bevor Sie den zweiten Teil konjugieren. Hier zeige ich Ihnen, wie das im Präsens funktioniert, und markiere die Possessivsuffixe (besitzanzeigende Endungen):

✔ **(benim) hoş*um*a gidiyor** (*bä-nim ho-schu-ma gi-di-jor*; gefällt mir)

✔ **(senin) hoş*un*a gidiyor** (*ssä-nin ho-schu-na gi-di-jor*; gefällt dir)

✔ **(onun) hoş*un*a gidiyor** (*o-nun ho-schu-na gi-di-jor*; gefällt ihr/ihm)

✔ **(bizim) hoş*umuz*a gidiyor** (*bi-sim ho-schu-mu-sa gi-di-jor*; gefällt uns)

✔ **(sizin) hoş*unuz*a gidiyor** (*ssi-sin ho-schu-nu-sa gi-di-jor*; gefällt euch/Ihnen)

✔ **(onların) hoş*ların*a gidiyor** (*on-la-rın hosch-la-rı-na gi-di-jor*; gefällt ihnen)

Sicher ist Ihnen aufgefallen, dass vor dem Verb **gitmek** (*git-mäk*; gehen) der Dativ steht. Wörtlich bedeutet »es gefällt mir« etwa »es geht mir zum Gefallen«. Wenn Ihnen etwas nicht gefällt, verneinen Sie **gitmek**:

✔ **Tiyatroya gitmek hoşuna gidiyor mu?** (*ti-jat-ro-ja git-mäk ho-schu-na gi-di-jor mu*; Gehst du gerne ins Kino?, *wörtlich:* Gefällt es dir, ins Kino zu gehen?)

✔ **Bu sergi hoşunuza gitti mi?** (*bu ssär-gi ho-schu-nu-sa git-ti mi*; Hat Ihnen diese Ausstellung gefallen?)

✔ **Opera hoşuma gitmiyor.** (*o-pä-ra ho-schu-ma git-mi-jor*; Opern gefallen mir nicht.)

✔ **Konser hiç hoşumuza gitmedi.** (*kon-ssär hitsch ho-schu-mu-sa git-mä-di*; Das Konzert hat uns gar nicht gefallen.)

Ihre Meinung geben Sie ganz einfach wieder, indem Sie die Endung **-ce** an das Personalpronomen hängen:

✔ **bence** (*bän-dschä*; meiner Meinung nach)

✔ **sence** (*ssän-dschä*; deiner Meinung nach)

✔ **bizce** (*bis-dschä*; unserer Meinung nach)

✔ **sizce** (*ssis-dschä*; eurer/Ihrer Meinung nach)

In der dritten Person ist das unüblich, dafür gibt es dann eine andere Möglichkeit, die mit allen Personen klappt. Sie nehmen das Personalpronomen im Dativ und stellen das Wort **göre** (*gö-rä*; *mit Dativ:* gemäß, nach, zufolge) dahinter.

Das ergibt dann in der Übersetzung »meiner Meinung nach«, »seiner Ansicht nach«, »ihm zufolge« und so weiter:

✔ **bana göre** (*ba-na gö-rä*)

✔ **sana göre** (*ssa-na gö-rä*)

✔ **ona göre** (*o-na gö-rä*)

✔ **bize göre** (*bi-sä gö-rä*)

✔ **size göre** (*ssi-sä gö-rä*)

✔ **onlara göre** (*on-la-ra gö-rä*)

Auch nach Namen oder Substantiven können Sie diese Variante anwenden:

✔ **Ayşe'ye göre bu hafta hava güzel olacak.** (*aj-schä-jä gö-rä bu haf-ta ha-wa gü-säl o-la-dschak*; Ayşes Ansicht nach wird das Wetter diese Woche gut.)

✔ **Eşime göre Türk kahvesi çok lezzetli.** (*ä-schi-mä gö-rä türk kach-wä-ssi tschok läs-sät-li*; Meiner Frau/meinem Mann zufolge ist türkischer Kaffee sehr lecker.)

Damit Sie Ihre Meinung so richtig zum Ausdruck bringen können, hier noch einige Adjektive und Wendungen:

✔ **harika** (*haa-ri-ka*; ausgezeichnet, wunderbar)

✔ **hiç iyi değil** (*hitsch i-ji dää-il*; gar nicht gut)

✔ **mükemmel** (*mü-käm-mäl*; hervorragend)

✔ **sıkıcı** (*ssı-kı-dschı*; langweilig)

✔ **berbat** (*bär-bat*; miserabel)

✔ **çok güzel** (*tschok gü-säl*; sehr schön)

✔ **şöyle böyle** (*schöj-lä böj-lä*; so lala, mittelmäßig)

✔ **heyecanlı** (*hä-jä-dschan-lı*; spannend, aufregend)

✔ **oldukça ilginç** (*ol-duk-tscha il-gintsch*; ziemlich interessant)

✔ **oldukça kötü** (*ol-duk-tscha kö-tü*; ziemlich schlecht)

Track 11: Im Gespräch

Thomas und seine Freundin Ayla haben sich einen Film im Kino angesehen. Nach der Vorstellung gehen sie etwas trinken und unterhalten sich über den Film.

Thomas: **Ayla, sence film nasıldı?**
aj-la, ssän-dschä film na-ssıl-dı?
Ayla, wie war der Film deiner Meinung nach?

Ayla: **Eh, şöyle böyle. Pek hoşuma gitmedi.**
äh, schöj-lä böj-lä. päk ho-schu-ma git-mä-di.
Na ja, mittelmäßig. Er hat mir nicht sehr gefallen.

Thomas: **Neden? Bence çok heyecanlıydı.**
nä-dän? bän-dschä tschok hä-jä-dschan-lıj-dı.
Warum? Meiner Meinung nach war er sehr spannend.

Ayla: **Sana göre heyecanlı olabilir, ama benim için değil.**
ssa-na gö-rä hä-jä-dschan-lı o-la-bi-lir, a-ma bä-nim i-tschin dää-il.
Deiner Ansicht nach kann er spannend sein, aber nicht für mich.

Thomas: **Seni anlamıyorum.**
ssä-ni an-la-mı-jo-rum.
Ich verstehe dich nicht.

Ayla: **Thomas, ben korku filmi sevmem ki!**
too-mass, bän kor-ku fil-mi säw-mäm ki!
Thomas, ich mag doch keine Horrorfilme!

Kleiner Wortschatz

heyecanlı (*hä-jä-dschan-lı*; spannend)

olabilir (*o-la-bi-lir*; kann sein) vom Verb **olmak** (*ol-mak*; sein, werden)

korku (*kor-ku*; Angst, Furcht)

korku filmi (*kor-ku fil-mi*; Horrorfilm)

... ki (*ki*; doch ...)

Zeit für die Party

Sobald Sie nähere Bekanntschaften machen, werden Sie ganz sicher auch eingeladen. Gerne wird man Sie **eve çağırmak** (*ä-wä tschaa-ır-mak*; nach Hause einladen) oder auch **davet etmek** (*daa-wät ät-mäk*; einladen). Wenn Sie die **davet** (*daa-wät*; Einladung) oder **davetiye** (*daa-wä-ti-jä*; Einladung) **kabul etmek** (*ka-bul ät-mäk*; annehmen, akzeptieren), ist es nicht üblich zu fragen, was Sie mitbringen können. Es wird von Ihnen nicht erwartet, dass Sie ein **hediye** (*hä-di-jä*; Geschenk) mitbringen, allerdings kommt man in der Türkei nie mit leeren Händen zu Besuch. Vielleicht wird man Sie zum **yemek** (*jä-mäk*; Essen), zum **çay** (*tschaj*; Tee, entspricht unserem Kaffeetrinken) oder auch zu einer **parti** (*par-ti*; Party) einladen:

✔ **Sizi partiye davet etmek istiyorum.** (*ssi-si par-ti-jä daa-wät ät-mäk iss-ti-jo-rum*; Ich möchte Sie auf eine Party einladen.)

✔ **Sizi çaya bekliyorum.** (*ssi-si tscha-ja bäk-li-jo-rum*; Ich erwarte Sie zum Tee.)

✔ **Sizi evime çağırmak istiyorum.** (*ssi-si ä-wi-mä tschaa-ır-mak iss-ti-jo-rum*; Ich möchte Sie zu mir nach Hause einladen.)

Als Gastgeschenk eignet sich ein Blumenstrauß, den Sie bei einem **çiçekçi** (*tschi-tschäk-tschi*; Blumenhändler) erhalten, Pralinen, eine Torte oder auch eine Süßspeise wie zum Beispiel **baklava** (*bak-la-wa*; Blätterteigpastete mit Nüssen), die Sie in einer **pastane** (*pass-taa-nä*; Konditorei) bekommen.

Wenn Sie die Einladung annehmen möchten, sind folgende Sätze hilfreich:

✔ **Çok teşekkür ederim, seve seve gelirim.** (*tschok tä-schäk-kür ä-dä-rim ssä-wä ssä-wä gä-li-rim*; Vielen Dank, ich komme sehr gern.)

✔ **Severek gelirim.** (*ssä-wä-räk gä-li-rim*; Ich komme gern.)

✔ **Saat kaçta geleyim?** (*ssa-at katsch-ta gä-lä-jim*; Um wie viel Uhr soll ich kommen?)

✔ **Ne zaman gelelim?** (*nä sa-man gä-lä-lim*; Wann sollen wir kommen?)

Während mit der Frage **Saat kaçta?** nach einer Uhrzeit gefragt wird, könnte die Antwort auf die Frage **Ne zaman?** auch ein Wochentag oder eine Tageszeit sein.

Wenn Sie verhindert sind oder keine Zeit haben, helfen Ihnen diese Sätze:

✔ **Çok teşekkür ederim, maalesef vaktim yok.** (*tschok tä-schäk-kür ä-dä-rim maa-lä-ssäf wak-tim jok*; Vielen Dank, leider habe ich keine Zeit.)

✔ **Gelmek isterdim, ama maalesef işim var.** (*gäl-mäk iss-tär-dim a-ma maa-lä-ssäf i-schim war*; Ich würde (gerne) kommen, aber leider habe ich (etwas) zu tun.)

 Wenn Sie eine türkische Wohnung betreten, ob in der Türkei oder anderswo, ziehen Sie Ihre Schuhe aus und bekommen vom **ev sahibi** (*äw ssaa-hi-bi*; Gastgeber; *wörtlich*: Hausbesitzer) **terlik** (*tär-lik*; Hausschuhe). In jedem Haushalt gibt es dafür eigens **misafir terliği** (*mi-ssaa-fir tär-lii-i*; Hausschuhe für Gäste) für Damen und Herren.

Spiel und Spaß

Welcher Wochentag passt? Ordnen Sie die Wochentage zu.

Montag – Dienstag – Mittwoch – Donnerstag – Freitag – Samstag – Sonntag

a. **cumartesi**

b. **cuma**

c. **salı**

d. **çarşamba**

e. **pazartesi**

f. **pazar**

g. **perşembe**

Die Lösung finden Sie in Anhang C.

Lassen Sie es sich gut gehen – Freizeit

In diesem Kapitel

▷ Über Hobbys und Interessen sprechen

▷ Sport treiben

▷ Ausflüge planen

▷ Tiere und Pflanzen

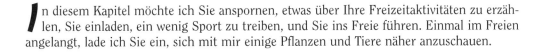

In diesem Kapitel möchte ich Sie anspornen, etwas über Ihre Freizeitaktivitäten zu erzählen, Sie einladen, ein wenig Sport zu treiben, und Sie ins Freie führen. Einmal im Freien angelangt, lade ich Sie ein, sich mit mir einige Pflanzen und Tiere näher anzuschauen.

Ihre Hobbys und Interessen

Für eine Freizeitbeschäftigung brauchen Sie zunächst einmal **boş zaman** (*bosch sa-man*; Freizeit). Wenn Sie genug **boş zaman** haben, haben Sie vielleicht auch ein **hobi** (*ho-bi*; Hobby) und möchten dem auch auf einer Türkeireise nachgehen und interessieren sich auch für die Hobbys anderer. Dann können Sie gleich loslegen und fragen:

✔ **Hobiniz var mı?** (*ho-bi-nis war mı*; Haben Sie ein Hobby?)

✔ **Hobileriniz ne?** (*ho-bi-lä-ri-nis nä*; Was sind Ihre Hobbys?)

Mögliche Antworten Ihrerseits könnten sein:

✔ **Hobim tenis oynamak.** (*ho-bim tä-niss oj-na-mak*; Mein Hobby ist Tennis spielen.)

✔ **Dans etmek benim hobim.** (*danss ät-mäk bä-nim ho-bim*; Tanzen ist mein Hobby.)

✔ **Hobim yok.** (*ho-bim jok*; Ich habe kein Hobby.)

 Im Türkischen können Sie die Personalpronomen (**ben, sen** …) und die Possessivpronomen, also die besitzanzeigenden Fürwörter (**benim, senin** …), weglassen. An der entsprechenden Endung erkennen Sie, um welche Person es sich handelt: **Hobim yok.** (*ho-bim jok*; Ich habe kein Hobby.) statt ***benim* hobim** …

Hier finden Sie eine Zusammenstellung von Freizeitbeschäftigungen, damit Sie sich das für Sie Passende heraussuchen können.

✔ **balık tutmak** (*ba-lık tut-mak*; angeln)

✔ **pul biriktirmek** (*pul bi-rik-tir-mäk*; Briefmarken sammeln)

✔ **film izlemek** (*film is-lä-mäk*; Filme schauen)

✔ **fotoğraf çekmek** (*fo-too-raf tschäk-mäk*; fotografieren)

✔ **yemek pişirmek** (*jä-mäk pi-schir-mäk*; kochen)

✔ **kitap okumak** (*ki-tap o-ku-mak*; (Bücher) lesen)

✔ **resim yapmak** (*rä-ssim jap-mak*; malen)

✔ **müzik dinlemek** (*mü-sik din-lä-mäk*; Musik hören)

✔ **şarkı söylemek** (*schar-kı ssöj-lä-mäk*; singen)

✔ **spor yapmak** (*sspor jap-mak*; Sport treiben)

✔ **örgü örmek** (*ör-gü ör-mäk*; stricken)

✔ **dans etmek** (*danss ät-mäk*; tanzen)

✔ **kamp yapmak** (*kamp jap-mak*; zelten)

Vielleicht spielen Sie auch ein **enstrüman** (*änss-trü-man*; Instrument) und musizieren gerne: **müzik yapmak** (*mü-sik jap-mak*; Musik machen). Ein Instrument spielen wird mit dem Verb **çalmak** (*tschal-mak*; spielen) gebildet:

✔ **Piyano çalıyorum.** (*pi-ja-no tscha-lı-jo-rum*; Ich spiele Klavier.)

✔ **Sen de piyano çalıyor musun?** (*ssän dä pi-ja-no tscha-lı-jor mu-ssun*; Spielst du auch Klavier?)

Hier einige europäische Instrumente:

✔ **akordeon** (*a-kor-dä-on*; Akkordeon)

✔ **blok flüt** (*blok flüt*; Blockflöte)

✔ **viyola** (*wi-jo-la*; Bratsche)

✔ **çello** (*tschäl-lo*; Cello)

✔ **fagot** (*fa-got*; Fagott)

✔ **flüt** (*flüt*; Flöte)

✔ **keman** (*kä-man*; Geige)

✔ **gitar** (*gi-tar*; Gitarre)

✔ **harp** (*harp*; Harfe)

✔ **klarnet** (*klar-nät*; Klarinette)

✔ **piyano** (*pi-ja-no*; Klavier)

✔ **ağız armonikası** (*aa-ıs ar-mo-ni-ka-ssı*; Mundharmonika)

✔ **obua** (*o-bu-a*; Oboe)

✔ **yan flüt** (*jan flüt*; Querflöte)

✔ **saksofon** (*ssak-sso-fon*; Saxofon)

✔ **bateri** (*ba-tä-ri*; Schlagzeug)

✔ **davul** (*da-wul*; Trommel, Pauke)

✔ **trompet** (*trom-pät*; Trompete)

Ihre Interessen können Sie auch mit dem Verb **ilgilenmek** (*il-gi-län-mäk*; sich interessieren, Interesse haben, sich beschäftigen) wiedergeben. Das, wofür Sie sich interessieren, versehen Sie mit dem Wort **ile** (*i-lä*; mit). Das Wort **ile** wird nach der kleinen Vokalharmonie (**-e, -a**) als Endung verwendet. Lautet das Wort auf einen Vokal aus, benötigen Sie ein **y** zum Verbinden:

✔ **flüt*le*** (*flüt-lä*; mit der Flöte)

✔ **bateri*yle*** (*ba-tä-rij-lä*; mit dem Schlagzeug)

Sicher erinnern Sie sich, dass nach Eigennamen (alles, was man im Türkischen großschreibt) ein Apostroph gesetzt wird:

✔ **Gürkan'*la*** (*gür-kan-la*; mit Gürkan)

✔ **Anna'*yla*** (*an-naj-la*; mit Anna)

Das Wörtchen »mit«

Wenn Sie **ile** (*i-lä*; mit) mit den Personalpronomen verwenden, setzen Sie das Pronomen in den Genitiv (außer in der dritten Person Plural):

✔ **benimle** (*bä-nim-lä*; mit mir)

✔ **seninle** (*ssä-nin-lä*; mit dir)

✔ **onunla** (*o-nun-la*; mit ihr/ihm)

✔ **bizimle** (*bi-sim-lä*; mit uns)

✔ **sizinle** (*ssi-sin-lä*; mit euch/Ihnen)

✔ **onlarla** (*on-lar-la*; mit ihnen)

Sie können nun die Interessen Ihres Gesprächspartners erfragen:

✔ **Sen neyle ilgileniyorsun?** (*ssän näj-lä il-gi-lä-ni-jor-ssun*; Womit beschäftigst du dich?/ Wofür interessierst du dich?)

✔ **Siz müzikle ilgileniyor musunuz?** (*ssis mü-sik-lä il-gi-lä-ni-jor mu-ssu-nus*; Interessieren Sie sich für Musik?)

✔ **Boş zamanınızda neyle ilgileniyorsunuz?** (*bosch sa-ma-nı-nıs-da näj-lä il-gi-lä-ni-jor-ssu-nus*; Womit beschäftigen Sie sich in Ihrer Freizeit?)

Sport und Spiel

Im Gegensatz zu den Instrumenten benutzt man bei Spielen und Sport nicht **çalmak**, sondern **oynamak** (*oj-na-mak*; spielen). Neben »spielen« kann **oynamak** auch »tanzen« bedeuten. Es steckt also schon in der Bedeutung des Wortes, dass alles, was man **oynamak** macht, vor allem Spaß macht.

Wenn Sie gerne etwas spielen, können Sie sagen:

✔ **Satranç oynuyorum.** (*ssat-rantsch oj-nu-jo-rum*; Ich spiele Schach.)

✔ **Poker oynamıyorum.** (*po-kär oj-na-mı-jo-rum*; Ich spiele kein Poker.)

✔ **Briç oynuyor musunuz?** (*britsch oj-nu-jor mu-ssu-nus*; Spielen Sie Bridge?)

✔ **Benimle tavla oynar mısın?** (*bä-nim-lä taw-la oj-nar mı-ssın*; Spielst du Backgammon mit mir?)

✔ **Bilardo oynar mısınız?** (*bi-lar-do oj-nar mı-ssı-nıs*; Spielen Sie Billard?)

 In der türkischen Sprache wird in der zweiten Person Plural gesiezt. Eine Frage wie **... oynuyor musunuz?** (*... oj-nu-jor mu-ssu-nus*) bedeutet also sowohl »Spielen Sie ...?« als auch »Spielt ihr ...?«.

Spor yapmak (*sspor jap-mak*; Sport treiben) nimmt einen immer größeren Stellenwert im Alltag ein, und eine Sportart begeistert alle: **futbol** (*fut-bol*; Fußball). Dass Sie sich für **futbol** interessieren, wird selbstverständlich vorausgesetzt. Vielmehr steht Ihre Lieblingsmannschaft im Zentrum des Interesses, es geht also um die **takım** (*ta-kım*; Mannschaft). Sie werden dann wohl direkt gefragt:

✔ **Hangi takımı tutuyorsun?** (*han-gi ta-kı-mı tu-tu-jor-ssun*; Für welche Mannschaft bist du?)

Bei einem **futbol maçı** (*fut-bol ma-tschı*; Fußballspiel) kann es turbulent zugehen und Sie sollten etwas Abstand zu den Fans halten und sie unter keinen Umständen provozieren. Fußball, vor allem die Spiele der Lieblingsmannschaft, werden in der Türkei äußerst ernst genommen. Nach einem Spiel werden Sie bei Gesprächen immer die Wörter **yenmek** (*jän-mäk*; gewinnen) und **yenilmek** (*jä-nil-mäk*; verlieren) hören und können nur hoffen, dass Ihre Mannschaft zu den Gewinnern gehört.

Auch die Sportarten, die ich hier nenne, können Sie mit dem Verb **oynamak** kombinieren; manche Sportarten haben allerdings ein eigenes Verb:

✔ **basketbol oynamak** (*bass-kät-bol oj-na-mak*; Basketball spielen)

✔ **dağcılık yapmak** (*daa-dschı-lık jap-mak*; bergsteigen)

✔ **futbol oynamak** (*fut-bol oj-na-mak*; Fußball spielen)

✔ **golf oynamak** (*golf oj-na-mak*; Golf spielen)

✔ **koşmak** (*kosch-mak*; joggen, laufen)

✔ **ata binmek** (*a-ta bin-mäk*; reiten)

✔ **yüzmek** (*jüs-mäk*; schwimmen)

✔ **yelkenli sürmek** (*jäl-kän-li ssür-mäk*; segeln)

✔ **sörf yapmak** (*ssörf jap-mak*; surfen)

✔ **dalmak** (*dal-mak*; tauchen)

✔ **tenis oynamak** (*tä-niss oj-na-mak*; Tennis spielen)

Track 12: Im Gespräch

Ayla möchte ihren Freund Thomas ermuntern, mit ihr an den Strand zu gehen. Thomas kann jedoch nicht mitkommen, weil er mit seinen Freunden ein Spiel sehen will.

Ayla: **Haydi, Thomas! Kalk, plaja gidelim!**
haj-di, too-mass! kalk, pla-zha gi-dä-lim!
Los, Thomas! Steh auf, lass uns an den Strand gehen!

Thomas: **Olmaz. Sonra arkadaşlarımla maç izleyeceğim.**
ol-mas. sson-ra ar-ka-dasch-la-rım-la matsch is-lä-jä-dschää-im.
Das geht nicht. Ich werde mir nachher mit meinen Freunden ein Spiel ansehen.

Ayla: **Ne maçı?**
nä ma-tschı?
Was für ein Spiel?

Thomas: **Futbol maçı, tabii.**
fut-bol ma-tschı, ta-bi.
Ein Fußballspiel, natürlich.

Ayla: **Yine mi?**
ji-nä mi?
Schon wieder?

Thomas: **Sen de benimle gel!**
ssän dä bä-nim-lä gäl!
Komm doch auch mit mir mit!

Ayla: **Biliyorsun, ben futbolla ilgilenmem.**
bi-li-jor-ssun, bän fut-bol-la il-gi-län-mäm.
Du weißt, ich interessiere mich nicht für Fußball.

Kleiner Wortschatz

kalkmak (*kalk-mak*; aufstehen)

plaj (*plazh*; Badestrand)

maç izlemek (*matsch is-lä-mäk*; ein Spiel ansehen)

futbol maçı (*fut-bol ma-tschı*; Fußballspiel)

Einen Ausflug machen

Die beliebteste Freizeitbeschäftigung in der Türkei nach Besuchen und Fußball ist sicherlich das **piknik yapmak** (*pik-nik jap-mak*; picknicken). Für ein **piknik** scheut man keine Mühen und kein Weg ist zu weit. Hier einige Orte, an denen Sie mit Sicherheit Familien bei einem **piknik** beobachten können:

✔ **plaj** (*plazh*; Badestrand)

✔ **kır** (*kır*; Feld/Heideland)

✔ **yayla** (*jaj-la*; Hochland)

✔ **sahil** (*ssaa-hil*; Küste, Strand)

✔ **park** (*park*; Park)

✔ **orman** (*or-man*; Wald)

✔ **çayır** (*tscha-jır*; Wiese)

Track 13: Im Gespräch

Gürkan schlägt seiner Frau vor, einen Ausflug übers Wochenende zu machen.

Gürkan: **Angela, hafta sonunda yaylaya gidelim mi?**
an-gää-la, haf-ta sso-nun-da jaj-la-ja gi-dä-lim mi?
Angela, wollen wir am Wochenende ins Hochland fahren?

Angela: **Olur. Cuma akşamı mı yola çıkalım?**
o-lur. dschu-maa ak-scha-mı mı jo-la tschı-ka-lım?
Gut. Wollen wir uns Freitagabend auf den Weg machen?

Gürkan: **Evet, bu iyi bir fikir. Çantaya kazak da koy. Yaylada serin olur.**
ä-wät, bu i-ji bir fi-kir. tschan-ta-ja ka-sak da koj. jaj-la-da ssä-rin o-lur.
Ja, das ist eine gute Idee. Pack auch einen Pullover in die Tasche. Im Hochland ist es kühl.

Angela: **Tavlayı da alalım mı?**
taw-la-jı da a-la-lım mı?
Sollen wir auch das Backgammonspiel mitnehmen?

Gürkan: **Elbette! Tavlasız olmaz.**
äl-bät-tä! taw-la-ssıs ol-mas.
Selbstverständlich! Ohne Backgammon geht es nicht.

Kleiner Wortschatz

yayla (*jaj-la*; Hochland)

cuma akşamı (*dschu-maa ak-scha-mı*; Freitagabend)

yola çıkmak (*jo-la tschık-mak*; sich auf den Weg machen, abfahren)

çanta (*tschan-ta*; Tasche)

kazak, -ğı (*ka-sak*; Pullover)

serin (*ssä-rin*; kühl)

tavla (*taw-la*; Backgammon, -spiel)

elbette (*äl-bät-tä*; selbstverständlich)

Tiere und Pflanzen

Vielleicht führt Ihr **gezi** (*gä-si*; Ausflug) Sie auch einmal in einen **hayvanat bahçesi** (*haj-wa-nat bach-tschä-ssi*; Zoo) oder in einen großen **park** (*park*; Park) oder **orman** (*or-man*; Wald). Sie werden dort die Möglichkeit haben, neue **bitki** (*bit-ki*; Pflanzen) und **hayvan** (*haj-wan*; Tiere) zu entdecken, aber auch das zu genießen, was Ihnen vertraut ist. Hier eine Auswahl an Tieren und Insekten, denen Sie nicht nur auf einem Ausflug in der Türkei begegnen können:

✔ **ayı** (*a-jı*; Bär)

✔ **arı** (*a-rı*; Biene)

✔ **sincap, -bı** (*ssin-dschap*; Eichhörnchen)

✔ **ördek, -ği** (*ör-däk*; Ente)

✔ **eşek, -ği** (*ä-schäk*; Esel)

✔ **sinek, -ği** (*ssi-näk*; Fliege)

✔ **tilki** (*til-ki*; Fuchs)

✔ **tavşan** (*taw-schan*; Hase)

✔ **geyik, -ği** (*gä-jik*; Hirsch)

✔ **köpek, -ği** (*kö-päk*; Hund)

✔ **dana** (*da-na*; Kalb)

✔ **inek, -ği** (*i-näk*; Kuh)

✔ **kedi** (*kä-di*; Katze)

✔ **kuzu** (*ku-su*; Lamm)

✔ **martı** (*mar-tı*; Möwe)

- ✔ **sivri sinäk, -ği** (*ssiw-ri ssi-näk*; Mücke)

- ✔ **at** (*at*; Pferd)

- ✔ **koyun** (*ko-jun*; Schaf)

- ✔ **yılan** (*jı-lan*; Schlange)

- ✔ **kelebek, -ği** (*kä-lä-bäk*; Schmetterling)

- ✔ **akrep, -bi** (*ak-räp*; Skorpion)

- ✔ **güvercin** (*gü-wär-dschin*; Taube)

- ✔ **kuş** (*kusch*; Vogel)

- ✔ **kurt, -du** (*kurt*; Wolf)

- ✔ **keçi** (*kä-tschi*; Ziege)

 In der Türkei werden Sie überall Straßenkatzen und Straßenhunde sehen, die sich vor allem um die Mülltonnen herum versammeln. Beachten Sie, dass es sich hierbei um Tiere handelt, die auf der Straße leben, also durchaus Flöhe und Krankheiten haben. Warnen Sie Ihre Kinder davor, die Tiere zu streicheln, denn sie könnten **kuduz** (*ku-dus*; tollwütig; Tollwut) sein. Wenn Sie von einer Straßenkatze oder einem Hund gebissen werden, sollten Sie vorsichtshalber eine **kuduz aşısı** (*ku-dus a-schı-ssı*; Tollwutimpfung) erhalten.

Nicht nur als Gastgeschenk eignen sich **çiçek** (*tschi-tschäk*; Blumen), in Parkanlagen können sie in ihrer ganzen Pracht bewundert werden. Damit Sie beim **çiçekçi** (*tschi-tschäk-tschi*; Blumenhändler) das Richtige bekommen, hier einige Blumenarten:

- ✔ **çiçek, -ği** (*tschi-tschäk*; Blume)

- ✔ **sümbül** (*ssüm-bül*; Hyazinthe)

- ✔ **nergis** (*när-giss*; Narzisse)

- ✔ **karanfil** (*ka-ran-fil*; Nelke)

- ✔ **gül** (*gül*; Rose)

- ✔ **ay çiçeği** (*aj tschi-tschää-i*; Sonnenblume)

- ✔ **menekşe** (*mä-näk-schä*; Stiefmütterchen)

- ✔ **lale** (*laa-lä*; Tulpe)

Die meisten Blumennamen, wie auch **çiçek** (*tschi-tschäk*; Blume), **buket** (*bu-kät*; Blumenstrauß) oder **demet** (*dä-mät*; Strauß), sind beliebte weibliche Vornamen. Aber auch andere Pflanzennamen können als weibliche Vornamen genutzt werden.

Auf der Straße, im **park** oder im **orman** (*or-man*; Wald) stellen Sie fest, dass Ihnen die meisten Baumarten bekannt sind. Je nach der Region, in der Sie sich aufhalten, herrscht ein anderes Klima und somit eine andere Vegetation vor.

Vielleicht werden Sie eine der folgenden typischen **ağaç** (*aa-atsch*; Bäume) oder **bitki** (*bit-ki*; Pflanzen) sehen:

✔ **akçaağaç, -cı** (*ak-tscha-aa-atsch*; Ahorn)

✔ **akasya** (*a-kass-ja*; Akazie)

✔ **sarısabır** (*ssa-rı-ssa-bır*; Aloe Vera)

✔ **açelya** (*a-tschäl-ja*; Azalee)

✔ **pamuk, -ğu** (*pa-muk*; Baumwolle)

✔ **kayın** (*ka-jın*; Birke)

✔ **meşe** (*mä-schä*; Eiche)

✔ **funda** (*fun-da*; Heidekraut)

✔ **kestane** (*käss-taa-nä*; Kastanie)

✔ **yonca** (*jon-dscha*; Klee)

✔ **manolya** (*ma-nol-ja*; Magnolie)

✔ **palmiye** (*pal-mi-jä*; Palme)

✔ **kavak, -ğı** (*ka-wak*; Pappel)

✔ **çınar** (*tschı-nar*; Platane)

✔ **söğüt** (*ssöö-üt*; Weide)

✔ **şeker kamışı** (*schä-kär ka-mı-schı*; Zuckerrohr)

Die Befehlsform

Die Befehlsform, der Imperativ, wird in der geduzten Form (zweite Person Singular) ganz einfach gebildet: Lassen Sie einfach die Infinitivendung des Verbs (**-mak**, **-mek**) weg, und schon sprechen Sie einen Befehl oder eine Aufforderung aus. Der Verbstamm bildet die geduzte Befehlsform:

✔ **bakmak** (*bak-mak*; schauen, gucken) wird zu **Bak!** (*bak*; Schau!, Guck!)

✔ **gimek** (*git-mäk*; gehen) wird zu **Git!** (*git*; Geh!)

In der siezenden Form oder wenn Sie mehrere Personen ansprechen, das ist die zweite Person Plural, benötigen Sie eine Endung der großen Vokalharmonie am Verbstamm: **-in**, **-ın**, **-ün**, **-un**. Endet der Verbstamm auf einen Vokal, fügen Sie ein **y** ein:

✔ **briç oynamak** (*britsch oj-na-mak*; Bridge spielen) wird zu **Briç oynayın!** (*britsch oj-na-jın*; Spielen Sie/spielt Bridge!)

✔ **gitar çalmamak** (*gi-tar tschal-ma-mak*; nicht Gitarre spielen) wird zu **Gitar çalmayın!** (*gitar tschal-ma-jın*; Spielen Sie/spielt nicht Gitarre!)

Für die zweite Person Plural gibt es noch eine erweiterte Befehlsform, die ebenfalls nach der großen Vokalharmonie gebildet und an den Verbstamm angefügt wird: **-iniz, -ınız, -ünüz, -unuz.** Endet der Verbstamm auf einen Vokal, fügen Sie auch hier ein **y** ein:

✔ **yüzmek** (_jüs-mäk_; schwimmen) wird zu **Yüz_ünüz_!** (_jü-sü-nüs_; Schimmen Sie/Schwimmt!)

✔ **yüzmemek** (_jüs-mä-mäk_; nicht schwimmen) wird zu **Yüzme_yiniz_!** (_jüs-mä-ji-nis_; Schwimmen Sie/schwimmt nicht!)

Die erweiterte Endung der Befehlsform wird als höflicher empfunden, da sie nicht die angesprochene Person, sondern die Handlung in den Mittelpunkt rückt. Daher finden Sie auf Verbots- und Gebotsschildern die erweiterte Befehlsform. An Türen können Sie lesen:

✔ **itiniz** (_i-ti-nis_; drücken (Sie))

✔ **çekiniz** (_tschä-ki-nis_; ziehen (Sie))

Vielleicht erinnern Sie sich daran, dass bei der Verneinung des Verbs die letzte Silbe vor der Verneinung betont wird:

✔ **Oynama!** (_oj-na-ma_; Spiel nicht!)

✔ **Yüzmeyiniz!** (_jüs-mä-ji-nis_; Schwimmen Sie/schwimmt nicht!)

Im Gespräch

Ayla und Thomas gehen mit einem befreundeten Paar im Park spazieren; dabei unterhalten sich die vier über ihre Freizeitbeschäftigungen und erkunden die Natur.

Ayla: **Angela, sen boş zamanında neyle ilgileniyorsun?**
an-gää-la, ssän bosch sa-ma-nın-da näj-lä il-gi-lä-ni-jor-ssun?
Angela, womit beschäftigst du dich in deiner Freizeit?

Angela: **Ben mi? Spor yapıyorum, haftada iki defa yüzüyorum. Ayda bir ata biniyorum. Ya sen?**
bän mi? sspor ja-pı-jo-rum, haf-ta-da i-ki dä-faa jü-sü-jo-rum. aj-da bir a-ta bi-ni-jo-rum. ja ssän?
Ich? Ich treibe Sport, ich schwimme zweimal in der Woche. Einmal pro Monat reite ich. Und du?

Ayla: **Ben klarnet çalıyorum. Ya sen Gürkan? Hobilerin var mı?**
bän klar-nät tscha-lı-jo-rum. ja ssän gür-kan? ho-bi-lä-rin war mı?
Ich spiele Klarinette. Und du Gürkan? Hast du Hobbys?

Gürkan: **Gitar çalıyorum. Belki bir gün birlikte müzik yapabiliriz.**
gi-tar tscha-lı-jo-rum. bäl-ki bir gün bir-lik-tä mü-sik ja-pa-bi-li-ris.
Ich spiele Gitarre. Vielleicht können wir eines Tages gemeinsam Musik machen.

Ayla: **Olur. Aah, bakın! Orada sincaplar var! Sincapları gördünüz mü?**
o-lur. aah, ba-kın! o-ra-da ssin-dschap-lar war! ssin-dschap-la-rı gör-dü-nüs mü?
Gut. Ahh, schaut (mal)! Dort sind Eichhörnchen! Habt ihr die Eichhörnchen gesehen?

Angela: **Bu parkta çok var. Demin tavşan da gördüm.**
bu park-ta tschok war. dä-min taw-schan da gör-düm.
In diesem Park gibt es viele. Vorhin habe ich auch Hasen gesehen.

Gürkan: **Thomas, senin hobin yok mu?**
too-mass, ssä-nin ho-bin jok mu?
Thomas, hast du keine Hobbys?

Thomas: **Ben arkadaşlarımla haftada bir briç oynarım. Sen briç oynar mısın?**
bän ar-ka-dasch-la-rım-la haf-ta-da bir britsch oj-na-rım. ssän britsch oj-nar mı-ssın?
Ich spiele mit meinen Freunden einmal die Woche Bridge. Spielst du Bridge?

Gürkan: **Ben briç oynamam, ama Angela sever.**
bän britsch oj-na-mam, a-ma an-gää-la ssä-wär.
Ich spiele kein Bridge, aber Angela mag es.

Angela: **Evet, istersen sonra birlikte oynarız.**
ä-wät, iss-tär-ssän sson-ra bir-lik-tä oj-na-rıs.
Ja, wenn du möchtest, spielen wir nachher zusammen.

Thomas: **Tamam. Duydunuz mu? Kuşlar ne güzel ötüyor …**
ta-mam. duj-du-nus mu? kusch-lar nä gü-säl ö-tü-jor …
In Ordnung. Habt ihr gehört? Wie schön die Vögel zwitschern …

Kleiner Wortschatz

boş zaman (*bosch sa-man*; Freizeit)

(ile) ilgilenmek (*i-lä il-gi-län-mäk*; sich beschäftigen (mit))

spor yapmak (*sspor jap-mak*; Sport treiben)

defa (*dä-faa*; Mal)

yüzmek (*jüs-mäk*; schwimmen)

ayda bir (*aj-da bir*; einmal pro Monat)

ata binmek (*a-ta bin-mäk*; reiten)

çalmak (*tschal-mak*; spielen (Instrumente))

birlikte (*bir-lik-tä*; gemeinsam, zusammen)

sincap, -bı (*ssin-dschap*; Eichhörnchen)

demin (*dä-min*; vorhin)

tavşan (*taw-schan*; Hase)

oynamak (*oj-na-mak*; spielen (Spiele))

kuş (*kusch*; Vogel)

ötmek (*öt-mäk*; zwitschern)

Spiel und Spaß

Welche Hobbys passen zu den türkischen Begriffen?

tanzen – fotografieren – Tennis spielen – Klavier spielen – kochen

a. **tenis oynamak**

b. **dans etmek**

c. **piyano çalmak**

d. **yemek pişirmek**

e. **fotoğraf çekmek**

Die Lösung finden Sie in Anhang C.

Alles rund um die Kommunikation

In diesem Kapitel

▷ Telefonieren leicht gemacht

▷ Eine Nachricht hinterlassen

▷ Verabredungen vereinbaren

▷ Briefe, SMS und E-Mails schreiben

*N*icht nur bei uns, sondern auch in der Türkei geht inzwischen ohne das **telefon** (*tä-lä-fon*; Telefon) nichts. Sie werden sich vielleicht wundern, dass auch in Situationen, in denen wir einfach eine Tür weiter laufen würden, um jemandem etwas mitzuteilen, lieber zum Telefon gegriffen wird. Daher werden Sie eher früher oder später in eine Situation geraten, in der Sie zum Hörer greifen müssen.

In diesem Kapitel möchte ich Ihnen das Telefonieren erleichtern, damit Sie sich verabreden oder eine Reservierung vornehmen können. Sie werden hier auch Anregungen bekommen, wie Sie eine **mesaj** (*mä-ssazh*; Nachricht) hinterlassen oder einen **mektup** (*mäk-tup*; Brief) schreiben können.

Zum Schluss zeige ich Ihnen, wie Sie Ihren Namen auch bei einer schlechten Verbindung so buchstabieren können, dass er am anderen Ende der Leitung richtig ankommt.

Rund ums Telefon

Bevor Sie zum Hörer greifen, sind Ihnen diese Begriffe sicher nützlich:

✔ **telefon** (*tä-lä-fon*; Telefon)

✔ **cep telefonu** (*dschäp tä-lä-fo-nu*; Handy)

✔ **telefonlaşmak** (*tä-lä-fon-laş-mak*; telefonieren)

✔ **konuşmak** (*ko-nusch-mak*; sprechen)

✔ **görüşmek** (*gö-rüsch-mäk*; sprechen, sich besprechen, sich mit jemandem treffen)

✔ **telefon etmek/telefon açmak/aramak** (*tä-lä-fon ät-mäk/tä-lä-fon atsch-mak/a-ra-mak*; anrufen)

✔ **telefon kulübesi** (*tä-lä-fon ku-lü-bä-ssi*; Telefonzelle)

✔ **telefon konuşması** (*tä-lä-fon ko-nusch-ma-ssı*; Telefongespräch)

✔ **kontür** (*kon-tür*; Guthaben, *für das Handy*)

✔ **kontür yüklemek** (*kon-tür jük-lä-mäk*; Guthaben aufladen)

✔ **şehirlerarası telefon konuşması** (_schä-hir-lär-a-ra-ssı tä-lä-fon ko-nusch-ma-ssı_; Ferngespräch)

✔ **uluslararası telefon konuşması** (_u-luss-lar-a-ra-ssı tä-lä-fon ko-nusch-ma-ssı_; Auslandsgespräch)

✔ **meşgul, -lü** (_mäsch-guul_; besetzt)

Über verschiedene Lauterscheinungen haben Sie in den vorangehenden Kapiteln etwas erfahren. Auch das Wort **meşgul** (_mäsch-guul_), das »besetzt«, aber auch »beschäftigt« bedeutet, ist von einer dieser Lauterscheinungen betroffen: Alle Endungen gehen mit hellen Vokalen weiter. Diese Lauterscheinung erläutere ich in Kapitel 5 als »Abweichung von der Vokalharmonie«. Daher finden Sie in einem Vokabelverzeichnis oder einem Wörterbuch dieses Wort mit einem Hinweis auf die Abweichung von der Vokalharmonie gekennzeichnet:

✔ **meşgul, -lü**

Hier einige Beispielsätze dazu:

✔ **Telefon meşgul.** (_tä-lä-fon mäsch-guul_; das Telefon ist besetzt.)

✔ **Dün telefonun bütün gün meşguldü.** (_dün tä-lä-fo-nun bü-tün gün mäsch-guul-dü_; Gestern war dein Telefon den ganzen Tag besetzt.)

✔ **Bugün çok meşgulüm.** (_bu-gün tschok mäsch-guu-lüm_; Heute bin ich sehr beschäftigt.)

Bei den Verben **telefonlaşmak** (_tä-lä-fon-lasch-mak_; telefonieren) und **görüşmek** (_gö-rüsch-mäk_; sprechen, sich besprechen, sich mit jemandem treffen) benötigen Sie das Wort **ile** (_i-lä_; mit), das Sie, wie Sie sich sicher erinnern, als Endung an das vorangehende Wort ranziehen können. Das Wort **ile** funktioniert als Endung nach der kleinen Vokalharmonie. Es hat als Endung die Varianten **-la** und **-le** und nach einem Vokal **-yla** und **-yle**:

✔ **Dün şefim_le_ telefonlaştım.** (_dün schä-fim-lä tä-lä-fon-lasch-tım_; Gestern habe ich mit meinem Chef telefoniert.)

✔ **Ayla'_yla_ görüştünüz mü?** (_aj-laj-la gö-rüsch-tü-nüs mü_; Haben Sie mit Ayla gesprochen/ … sich mit Ayla getroffen?)

Die Verben **telefon etmek** (_tä-lä-fon ät-mäk_) und **telefon açmak** (_tä-lä-fon atsch-mak_) bedeuten beide »anrufen« und verlangen den Dativ (**-e** oder **-a**, nach einem Vokal **-ye** oder **-ya**):

✔ **Zehra'_ya_ telefon ettin mi?** (_säch-raa-ja tä-lä-fon ät-tin mi_; Hast du Zehra angerufen?)

✔ **Bugün Pervin'_e_ telefon açmak istiyorum.** (_bu-gün pär-wi-nä tä-lä-fon atsch-mak iss-ti-jo-rum_; Heute will ich Pervin anrufen.)

Das Verb **aramak** (_a-ra-mak_), dessen Grundbedeutung »suchen« ist, kann ebenfalls »anrufen« bedeuten und verlangt den Akkusativ (**-i**, **-ı**, **-ü**, **-u** und nach einem Vokal **-yi**, **-yı**, **-yü**, **-yu**):

✔ **Siz_i_ sonra ararım.** (_ssi-si sson-ra a-ra-rım_; Ich rufe Sie später/nachher an.)

✔ **Dün Bora'_yı_ aramadım.** (_dün bo-ra-jı a-ra-ma-dım_; Gestern habe ich Bora nicht angerufen.)

Das **cep telefonu** (*dschäp tä-lä-fo-nu*; Handy) setzt sich zusammen aus den Wörtern **cep, -bi** und **telefon**. Das Wort **cep** bedeutet »Hemd-« oder »Hosentasche« und beschreibt damit ganz gut, dass das Handy klein genug ist, um in jede Hosentasche zu passen. Das **cep telefonu** ist in der Türkei allgegenwärtig und inzwischen nicht mehr aus dem Alltag wegzudenken. Auch hat es sich früher als in Deutschland verbreitet, da es nicht überall Telefonzellen gab und man unterwegs einfach mal im Stau steckenbleiben und sich auf die Fahrpläne der öffentlichen Verkehrsmittel nicht verlassen kann. Wundern Sie sich nicht, wenn das Handy Ihres Gesprächspartners ständig klingelt oder Ihr Gegenüber während einer Unterhaltung nebenbei eine SMS liest oder schreibt. Fassen Sie das nicht als Unhöflichkeit oder Unaufmerksamkeit Ihnen gegenüber auf – in der Türkei hat man einfach ein »anderes« Verhältnis zu seinem Handy.

Erste Worte am Telefon

Es gibt verschiedene Möglichkeiten, ein Telefongespräch anzufangen. Wenn Sie angerufen werden, können Sie abnehmen und sagen:

✔ **alo** (*a-lo*; Hallo!, *nur am Telefon*)

✔ **efendim** (*ä-fän-dim*; Ja bitte.)

✔ **buyurun** (*bu-ju-run*; Ja bitte.)

✔ **Kim o?** (*kim o*; Wer ist da?)

✔ **Kiminle görüşüyorum?** (*ki-min-lä gö-rü-schü-jo-rum*; Mit wem spreche ich?)

Sie können aber auch Ihren Vornamen oder aber Ihren Vor- und Zunamen nennen, wenn Sie ans Telefon gehen, werden aber feststellen, dass die meisten Türken sich nicht namentlich am Telefon vorstellen. Wenn Sie der Anrufer sind, sollten Sie die angerufene Person zunächst der Tageszeit entsprechend begrüßen und dann Ihren Namen nennen.

Hier noch einmal die Begrüßungen entsprechend der Tageszeit:

✔ **Günaydın!** (*gü-naj-dın*; Guten Morgen!)

✔ **İyi akşamlar!** (*i-ji ak-scham-lar*; Guten Abend!)

✔ **İyi günler!** (*i-ji gün-lär*; Guten Tag!)

✔ **İyi geceler!** (*i-ji gä-dschä-lär*; Gute Nacht!, *auch als Begrüßung zu später Stunde*)

✔ **Merhaba!** (*mär-ha-ba*; Grüß dich/Sie!, Hallo!)

✔ **Selam!** (*ssä-lam*; Hi/Hallo!)

Wenn Sie mit Freunden oder Bekannten sprechen, folgt selbstverständlich die Frage nach dem Befinden:

✔ **Günaydın Nilgül Hanım. Ben Inken. Nasılsınız?** (*gü-naj-dın nil-gül ha-nım. bän in-kän. na-ssıl-ssı-nıs*; Guten Morgen Frau Nilgül. Hier Inken. Wie geht es Ihnen?)

✔ **Selam Uwe. Ben Ayhan. Ne var ne yok?** (*ssä-lam u-wä. bän aj-han. nä war nä jok*; Hallo Uwe. Hier Ayhan. Wie geht's, wie steht's?)

Wenn Sie ohne Handy unterwegs sind, werden Sie es nicht leicht haben, da es kaum noch **telefon kulübesi** (_tä-lä-fon ku-lü-bä-ssi_; Telefonzellen) gibt. Früher telefonierte man mit einem **jeton** (_zhä-ton_; Jeton), den man auf dem Postamt oder an einem **büfe** (_bü-fä_; Kiosk) kaufen konnte. Der Jeton wurde inzwischen verdrängt von der **telefon kartı** (_tä-lä-fon kar-tı_; Telefonkarte), die Sie ebenfalls beim Postamt oder am Kiosk erhalten. Wenn Sie eine Telefonzelle suchen, können Sie fragen:

✔ **Buralarda telefon kulübesi var mı?** (_bu-ra-lar-da tä-lä-fon ku-lü-bä-ssi war mı_; Gibt es hier in der Gegend eine Telefonzelle?)

✔ **Nerede telefon kulübesi var?** (_nä-rä-dä tä-lä-fon ku-lü-bä-ssi war_; Wo gibt es eine Telefonzelle?)

✔ **Nereden telefon kartı alabilirim?** (_nä-rä-dän tä-lä-fon kar-tı a-la-bi-li-rim_; Wo (_wörtlich:_ woher) kann ich eine Telefonkarte kaufen?)

Die Vorwahl nach Deutschland aus der Türkei lautet 0049.

Track 14: Im Gespräch

Michael ruft bei seinem Freund Murat an.

Murat: **Efendim!**
ä-fän-dim!
Ja bitte!

Michael: **Günaydın Murat. Ben Michael. Nasılsın?**
gü-naj-dın mu-rat. bän mi-cha-äl. na-ssıl-ssın?
Guten Morgen, Murat. Hier (_wörtlich:_ ich) Michael. Wie geht es dir?

Murat: **Aa, selam Michael. Sağ ol, iyiyim. Ya sende ne var ne yok?**
aa, ssä-lam mi-cha-äl. ssaa ol, i-ji-jim. ja ssän-dä nä war nä jok?
Ah, hallo Michael. Danke, mir geht es gut. Und wie steht's bei dir?

Michael: **Teşekkürler, ben de iyiyim. Murat, bu akşam yemeğe çıkalım mı? Geçen yıl buralarda yeni bir İtalyan lokantası açıldı. İtalyan yemeği sever misin?**
tä-schäk-kür-lär, bän dä i-ji-jim. mu-rat, bu ak-scham jä-mää-ä tschı-ka-lım mı? gä-tschän jıl bu-ra-lar-da jä-ni bir i-tal-jan lo-kan-ta-ssı a-tschıl-dı. i-tal-jan jä-mää-i ssä-wär mi-ssin?
Danke, mir geht es auch gut. Murat, wollen wir heute Abend zum Essen gehen? Letztes Jahr hat hier in der Gegend ein neues italienisches Restaurant eröffnet. Magst du italienisches Essen?

Murat: **Harika! Tabii ki severim. Daha dün önünden geçtim, çok kalabalıktı. Bu akşam için yer ayırtalım; ne olur ne olmaz.**
haa-ri-ka! ta-bi ki ssä-wä-rim. da-ha dün ö-nün-dän gätsch-tim, tschok ka-la-ba-lık-tı. bu ak-scham i-tschin jär a-jır-ta-lım; nä o-lur nä ol-mas.

Ausgezeichnet! Natürlich mag ich (es). Erst gestern bin ich daran vor-
beigelaufen, es war sehr voll. Lass uns für heute Abend einen Platz re-
servieren – sicher ist sicher (*wörtlich:* was passiert, was passiert nicht).

Michael: **Okey, birazdan lokantayı ararım. Saat sekiz uyar mı?**
o-käj, bi-ras-dan lo-kan-ta-jı a-ra-rım. ssa-at ssä-kis uyar mı?
Okay, ich rufe gleich im Restaurant an. Passt acht Uhr?

Murat: **Uyar. Akşama orada görüşürüz.**
u-jar. ak-scha-ma o-ra-da gö-rü-schü-rüs.
(Es) passt. Wir sehen uns am (*wörtlich:* zum) Abend dort.

Kleiner Wortschatz

yemeğe çıkmak (*jä-mää-ä tschık-mak*; zum Essen (aus-)gehen)

geçen (*gä-tschän*; vergangene(-s,-r), letzte(-s,-r))

yıl (*jıl*; Jahr)

buralarda (*bu-ra-lar-da*; hier in der Gegend/Umgebung)

açılmak (*a-tschıl-mak*; eröffnet werden)

harika (*haa-ri-ka*; ausgezeichnet, wunderbar)

önünden geçmek (*ö-nün-dän gätsch-mäk*; an etwas vorbeigehen)

kalabalık (*ka-la-ba-lık*; voll, dicht gedrängt (*Menschenmenge*))

yer ayırtmak (*jär a-jırt-mak*; einen Platz reservieren)

ne olur ne olmaz (*nä o-lur nä ol-mas*; sicher ist sicher (*wörtlich:* was wird/passiert, was
wird/passiert nicht, *Aussprache: noo-lur nool-mas*))

birazdan (*bi-ras-dan*; gleich, in Kürze)

uymak (*uj-mak*; passen)

Nach einem anderen Gesprächspartner fragen

Sollte die Person, mit der Sie sprechen möchten, nicht am Telefon sein, können Sie einfach
nach ihr fragen. Nachdem Sie Ihren Namen genannt haben, sagen Sie einfach:

✔ **Nuran'la konuşmak istiyorum.** (*nuu-ran-la ko-nusch-mak iss-ti-jo-rum*; Ich möchte mit
Nuran sprechen.)

✔ **Turgut Bey'le görüşmek istiyorum.** (*tur-gut bäj-lä gö-rüsch-mäk iss-ti-jo-rum*; Ich
möchte mit Herrn Turgut sprechen.)

✔ **Kerem orada mı?** (*kä-räm o-ra-da mı*; Ist Kerem da (*wörtlich:* dort)?)

✔ **Bahar yok mu?** (*ba-har jok mu*; Ist Bahar nicht da?)

In dieser Situation und auch wenn Sie sich mit jemandem verabreden wollen, können Sie »können« verwenden. Das Türkische kennt kein Verb für »können«, sodass Sie eine Endung dafür verwenden. Diese Endung fügen Sie an den Verbstamm. Endet der Verbstamm auf einen Vokal, benötigen Sie wieder einmal ein **y** zum Verbinden. Der erste Vokal der neuen Endung richtet sich nach der kleinen Vokalharmonie (**e** oder **a**), dem die Endung **bilmek** folgt. Es gibt also folgende Möglichkeiten im Infinitiv, die Endung »können« zu bilden: **-abil**mek, **-ebil**mek, **-yabil**mek und **-yebil**mek:

✔ **konuşmak** (_ko-nusch-mak_; sprechen); **konuşabilmek** (_ko-nu-scha-bil-mäk_; sprechen können)

✔ **telefon etmek** (_tä-lä-fon ät-mäk_; anrufen); **telefon edebilmek** (_tä-lä-fon ä-dä-bil-mäk_; anrufen können)

✔ **aramak** (_a-ra-mak_; anrufen); **arayabilmek** (_a-ra-ja-bil-mäk_; anrufen können)

✔ **beklemek** (_bäk-lä-mäk_; warten); **bekleyebilmek** (_bäk-lä-jä-bil-mäk_; warten können)

Übrigens steckt in dieser Endung das Verb **bilmek** (_bil-mäk_; wissen, kennen). In der Verneinung fällt ein Teil der Endung weg, nämlich der Verbstamm des Verbs **bilmek** (= **bil-**), sodass nur noch **-e**, **-a**, **-ye** oder **-ya** übrig bleibt. Diese Silben werden zwischen den Verbstamm und der Verneinungsendung eingefügt:

✔ **konuşmamak** (_ko-nusch-ma-mak_; nicht sprechen); **konuşamamak** (_ko-nu-scha-ma- mak_; nicht sprechen können)

✔ **telefon etmemek** (_tä-lä-fon ät-mä-mäk_; nicht anrufen); **telefon edememek** (_tä-lä-fon ä-dä-mä-mäk_; nicht anrufen können)

✔ **aramamak** (_a-ra-ma-mak_; nicht anrufen); **arayamamak** (_a-ra-ja-ma-mak_; nicht anrufen können)

✔ **beklememek** (_bäk-lä-mä-mäk_; nicht warten); **bekleyememek** (_bäk-lä-jä-mä-mäk_; nicht warten können)

Für die Konjugation streichen Sie einfach die Infinitivendung **-mek** (_-mäk_) und fügen die entsprechende Zeitform und die Personalendung an:

✔ **Bekleyebilirim.** (_bäk-lä-jä-bi-li-rim_; Ich kann warten.)

✔ **Onunla konuşabildim.** (_o-nun-la ko-nu-scha-bil-dim_; Ich konnte mit ihm sprechen.)

Wenn Sie ein Verb verneinen, betonen Sie die Silbe vor der Verneinung:

✔ **Bekleyemiyorum.** (_bäk-lä-jä-mi-jo-rum_; Ich kann nicht warten.)

✔ **Hakan Bey'le konuşamadım.** (_haa-kan bäj-lä ko-nu-scha-ma-dım_; Ich konnte nicht mit Herrn Hakan sprechen.)

Übersicht: »warten können« und »nicht warten können«

bekleyebilmek (_bäk-lä-jä-bil-mäk_; warten können) in der Zeitform Aorist:

✔ **bekleyebilirim** (_bäk-lä-jä-bi-li-rim_; ich kann warten)

✔ **bekleyebilirsin** (_bäk-lä-jä-bi-lir-ssin_; du kannst warten)

✔ **bekleyebilir** (_bäk-lä-jä-bi-lir_; sie kann warten)

✔ **bekleyebiliriz** (_bäk-lä-jä-bi-li-ris_; wir können warten)

✔ **bekleyebilirsiniz** (_bäk-lä-jä-bi-lir-ssi-nis_; ihr könnt/Sie können warten)

✔ **bekleyebilirler** (_bäk-lä-jä-bi-lir-lär_; sie können warten)

bekleyememek (_bäk-lä-jä-mä-mäk_; nicht warten können) in der Zeitform Aorist, verneint:

✔ **bekleyemem** (_bäk-lä-jä-mäm_; ich kann nicht warten)

✔ **bekleyemezsin** (_bäk-lä-jä-mäs-ssin_; du kannst nicht warten)

✔ **bekleyemez** (_bäk-lä-jä-mäs_; er kann nicht warten)

✔ **bekleyemeyiz** (_bäk-lä-jä-mä-jis_; wir können nicht warten)

✔ **bekleyemezsiniz** (_bäk-lä-jä-mäs-ssi-nis_; ihr könnt/Sie können nicht warten)

✔ **bekleyemezler** (_bäk-lä-jä-mäs-lär_; sie können nicht warten)

Übersicht: »sprechen können« und »nicht sprechen können«

konuşabilmek (_ko-nu-scha-bil-mäk_; sprechen können) in der Zeitform Präteritum:

✔ **konuşabildim** (_ko-nu-scha-bil-dim_; ich konnte sprechen)

✔ **konuşabildin** (_ko-nu-scha-bil-din_; du konntest sprechen)

✔ **konuşabildi** (_ko-nu-scha-bil-di_; sie konnte sprechen)

✔ **konuşabildik** (_ko-nu-scha-bil-dik_; wir konnten sprechen)

✔ **konuşabildiniz** (_ko-nu-scha-bil-di-nis_; ihr konntet/Sie konnten sprechen)

✔ **konuşabildiler** (_ko-nu-scha-bil-di-lär_; sie konnten sprechen)

konuşamamak (_ko-nu-scha-ma-mak_; nicht sprechen können) in der Zeitform Präteritum, verneint:

✔ **konuşamadım** (_ko-nu-scha-ma-dım_; ich konnte nicht sprechen)

✔ **konuşamadın** (_ko-nu-scha-ma-dın_; du konntest nicht sprechen)

✔ **konuşamadı** (_ko-nu-scha-ma-dı_; er konnte nicht sprechen)

✔ **konuşamadık** (_ko-nu-scha-ma-dık_; wir konnten nicht sprechen)

✔ **konuşamadınız** (_ko-nu-scha-ma-dı-nıs_; ihr konntet/Sie konnten nicht sprechen)

✔ **konuşamadılar** (_ko-nu-scha-ma-dı-lar_; sie konnten nicht sprechen)

Eine Nachricht hinterlassen

Hin und wieder haben Sie einfach Pech und können niemanden erreichen. Dann hinterlassen Sie einfach eine **haber** (*ha-bär*; Nachricht) oder **mesaj** (*mä-ssazh*; Nachricht). Das Verb dazu ist **bırakmak** (*bı-rak-mak*; lassen, hinterlassen) und die Person, der man eine Nachricht hinterlässt, steht im Dativ (**-e, -a, -ye, -ya**). Hier einige Anregungen dazu:

✔ **Ona bir haber bırakmak istiyorum.** (*o-na bir ha-bär bı-rak-mak iss-ti-jo-rum*; Ich möchte ihm eine Nachricht hinterlassen.)

✔ **Nesrin'e bir mesaj bırakabilir miyim?** (*näss-ri-nä bir mä-ssazh bı-ra-ka-bi-lir mi-jim*; Kann ich eine Nachricht für Nesrin hinterlassen?)

✔ **Ona/size bir mesaj bırakmak istiyorum.** (*o-na/ssi-sä bir mä-ssazh bı-rak-mak iss-ti-jo-rum*; Ich möchte ihr/Ihnen eine Nachricht hinterlassen.)

✔ **Kime mesaj bırakabilirim?** (*ki-mä mä-ssazh bı-ra-ka-bi-li-rim*; Wem kann ich eine Nachricht hinterlassen?)

✔ **Haberimi aldınız mı?** (*ha-bä-ri-mi al-dı-nız mı*; Haben Sie meine Nachricht erhalten?)

Im Gespräch

Max ruft seine Kollegin Nalan an, um eine Verabredung abzusagen. Leider ist sie gerade in einem Meeting, daher muss er bei der Sekretärin eine Nachricht hinterlassen.

Sekretärin: **Alo! »Berista« Şirketi, Nalan Başaran'ın sekreteri Aynur Akgün. Kiminle görüşüyorum?**
a-lo! bä-riss-ta schir-kä-ti, naa-lan ba-scha-ra-nın ssä-krä-tä-ri aj-nur ak-gün. ki-min-lä gö-rü-schü-jo-rum?
Hallo! Firma »Berista«, Nalan Başarans Sekretärin Aynur Akgün. Mit wem spreche ich?

Max: **İyi günler, ben Max Lindner. Nalan Hanım'la görüşebilir miyim, lütfen?**
i-ji gün-lär, bän makss lind-när. naa-lan ha-nım-la gö-rü-schä-bi-lir mi-jim, lüt-fän?
Guten Tag, hier Max Lindner. Könnte ich bitte mit Frau Nalan sprechen?

Sekretärin: **İyi günler, Max Bey. Bir saniye lütfen, ben hemen Nalan Hanım'a bakayım. ... Maalesef şu anda önemli bir mitingde, sizinle görüşemez.**
i-ji gün-lär, makss bäj. bir ssaa-ni-jä lüt-fän, bän hä-män naa-lan ha-nı-ma ba-ka-jım. ... maa-lä-ssäf schu an-da ö-näm-li bir mi-ting-dä, ssi-sin-lä gö-rü-schä-mäs.
Guten Tag, Herr Max. Eine Sekunde bitte, ich schaue gleich mal nach Frau Nalan. ... Leider ist sie gerade (*wörtlich:* in diesem Moment) in einem wichtigen Meeting, sie kann nicht mit Ihnen sprechen.

Max: **Öyleyse bir mesaj bırakabilir miyim?**
öj-läj-ssä bir mä-ssazh bı-ra-ka-bi-lir mi-jim?
Wenn es so ist, kann ich (dann) eine Nachricht hinterlassen?

Sekretärin: **Tabii, hiç sorun değil. Ben sonra Nalan Hanım'a iletirim. Dinliyorum Max Bey.**
ta-bi, hitsch sso-run dää-il. bän sson-ra naa-lan ha-nı-ma i-lä-ti-rim. din-li-jo-rum makss bäj.
Natürlich, das ist überhaupt kein Problem. Ich richte es später Frau Nalan aus. Ich höre, Herr Max.

Max: **Sayın Nalan Hanım, maalesef bugünkü randevumuzu iptal etmek zorundayım. Saygılarımla, Max Lindner.**
ssa-jin naa-lan ha-nım, maa-lä-ssäf bu-gün-kü ran-dä-wu-mu-su ip-taal ät-mäk so-run-da-jım. ssaj-gı-la-rım-la, makss lind-när.
Sehr geehrte Frau Nalan, leider muss ich unseren heutigen Termin absagen. Hochachtungsvoll (*wörtlich:* mit meinem Respekt), Max Lindner.

Sekretärin: **Tamam Max Bey. Hepsini not ettim.**
ta-mam makss bäj. häp-ssi-ni not ät-tim.
In Ordnung, Herr Max. Ich habe alles notiert.

Max: **Çok teşekkür ederim, Aynur Hanım. İyi günler!**
tschok tä-schäk-kür ä-dä-rim, aj-nur ha-nım. i-ji gün-lär!
Vielen Dank, Frau Aynur. Auf Wiedersehen!

Sekretärin: **Güle güle, Max Bey!**
gü-lä gü-lä, makss bäj!
Auf Wiedersehen, Herr Max!

Kleiner Wortschatz

saniye (*ssaa-ni-jä*; Sekunde)

şu anda (*schu an-da*; in diesem Moment)

miting (*mi-ting*; Meeting)

sorun (*sso-run*; Problem)

iletmek (*i-lät-mäk*; ausrichten, übermitteln)

dinlemek (*din-lä-mäk*; (zu-)hören)

bugünkü (*bu-gün-kü*; heutig)

randevu (*ran-dä-wu*; Verabredung, Termin)

iptal etmek (*ip-taal ät-mäk*; absagen)

zorunda (*so-run-da*; gezwungen sein)

not etmek (*not ät-mäk*; notieren, aufschreiben)

Verabredungen treffen und absagen

Viele **randevu** (*ran-dä-wu*; Verabredung, Termin) oder **görüşme** (*gö-rüsch-mä*; Treffen, Termin) werden am Telefon getroffen, wovor Sie sich jetzt sicher nicht mehr scheuen werden. Garantiert möchten auch Sie jemandem einmal vorschlagen, sich zu treffen: **buluşmak** (*bulusch-mak*; sich treffen) oder **görüşmek** (*gö-rüsch-mäk*; sich treffen, sich sehen). Hier einige Redewendungen, die Ihnen behilflich sein könnten:

✔ **Ne zaman buluşabiliriz?** (*nä sa-man bu-lu-scha-bi-li-ris*; Wann können wir uns treffen?)

✔ **Yarın görüşelim mi?** (*ja-rın gö-rü-schä-lim mi*; Wollen wir uns morgen treffen?)

✔ **Bir randevu yapabilir miyiz?** (*bir ran-dä-wu ja-pa-bi-lir mi-jis*; Können wir einen Termin abmachen?)

✔ **Randevumuz var.** (*ran-dä-wu-mus war*; Wir sind verabredet., *wörtlich:* Wir haben eine Verabredung.)

Wenn Sie einen Termin absagen oder verschieben möchten, können Sie Folgendes sagen:

✔ **Maalesef görüşmemize gelemiyorum.** (*maa-lä-ssäf gö-rüsch-mä-mi-sä gä-lä-mi-jo-rum*; Leider kann ich nicht zu unserem Treffen kommen).

✔ **Randevumuzu iptal etmem lazım.** (*ran-dä-wu-mu-su ip-taal ät-mäm laa-sım*; Ich muss unsere Verabredung absagen.)

✔ **Görüşmeyi erteleyebilir miyiz?** (*gö-rüsch-mä-ji är-tä-lä-jä-bi-lir mi-jis*; Können wir das Treffen verschieben?)

✔ **Maalesef sizinle buluşamıyorum.** (*maa-lä-ssäf ssi-sin-lä bu-lu-scha-mı-jo-rum*; Ich kann mich leider nicht mit Ihnen treffen.)

Track 15: Im Gespräch

Thomas ist mit Gürkan im Kino verabredet. Leider ist ihm etwas dazwischengekommen und er ruft ihn an, um die Verabredung zu verschieben.

Gürkan: **Alo!**
a-lo!
Hallo!

Thomas: **Merhaba Gürkan. Lütfen kusura bakma, ama bu akşam sinemaya gelemiyorum. İşim çıktı. Görüşmemizi erteleyebilir miyiz?**
mär-ha-ba gür-kan. lüt-fän ku-ssu-ra bak-ma, a-ma bu ak-scham ssi-nä-ma-ja gä-lä-mi-jo-rum. i-schim tschık-tı. gö-rüsch-mä-mi-si är-tä-lä-jä-bi-lir mi-jis?
Grüß dich Gürkan. Bitte nimm es mir nicht übel, aber heute Abend kann ich nicht ins Kino kommen. Mir ist etwas dazwischengekommen. Können wir unser Treffen verschieben?

Gürkan: **Tabii canım, hiç sorun değil.**
ta-bi dscha-nım, hitsch sso-run dää-il.
Natürlich mein Lieber, überhaupt kein Problem.

Thomas: **Sağ ol. Seni yarın ararım.**
ssaa ol. ssä-ni ja-rın a-ra-rım.
Danke. Ich rufe dich morgen an.

Gürkan: **Yarın çok meşgulüm. Beni öbür gün arayabilir misin?**
ja-rın tschok mäsch-guu-lüm. bä-ni ö-bür gün a-ra-ja-bi-lir mi-ssin?
Morgen bin ich sehr beschäftigt. Kannst du mich übermorgen anrufen?

Thomas: **Olur. Hoşça kal.**
o-lur. hosch-tscha kal.
Gut. Mach's gut.

Kleiner Wortschatz

kusura bakmamak (*ku-ssu-ra bak-ma-mak*; nicht übel nehmen)

işi çıkmak (*i-schi tschık-mak*; es kommt einem etwas dazwischen)

canım (*dscha-nım*; *hier:* mein Lieber)

yarın (*ja-rın*; morgen)

öbür gün (*ö-bür gün*; übermorgen)

Briefe, SMS und E-Mails schreiben

Egal ob **mektup** (*mäk-tup*; Brief), **SMS** (*äss-äm-äss*; SMS) oder **e-mail** (*ii mäjl*; E-Mail), für diese Dinge brauchen Sie das Verb **yazmak** (*jas-mak*; schreiben). Briefe sind übrigens auch in der Türkei außer Mode geraten. Statt **SMS yazmak** verwendet man auch häufig **mesaj yazmak**, statt **e-mail** auch einfach nur die Kurzform **mail** (*mäjl*; Mail).

 Fast überall gibt es ein **internet kafe** (*in-tär-nät ka-fä*; Internet-Café), deren Preise variieren können und in Hotels im Allgemeinen höher sind. Die Preise werden pro angebrochene halbe Stunde oder Viertelstunde berechnet. Da Sie in der Türkei die türkische Tastatureinstellung vorfinden, sollten Sie sich erst einmal einige Minuten Zeit nehmen, um die Buchstaben zu finden. Die deutschen Sonderzeichen (ß, ä) gibt es hier nicht. Wenn Sie die **klavye** (*klaw-jä*; Tastatur) auf Englisch umstellen wollen und nicht wissen, wie das geht, können Sie einfach fragen:

✔ **Klavyeyi değiştirebilir misiniz?** (*klaw-jä-ji dää-isch-ti-rä-bi-lir mi-ssi-nis*; Können Sie die Tastatur umstellen?)

✔ **İngiliz klavyesine geçebilir miyim?** (*in-gi-lis klaw-jä-ssi-nä gä-tschä-bi-lir mi-jim*; Kann ich auf die englische Tastatur umstellen?)

Möchten Sie auf Türkisch eine E-Mail oder SMS schreiben und haben die türkischen Sonderzeichen nicht, ist das gar kein Problem. Schreiben Sie einfach c für ç, g für ğ, i für ı und so weiter. Der Text lässt sich auch ohne die türkischen Buchstaben entziffern.

Die Anredeform und auch die Abschiedsfloskel in einer E-Mail oder einem Brief variieren, je nachdem, wie vertraut Sie mit dem Empfänger sind. Schreiben Sie an Freunde oder gute Bekannte, können Sie von diesen Formen Gebrauch machen:

✔ **Sevgili Can** (*ssäw-gi-li dschan*; Lieber Can)

✔ **Sevgili Güneş Hanım** (*ssäw-gi-li gü-näsch ha-nım*; Liebe Frau Güneş)

✔ **Değerli Hakan Bey** (*dää-är-li haa-kan bäj*; Lieber Herr Hakan, *wörtlich:* teuer, wertvoll)

✔ **Merhaba Deniz** (*mär-ha-ba dä-nis*; Hallo Deniz)

✔ **Selam Nur** (*ssä-lam nuur*; Grüß dich Nur)

✔ **Candan selamlarla** (*dschan-dan ssä-lam-lar-la*; Mit herzlichen Grüßen)

✔ **Berlin'den candan selamlarımla** (*bär-lin-dän dschan-dan ssä-lam-la-rım-la*; Mit herzlichen Grüßen aus Berlin, *wörtlich:* Mit meinen herzlichen Grüßen aus Berlin)

✔ **Öpücüklerle** (*ö-pü-dschük-lär-lä*; Mit Küsschen)

✔ **Kendine iyi bak** (*kän-di-nä i-ji bak*; Pass auf dich auf, *wörtlich:* Pass gut auf dich auf)

✔ **Yakında görüşmek üzere** (*ja-kın-da gö-rüsch-mäk ü-sä-rä*; Auf (ein) baldiges Wiedersehen)

Geht die E-Mail oder der Brief an eine offizielle Stelle oder an jemanden, mit dem Sie keinen vertraulichen Umgang haben, können Sie sich folgender Floskeln bedienen:

✔ **Sayın Pervin Hanım** (*ssa-jın pär-win ha-nım*; Sehr geehrte Frau Pervin)

✔ **Sayın Profesör Bey** (*ssa-jın pro-fä-ssör bäj*; Sehr geehrter Herr Professor)

✔ **Saygılarımla** (*ssaj-gı-la-rım-la*; Hochachtungsvoll, *wörtlich:* mit meinem Respekt)

✔ **Saygı ve selamlarımla** (*ssaj-gı ve ssä-lam-la-rım-la*; Hochachtungsvoll und mit (freundlichen) Grüßen, *wörtlich:* Mit (meinem) Respekt und meinen Grüßen)

Nachdem Sie einen **mektup** (*mäk-tup*; Brief) oder eine **kartpostal** (*kart-poss-tal*; Postkarte) geschrieben haben, müssen Sie nur noch auf ein **postane** (*poss-taa-nä*; Postamt) gehen, um eine **pul** (*pul*; Briefmarke) zu kaufen. Hier der Wortschatz rund ums Briefeschreiben:

✔ **mektup, -bu** (*mäk-tup*; Brief)

✔ **pul** (*pul*; Briefmarke)

✔ **zarf** (*sarf*; Briefumschlag)

✔ **ekspres mektup, -bu** (*äkss-präss mäk-tup*; Eilbrief)

✔ **taahütlü mektup, -bu** (*taa-hüt-lü mäk-tup*; Einschreiben)

✔ **faks** (*fakss*; Fax)

✔ **paket** (*pa-kät*; Paket)

✔ **postane** (*poss-taa-nä*; Postamt)

✔ **kartpostal** (*kart-poss-tal*; Postkarte)

✔ **yazmak** (*jas-mak*; schreiben)

✔ **göndermek** (*gön-där-mäk*; schicken)

✔ **yollamak** (*jol-la-mak*; schicken)

Buchstabieren auf Türkisch

Vielleicht werden Sie auch einmal in die Situation geraten, Ihren Namen auf Türkisch buchstabieren zu müssen. Wenn Ihr Gesprächspartner Ihnen gegenübersteht, können Sie sich der türkischen Buchstaben bedienen. Am Telefon haben Sie allerdings nicht immer eine gute Verbindung. Manchmal rauscht es in der Leitung oder Sie sind von Lärm umgeben, sodass es leicht zu Missverständnissen kommen kann. Um ganz sicher zu sein, dass Ihr Name am anderen Ende der Leitung richtig ankommt, können Sie sich der gängigen türkischen Kodierung bedienen, die für jeden Buchstaben eine türkische Stadt verwendet, die mit diesem Buchstaben beginnt:

A – **Adana** (*a-da-na*)

B – **Bolu** (*bo-lu*)

C – **Ceyhan** (*dschäj-han*)

Ç – **Çanakkale** (*tscha-nak-ka-lä*)

D – **Denizli** (*dä-nis-li*)

E – **Edirne** (*ä-dir-nä*)

F – **Fatsa** (*fat-ssa*)

G – **Giresun** (*gi-rä-ssun*)

H – **Hatay** (*ha-taj*)

I – **Isparta** (*ıss-par-ta*)

İ – **İzmir** (*is-mir*)

K – **Kars** (*karss*)

L – **Lüleburgaz** (*lü-lä-bur-gas*)

M – **Muş** (*musch*)

N – **Niğde** (*nii-dä*)

O – **Ordu** (*or-du*)

Ö – **Ödemiş** (*ö-dä-misch*)

P – **Polatlı** (*po-lat-lı*)

R – **Rize** (*ri-sä*)

S – **Sinop** (*ssi-nop*)

Ş – **Şırnak** (*schır-nak*)

T – **Tokat** (*to-kat*)

U – **Uşak** (*u-schak*)

Ü – **Ünye** (*ün-jä*)

V – **Van** (*wan*)

Z – **Zonguldak** (*son-gul-dak*)

Zwei Buchstaben des türkischen Alphabets – das **ğ** und das **j** –, werden nicht durch Städtenamen wiedergegeben:

Ğ – **yumuşak g** (*ju-mu-schak gä*)

J – **jandarma** (*zhan-dar-ma*)

Sollten Sie in Ihrem Namen ein **ß** haben, können Sie diesen Buchstaben durch zweimal **s** angeben. Ein **w** können Sie als **duble v** (_dub-lä wä_) wiedergeben. Da auch das **q** im türkischen Alphabet fehlt, können Sie es durch die Kombination **k + v** ersetzen. Wenn in Ihrem Namen ein **x** vorhanden ist, versuchen Sie es mit der Kombination **k + s** oder einfach mit dem Wort **iks** für diesen Buchstaben, das weitgehend bekannt ist. Ein **ä** können Sie beim Buchstabieren durch ein **a** ersetzen.

Track 16: Im Gespräch

Michael ruft in einem Restaurant an, um zwei Plätze für sich und seinen Freund Murat zu reservieren.

Kellner: **»Roma Lokantası«. Buyurun.**
ro-ma lo-kan-ta-ssı. bu-ju-run.
»Restaurant Roma«. Ja bitte.

Michael: **İyi günler. Bu akşam için iki yer ayırtmak istiyorum.**
i-ji gün-lär. bu ak-scham i-tschin i-ki jär a-jırt-mak iss-ti-jo-rum.
Guten Tag. Ich möchte für heute Abend zwei Plätze reservieren.

Kellner: **Tabii efendim. Saat kaçta?**
ta-bi ä-fän-dim. ssa-at katsch-ta?
Natürlich mein Herr. Um wie viel Uhr?

Michael: **Saat sekizde. Mümkünse terasta olsun.**
ssa-at ssä-kis-dä. müm-kün-ssä tä-rass-ta ol-ssun.
Um acht Uhr. Wenn es möglich ist auf der Terrasse (_wörtlich:_ ... soll es auf der Terrasse sein).

Kellner: **Mümkün efendim. Adınızı alabilir miyim?**
müm-kün ä-fän-dim. a-dı-nı-sı a-la-bi-lir mi-jim?
Das ist möglich, mein Herr. Könnten Sie mir Ihren Namen nennen (_wörtlich:_ Könnte ich Ihren Namen bekommen)?

Michael: **Michael Pichelsteiner.**
mi-cha-äl pi-chäl-schtaj-när.
Michael Pichelsteiner.

Kellner: **Soyadınız yeterli. Lütfen harf harf söyleyin!**
ssoj-a-dı-nıs jä-tär-li. lüt-fän harf harf söj-lä-jin!
Ihr Nachname reicht. Bitte buchstabieren Sie!

Michael: **Polatlı – İzmir – Ceyhan – Hatay – Edirne – Lüleburgaz – Sinop – Tokat – Edirne – İzmir – Niğde – Edirne – Rize.**
po-lat-lı is-mir dschäj-han ha-taj ä-dir-nä lü-lä-bur-gas ssi-nop to-kat ä-dir-nä is-mir nii-dä ä–dir-nä ri-sä.
Polatlı – İzmir – Ceyhan – Hatay – Edirne – Lüleburgaz – Sinop – Tokat – Edirne – İzmir – Niğde – Edirne – Rize.

Kellner: **Teşekkür ederim. İyi günler!**
tä-schäk-kür ä-dä-rim. i-ji gün-lär!
Vielen Dank. Auf Wiedersehen!

Kleiner Wortschatz

mümkünse (*müm-kün-ssä*; wenn möglich)

teras (*tä-rass*; Terrasse)

mümkün (*müm-kün*; möglich)

yeterli (*jä-tär-li*; aureichend)

harf, -fi (*harf*; Buchstabe)

harf harf söylemek (*harf harf ssöj-lä-mäk*; buchstabieren, *wörtlich:* Buchstabe für Buchstabe sagen)

Spiel und Spaß

Welche der Verben bedeuten »anrufen«?

a. **telefon meşgul**

b. **telefon kulübesi**

c. **aramak**

d. **telefon açmak**

e. **konuşmak**

f. **telefon etmek**

g. **cep telefonu**

Die Lösung finden Sie in Anhang C.

Sich im Büro und auf dem Wohnungsmarkt zurechtfinden

10

In diesem Kapitel

▷ Eine Wohnung mieten

▷ Am Arbeitsplatz kommunizieren

In diesem Kapitel werfen wir einen Blick auf den Wohnungsmarkt und nehmen den Büroalltag ins Visier.

Eine Wohnung finden

Wenn Sie sich länger in der Türkei aufhalten, werden Sie sicher nicht auf Dauer in einem Hotel oder in einer Pension unterkommen wollen, sondern möchten sich vielleicht eine Wohnung suchen. Dazu können Sie die **ev ilanları** (*äw ii-laan-la-rı*; Wohnungsanzeigen) in einer Zeitung zu Hilfe nehmen, oder aber Sie suchen einen **emlakçı** (*äm-lak-tschı*; Makler) auf. Sie können sich auch in ein **emlak bürosu** (*äm-läk bü-ro-ssu*; Immobilienbüro) oder zu einem **emlak komisyoncusu** (*äm-lak ko-miss-jon-dschu-ssu*; Immobilienmakler) begeben.

Zunächst sollten Sie Ihr Anliegen mitteilen:

✔ **Kiralık ev arıyorum.** (*ki-raa-lık äw a-rı-jo-rum*; Ich suche ein Haus zur Miete.)

✔ **Konut ...'dan pahalı olmasın.** (*ko-nut ...-dan pa-ha-lı ol-ma-ssın*; Die Wohnung sollte nicht teurer als ... sein.)

✔ **Satılık daire arıyorum.** (*ssa-tı-lık daa-i-rä a-rı-jo-rum*; Ich suche eine Wohnung zum Kaufen.)

✔ **Bir daire kiralamak istiyorum.** (*bir daa-i-rä ki-raa-la-mak iss-ti-jo-rum*; Ich möchte eine Wohnung mieten.)

Während das Wort **ev** (*äw*) »Haus« bedeutet, kann es auch allgemein verwendet »Wohnung« bedeuten. Das Wort **konut** (*ko-nut*) bedeutet »Wohnung«, das Wort **daire** (*daa-i-rä*) hingegen bezeichnet konkret eine »Miet-« oder »Etagenwohnung«.

Wenn Sie einen Makler in Anspruch nehmen, erkundigen Sie sich vorab nach seiner Provision: **Ne kadar komisyon kesiyorsunuz?** (*nä ka-dar ko-miss-jon kä-ssi-jor-ssu-nus*; Wie viel Provision verlangen Sie?; *wörtlich:* Wie viel Provision ziehen Sie ab?)

Wenn Sie durch die Straßen laufen, entdecken Sie vielleicht Schilder mit dem Hinweis, dass eine Wohnung zu vermieten ist oder zum Verkauf steht. Häufig läuft dieses Angebot nicht über einen Makler, sondern direkt über den Vermieter oder Besitzer, sodass Sie sich die **komisyon** (_ko-miss-jon_; Maklergebühr) sparen können. Auf so einem Schild könnte stehen:

✔ **kiralık daire** (_ki-raa-lık daa-i-rä_; Wohnung zu vermieten)

✔ **satılık ev** (_ssa-tı-lık äw_; Haus zu verkaufen)

Läuft das Angebot direkt über den Eigentümer, finden Sie meist auch den Hinweis **ev sahibinden ...** (_äw ssaa-hi-bin-dän_; vom Eigentümer).

Damit Sie ins Detail gehen können, hier einige Begriffe rund um die Wohnung:

✔ **ev** (_äw_; Haus)

✔ **müstakil ev** (_müss-ta-kil äw_; Einfamilienhaus)

✔ **bahçeli ev** (_bach-tschä-li äw_; Haus mit Garten)

✔ **daire** (_daa-i-rä_; Miet,- Etagenwohnung)

✔ **konut** (_ko-nut_; Wohnung)

✔ **semt** (_ssämt_; Bezirk)

✔ **site** (_ssi-tä_; Siedlung)

✔ **mahalle** (_ma-hal-lä_; Stadtviertel)

✔ **oda** (_o-da_; Zimmer)

✔ **... odalı** (_... o-da-lı_; mit ... Zimmern)

✔ **kat** (_kat_; Stockwerk)

✔ **kaloriferli** (_ka-lo-ri-fär-li_; mit Heizung)

✔ **sobalı** (_sso-ba-lı_; mit Ofenheizung)

✔ **aydınlık** (_aj-dın-lık_; hell)

✔ **karanlık** (_ka-ran-lık_; dunkel)

✔ **dar** (_dar_; eng)

✔ **geniş** (_gä-nisch_; geräumig)

✔ **gürültülü** (_gü-rül-tü-lü_; laut)

✔ **sessiz** (_ssäss-ssis_; ruhig)

✔ **büyük** (_bü-jük_; groß)

✔ **küçük** (_kü-tschük_; klein)

✔ **mobilyalı** (_mo-bil-ja-lı_; möbliert)

✔ **mobilyasız** (*mo-bil-ja-ssıs*; nicht möbliert)

✔ **yan masraf** (*jan mass-raf*; Nebenkosten)

✔ **pahalı** (*pa-ha-lı*; teuer)

✔ **ucuz** (*u-dschus*; günstig)

✔ **aramak** (*a-ra-mak*; suchen)

✔ **kira** (*ki-raa*; Miete)

✔ **kiralamak** (*ki-raa-la-mak*; mieten)

✔ **kiracı** (*ki-raa-dschı*; Mieter)

✔ **kira sözleşmesi** (*ki-raa ssös-läsch-mä-ssi*; Mietvertrag)

✔ **kontrat** (*kon-trat*; Vertrag)

✔ **metrekare** (*mät-rä-ka-rä*; Quadratmeter)

 In der Türkei ist es üblich, in einer Eigentumswohnung zu wohnen. In ländlichen Gebieten wird meist ein Haus gebaut oder von den Eltern geerbt, wenn man eine Familie gründet. In Klein- und Großstädten bemüht man sich, möglichst schon in jungen Jahren Wohneigentum zu erwerben, um nicht **kiracı** (*ki-raa-dschı*; Mieter) und somit den »Launen« des **ev sahibi** (*äw saa-hi-bi*; Hauseigentümer) ausgesetzt zu sein. Dies liegt einerseits daran, dass der Mieterschutz nicht so stark ausgeprägt ist wie in Deutschland, darüber hinaus gilt eine Immobilie als sichere Investition für die Altersvorsorge. In der Mittelschicht ist es nicht außergewöhnlich, dass junge Paare bei der Heirat eine Eigentumswohnung als Hochzeitsgeschenk erhalten. Manche Familien wohnen in ihrer Eigentumswohnung und setzen alles daran, eine weitere zu kaufen, um sich aus den Mieteinnahmen finanziell für das Alter abzusichern oder ihren Kindern zur Heirat eine Wohnung als Mitgift mitgeben zu können.

Die Zimmer

Damit Sie sich zu den Zimmern äußern können, hier die Begriffe zu den Räumen der Wohnung:

✔ **çalışma odası** (*tscha-lısch-ma o-da-ssı*; Arbeitszimmer)

✔ **balkon** (*bal-kon*; Balkon)

✔ **banyo** (*ban-jo*; Badezimmer)

✔ **giriş** (*gi-risch*; Eingang, Eingangsbereich)

✔ **misafir odası** (*mi-ssaa-fir o-da-ssı*; Gästezimmer)

✔ **bodrum** (*bod-rum*; Keller)

✔ **çocuk odası** (*tscho-dschuk o-da-ssı*; Kinderzimmer)

✔ **koridor** (*ko-ri-dor*; Korridor)

✔ **mutfak, -ğı** (_mut-fak_; Küche)

✔ **salon** (_ssa-lon_; Salon, Gästewohnzimmer)

✔ **yatak odası** (_ja-tak o-da-ssı_; Schlafzimmer)

✔ **teras** (_tä-rass_; Terasse)

✔ **tuvalet** (_tu-wa-lät_; Toilette)

✔ **oturma odası** (_o-tur-ma o-da-ssı_; Wohnzimmer)

Die Zimmer werden in der Türkei anders gezählt als bei uns. Der **salon** (_ssa-lon_; Salon) ist ein Raum, in dem Gäste empfangen werden, sozusagen ein »Gästewohnzimmer«. Der **salon** ist der Raum der Wohnung, in dem die kostbarsten Gegenstände aufbewahrt werden und der stets so sauber und hergerichtet ist, dass auch spontaner Besuch empfangen werden kann. Dieser Raum ist so selbstverständlich, dass er nicht in die Anzahl der Zimmer eingeht. Ist die Familie unter sich, hält sie sich im **oturma odası** (_o-tur-ma o-da-ssı_; Wohnzimmer) auf. Eine **iki odalı daire** (_i-ki o-da-lı daa-i-rä_; Zweizimmerwohnung) ist also eigentlich eine Dreizimmerwohnung. Häufig nennt man den Salon separat dazu: **iki oda bir salon** (_i-ki o-da bir ssa-lon_; zwei Zimmer (und) ein Salon).

Track 17: Im Gespräch

Herr Schmidt hat eine Anstellung in Istanbul gefunden. Bevor seine Frau mit den zwei Kindern nachkommt, möchte er eine Wohnung in guter Lage mieten. Sie soll groß genug für die vierköpfige Familie, aber nicht zu teuer sein. Zu diesem Zweck sucht er einen Makler auf.

Herr Schmidt: **İyi günler, ben Johann Schmidt. Gelecek ay İstanbul'a taşınıyorum. Şimdi kiralık bir daire arıyorum.**
i-ji gün-lär, bän jo-han schmit. gä-lä-dschäk aj iss-tan-bu-la ta-schı-nı-jo-rum. schim-di ki-raa-lık bir daa-i-rä a-rı-jo-rum.
Guten Tag, mein Name ist Johann Schmidt. Ich ziehe nächsten Monat nach Istanbul. Jetzt suche ich eine Mietwohnung.

Makler: **İyi günler efendim. Hoş geldiniz. Nasıl bir daire arıyorsunuz?**
i-ji gün-lär ä-fän-dim. hosch gäl-di-nis. na-ssıl bir daa-i-rä a-rı-jor-ssu-nus?
Guten Tag mein Herr. Herzlich willkommen. Was für eine Wohnung suchen Sie?

Herr Schmidt: **Geniş ve en azından üç oda bir salon olsun.**
gä-nisch wä än a-sın-dan ütsch o-da bir ssa-lon ol-ssun.
Sie soll geräumig sein und mindestens drei Zimmer und einen Salon haben.

Makler:
Şanslısınız efendim. Emlak piyasası şu sıralar gayet iyi görünüyor. Size üç oda bir salonlu bir daire gösterebilirim.
schanss-lı-ssı-nıs ä-fän-dim. äm-lak pi-ja-ssa-ssı schu sı-ra-lar gaa-jät i-ji gö-rü-nü-jor. ssi-sä ütsch o-da bir ssa-lon-lu bir daa-i-rä göss-tä-rä-bi-li-rim.
Sie haben Glück mein Herr. Der Immobilienmarkt sieht derzeit ganz gut aus. Ich kann Ihnen eine Wohnung mit drei Zimmern und einem Salon zeigen.

Herr Schmidt:
Konut hangi semttedir? Yakında okul var mıdır?
ko-nut han-gi ssämt-tä-dir? ja-kın-da o-kul war mı-dır?
In welchem Bezirk ist die Wohnung? Gibt es (denn) eine Schule in der Nähe?

Makler:
Bizim semtimizde. Evet, hem ilkokul hem lise var. Daire aşağı yukarı 110 metrekare, ikinci katta. Mahalle çok canlıdır, iyi alışveriş imkânları vardır.
bi-sim ssäm-ti-mis-dä. ä-wät, häm ilk-o-kul häm li-ssä war. daa-i-rä a-schaa-ı ju-ka-rı jüs on mät-rä-ka-rä, i-kin-dschi kat-ta. ma-hal-lä tschok dschan-lı-dır, i-ji a-lısch-wä-risch im-kjaan-la-rı war-dır.
In unserem Bezirk. Ja, es gibt sowohl eine Grundschule als auch eine Oberschule. Die Wohnung hat ungefähr 110 Quadratmeter und liegt im zweiten Stock. Das Viertel ist sehr belebt, es gibt gute Einkaufsmöglichkeiten.

Herr Schmidt:
Peki, kirası ne kadar?
pä-ki, ki-raa-ssı nä ka-dar?
Gut, wie hoch ist die Miete?

Makler:
980 lira kadar efendim, yan masraflar dahil.
do-kus jüs ssäk-ssän li-ra ka-dar ä-fän-dim, jan mass-raf-lar daa-hil.
Etwa 980 Lira, Nebenkosten inbegriffen.

Herr Schmidt:
Daireyi ne zaman görebilirim?
daa-i-rä-ji nä sa-man gö-rä-bi-li-rim?
Wann kann ich die Wohnung sehen?

Makler:
İsterseniz hemen gidebiliriz.
iss-tär-ssä-nis hä-män gi-dä-bi-li-ris.
Wenn Sie wollen, können wir gleich hingehen.

Herr Schmidt:
Tamam, çok güzel!
ta-mam, tschok gü-säl!
In Ordnung, sehr schön!

Kleiner Wortschatz

taşınmak (*ta-schın-mak*; umziehen)

kiralık daire (*ki-raa-lık daa-i-rä*; Mietwohnung)

aramak (*a-ra-mak*; suchen)

geniş (*gä-nisch*; geräumig)

en azından (*än a-sın-dan*; mindestens)

şanslı (*schanss-lı*; Glück haben)

emlak piyasası (*äm-lak pi-ja-ssa-sı*; Immobilienmarkt)

şu sıralar (*schu sı-ra-lar*; derzeit)

görünmek (*gö-rün-mäk*; aussehen)

göstermek (*göss-tär-mäk*; zeigen)

semt (*ssämt*; Bezirk)

okul (*o-kul*; Schule)

ilkokul (*ilk-o-kul*; Grundschule)

lise (*li-ssä*; Oberschule)

aşağı yukarı (*a-schaa-ı ju-ka-rı*; ungefähr)

canlı (*dschan-lı*; belebt)

alışveriş imkânları (*a-lısch-wä-risch im-kjaan-la-rı*; Einkaufsmöglichkeiten)

kadar (*ka-dar*; etwa, circa)

yan masraflar (*jan mass-raf-lar*; Nebenkosten)

dahil (*daa-hil*; inbegriffen, inklusive)

»Ungefähr« und »etwa«

Es gibt zwei Wörter, die Sie bei etwaigen Angaben verwenden können: **aşağı yukarı** (*a-schaa-ı ju-ka-rı*; ungefähr) und **kadar** (*ka-dar*; etwa, circa). Die erste Variante wird vorangestellt, die zweite immer nachgestellt:

✔ **aşağı yukarı 110 metrekare** (*a-schaa-ı ju-ka-rı jüs on mät-rä-ka-rä*; ungefähr 110 Quadratmeter)

✔ **980 lira kadar** (*do-kus jüs ssäk-ssän li-ra ka-dar*; etwa 980 Lira)

Lauterscheinungen im Türkischen

In den Kapiteln 4, 5 und 6 erfahren Sie, dass es vier Lauterscheinungen im Türkischen gibt, von denen Sie bisher die sogenannte »Konsonantenerweichung« – **çocuk** (*tscho-dschuk*; Kind) wird zu **çocuğu** (*tscho-dschuu-u*; ihr Kind) –, die »Abweichung von der Vokalharmonie« – **saat** (*ssa-at*; Uhr, Stunde) wird zu **saati** (*ssa-ati*; seine Uhr) – und den Vokalausfall – **oğul** (*oo-ul*; Sohn) wird zu **oğlum** (*oo-lum*; mein Sohn) – kennengelernt haben.

Die vierte Lauterscheinung wird »Konsonantenverdopplung« genannt und betrifft nur ganz wenige Wörter, die eine Ausnahme sind. Welches Wort von dieser Lauterscheinung betroffen ist, lernen Sie am besten gleich mit, wenn Sie die Vokabel lernen. Diese Lauterscheinung ist die vierthäufigste, kommt also wirklich selten vor. Betroffen sind nur einige Wörter, die einsilbig sind und aus dem Arabischen ins Türkische entlehnt wurden.

Konsonantenverdopplung bedeutet, dass ein ursprünglich arabisches, einsilbiges Wort, das auf einen Konsonanten endet, diesen Konsonanten verdoppelt, wenn eine Endung antritt, die mit einem Vokal beginnt. Dies sind meist die besitzanzeigenden Endungen (Possessivsuffixe).

In einem Wörterbuch oder einem Vokabelverzeichnis finden Sie eine entsprechende Angabe nach dem Wort, die Sie auf diese Lauterscheinung hinweist. Es wird dabei immer der letzte Konsonant des Wortes in doppelter Form mit der besitzanzeigenden Endung der dritten Person Singular angegeben, da diese Endung nach einem Konsonanten immer mit einem Vokal der großen Vokalharmonie (**i**, **ı**, **ü**, **u**) gebildet wird:

✔ **sır, -rrı** (*ssır*, Geheimnis)

✔ **hat, -ttı** (*hat*; Leitung, Linie)

✔ **zam, -mmı** (*sam*; Preisanstieg, Teuerung)

Hier einige Beispiele:

✔ **Pervin'in sırrı var.** (*pär-wi-nin ssır-rı war*; Pervin hat ein Geheimnis.)

✔ **Telefon hattı meşgul.** (*tä-lä-fon hat-tı mäsch-guul*; Die Telefonleitung ist besetzt.)

Es gibt ein Wort, das gleich von zwei Lauterscheinungen betroffen ist: **tıp** (*tıp*; Medizin) wird zu **tıbbı** (*tıb-bı*). Dieses Wort ist von der Konsonantenerweichung und der Konsonantenverdopplung betroffen.

Im Büro

Ein großer Teil des Arbeitslebens spielt sich im **büro** (*bü-ro*; Büro) oder **ofis** (*o-fiss*; Büro) ab. Dort sitzen Sie wahrscheinlich meist an Ihrem **masa** (*ma-ssa*; Tisch), genauer gesagt **yazı masası** (*ja-sı ma-ssa-ssı*; Schreibtisch) oder **çalışma masası** (*tscha-lisch-ma ma-ssa-ssı*; Arbeitstisch). Hier einige Begriffe von Gegenständen, von denen Sie an Ihrem **işyeri** (*isch-jä-ri*; Arbeitsplatz) umgeben sind:

✔ **dosya** (*doss-ja*; Akte)

✔ **bilgisayar** (*bil-gi-sa-jar*; Computer)

✔ **faks cihazı** (_fakss dschi-ha-sı_; Faxgerät)

✔ **fotokopi makinası** (_fo-to-ko-pi ma-ki-na-ssı_; Kopiergerät)

✔ **daktilo** (_dak-ti-lo_; Schreibmaschine)

✔ **telefon** (_tä-lä-fon_; Telefon)

An jedem Arbeitsplatz gibt es einen **çaycı** (_tschaj-dschı_; Teeverkäufer), der nicht nur Tee und Kaffee serviert. Man kann bei ihm auch andere Getränke und Essen bestellen, das er dann in nahe gelegenen Restaurants und Läden besorgt. Auch für kleinere Botengänge darf man ihn gegen einen Obolus einspannen. Ist eine Arbeitsstelle zu klein, um einen eigenen **çaycı** zu beschäftigen, tun sich mehrere Arbeitsstellen zusammen und stellen gemeinsam einen **çaycı** ein. Der **çaycı** notiert sich ihre Bestellungen und sie können ihn wöchentlich oder täglich bezahlen.

Büromaterial

Was wäre ein Büro, ohne das richtige Zubehör? Auf Ihrem Schreitisch liegen sicher folgende Gegenstände:

✔ **klasör** (_kla-ssör_; Aktenordner)

✔ **kurşun kalem** (_kur-schun ka-läm_; Bleistift)

✔ **kalemtıraş** (_ka-läm-tı-rasch_; Bleistiftanspitzer)

✔ **defter** (_däf-tär_; Heft)

✔ **seloteyp** (_ssä-lo-täjp_; Klebeband)

✔ **yapıştırıcı** (_ja-pısch-tı-rı-dschı_; Kleber)

✔ **tükenmez kalem** (_tü-kän-mäs ka-läm_; Kugelschreiber)

✔ **cetvel** (_dschät-wäl_; Lineal)

✔ **kâğıt, -dı** (_kjaa-ıt_; Papier)

✔ **silgi** (_ssil-gi_; Radiergummi)

✔ **makas** (_ma-kass_; Schere)

✔ **kalem** (_ka-läm_; Stift)

Erinnern Sie sich an die Frage »**... nerede?**« (... _nä-rä-dä_; Wo ist ... ?) und »**... var mı?**« (... _war mı_; Gibt es ... ?)

> ✔ **Pardon, klasörler nerede?** (_par-don, kla-ssör-lär när-dä_; Verzeihung, wo sind die Aktenordner?)

> ✔ **Affedersiniz, silgi nerede?** (_aff-ä-där-ssi-nis, ssil-gi nä-rä-dä_; Entschuldigen Sie, wo ist der Radiergummi?)

> ✔ **Cetvel var mı?** (_dschät-wäl war mı_; Gibt es ein Lineal?)

Um den Alltag im Büro zu meistern, werden Sie auch einige Verben brauchen:

✔ **faks çekmek** (*fakss tschäk-mäk*; faxen) oder **fakslamak** (*fakss-la-mak*; faxen)

✔ **fotokopi çekmek** (*fo-to-ko-pi tschäk-mäk*; kopieren)

✔ **mektup yazmak** (*mäk-tup jas-mak*; Briefe schreiben)

✔ **göndermek** (*gön-där-mäk*; schicken)

✔ **randevu yapmak** (*ran-dä-wu jap-mak*; einen Termin machen)

✔ **ısmarlamak** (*ıss-mar-la-mak*; bestellen) oder **sipariş etmek** (*ssi-paa-risch ät-mäk*; bestellen)

✔ **işe almak** (*i-schä al-mak*; anstellen)

✔ **işten çıkarmak** (*isch-tän tschı-kar-mak*; entlassen)

Die Kollegen

Wenn Sie in einem Büro arbeiten, werden Sie wahrscheinlich in einer **firma** (*fir-ma*; Firma) oder **şirket** (*schir-kät*; Firma) angestellt sein, von denen der letzte Begriff etwas häufiger verwendet wird, und viele Kollegen haben. Bei den Kollegen unterscheidet man zwischen **meslektaş** (*mäss-läk-tasch*; Berufskollege) – jemand, der den gleichen Beruf ausübt oder erlernt hat wie Sie – und **iş arkadaşı** (*isch ar-ka-da-schı*; Arbeitskollege) – jemand, mit dem Sie zusammenarbeiten. So kann ein Kollege sowohl mein **meslektaş** als auch ein **iş arkadaşı** sein. Bei den meisten Kollegen wird es sich aber um **iş arkadaşı** handeln.

 Weil es kein grammatisches Geschlecht im Türkischen gibt, kann **iş arkadaşı** (*isch ar-ka-da-schı*) sowohl »Kollege« als auch »Kollegin« bedeuten. In diesem Buch verzichte ich darauf, jeweils beide Geschlechter aufzuführen.

Üblicherweise spricht man vor allem höhergestellte Mitarbeiter mit ihrer Position an. Den oder die **müdür** (*mü-dür*; Direktor) können Sie so ansprechen:

✔ **Müdür Hanım** (*mü-dür ha-nım*; Frau Direktorin)

✔ **Müdür Bey** (*mü-dür bäj*; Herr Direktor)

Wenn Sie nicht mit einer Person vertraut sind, können Sie immer den Titel vor die Anredeform »Herr« oder »Frau« stellen:

✔ **Sekreter Hanım** (*ssäk-rä-tär ha-nım*; Frau Sekretärin)

✔ **Doktor Hanım** (*dok-tor ha-nım*; Frau Doktor)

✔ **Memur Bey** (*mää-mur bäj*; Herr Beamter)

Im Gespräch

Herr Ali, Direktor einer großen Firma, kommt heute etwas verspätet ins Büro und rennt in eine Besprechung. Seine Sekretärin Frau Tülay erwartet ihn bereits ungeduldig.

Ali Bey: **Günaydın Tülay Hanım. Biraz geç kaldım. Fotokopiler hazır mı?**
gü-naj-dın tü-laj ha-nım. bi-ras gä-tsch kal-dım. fo-to-ko-pi-lär ha-sır mı?
Guten Morgen, Frau Tülay. Ich komme ein bisschen zu spät. Sind die Kopien fertig?

Tülay Hanım: **Ah, Müdür Bey! İyi ki geldiniz. Müşteriler bekliyor. Fotokopiler de hazır tabii.**
ah, mü-dür bäj! i-ji ki gäl-di-nis. müsch-tä-ri-lär bäk-li-jor. fo-to-ko-pi-lär dä ha-sır ta-bi.
Ach, Herr Direktor! Gut, dass Sie da sind. Die Kunden warten. Die Kopien sind natürlich auch fertig.

Ali Bey: **Ben hemen mitinge gireyim.**
bän hä-män mi-tin-gä gi-rä-jim.
Ich gehe mal sofort in die Besprechung.

Tülay Hanım: **Bir dakika Müdür Bey. Size bir mesajım var.**
bir da-ki-ka mü-dür bäj. ssi-sä bir mä-ssa-zhım war.
Einen Moment (*wörtlich:* eine Minute) Herr Direktor. Ich habe eine Nachricht für Sie.

Ali Bey: **Kimden?**
kim-dän?
Von wem?

Tülay Hanım: **»Berista« şirketinden Taner Bey gelemiyor.**
bä-riss-ta schir-kä-tin-dän ta-när bäj gä-lä-mi-jor.
Herr Taner von der Firma »Berista« kann nicht kommen.

Ali Bey: **Tamam. Teşekkürler!**
ta-mam. tä-schäk-kür-lär!
In Ordnung. Danke!

Tülay Hanım: **Bir şey değil Müdür Bey.**
bir schäj dää-il mü-dür bäj.
Keine Ursache Herr Direktor.

Kleiner Wortschatz

geç kalmak (*gätsch kal-mak*; sich verspäten, zu spät kommen)

hazır (*ha-sır*, fertig, bereit)

iyi ki ... (*i-ji ki*; gut, dass ...)

müşteri (*müsch-tä-ri*; Kunde)

beklemek (*bäk-lä-mäk*; warten)

miting (*mi-ting*; Meeting, Besprechung)

mesaj (*mä-ssazh*; Nachricht)

şirket (*schir-kät*; Firma)

Spiel und Spaß

Wie heißen die Zimmer, die Sie auf dem Bild sehen?

1. _____

2. _____

3. _____

4. _____

Die Lösung finden Sie in Anhang C.

Teil III

Mehr Türkisch

The 5th Wave
By Rich Tennant

»Wir hätten neben dem Gourmetführer zur türkischen Küche
auch ›Türkisch für Dummies‹ mitnehmen sollen.
Dann wären wir nicht immer beim Einchecken nach der
Soße gefragt worden.«

In diesem Teil ...

gibt es noch mehr Türkisch! Ich nehme Sie mit in die Türkei und zeige Ihnen, wie Sie Gesprächssituationen im Land meistern können. Wollen Sie ein Zimmer reservieren, ein Ticket stornieren oder ein Auto mieten, sind Sie in diesem Teil genau richtig. Ich zeige Ihnen hier auch, wie Sie an Ihr Geld kommen oder sich in einem Notfall auf Türkisch ausdrücken können.

Rund ums Geld

In diesem Kapitel

▷ Geld wechseln

▷ Den Geldautomaten benutzen

▷ In der Bank

O hne Moos, nix los!«, daher nehme ich Sie in diesem Kapitel mit in die Welt der Geldgeschäfte. In diesem Kapitel lernen Sie die wichtigsten Begriffe für alles rund ums Geld und erfahren, was Sie tun müssen, um an Ihr Geld zu kommen.

Geld wechseln

Wenn Sie mit Euros in die Türkei reisen, werden Sie keine Schwierigkeiten haben, Ihr **para** (*pa-ra*; Geld) in türkische Lira zu wechseln. Aber auch **dolar** (*do-lar*; Dollar) oder **İsviçre frankı** (*iss-witsch-rä fran-kı*; Schweizer Franken) können Sie in jeder Bank oder in jeder Wechselstube in türkische Lira umtauschen.

 Vor der Reise sollten Sie nur so viel Geld umtauschen, wie Sie in den ersten Tagen brauchen werden. Der Wechselkurs in der Türkei ist in der Regel besser für Ihren Geldbeutel, was sich vor allem bei hohen Summen lohnt.

 Wechseln Sie Ihr Geld nicht gleich nach der Landung am Flughafen. In der Stadt werden Sie in Wechselstuben einen günstigeren Kurs finden.

Hier die wichtigsten Begriffe, damit Sie auf das Geldwechseln vorbereitet sind:

✔ **banka** (*ban-ka*; Bank)

✔ **döviz** (*dö-wis*; Devisen)

✔ **döviz alımı** (*dö-wis a-lı-mı*; Devisenankauf)

✔ **döviz alım satımı** (*dö-wis a-lım ssa-tı-mı*; Devisentausch)

✔ **para** (*pa-ra*; Geld)

✔ **banknot/kâğıt para** (*bank-not/kjaa-ıt pa-ra*; Geldschein)

✔ **para/döviz bozdurmak** (*pa-ra/dö-wis bos-dur-mak*; Geld/Devisen wechseln)

✔ **bozuk para** (*bo-suk pa-ra*; Kleingeld)

✔ **kur** (*kur*; Kurs)

✔ **döviz kuru** (*dö-wis ku-ru*; Wechselkurs)

✔ **döviz bürosu** (*dö-wis bü-ro-ssu*; Wechselstube)

Wenn Sie nicht wissen, ob es in der Nähe eine Bank oder eine Wechselstube gibt, können Sie das ganz einfach erfragen:

✔ **Affedersiniz, buralarda banka var mı?** (*aff-ä-där-ssi-nis bu-ra-lar-da ban-ka war mı*; Entschuldigen Sie, gibt es hier in der Gegend eine Bank?)

✔ **Pardon, yakınlarda bir döviz bürosu var mı?** (*par-don ja-kın-lar-da bir dö-wis bü-ro-ssu war mı*; Verzeihung, gibt es in der Nähe eine Wechselstube?)

✔ **En yakın döviz bürosu nerede?** (*än ja-kın dö-wis bü-ro-ssu nä-rä-dä*; Wo ist die nächste Wechselstube?)

Einmal angekommen, können Sie Ihren Wunsch zum Ausdruck bringen:

✔ **Para bozdurmak istiyorum.** (*pa-ra bos-dur-mak iss-ti-jo-rum*; Ich möchte Geld wechseln.)

✔ **Euro bozuyor musunuz?** (*ä-u-ro bo-su-jor mu-ssu-nus*; Wechseln Sie Euro?)

✔ **İsviçre frankı bozdurmam lazım.** (*iss-witsch-rä fran-kı bos-dur-mam laa-sım*; Ich muss Schweizer Franken wechseln.)

In der Wechselstube oder der Bank können Sie den Angestellten auch nach dem Kurs fragen:

✔ **Döviz kuru nasıl?** (*dö-wis ku-ru na-ssıl*; Wie steht der Wechselkurs?)

✔ **Bugün kur nasıl acaba?** (*bu-gün kur na-ssıl a-dscha-baa*; Wie steht denn der Kurs heute?)

Der Bankmitarbeiter wird Sie wahrscheinlich danach fragen, wie viel und welche Währung Sie wechseln wollen:

✔ **Ne kadar bozdurmak istiyorsunuz?** (*nä ka-dar bos-dur-mak iss-ti-jor-ssu-nus*; Wie viel möchten Sie wechseln?)

✔ **Euro mu bozdurmak istiyorsunuz?** (*ä-u-ro mu bos-dur-mak iss-ti-jor-ssu-nus*; Möchten Sie Euros wechseln?)

In diesem Zusammenhang können die Verben **çıkmak** (*tschık-mak*; steigen) und **düşmek** (*düsch-mäk*; fallen) für Sie nützlich sein. Fragen Sie den Angestellten nach seiner Meinung oder seinem Wissen:

✔ **Sizce euro çıkacak mı?** (*ssis-dschä ä-u-ro tschı-ka-dschak mı*; Wird der Euro Ihrer Meinung nach steigen?)

✔ **İsviçre frankı düştü mü?** (*iss-witsch-rä fran-kı düsch-tü mü*; Ist der Schweizer Franken gefallen?)

Die Bildung von »müssen«

Sie wissen bereits, dass es kein Verb »können« im Türkischen gibt. Auch andere Modalverben wie »sollen«, »müssen« oder »dürfen« gibt es nicht. Hier erkläre ich Ihnen, wie Sie Sätze mit »müssen« bilden können.

Lassen Sie zunächst von der Infinitivendung (Grundform) des Verbs, die auf **-mek** (-*mäk*) oder **-mak** (-*mak*) ausgeht, das letzte **k** weg. Sie erhalten dann ein substantiviertes Verb, was so viel wie »das Lesen« oder »das Warten« bedeutet:

✔ **okumak** (*o-ku-mak*; lesen) wird zu **okuma** (*o-ku-ma*; Lesen)

✔ **beklemek** (*bäk-lä-mäk*; warten) wird zu **bekleme** (*bäk-lä-mä*; Warten)

Hierbei wird diese Endung auf **-me** (-*mä*) oder **-ma** (-*ma*) leicht betont, um Verwechslungen mit der verneinten Befehlsform (Imperativ) in der zweiten Person Singular zu vermeiden.

Wird ein Verb verneint, wird die Silbe vor der Verneinungsendung leicht betont:

✔ **oku**ma! (*o-<u>ku</u>-ma*; lies nicht!)

✔ **bek***le*me! (*bäk-<u>lä</u>-mä*; warte nicht!)

Dann versehen Sie diese Form des Verbs mit der besitzanzeigenden Endung (Possessivsuffix) der entsprechenden Person und fügen das Wort **lazım** (*laa-sım*; nötig, notwendig) dazu.

Richtig, das Wort **lazım** kennen Sie bereits! Sie brauchen **lazım**, um »brauchen« auszudrücken:

✔ ***Bana*** **para lazım.** (*ba-na pa-ra laa-sım*; Ich brauche Geld.)

✔ **Thomas'***a* **lira lazım.** (*too-ma-ssa li-ra laa-sım*; Thomas braucht Lira.)

Die Person, die etwas braucht, wird dabei in den Dativ gesetzt.

Hier zeige ich Ihnen, wie das mit allen Personen funktioniert:

✔ **Para bozdurma***m* **lazım.** (*pa-ra bos-dur-mam laa-sım*; Ich muss Geld wechseln.)

✔ **Para bozdurma***n* **lazım.** (*pa-ra bos-dur-man laa-sım*; Du musst Geld wechseln.)

✔ **Para bozdurma***ı* **lazım.** (*pa-ra bos-dur-ma-ssı laa-sım*; Sie muss Geld wechseln.)

✔ **Para bozdurma***mız* **lazım.** (*pa-ra bos-dur-ma-mıs laa-sım*; Wir müssen Geld wechseln.)

✔ **Para bozdurma***nız* **lazım.** (*pa-ra bos-dur-ma-nıs laa-sım*; Ihr müsst / Sie müssen Geld wechseln.)

✔ **Para bozdurma***ları* **lazım.** (*pa-ra bos-dur-ma-la-rı laa-sım*; Sie müssen Geld wechseln.)

Die Person, die etwas machen muss, steht dabei im Genitiv, der die Vokale der großen Vokalharmonie annimmt (**i**, **ı**, **ü**, **u**) und nach einem Vokal den Bindekonsonanten **n** erhält:

✔ **Thomas'***ın* **para bozdurması lazım.** (*too-ma-ssın pa-ra bos-dur-ma-ssı laa-sım*; Thomas muss Geld wechseln.)

✔ **Ülkü'***nün* **bankaya gitmesi lazım.** (*ül-kü-nün ban-ka-ja git-mä-ssi laa-sım*; Ülkü muss zur Bank gehen.)

In den Beispielen, in denen kein Name genannt wird, wurden die Personalpronomen weggelassen. Die Personalpronomen können ja wegfallen, solange die besitzanzeigenden oder personenanzeigenden Endungen gesetzt werden.

Sie können die Personalpronomen aber auch mitnehmen, dann allerdings im Genitiv:

✔ **Benim bankaya gitmem lazım.** (*bä-nim ban-ka-ja git-mäm laa-sım*; Ich muss zur Bank gehen.)

✔ **Senin bir »Dummies« kitabı okuman lazım.** (*ssä-nin bir da-miiss ki-ta-bı o-ku-man laa-sım*; Du musst ein »Dummies«-Buch lesen.)

Track 18: Im Gespräch

Frau Eising hat vorausschauend nur so viel Lira vor ihrer Reise gewechselt wie sie für den ersten Tag in der Türkei benötigt. Jetzt begibt sie sich in eine Wechselstube.

Frau Eising: **Merhaba. Para bozdurmam lazım.**
mär-ha-ba. pa-ra bos-dur-mam laa-sım.
Hallo. Ich muss Geld wechseln.

Angestellte: **Euro mu, dolar mı?**
ä-u-ro mu, do-lar mı?
Euros oder Dollar?

Frau Eising: **Euro bozdurmak istiyorum.**
ä-u-ro bos-dur-mak iss-ti-jo-rum.
Ich möchte Euros wechseln.

Angestellte: **Ne kadar?**
nä ka-dar?
Wie viel?

Frau Eising: **400 şimdilik yeter. Kur nasıl acaba?**
dört jüs ä-u-ro schim-di-lik jä-tär. kur na-ssıl a-dscha-baa?
400 Euro reichen vorerst. Wie steht denn der Kurs?

Angestellte: **Euro yine çıktı, ama dolar gittikçe düşüyor.**
ä-u-ro ji-nä tschık-tı, a-ma do-lar git-tik-tschä dü-schü-jor.
Der Euro ist wieder gestiegen, aber der Dollar fällt allmählich.

Frau Eising: **Bu benim için harika!**
bu bä-nim i-tschin haa-ri-ka!
Das ist ausgezeichnet für mich!

Angestellte: **Bir dakika. ... Buyurun.**
bir da-ki-ka. ... bu-ju-run.
Einen Moment (*wörtlich:* eine Minute). ... Bitte sehr.

Frau Eising: **İyi günler.**
i-ji gün-lär.
Auf Wiedersehen!

Angestellte: **Teşekkürler. Güle güle.**
tä-schäk-kür-lär. gü-lä gü-lä.
Dankeschön. Auf Wiedersehen!

Kleiner Wortschatz

şimdilik (*schim-di-lik*; vorerst, derzeit, einstweilen)

kur (*kur*; Kurs)

çıkmak (*tschık-mak*; steigen)

düşmek (*düsch-mäk*; fallen)

gittikçe (*git-tik-tschä*; allmählich, nach und nach)

 Der Euro wird nicht nur **euro** (*ä-u-ro*), sondern auch **avro** (*aw-ro*) genannt. Die erste Silbe in **avro** leitet sich vom Wort **Avrupa** (*aw-ru-pa*; Europa) ab.

Bequem Geld am Automaten ziehen

In touristischen Gegenden haben die Wechselstuben bis spät in die Nacht geöffnet. Sollten Sie aber in einer Gegend unterwegs sein, in der es keine Wechselstube in der Nähe gibt und die Bank bereits geschlossen hat oder in der Mittagspause ist, können Sie bequem am **bankamatik** (*ban-ka-ma-tik*; Geldautomat) Geld abheben. Dort bekommen Sie sofort Ihr Bargeld und sehen auf der **makbuz** (*mak-bus*; Quittung) auch gleich, wie hoch die Bearbeitungsgebühr ist.

Hier einige Begriffe, die Ihnen beim Geldabheben am **bankamatik** behilflich sein können:

✔ **nakit para** (*na-kit pa-ra*; Bargeld)

✔ **işlem ücreti** (*isch-läm üdsch-rä-ti*; Bearbeitungsgebühr)

✔ **miktar/tutar** (*mik-tar/tu-tar*; Betrag)

✔ **bankamatik kartı** (*ban-ka-ma-tik kar-tı*; EC-Karte)

✔ **şifre** (*schif-rä*; Geheimzahl)

✔ **para çekmek** (*pa-ra tschäk-mäk*; Geld abheben/ziehen)

✔ **kredi kartı** (*krä-di kar-tı*; Kreditkarte)

✔ **pin kodu** (*pin ko-du*; PIN-Code)

Wenn Sie erfahren möchten, wo sich der nächste Geldautomat befindet, können Sie einfach fragen:

✔ **Nerede bankamatik var?** (*nä-rä-dä ban-ka-ma-tik war*; Wo gibt es einen Geldautomaten?)

✔ **En yakın bankamatik nerede acaba?** (*än ja-kın ban-ka-ma-tik nä-rä-dä a-dscha-baa*; Wo ist denn der nächste Geldautomat?)

✔ **Bu çevrede bankamatik yok mu?** (_bu tschäw-rä-dä ban-ka-ma-tik jok mu_; Gibt es in dieser Umgebung keinen Bankautomaten?)

Mögliche Antworten auf Ihre Frage könnten sein:

✔ **Evet, var.** (_ä-wät war_; Ja, gibt es.)

✔ **Hayır, yok.** (_ha-jır jok_; Nein, gibt es nicht.)

✔ **Bilmiyorum.** (_bil-mi-jo-rum_; Ich weiß es nicht.)

✔ **Ziraat Bankası'nda bankamatik var.** (_si-ra-at ban-ka-ssın-da ban-ka-ma-tik war_; An der Ziraat Bank gibt es einen Bankautomaten.)

 Die **Ziraat Bankası** (_si-ra-at ban-ka-ssı_; Ziraat Bank), eine staatliche Bank, ist eine der größten Banken der Türkei. Sie finden in jedem Ort eine Filiale der **Ziraat Bankası**.

Das Fugen-n in einer besonderen Position

Sie kennen bereits das **y** und das **n** als Bindekonsonanten zum Beispiel bei der personenanzeigenden Endung der ersten Person – **bankacıyım** (_ban-ka-dschı-jım_; Ich bin Bankangestellte.) – oder beim Genitiv – **Ayla'nın kredi kartı** (_aj-la-nın krä-di kar-tı_; Aylas Kreditkarte). Der Konsonant **n** kommt auch als verbindendes Element in einer besonderen Position vor und wird in diesem Fall »pronominales n« genannt.

Das sogenannte »pronominale n« ist also ziemlich wichtig, und besser etwas zu spät als nie möchte ich Ihnen seine Verwendung erklären.

Die Regel lautet: Wenn an eine besitzanzeigende Endung (Possessivsuffix) der dritten Person ein Fall (Kasus) gehängt wird, werden die besitzanzeigende Endung der dritten Person und die Fallendung mit einem **n** verbunden. Das kommt vor allem dann vor, wenn Sie eine Fallendung an ein Kompositum (Wortverkettung) hängen.

 Ein Kompositum (Wortverkettung) ist eine Wortzusammensetzung aus zwei Nomen, wie Arbeit + Zimmer = Arbeit**s**zimmer (mit einem Fugen-s im Deutschen) oder Kredit + Karte = Kreditkarte. Im Türkischen werden diese Wortzusammensetzungen meist getrennt geschrieben und durch die besitzanzeigende Endung der dritten Person Singular zusammengebracht, also verkettet: **kredi** + **kart** = **kredi kartı** (_krä-di kar-tı_; Kreditkarte) oder **telefon** + **numara** = **telefon numarası** (_tä-lä-fon nu-ma-ra-ssı_; Telefonnummer).

Die **Ziraat Bankası** ist ein Kompositum – eine Wortverkettung –, weil die Nomen **ziraat** und **banka** zusammengesetzt wurden. Die Zusammensetzung erfolgt über die Verkettung durch die besitzanzeigende Endung der dritten Person Singular: **Ziraat Bankası**. Hier wird der Name der Bank großgeschrieben, weil es sich um einen Eigennamen handelt. Wenn Sie _in der_ **Ziraat Bankası** sagen möchten, setzen Sie einen Apostroph, weil es sich um einen Eigennamen handelt, und fügen das »pronominale n« vor den Lokativ: **Ziraat Bankası'nda** (_si-ra-at ban-ka-ssın-da_; in/bei/an der Ziraat Bank).

Hier weitere Beispiele, in denen das »pronominale n« zwischen einer besitzanzeigenden Endung der dritten Person und einem Fall erscheint:

✔ **Ayla'nın bankasında sempatik bir hanım çalışıyor.** (*aj-la-nın ban-ka-ssın-da ssäm-pa-tik bir ha-nım tscha-lı-schı-jor*; In Aylas Bank arbeitet eine sympathische/nette Frau.)

✔ **Döviz bürosuna gidiyoruz.** (*dö-wis bü-ro-ssu-na gi-di-jo-rus*; Wir gehen zur Wechselstube.)

✔ **Gül Thomas'ın arkadaşından geliyor.** (*gül too-ma-ssın ar-ka-da-schın-dan gä-li-jor*; Gül kommt von Thomas' Freundin.)

Track 19: Im Gespräch

Ayla und Thomas geht das Geld aus. Sie begeben sich auf die Suche nach einem Geldautomaten.

Ayla: **Pardon, bu çevrede bankamatik var mı acaba? Para çekmemiz lazım.**
par-don, bu tschäw-rä-dä ban-ka-ma-tik war mı a-dscha-baa? pa-ra tschäk-mä-mis laa-sım.
Verzeihung, gibt es in dieser Umgebung wohl einen Bankautomaten? Wir müssen Geld abheben.

Passant: **Hmm ... Evet, var. Postaneyi görüyor musunuz?**
hmm ... ä-wät, war. poss-taa-nä-ji gö-rü-jor mu-ssu-nus?
Hmm ... Ja, gibt es. Sehen Sie die Post?

Ayla: **Evet, hemen karşıda, değil mi?**
ä-wät, hä-män kar-schı-da, dää-il mi?
Ja, gleich da drüben/gegenüber, nicht wahr?

Passant: **Evet. Postanenin köşesinde bir bankamatik var.**
ä-wät. poss-taa-nä-nin kö-schä-ssin-dä bir ban-ka-ma-tik war.
Ja. An der Ecke (von) der Post gibt es einen Geldautomaten.

Thomas: **Ah, bankamatiği görüyorum. İşlem ücreti var mı, biliyor musunuz?**
ah, ban-ka-ma-tii-i gö-rü-jo-rum. isch-läm üdsch-rä-ti war mı, bi-li-jor-mu-ssu-nus?
Ah, ich sehe den Bankautomaten. Gibt es eine Bearbeitungsgebühr, wissen Sie das?

Passant: **Yabancı bir bankamatik kartıyla mı para çekmek istiyorsunuz?**
ja-ban-dschı bir ban-ka-ma-tik kar-tıj-la mı pa-ra tschäk-mäk iss-ti-jor-ssu-nus?
Möchten Sie mit einer ausländischen EC-Karte Geld abheben?

Thomas: **Evet.**
ä-wät.
Ja.

Passant: **Açıkçası bilmiyorum.**
a-tschık-tscha-ssı bil-mi-jo-rum.
Ehrlich gesagt, weiß ich das nicht.

Ayla: **Oldu. Teşekkür ederiz.**
ol-du. tä-schäk-kür ä-dä-ris.
Gut. Vielen Dank! (_wörtlich:_ Wir bedanken uns!)

Passant: **Bir şey değil.**
bir schäj dää-il.
Keine Ursache.

Kleiner Wortschatz

çevre (_tschäw-rä_; Umgebung)

postane (_poss-taa-nä_; Post)

karşıda (_kar-schı-da_; da drüben, gegenüber)

köşe (_kö-schä_; Ecke)

işlem ücreti (_isch-läm üdsch-rä-ti_; Bearbeitungsgebühr)

yabancı (_ja-ban-dschı_; ausländisch, fremd)

bankamatik kartı (_ban-ka-ma-tik kar-tı_; EC-Karte)

para çekmek (_pa-ra tschäk-mäk_; Geld ziehen/abheben)

açıkçası (_a-tschık-tscha-ssı_; ehrlich gesagt)

Das Wort **ile** (_i-lä_; mit), das meist als Endung an das vorhergehende Wort rangezogen wird und sich dann als Endung nach der kleinen Vokalharmonie richtet (**e** oder **a**), ist keine Fallendung. Daher heißt es **kredi kartıyla** (_krä-di kar-tıj-la_; mit (der) Kreditkarte) – als Endung mit einem **y** nach einem Vokal – und nicht **kredi kartınla**. Das sogenannte »pronominale n« erscheint nur, wenn eine besitzanzeigende Endung der dritten Person mit einem Fall verbunden wird.

Bankgeschäfte

Vielleicht kommen Sie in der Türkei auch einmal in die Situation, eine Überweisung tätigen zu müssen. Das können Sie am besten in einer Bank. Einige Begriffe dazu kennen Sie bereits, daher hier nur ergänzende Begriffe zum Thema Bankgeschäfte:

✔ **banka ücreti** (_ban-ka üdsch-rä-ti_; Bankgebühr)

✔ **banka hesabı** (_ban-ka hä-ssaa-bı_; Bankkonto)

✔ **banka havalesi** (_ban-ka ha-waa-lä-ssi_; Banküberweisung)

✔ **ödeme** (_ö-dä-mä_; Einzahlung, Zahlung)

✔ **para çekmek** (*pa-ra tschäk-mäk*; Geld abheben/ziehen)

✔ **para yatırmak** (*pa-ra ja-tır-mak*; Geld anlegen/einzahlen)

✔ **IBAN numarası** (*i-ban nu-ma-ra-ssı*; IBAN-Nummer)

✔ **hesap, -bı** (*hä-ssap*; Konto)

✔ **hesap açma** (*hä-ssap atsch-ma*; Kontoeröffnung)

✔ **hesap kapatma** (*hä-ssap ka-pat-ma*; Kontoschließung)

✔ **havale etmek** (*ha-waa-lä ät-mäk*; überweisen)

✔ **havale** (*ha-waa-lä*; Überweisung)

Vielleicht möchten Sie sich in einer Bank auch nach den möglichen **faiz** (*faa-is*; Zinsen) oder dem **faiz oranı** (*faa-is o-ra-nı*; Zinssatz) erkundigen. Begeben Sie sich am besten direkt an einen **gişe** (*gi-schä*; Schalter) und fragen Sie:

✔ **Para yatırmak istiyorum, bankanızda ne kadar faiz alabilirim?** (*pa-ra ja-tır-mak iss-ti-jo-rum ban-ka-nıs-da nä ka-dar faa-is a-la-bi-li-rim*; Ich möchte Geld anlegen, wie viel Zinsen kann ich bei Ihnen (*wörtlich:* in Ihrer Bank) bekommen?)

Wenn Sie allgemein fragen möchten, könnte Ihnen dieser Satz helfen:

✔ **Sizin bankanızda faizler yüksek mi?** (*ssi-sin ban-ka-nıs-da faa-is-lär jük-ssäk mi*; Sind die Zinsen bei Ihnen (*wörtlich:* in Ihrer Bank) hoch?)

Die Bankangestellte könnte Ihnen antworten:

✔ **Bizim bankamızda faizler yüksektir.** (*bi-sim ban-ka-mıs-da faa-is-lär jük-ssäk-tir*; Bei uns (*wörtlich:* in unserer Bank) sind die Zinsen hoch.)

Auch die Verben **çıkmak** (*tschık-mak*; steigen) und **düşmek** (*düsch-mäk*; fallen) können Sie hier einsetzen:

✔ **Faiz oranı çıktı mı, düştü mü?** (*faa-is o-ra-nı tschık-tı mı düsch-tü mü*; Ist der Zinssatz gestiegen oder gefallen?)

Die »Tatsachen«-Endung

Im Türkischen gibt es eine Endung, die Sie in einem Beispiel oben vielleicht schon entdeckt haben. Diese Endung nimmt die Vokale der großen Vokalharmonie (**i, ı, ü, u**) an und berück-sichtigt die Angleichung der Konsonanten (Konsonantenassimilation). Es gibt also insgesamt acht Varianten dieser Endung: **-dir, -dır, -dür, -dur** sowie **-tir, -tır, -tür, -tur.**

Die Angleichung der Konsonanten (Konsonantenassimilation) bedeutet, dass ein stimmhafter Konsonant in sein stimmloses Pendant überführt wird, wenn die Endung an einen stimmlosen Konsonanten antritt. Sie kennen das zum Beispiel von der Lokativendung, die **-de, -da** oder **-te, -ta** lauten kann:

✔ **banka***d***a** (*ban-ka-da*; in der Bank)

✔ **tatil***d***e** (*taa-til-dä*; im Urlaub)

✔ **hesap*t*a** (*hä-ssap-ta*; auf dem Konto)

✔ **bankamatik*t*e** (*ban-ka-ma-tik-tä*; am Geldautomaten)

Die stimmlosen Konsonanten (**p, s, t, ç, k, f, h, ş**) haben Sie sich vielleicht über den Merksatz »*Efe Paşa çok hasta.*« eingeprägt, der übersetzt »Der Pascha Efe ist sehr krank.« bedeutet und alle acht stimmlosen Konsonanten enthält.

Diese Endung hat keine Übersetzungsbedeutung. Sie wird an den Satzkern (das Prädikat) angefügt, um allgemeingültigen Tatsachen Nachdruck zu verleihen oder allgemeines Wissen zu bestätigen. Sie finden diese Endung häufig in Sachtexten oder auf Verbotsschildern:

✔ **Park etmek yasak*t*ır!** (*park ät-mäk ja-ssak-tır*; Parken verboten!/Es ist verboten, zu parken.)

✔ **Bankamızda faizler yüksek*t*ir.** (*ban-ka-mıs-da faa-is-lär jük-ssäk-tir*; Bei uns (*wörtlich:* in unserer Bank) sind die Zinsen hoch.)

✔ **Şu köşede bir bankamatik var*d*ır.** (*schu kö-schä-dä bir ban-ka-ma-tik war-dır*; An dieser Ecke gibt es einen Bankautomaten.)

✔ **Tatilde stres yok*t*ur.** (*taa-til-dä sträss jok-tur*; Im Urlaub hat man keinen (*wörtlich:* gibt es keinen) Stress.)

Im Gespräch

Angela Ballasch lebt in der Türkei am Mittelmeer und geht in eine Bank, weil sie ihrer Tochter in Deutschland dringend Geld überweisen muss.

Frau Ballasch: **İyi günler. Bir ödeme yapmak istiyorum.**
i-ji gün-lär. bir ö-dä-mä jap-mak iss-ti-jo-rum.
Guten Tag! Ich möchte eine Zahlung machen.

Angestellter: **Pardon, bir ödeme mi?**
par-don, bir ö-dä-mä mi?
Verzeihung, eine Zahlung?

Frau Ballasch: **Yani yurtdışına para göndermek istiyorum.**
jaa-ni jurt-dı-schı-na pa-ra gön-där-mäk iss-ti-jo-rum.
Also ich möchte Geld ins Ausland schicken.

Angestellter: **Haa, para havale etmek istiyorsunuz.**
haa, pa-ra ha-waa-lä ät-mäk iss-ti-jor-ssu-nus.
Ach so, Sie möchten Geld überweisen.

Frau Ballasch: **Evet, evet. Kızıma para havale etmem lazım.**
ä-wät, ä-wät. kı-sı-ma pa-ra ha-waa-lä ät-mäm laa-sım.
Ja, ja. Ich muss meiner Tochter Geld überweisen.

Angestellter: **Hangi ülkeye?**
han-gi ül-kä-jä?
In welches Land?

Frau Ballasch: **Almanya'ya, Magdeburg'a. Bankanın adı »Sparkasse«'dir.**
al-man-ja-ja, mag-dä-bur-ga. ban-ka-nın a-dı schpar-ka-ssä-dir.
Nach Deutschland, nach Magdeburg. Der Name der Bank ist »Sparkasse«.

Angestellter: **Havale için kızınızın adı, IBAN numarası ve banka hesabı numarası gereklidir.**
ha-waa-lä i-tschin kı-sı-nı-sın a-dı, i-ban nu-ma-ra-ssı wä ban-ka hä-ssaa-bı nu-ma-ra-ssı gä-räk-li-dir.
Für die Überweisung ist der Name Ihrer Tochter, die IBAN-Nummer und ihre (Bank-)Kontonummer erforderlich.

Frau Ballasch: **Hepsini yazdım. İşte burada, buyurun.**
häp-ssi-ni jas-dım. isch-tä bu-ra-da, bu-ju-run.
Ich habe alles aufgeschrieben. Hier bitte, bitte sehr.

Angestellter: **Bu IBAN numarası doğru mu? Almanya'nın IBAN'ı farklı değil miydi? Rakamların sayısını diyorum.**
bu i-ban nu-ma-ra-ssı doo-ru mu? al-man-ja-nın i-ba-nı fark-lı dää-il mij-di? ra-kam-la-rın ssa-jı-ssı-nı di-jo-rum.
Ist diese IBAN-Nummer richtig? War die IBAN von Deutschland nicht anders? Ich meine die Anzahl der Ziffern.

Frau Ballasch: **Haklısınız, bu kesin yanlıştır. Bir rakam fazladır. Lütfen son rakamı silin.**
hak-lı-ssı-nıs, bu kä-ssin jan-lısch-tır. bir ra-kam fas-la-dır. lüt-fän sson ra-ka-mı ssi-lin.
Sie haben recht, das ist sicher falsch. Eine Ziffer ist zu viel. Bitte streichen Sie die letzte Ziffer.

Angestellter: **Tamam. Havaleniz bugün yapılacaktır.**
ta-mam. ha-waa-lä-nis bu-gün ja-pı-la-dschak-tır.
Gut. Ihre Überweisung wird heute getätigt werden.

Kleiner Wortschatz

ödeme (*ö-dä-mä*; Zahlung)

havale etmek (*ha-waa-lä ät-mäk*; überweisen)

IBAN numarası (*i-ban nu-ma-ra-ssı*; IBAN-Nummer)

banka hesabı (*ban-ka hä-ssaa-bı*; Bankkonto)

yurtdışı (*jurt-dı-schı*; Ausland)

ülke (*ül-kä*; Land)

gerekli (*gä-räk-li*; erforderlich)

farklı (_fark-lı_; anders)

rakam (_ra-kam_; Ziffer)

sayı (_ssa-jı_; Zahl, Anzahl)

kesin (_kä-ssin_; sicher, sicherlich)

yapılmak (_ja-pıl-mak_; gemacht werden, _hier:_ getätigt werden)

Spiel und Spaß

Welches der vorgegebenen Wörter passt in die Lücke?

bürosu – bankamatik – yüksektir – bozdurmam – numarası

1. Bankamızda faizler _____

   Bei uns (_wörtlich:_ in unserer Bank) sind die Zinsen hoch.

2. Havale için bankanın IBAN _____ gereklidir.

   Für die Überweisung ist die IBAN-Nummer der Bank erforderlich.

3. Para _____ lazım.

   Ich muss Geld wechseln.

4. Döviz _____ nerede?

   Wo ist die Wechselstube?

5. Şu köşede bir _____ vardır.

   An dieser Ecke gibt es einen Bankautomaten.

Die Lösung finden Sie in Anhang C.

Wo ist der Busbahnhof?

In diesem Kapitel

▷ Nach der Richtung fragen

▷ Nach dem Weg fragen

▷ Wie weit ist das?

▷ Wegbeschreibungen geben

Sie werden nicht immer einen **şehir planı** (*schä-hir pla-nı*; Stadtplan) oder eine **harita** (*ha-ri-ta*; Karte) zur Hand haben. In bestimmten Situationen wird eine Karte manchmal auch nicht helfen. Damit Sie dennoch sicher an Ihr Ziel gelangen, lade ich Sie ein, sich mit mir in diesem Kapitel durch die Stadt zu fragen.

»Wo ist ...?«

Die gängigste Möglichkeit, nach dem Weg zu fragen, ist die »Wo ist ...?«-Frage: **... nerede?** (... *nä-rä-dä*; Wo ist ...?).

✔ **Banka nerede?** (*ban-ka nä-rä-dä*; Wo ist die Bank?)

✔ **Müze nerede acaba?** (*mü-sä nä-rä-dä a-dscha-baa*; Wo ist denn das Museum?)

Sie können aber auch nach einer Richtung fragen:

✔ **Park hangi tarafta?** (*park han-gi ta-raf-ta*; In welcher Richtung liegt der Park?)

✔ **Sinema hangi tarafta?** (*ssi-nä-ma han-gi ta-raf-ta*; In welcher Richtung ist das Kino?)

Wenn Sie sich einmal verlaufen oder jemanden bitten, Ihnen auf dem Stadtplan zu zeigen, wo Sie sich befinden, fragen Sie einfach:

✔ **Affedersiniz, ben şimdi neredeyim?** (*aff-ä-där-ssi-nis bän schim-di nä-rä-dä-jim*; Entschuldigen Sie, wo bin ich jetzt?)

✔ **Pardon, şimdi neredeyiz?** (*par-don schim-di nä-rä-dä-jis*; Verzeihung, wo sind wir jetzt?)

✔ **Bana şehir planında nerede olduğumu gösterebilir misiniz?** (*ba-na schä-hir pla-nın-da nä-rä-dä ol-duu-u-mu göss-tä-rä-bi-lir mi-ssi-nis*; Können Sie mir auf dem Stadtplan zeigen, wo ich bin?)

In der Türkei werden Sie mit Fragen nach Straßennamen wenig Erfolg haben. Bis auf die großen Einkaufsstraßen, die Boulevards, sind die Namen von Straßen weitgehend unbekannt. Sie spielen nur eine Rolle im eigenen Viertel und bei behördlichen Angaben oder Vertragsabschlüssen und Ähnlichem. Fragen Sie lieber direkt nach der Lokalität, die Sie suchen, oder nach einer in der Nähe gelegenen großen Hauptstraße. Wegbeschreibungen wie »über dem Supermarkt bei der Post« oder »zwei Straßen hinter dem Einkaufszentrum, links vom … Geschäft« ersetzen die in Deutschland üblichen Angaben mit dem Straßennamen und der Hausnummer.

Die Himmelsrichtungen

Vielleicht kennen Sie die Bedeutung der Himmelsrichtungen bei einer Wegbeschreibung von einer Reise in die USA oder Kanada. In der Türkei spielen die Himmelsrichtungen bei Wegbeschreibungen in der Stadt keine Rolle, genau wie in Deutschland. Vielleicht begeben Sie sich aber einmal raus aus der Stadt und wollen nach der Himmelsrichtung fragen. Hier die Begriffe dafür:

✔ **batı** (*ba-tı*; Westen)

✔ **kuzey** (*ku-säj*; Norden)

✔ **doğu** (*doo-u*; Osten)

✔ **güney** (*gü-näj*; Süden)

Häufig werden die Himmelsrichtungen mit dem Lokativ (**-de, -da, -te, -ta**) verwendet, der sich nach der kleinen Vokalharmonie richtet und die Ortsangabe bildet:

✔ **batıda** (*ba-tı-da*; im Westen)

✔ **kuzeyde** (*ku-säj-dä*; im Norden)

✔ **doğuda** (*doo-u-da*; im Osten)

✔ **güneyde** (*gü-näj-dä*; im Süden)

Wenn Sie die Himmelsrichtungen mit dem Verb **gitmek** (*git-mäk*; gehen, fahren) verwenden, brauchen Sie den Dativ (**-e, -a, -ye, -ya**), der sich nach der kleinen Vokalharmonie richtet und die Richtung angibt:

✔ **batıya** (*ba-tı-ja*; nach Westen)

✔ **kuzeye** (*ku-sä-jä*; nach Norden)

✔ **doğuya** (*doo-u-ja*; nach Osten)

✔ **güneye** (*gü-nä-jä*; nach Süden)

Nach dem Weg fragen

Sie können aber auch fragen, wie Sie an einen Ort gelangen »können«. Auch hierzu brauchen Sie den Dativ entsprechend der kleinen Vokalharmonie (**-e, -a, -ye** oder **-ya**), der vom Verb **gitmek** (*git-mäk*; fahren, gehen) ausgelöst wird:

✔ **Parka nasıl gidebilirim?** (*par-ka na-ssıl gi-dä-bi-li-rim*; Wie komme ich zum Park?, *wörtlich:* Wie kann ich zum Park gehen/fahren?)

✔ **Banka*ya* nasıl gidebilirim?** (*ban-ka-ja na-ssıl gi-dä-bi-li-rim*; Wie komme ich zur Bank?, *wörtlich:* Wie kann ich zur Bank gehen/fahren?)

✔ **Müze*ye* nasıl gidebiliriz?** (*mü-sä-jä na-ssıl gi-dä-bi-li-ris*; Wie kommen wir zum Museum?, *wörtlich:* Wie können wir zum Museum gehen/fahren?)

✔ **Liman*a* nasıl gidilir?** (*li-ma-na na-ssıl gi-di-lir*; Wie kommt man zum Hafen?)

Damit Sie auch die Antwort auf Ihre Frage verstehen, können Sie sich hier mit einigen Begriffen vertraut machen. Diese Begriffe – sogenannte Ortsbereichnomina – kommen meist mit dem Lokativ vor, da Sie auf die Frage **nerede?** (*nä-rä-dä*; wo?) antworten.

✔ **yanda** (*jan-da*; daneben)

✔ **arada** (*a-ra-da*; dazwischen)

✔ **karşıda** (*kar-schı-da*; gegenüber)

✔ **arkada** (*ar-ka-da*; hinten)

✔ **solda** (*ssol-da*; links)

✔ **üstte** (*üsst-tä*; oben)

✔ **sağda** (*ssaa-da*; rechts)

✔ **altta** (*alt-ta*; unten)

✔ **önde** (*ön-dä*; vorne)

Entfernungen

Die wichtigsten Wörter bei der Orientierung sind mitunter **uzak** (*u-sak*; weit) und **yakın** (*ja-kın*; nah):

✔ **Otobüs garı uzak mı?** (*o-to-büss ga-rı u-sak mı*; Ist der Busbahnhof weit?)

✔ **Tren istasyonu yakın mı?** (*trän iss-tass-jo-nu ja-kın mı*; Ist der Bahnhof nah?)

Wenn Sie fragen möchten, ob ein Ort weit entfernt oder nahe gelegen ist, benötigen Sie den Dativ:

✔ **Otobüs garı merkeze yakın mı?** (*o-to-büss ga-rı mär-kä-sä ja-kın mı*; Ist der Busbahnhof nahe beim Zentrum?)

✔ **Tren istasyonu pansiyon*a* uzak mı?** (*trän iss-tass-jo-nu pan-ssi-jo-na u-sak mı*; Ist der Bahnhof weit von der Pension?)

✔ **Otel banka*ya* yakın mı?** (*o-täl ban-ka-ja ja-kın mı*; Ist das Hotel in der Nähe der Bank?)

Mögliche Antworten, die Sie auf Ihre Frage erhalten, könnten sein:

✔ **Evet, banka uzak.** (*ä-wät ban-ka u-sak*; Ja, die Bank ist weit.)

✔ **Hayır, otel yakın değil.** (*ha-jır o-täl ja-kın dää-il*; Nein, das Hotel ist nicht nah.)

✔ **Evet, postane merkeze çok yakın.** (*ä-wät poss-taa-nä mär-kä-sä tschok ja-kın*; Ja, die Post ist ganz nah am Zentrum.)

✔ **Hayır, şehir merkezi plaja hiç uzak değil.** (*ha-jır schä-hir mär-kä-si pla-zha hitsch u-sak dää-il*; Nein, das Stadtzentrum ist gar nicht weit vom Strand.)

Häufig werden in der Antwort auch Zahlen und Begriffe wie **kadar** (*ka-dar*; etwa) oder **aşağı yukarı** (*a-schaa-ı ju-ka-rı*; ungefähr) geliefert. Das Wort **kadar** wird nachgestellt, das Wort **aşağı yukarı** hingegen geht der Zahl voran:

✔ **Uzak değil, aşağı yukarı 100 metre.** (*u-sak dää-il a-schaa-ı ju-ka-rı yüs mät-rä*; Nicht weit, ungefähr 100 Meter.)

✔ **Çok yakın, 15 dakika kadar.** (*tschok ja-kın on bäsch da-ki-ka ka-dar*; Sehr nah, etwa 15 Minuten.)

Der Weg ist das Ziel

Richtig interessant wird es, wenn Sie sagen möchten »gegenüber von etwas« oder »hinter irgendetwas«. Hierzu benötigen Sie erst einmal den Genitiv, der sich nach der großen Vokalharmonie richtet (**-in, -ın, -ün, -un**) und nach Vokalen noch ein **-n-** annimmt (**-nin, -nın, -nün, -nun**). Die Ortsbereichnomina werden dann mit einer anderen Endung versehen (nach einem Vokal **-sinde, -sında, -sünde, -sunda** und nach einem Konsonanten **-inde, -ında, -ünde** und **-unda**):

✔ **banka*nın* arkas*ında*** (*ban-ka-nın ar-ka-ssın-da*; hinter der Bank)

✔ **ev*in* ön*ünde*** (*ä-win ö-nün-dä*; vor dem Haus)

✔ **postane*nin* karş*ısında*** (*poss-taa-nä-nin kar-schı-ssın-da*; gegenüber der Post)

✔ **merkez*in* yakın*ında*** (*mär-kä-sin ja-kı-nın-da*; in der Nähe des Zentrums)

 Das **-n-** nach der besitzanzeigenden Endung der dritten Person Singular in **arkası*n*da**, **önü*n*de** und ähnlichen Bildungen ist das »pronominale n«, das Sie in Kapitel 11 kennenlernen. Es wird immer dann gesetzt, wenn an eine besitzanzeigende Endung der dritten Person eine Fallendung tritt.

Bei Wegbeschreibungen werden Sie auch häufig diese Verben brauchen:

✔ **sapmak** (*ssap-mak*; ein- oder abbiegen)

✔ **doğru gitmek** (*doo-ru git-mäk*; geradeaus gehen/fahren)

✔ **çıkmak** (*tschık-mak*; rausgehen/-fahren)

✔ **girmek** (*gir-mäk*; reingehen/-fahren)

✔ **geçmek** (*gätsch-mäk*; vorbei gehen; überqueren)

✔ **dönmek** (*dön-mäk*; umkehren, zurückkehren, umdrehen)

Die Befehlsform

Wenn Sie nach einer Wegbeschreibung fragen, wird man Ihnen sicher in der Befehlsform (Imperativ) antworten. Die duzende Befehlsform ist ganz einfach. Sie lassen einfach die Infinitivendung **-mek** (*-mäk*) oder **-mak** (*-mak*) weg:

✔ **gitmek** (*git-mäk*; gehen/fahren); **Git!** (*git*; Geh/fahr!)

✔ **beklemek** (*bäk-lä-mäk*; warten); **Bekle!** (*bäk-lä*; Warte!)

✔ **durmak** (*dur-mak*; anhalten, stehen bleiben); **Dur!** (*dur*; Bleib stehen!, Halte an!)

Die Verneinungsendung **-me** (*-mä*) oder **-ma** (*-ma*) hängen Sie einfach an den Verbstamm:

✔ **Gitme!** (*git-mä*; Geh nicht!)

✔ **Durma!** (*dur-ma*; Bleib nicht stehen!)

In der siezenden Form oder wenn Sie mehrere Personen ansprechen, hängen Sie diese Endung nach der großen Vokalharmonie an den Verbstamm: **-in, -ın, -ün, -un**. Nach einem Vokal fügen Sie ein **-y-** ein: **-yin, -yın, -yün, -yun**.

✔ **dönmek** (*dön-mäk*; umkehren, wenden), **Dönün!** (*dö-nün*; Kehren Sie um!, Wenden Sie!/ Kehrt um!, Wendet!)

✔ **beklemek** (*bäk-lä-mäk*; warten); **Bekleyin!** (*bäk-lä-jin*; Warten Sie!/Wartet!)

✔ **sapmak** (*ssap-mak*; ein- oder abbiegen); **Sapın!** (*ssa-pın*; Biegen Sie ab!/Biegt ab!)

Im Türkischen wird in der zweiten Person Plural gesiezt. **Siz** (*ssis*; Sie, ihr) wird also nicht nur zum Siezen, sondern auch für die Anrede mehrerer geduzter Personen verwendet.

Es gibt noch eine weitere Möglichkeit, die höfliche Befehlsform zu bilden, deren Endung etwas länger ist. Hierzu fügen Sie an den Verbstamm die Endungen **-iniz, -ınız, -ünüz, -unuz**, wenn der Verbstamm auf einen Konsonanten endet. Nach einem Vokal fügen Sie ein **-y-** ein: **-yiniz, -yınız, -yünüz, -yunuz**.

✔ **20 metre sonra sağa sapınız.** (*jir-mi mät-rä sson-ra ssaa-a ssa-pı-nıs*; Biegen Sie nach 20 Metern nach rechts ab.)

✔ **Doğru gitmeyiniz.** (*doo-ru git-mä-ji-nis*; Gehen Sie nicht geradeaus.)

✔ **100 metre kadar gidiniz.** (*jüs mät-rä ka-dar gi-di-nis*; Gehen Sie etwa 100 Meter.)

Das Verb **gitmek** (*git-mäk*; gehen/fahren) unterliegt einer Lauterscheinung: Das **-t-** des Verbstamms **git-** wird zu **-d-** erweicht, wenn ein Vokal folgt.

Diese längere Befehlsform wird angewendet bei offiziellen Anlässen, wenn man zu höhergestellten Personen spricht oder wenn man sich besonders höflich ausdrücken möchte. Auch auf Verbots- und Gebotsschildern findet man meist die »höflichere« Befehlsform. An Türen finden Sie die Aufschrift **itiniz** (_i-ti-nis_; drücken) und **çekiniz** (_tschä-ki-nis;_ ziehen). Sie könnten auch folgende Sätze auf Schildern sehen:

✔ **Lütfen sigara içmeyiniz!** (_lüt-fän ssi-ga-ra itsch-mä-ji-nis_; Rauchen verboten!, _wörtlich:_ Bitte rauchen Sie nicht!)

✔ **Çimenlere basmayınız!** (_tschi-män-lä-rä bass-ma-jı-nıs_; Rasen betreten verboten!, _wörtlich:_ Betreten Sie nicht den Rasen!)

✔ **Cep telefonunuzu kapatınız!** (_dschäp tä-lä-fo-nu-nu-su ka-pa-tı-nıs_; Schalten Sie Ihr Handy aus!)

Track 20: Im Gespräch

Ayla ist zum ersten Mal in Antalya und kennt sich in der Stadt nicht aus. Sie möchte zum Busbahnhof und fragt nach dem Weg.

Ayla: **Affederiniz, otobüs garı nerede acaba? Çok uzak mı? Oraya nasıl gidebilirim?**
af-fä-där-ssi-nis, o-to-büss ga-rı nä-rä-dä a-dscha-baa? tschok u-sak mı? o-ra-ja na-ssıl gi-dä-bi-li-rim?
Entschuldigen Sie, wo ist denn der Busbahnhof? Ist es sehr weit? Wie komme ich dorthin? (_wörtlich:_ Wie kann ich dorthin gehen?)

Passant: **Hayır, uzak değil. Buradan yürüyerek aşağı yukarı on dakika. Önce doğru gidin, büyük caddede sola sapın.**
ha-jır, u-sak dää-il. bu-ra-dan jü-rü-jä-räk a-schaa-ı ju-ka-rı on da-ki-ka. ön-dschä doo-ru gi-din, bü-jük dschad-dä-dä sso-la ssa-pın.
Nein, es ist nicht weit. Von hier sind es zu Fuß ungefähr zehn Minuten. Gehen Sie zunächst geradeaus, biegen Sie an der großen Straße nach links ab.

Ayla: **Sonra?**
sson-ra?
Und dann? (_wörtlich:_ Dann?)

Passant: **Sonra 200 metre kadar gidin. Bir banka ile bir park göreceksiniz. Otobüs garı hemen bankanın yanında, parkın arkasında.**
sson-ra i-ki jüs mät-rä ka-dar gi-din. bir ban-ka i-lä bir park gö-rä-dschäk-ssi-nis. o-to-büss ga-rı hä-män ban-ka-nın ja-nın-da, par-kın ar-ka-ssın-da.
Dann gehen Sie etwa 200 Meter. Sie werden eine Bank und einen Park sehen. Der Busbahnhof ist gleich neben der Bank, hinter dem Park.

Ayla: **Çok teşekkür ederim!**
tschok tä-schäk-kür ä-dä-rim!
Vielen Dank!

Passant: **Bir şey değil.**
bir schäj dää-il.
Keine Ursache.

Kleiner Wortschatz

otobüs garı (*o-to-büss ga-rı*; Busbahnhof)

uzak (*u-sak*; weit)

yürüyerek (*jü-rü-jä-räk*; zu Fuß)

aşağı yukarı (*a-schaa-ı ju-ka-rı*; ungefähr: *wird dem Bezugswort vorangestellt*)

doğru (*doo-ru*; geradeaus)

sol (*ssol*; links)

sapmak (*ssap-mak*; ein- oder abbiegen)

kadar (*ka-dar*; etwa: *wird dem Bezugswort nachgestellt*)

... yanında (*ja-nın-da*; neben ...)

... arkasında (*ar-ka-ssın-da*; hinter ...)

Unterwegs mit Verkehrsmitteln

Nicht immer werden Sie die Stadt **yürüyerek** (*jü-rü-jä-räk*; zu Fuß) erkunden können. Hin und wieder werden Sie auch die öffentlichen Verkehrsmittel oder ein **taksi** (*tak-ssi*; Taxi) in Anspruch nehmen müssen. Ein praktisches und im Vergleich zum Taxi günstiges Transportmittel ist das **dolmuş** (*dol-musch*; Sammeltaxi). Hier alle gängigen Begriffe zu den Fortbewegungsmöglichkeiten auf einen Blick:

- ✔ **araba** (*a-ra-ba*; Auto)
- ✔ **otobüs** (*o-to-büss*; Bus)
- ✔ **bisiklet** (*bi-ssik-lät*; Fahrrad)
- ✔ **motosiklet** (*mo-to-ssik-lät*; Motorrad)
- ✔ **dolmuş** (*dol-musch*; Sammeltaxi)
- ✔ **gemi** (*gä-mi*; Schiff)
- ✔ **tramvay** (*tram-waj*; Straßenbahn)
- ✔ **taksi** (*tak-ssi*; Taxi)

✔ **metro** (*mät-ro*; U-Bahn)

✔ **yürüyerek** (*jü-rü-jä-räk*; zu Fuß)

✔ **tren** (*trän*; Zug)

Das **dolmuş** (*dol-musch*; Sammeltaxi) ist eine günstigere Variante zum **taksi** (*tak-ssi*; Taxi). Ein **dolmuş**, das etwas größer als ein **taksi** ist, hat feste Fahrrouten und nimmt Fahrgäste auf, wann immer Plätze frei sind. Geben Sie einem vorbeifahrenden **dolmuş** ein Zeichen und der Fahrer wird halten, wenn ein Platz frei ist. Wenn Sie aussteigen möchten, lässt der Fahrer Sie sofort an einem geeigneten Ort raus.

Meistens wird über Transportmittel in Kombination mit dem Wort **ile** (*i-lä*; mit) gesprochen, das als Endung angehängt wird und sich nach der kleinen Vokalharmonie richtet. Nach einem Vokal wird ein **-y-** eingeschoben. Das Wort **ile** hat als Endung also folgende Varianten: **-la**, **-le**, **-yla** und **-yle**. Auf eine Frage mit **neyle?** (*näj-lä*; womit?), zum Beispiel »Womit fahren Sie?«, könnten Sie als Antwort hören:

✔ **dolmuş*la*** (*dol-musch-la*; mit dem Sammeltaxi)

✔ **araba*yla*** (*a-ra-baj-la*; mit dem Auto)

✔ **tren*le*** (*trän-lä*; mit dem Zug)

✔ **gemi*yle*** (*gä-mij-lä*; mit dem Schiff)

Track 21: Im Gespräch

Thomas kennt sich in Istanbul noch nicht gut aus und muss schnell zum Bahnhof. Er bittet seinen Freund Cem, ihm den Weg zu erklären.

Thomas: **Cem, hemen istasyona gitmem lazım. Oraya en kısa zamanda nasıl gidebilirim?**
dschäm, hä-män iss-tass-jo-na git-mäm laa-sım. o-ra-ja än kı-ssa sa-man-da na-ssıl gi-dä-bi-li-rim?
Cem, ich muss sofort zum Bahnhof. Wie kann ich in kürzester Zeit dorthin gelangen (*wörtlich:* fahren)?

Cem: **Hmm … Aslında istasyon çok uzak değil ama birkaç kez aktarma yapman lazım. Önce 120 numaralı otobüse bin ve 5 durak git. Şehir parkının önünde otobüsten in.**
hmm … ass-lın-da iss-tass-jon tschok u-sak dää-il a-ma bir-katsch käs ak-tar-ma jap-man laa-sım. ön-dschä jüs jir-mi nu-ma-ra-lı o-to-bü-ssä bin ve bäsch du-rak git. schä-hir par-kı-nın ö-nün-dä o-to-büss-tän in.
Hmm … Eigentlich ist der Bahnhof nicht sehr weit, aber du musst ein paar Mal umsteigen. Steig zuerst in den Bus mit der Nummer 120 und fahre fünf Haltestellen. Steig am Stadtpark (*wörtlich:* vor dem Stadtpark) aus.

Thomas: **Otobüs sık sık gidiyor mu?**
o-to-büss ssık ssık gi-di-jor mu?
Fährt der Bus oft?

Cem: **Evet, her 10 dakikada bir otobüs var. Sonra parktan yürüyerek geç ve sola doğru yürü. Dolmuş durağı göreceksin. Merkeze giden dolmuşa bin ve Atatürk Meydanı'nda in.**
ä-wät, här on da-ki-ka-da bir o-to-büss war. sson-ra park-tan jü-rü-jä-räk gätsch ve sso-la doo-ru jü-rü. dol-musch du-raa-ı gö-rä-dschäk-ssin. mär-kä-sä gi-dän dol-mu-scha bin wä a-ta-türk mäj-da-nın-da in.
Ja, es gibt alle 10 Minuten einen Bus. Dann durchquer den Park zu Fuß und lauf nach links. Du wirst eine Sammeltaxihaltestelle sehen. Steig in das Sammeltaxi, das ins Zentrum fährt, und steig am Atatürk Platz aus.

Thomas: **Atatürk Meydanı'nda iniyorum. Peki, sonra?**
a-ta-türk mäj-da-nın-da i-ni-jo-rum. pä-ki, sson-ra?
Am Atatürk Platz steige ich aus. Gut, und dann?

Cem: **Orada 3 numaralı tramvaya bin. Son durak istasyon.**
o-ra-da ütsch nu-ma-ra-lı tram-wa-ja bin. sson du-rak iss-tass-jon.
Steig dort in die Straßenbahn mit der Nummer 3. Die letzte Haltestelle ist der Bahnhof.

Thomas: **Buradan taksiyle gidebilir miyim?**
bu-ra-dan tak-ssij-lä gi-dä-bi-lir mi-jim?
Kann ich von hier mit dem Taxi fahren?

Cem: **Bence taksiyle gitme, pahalı olur.**
bän-dschä tak-ssij-lä git-mä, pa-ha-lı o-lur.
Meiner Meinung nach solltest du nicht mit dem Taxi fahren (*wörtlich:* … fahr nicht mit dem Taxi). Das wird teuer.

Thomas: **Anladım, Cem. Sağ ol!**
an-la-dım, dschäm. ssaa ol!
Ich habe verstanden, Cem. Danke!

Cem: **İyi yolculuklar! Ankara'ya varınca bana haber ver.**
i-ji jol-dschu-luk-lar! an-ka-ra-ja wa-rın-dscha ba-na ha-bär wär.
Gute Reise! Gib mir Bescheid, wenn du in Ankara angekommen bist (*wörtlich:* ankommst).

Thomas: **Tamam. Seni ararım.**
ta-mam. ssä-ni a-ra-rım.
In Ordnung. Ich rufe dich an.

Kleiner Wortschatz

istasyon (*iss-tass-jon*; Bahnhof)

aktarma yapmak (*ak-tar-ma jap-mak*; umsteigen)

binmek (*bin-mäk*; einsteigen)

... önünde (*ö-nün-dä*; vor)

sık sık (*ssık ssık*; oft, häufig)

parktan geçmek (*park-tan gätsch-mäk*; durch den Park gehen)

durak, -ğı (*du-rak*; Haltestelle)

merkez (*mär-käs*; Zentrum)

inmek (*in-mäk*; aussteigen)

meydan (*mäj-dan*; Platz)

pahalı (*pa-ha-lı*; teuer)

varmak (*war-mak*; ankommen)

haber vermek (*ha-bär wär-mäk*; Bescheid geben)

Spiel und Spaß

Ordnen Sie den türkischen Ortsangaben die deutsche Übersetzung zu.

daneben – hinten – links – rechts – vorne –dazwischen

a. solda

b. önde

c. yanda

d. arkada

e. sağda

f. arada

Die Lösung finden Sie in Anhang C.

Im Hotel übernachten

In diesem Kapitel

▷ Ein Hotel finden

▷ Ein Zimmer reservieren

▷ Einchecken: Name, Adresse, Zimmernummer

▷ Auschecken und die Rechnung bezahlen

Die Unterkunft ist besonders wichtig, ob Sie nun auf einer **iş gezisi** (*isch gä-si-ssi*; Geschäftsreise) oder aber im **tatil** (*taa-til*; Urlaub) sind. Sollten Sie ein Hotel für Ihren Urlaub aussuchen, werden Sie sicher ganz besondere Wünsche und Vorstellungen dazu haben, was es Ihnen bieten soll.

In diesem Kapitel finden Sie die nötigen Redewendungen und das Vokabular, um eine Reservierung vorzunehmen und nach den Einrichtungen des Hotels zu fragen. Sie werden lernen, wie Sie sich dem Hotelpersonal gegenüber verhalten und am Ende Ihres Aufenthalts die nötigen Formalitäten erledigen können.

Ein passendes Hotel finden

Sie werden die Wahl haben zwischen einer **pansiyon** (*pan-ssi-jon;* Pension) und einem **otel** (*o-täl*; Hotel). Bereits vor Antritt Ihrer Reise können Sie in einem **seyahat acentesi** (*ssä-ja-hat a-dschän-tä-ssi*; Reisebüro) oder vor Ort in einem **turizm danışma bürosu** (*tu-rism da-nısch-ma bü-ro-ssu*; Fremdenverkehrsbüro) nach einer geeigneten Unterkunft fragen:

✔ **Bana orada bir otel tavsiye edebilir misiniz?** (*ba-na o-ra-da bir o-täl taw-ssi-jä ä-dä-bi-lir mi-ssi-nis*; Können Sie mir dort ein Hotel empfehlen?)

✔ **Bize hangi oteli tavsiye edersiniz?** (*bi-sä han-gi o-tä-li taw-ssi-jä ä-där-ssi-nis*; Welches Hotel würden Sie uns empfehlen?)

✔ **Antalya'da 5 yıldızlı otel var mı?** (*an-tal-ja-da bäsch jıl-dıs-lı o-täl war mı*; Gibt es in Antalya ein Fünf-Sterne-Hotel?)

 Während es in einer **pansiyon** (*pan-ssi-jon*; Pension) etwas gemütlicher und familiärer zugeht, bietet ein **otel** (*o-täl*; Hotel) entsprechend mehr Komfort und Möglichkeiten für Ihre Freizeitgestaltung. Allerdings ist es in einem Hotel auch lauter und die Preise sind höher als in einer Pension. In der Türkei sollten Sie bei der Vergabe der Sterne beachten, dass ein Vier-Sterne-Hotel etwa einem Drei-Sterne-Hotel nach deutschem Standard entspricht. Ziehen Sie für sich also immer einen **yıldız** (*jıl-dıs*; Stern) ab. Bei einem **dört yıldızlı otel** (*dört jıl-dıs-lı o-täl*; Vier-Sterne-Hotel) können Sie den Komfort eines Drei-Sterne-Hotels nach deutschem Standard erwarten.

Wenn Sie als Individualreisender unterwegs sind, könnte die Zimmersuche in einem Hotel schwierig werden. Die meisten größeren Hotels haben Verträge mit Reiseveranstalterketten geschlossen, sodass entweder alle Zimmer reserviert sind oder Sie als Individualreisender vor Ort einen höheren Preis zahlen müssen. Versuchen Sie es lieber in einer Pension oder buchen Sie am besten bereits vor Ihrer Abreise in einem Reisebüro.

Bei der Auswahl einer passenden Unterkunft spielen natürlich auch andere Faktoren als die Zahl der Sterne eine Rolle. Meist geht es darum, ob ein Hotel oder das Zimmer »mit« irgendetwas ausgestattet ist. Hier kommt eine Endung ins Spiel, die sich nach der großen Vokalharmonie richtet und folgende Varianten hat: **-li**, **-lı**, **-lu** und **-lü**. Diese Endung hat verschiedene Funktionen und hat die Grundbedeutung »versehen mit etwas«, wenn es sich nicht um die Herkunft einer Person handelt.

Sie kennen diese Endung (**-li**, **-lı**, **-lu**, **-lü**) aus Kapitel 3 mit einer anderen Funktion. Erinnern Sie sich an diese Endung, die zur Bezeichnung der Herkunft verwendet wird? Sie können mit dieser Endung, die Sie an Städtenamen hängen, zum Ausdruck bringen, dass jemand aus diesem Ort stammt:

✔ **Berlin*li*yim.** (_bär-lin-li-jim_; Ich bin Berlinerin.)

✔ **Aylin Ankara*lı* mı?** (_aj-lin an-ka-ra-lı mı_; Stammt Aylin aus Ankara?)

✔ **Hamburg*lu*yuz.** (_ham-burg-lu-jus_; Wir sind Hamburger.)

✔ **Heidi Hanım Brühl*lü*.** (_haj-di ha-nım brüül-lü_; Frau Heidi ist Brühlerin.)

Damit Sie vor Ihrer Reservierung nach wichtigen Details fragen können, hier einige Begriffe:

✔ **banyolu** (_ban-jo-lu;_ mit Bad)

✔ **küvetli** (_kü-wät-li_; mit Badewanne)

✔ **balkonlu** (_bal-kon-lu_; mit Balkon)

✔ **çift yataklı** (_tschift ja-tak-lı_; mit Doppelbett)

✔ **iki kişilik bir oda** (_i-ki ki-schi-lik bir o-da_; Doppelzimmer)

✔ **duşlu** (_dusch-lu_; mit Dusche)

✔ **tek yataklı** (_täk ja-tak-lı_; mit Einzelbett)

✔ **tek kişilik bir oda** (_täk ki-schi-lik bir o-da_; Einzelzimmer)

✔ **yarım pansiyon** (_ja-rım pan-ssi-jon_; Halbpension)

✔ **internet bağlantısı** (_in-tär-nät baa-lan-tı-ssı_; Internetverbindung)

✔ **klimalı** (_kli-ma-lı_; mit Klimaanlage)

✔ **deniz manzaralı** (_dä-nis man-sa-ra-lı_; mit Meerblick)

✔ **havuzlu** (_ha-wus-lu_; mit Pool)

✔ **saunalı** (_ssaw-na-lı_; mit Sauna)

✔ **teraslı** (*tä-rass-lı*; mit Terrasse)

✔ **tuvaletli** (*tu-wa-lät-li*; mit Toilette)

✔ **vantilatörlü** (*wan-ti-la-tör-lü*; mit Ventilator)

✔ **tam pansiyon** (*tam pan-ssi-jon*; Vollpension)

Sie können bei Nachfragen diese Endung ganz einfach einbauen:

✔ **Otel deniz manzaralı mı?** (*o-täl dä-nis man-sa-ra-lı mı*; Hat das Hotel Meerblick?)

✔ **Odalar klimalı mı?** (*o-da-lar kli-ma-lı mı*; Sind die Zimmer mit Klimaanlage ausgestattet?)

Möchten Sie diese Endung vermeiden, verwenden Sie den Lokativ (der Wo-Fall) und fragen Sie wie gewohnt:

✔ **Odalarda klima var mı?** (*o-da-lar-da kli-ma war mı*; Gibt es Klimaanlagen in den Zimmern?)

✔ **Otelde havuz var mı?** (*o-täl-dä ha-wus war mı*; Gibt es im Hotel einen Pool?)

Ein Zimmer reservieren

Bevor Sie ein Zimmer reservieren, möchten Sie sicher wissen, wie viel es kosten soll. Vor der Reservierung sollten Sie also nach dem **fiyat** (*fi-jat*; Preis) fragen:

✔ **Tek kişilik bir oda ne kadar?** (*täk ki-schi-lik bir o-da nä ka-dar*; Wie viel kostet ein Einzelzimmer?)

✔ **Tam pansiyon iki kişilik bir oda ne kadar?** (*tam pan-ssi-jon i-ki ki-schi-lik bir o-da nä ka-dar*; Wie viel kostet ein Doppelzimmer mit Vollpension?)

Unbedingt sollten Sie nach einer möglichen **indirim** (*in-di-rim*; Ermäßigung) fragen:

✔ **Çocuklar için indirim var mı?** (*tscho-dschuk-lar i-tschin in-di-rim war mı*; Gibt es Ermäßigung für Kinder?)

✔ **Grup indirimi var mı?** (*grup in-di-ri-mi war mı*; Gibt es Gruppenermäßigung?)

Wenn geklärt ist, dass Sie das Zimmer möchten, können Sie **yer ayırtmak** (*jär a-jırt-mak*; reservieren) oder **rezervasyon yaptırmak** (*rä-sär-wass-jon jap-tır-mak*; reservieren):

✔ **İki kişilik bir yer ayırtmak istiyorum.** (*i-ki ki-schi-lik bir jär a-jırt-mak iss-ti-jo-rum*; Ich möchte (*wörtlich:* einen Platz) für zwei Personen reservieren.)

✔ **Otelinizde rezervasyon yaptırmak istiyoruz.** (*o-tä-li-nis-dä rä-sär-wass-jon jap-tır-mak iss-ti-jo-rus*; Wir möchten in Ihrem Hotel reservieren.)

✔ **Bir gecelik yer ayırtmak istiyorum.** (*bir gä-dschä-lik jär a-jırt-mak iss-ti-jo-rum*; Ich möchte für eine Nacht reservieren.)

Wie lange bleiben Sie?

Bei der Reservierung werden Sie nach der Dauer Ihres Aufenthalts gefragt. Man wird Sie also danach fragen, **kaç** (_katsch_; wie viele) Nächte oder Tage Sie **kalmak** (_kal-mak_; bleiben) möchten. Eine mögliche Frage könnte lauten:

✔ **Kaç gece kalmak istiyorsunuz?** (_katsch gä-dschä kal-mak iss-ti-jor-ssu-nus_; Wie viele Nächte möchten Sie bleiben?)

Bei der Antwort können Sie einfach eine Zahl vor **gün** (_gün;_ Tag), **gece** (_gä-dschä_; Nacht) oder **hafta** (_haf-ta_; Woche) setzen:

✔ **Bir gün kalmak istiyorum.** (_bir gün kal-mak iss-ti-jo-rum_; Ich möchte einen Tag bleiben.)

✔ **İki hafta kalıyoruz.** (_i-ki haf-ta ka-lı-jo-rus_; Wir bleiben zwei Wochen.)

✔ **Sadece bu gece.** (_ssaa-dä-dschä bu gä-dschä_; Nur diese Nacht.)

Track 22: Im Gespräch

Lena möchte für sich und ihre Freundin ein Zimmer reservieren. Da ihre Freundin kein Türkisch kann, ruft Lena im Hotel an.

Lena: **İyi günler! Ben Lena Krämer. Almanya'dan arıyorum. Otelinizde gelecek hafta boş oda var mı?**
i-ji gün-lär! bän lää-na krää-mär. al-man-ja-dan a-rı-jo-rum. o-tä-li-nis-dä gä-lä-dschäk haf-ta bosch o-da war mı?
Guten Tag, mein Name ist (_wörtlich:_ ich bin) Lena Krämer. Ich rufe aus Deutschland an. Gibt es in Ihrem Hotel nächste Woche freie Zimmer?

Rezeptionist: **İyi günler! Evet, boş odamız var. Nasıl bir oda istiyorsunuz?**
i-ji gün-lär. ä-wät, bosch o-da-mıs war. na-ssıl bir o-da iss-ti-jor-ssu-nus?
Guten Tag! Ja, wir haben freie Zimmer. Was für ein Zimmer möchten Sie?

Lena: **İki kişilik bir oda ayırtmak istiyorum, ama iki ayrı yatak olsun lütfen.**
i-ki ki-schi-lik bir o-da a-jırt-mak iss-ti-jo-rum, a-ma i-ki aj-rı ja-tak ol-ssun lüt-fän.
Ich möchte ein Zimmer für zwei Personen reservieren, aber es soll bitte zwei getrennte Betten haben (_wörtlich:_ es sollen zwei getrennte Betten sein).

Rezeptionist: **Tabii efendim. Başka arzunuz var mı?**
ta-bi ä-fän-dim. basch-ka ar-su-nus war mı?
Natürlich meine Dame. Haben Sie (noch) einen anderen Wunsch?

Lena: **Odalar klimalı mı?**
o-da-lar kli-ma-lı mı?
Sind die Zimmer mit Klimaanlage (ausgestattet)?

Rezeptionist: **Evet, bütün odalarımızda klima var.**
ä-wät, bü-tün o-da-la-rı-mıs-da kli-ma war.
Ja, in allen unseren Zimmern gibt es eine Klimaanlage.

Lena: **Peki, oda banyolu mu?**
pä-ki, o-da ban-jo-lu mu?
Gut, ist das Zimmer mit Bad?

Rezeptionist: **Banyolu, yani tuvalet ve duş var. Ayrıca deniz manzaralı balkon da var.**
ban-jo-lu, jaa-ni tu-wa-lät wä dusch war. aj-rı-dscha dä-nis man-sa-ra-lı bal-kon da war.
Mit Bad, also es gibt eine Toilette und eine Dusche. Außerdem gibt es auch einen Balkon mit Blick aufs Meer.

Lena: **Süper! Odanın fiyatı ne kadar?**
ssü-pär! o-da-nın fi-ja-tı nä ka-dar?
Super! Wie viel kostet das Zimmer?

Rezeptionist: **Gecesi 60 lira, tam pansiyon. Kaç gün kalacaksınız?**
gä-dschä-ssi alt-mısch li-ra, tam pan-ssi-jon. katsch gün ka-la-dschak-ssı-nıs?
60 Lira die Nacht, Vollpension. Wie viele Tage werden Sie bleiben?

Lena: **Bir hafta. Daha doğrusu altı gece. Öğrenci indirimi yok mu?**
bir haf-ta. da-ha doo-ru-ssu al-tı gä-dschä. öö-rän-dschi in-di-ri-mi jok mu?
Eine Woche. Genauer gesagt sechs Nächte. Gibt es keine Studentenermäßigung?

Rezeptionist: **Maalesef yok. Ama yarım pansiyon alırsanız daha ucuz olur, gecesi 50 lira.**
maa-lä-ssäf jok. a-ma ja-rım pan-ssi-jon a-lır-ssa-nıs da-ha u-dschus o-lur, gä-dschä-ssi äl-li li-ra.
Leider nicht. Aber wenn Sie Halbpension nehmen, wird es billiger, 50 Lira die Nacht.

Lena: **Harika! Öyleyse lütfen yarım pansiyon, iki kişilik bir oda, altı gece.**
haa-ri-ka! öj-läj-ssä lüt-fän ja-rım pan-ssi-jon, i-ki ki-schi-lik bir o-da, al-tı gä-dschä.
Wunderbar! Dann (*wörtlich:* wenn es so ist) bitte Halbpension, ein Zimmer für zwei Personen, sechs Nächte.

Rezeptionist: **Adınızı tekrar söyleyebilir misiniz?**
a-dı-nı-sı täk-rar söj-lä-jä-bi-lir mi-ssi-nis?
Können Sie Ihren Namen noch mal sagen?

Lena:	**Krämer. Lena Krämer.**
	krää-mär. lää-na krää-mär.
	Krämer. Lena Krämer.
Rezeptionist:	**Teşekkür ederim. İyi yolculuklar dilerim!**
	tä-schäk-kür ä-dä-rim. i-ji jol-dschu-luk-lar di-lä-rim!
	Vielen Dank. Ich wünsche eine gute Reise!
Lena:	**Ben de teşekkür ederim. Görüşmek üzere!**
	bän dä tä-schäk-kür ä-dä-rim. gö-rüsch-mäk ü-sä-rä!
	Ich danke auch. Auf Wiedersehen!

Kleiner Wortschatz

boş (*bosch*; leer, frei)

oda (*o-da*; Zimmer)

iki kişilik (*i-ki ki-schi-lik*; für zwei Personen, Doppel-)

ayırtmak (*a-jırt-mak*; reservieren)

ayrı (*aj-rı*; getrennt)

klimalı (*kli-ma-lı*; mit Klimaanlage)

banyolu (*ban-jo-lu*; mit Bad)

tuvalet (*tu-wa-lät*; Toilette)

duş (*dusch*; Dusche)

deniz manzaralı (*dä-nis man-sa-ra-lı*; mit Blick aufs Meer)

fiyat (*fi-jat*; Preis)

daha doğrusu (*da-ha doo-ru-ssu*; genauer/besser gesagt)

indirim (*in-di-rim*; Ermäßigung)

yarım pansiyon (*ja-rım pan-ssi-jon*; Halbpension)

tekrar (*täk-rar*; wieder, noch mal)

yolculuk, -ğu (*jol-dschu-luk*; Reise)

Im Hotel einchecken

Beim Einchecken wird man Sie auffordern, ein **form** (*form*; Formular) auszufüllen:

✔ **Lütfen bu formu doldurur musunuz?** (*lüt-fän bu for-mu dol-du-rur mu-ssu-nus*; Würden Sie bitte dieses Formular ausfüllen?)

In touristischen Gegenden und großen Städten wird man Ihnen sicherlich ein Formular auf Deutsch oder Englisch reichen. In kleinen oder noch nicht vom Massentourismus erschlossenen Gegenden werden Sie vielleicht nur die türkische Variante finden.

Die Angaben auf einem Formular stehen entweder in der siezenden Form (Ihr Name), häufiger aber in der dritten Person (sein/ihr Name). Auf beinahe jedem Formular finden Sie diese Angaben:

✔ **adı/soyadı** (*a-dı/ssoj-a-dı*; Vorname/Name)

✔ **doğum tarihi** (*doo-um taa-ri-chi*; Geburtsdatum)

✔ **doğum yeri** (*doo-um jä-ri*; Geburtsort)

✔ **adres** (*ad-räss*; Adresse)

✔ **posta kodu** (*poss-ta ko-du*; Postleitzahl)

✔ **yer** (*jär*; Ort)

✔ **ülke** (*ül-kä;* Land)

✔ **vatandaşlık** (*wa-tan-dasch-lık*; Staatsangehörigkeit)

✔ **pasaport numarası** (*pa-ssa-port nu-ma-ra-ssı*; Passnummer)

✔ **imza** (*im-saa*; Unterschrift)

Bevor Sie einchecken oder Ihren **anahtar** (*a-nach-tar*; Schlüssel) beziehungsweise **oda anahtarı** (*o-da a-nach-ta-rı*; Zimmerschlüssel) in Empfang nehmen, können Sie fragen:

✔ **Önce odayı görebilir miyim?** (*ön-dschä o-da-jı gö-rä-bi-lir mi-jim*; Kann ich zuerst das Zimmer sehen?)

✔ **Odaya bakabilir miyiz?** (*o-da-ja ba-ka-bi-lir mi-jis*; Können wir uns das Zimmer anschauen?)

Wahrscheinlich wird man Sie auch nach Ihrem **bagaj** (*ba-gazh*; Gepäck) fragen, um dem Pagen ein Zeichen geben zu können, damit er es auf Ihr Zimmer trägt.

 Wie überall in der Türkei üblich, gibt man auch dem Pagen ein kleines **bahşiş** (*bach-schisch*; Trinkgeld). Auch beim **resepsiyoncu** (*rä-ssäp-ssi-jon-dschu*; Rezeptionist) oder **garson** (*gar-sson*; Kellner), der für Sie Unmögliches möglich macht oder sich besonders um Ihre Anliegen kümmert, ist ein kleines Trinkgeld angebracht. Der Zimmerservice wird sich natürlich auch über einen Obolus freuen.

In großen und mittelgroßen Hotels gibt es meist ein **açık büfe** (*a-tschık bü-fä*; offenes Büfett). Der Rezeptionist wird Sie in der Regel beim Einchecken über die Essenszeiten informieren. Sollte er es nicht tun, fragen Sie einfach nach:

✔ **Kahvaltı saat kaçtan kaça kadar?** (*kach-wal-tı ssa-at katsch-tan ka-tscha ka-dar*; Von wann bis wann gibt es Frühstück?; *wörtlich:* von wie viel Uhr bis wie viel Uhr?)

✔ **Öğle yemeği saat kaçta başlıyor?** (*öö-lä jä-mää-i ssa-at katsch-ta basch-lı-jor*; Wann beginnt das Mittagessen?; *wörtlich:* um wie viel Uhr?)

✔ **Saat kaça kadar akşam yemeği var?** (*ssa-at ka-tscha ka-dar ak-scham jä-mää-i war*; Bis wann gibt es Abendessen?, *wörtlich:* bis wie viel Uhr?)

Sobald Sie Ihren Schlüssel erhalten und man Ihnen sagt

✔ **123 numaralı oda sizin.** (*jüs jir-mi ütsch nu-ma-ra-lı o-da ssi-sin*; Das Zimmer mit der Nummer 123 ist Ihres.)

✔ **Oda numaranız 123.** (*o-da nu-ma-ra-nıs jüs jir-mi ütsch*; Ihre Zimmernummer ist die 123.)

✔ **Odanız hazır.** (*o-da-nıs ha-sır*; Ihr Zimmer ist bereit.)

können Sie entspannt Ihren Urlaub antreten.

Aus dem Hotel auschecken

Am Ende Ihres Hotelaufenthalts steht nur noch eines aus: **hesabı ödemek** (*hä-ssaa-bı ö-dä-mäk*; die Rechnung bezahlen). Zu diesem Zweck gehen Sie an die **resepsiyon** (*rä-ssäp-ssi-jon*; Rezeption) und fragen:

✔ **Lütfen hesabı alabilir miyim?** (*lüt-fän hä-ssaa-bı a-la-bi-lir mi-jim*; Kann ich bitte die Rechnung haben (*wörtlich:* bekommen)?)

Sie können natürlich auch gezielt nachfragen:

✔ **Telefon hesabım ne kadar?** (*tä-lä-fon hä-ssaa-bım nä ka-dar*; Wie hoch ist meine Telefonrechnung?)

✔ **Açık hesabım var mı?** (*a-tschık hä-ssaa-bım war mı*; Habe ich eine offene Rechnung?)

Wahrscheinlich werden Sie zwischen der Uhrzeit, zu der Sie auschecken müssen, und Ihrer Abreise noch etwas Zeit haben. Dann können Sie Ihr Gepäck im Hotel unterstellen, damit Sie noch etwas unternehmen können. Fragen Sie beim Auschecken einfach nach:

✔ **Bagajımı saat üçe kadar burada bırakabilir miyim?** (*ba-ga-zhı-mı ssa-at ü-tschä ka-dar bu-ra-da bı-ra-ka-bi-lir mi-jim*; Kann ich mein Gepäck bis drei Uhr hierlassen?)

✔ **Bagajımızı nerede bırakabiliriz?** (*ba-ga-zhı-mı-sı nä-rä-dä bı-ra-ka-bi-li-ris*; Wo können wir unser Gepäck lassen?)

Vielleicht befinden Sie sich auf einer **iş gezisi** (*isch gä-si-ssi*; Geschäftsreise) und benötigen eine **fatura** (*fa-tu-ra*; Rechnung) über Ihre Ausgaben. Dann sollten Sie nicht zögern, Folgendes zu fragen:

✔ **Lütfen bir fatura alabilir miyim?** (*lüt-fän bir fa-tu-ra a-la-bi-lir mi-jim*; Kann ich bitte eine Rechnung bekommen?)

Track 23: Im Gespräch

Thomas und Ayla möchten heute nach einem einwöchigen Aufenthalt im Hotel auschecken. Sie gehen an die Rezeption, um die letzten Formalitäten zu erledigen.

Thomas: **Merhaba. Biz bugün ayrılıyoruz.**
mär-hä-ba. bis bu-gün aj-rı-lı-jo-rus.
Hallo. Wir reisen heute ab.

Rezeptionist: **Tamam efendim. Oda numaranız ne?**
ta-mam ä-fän-dim. o-da nu-ma-ra-nıs nä?
Ja, mein Herr. Wie (*wörtlich:* was) ist Ihre Zimmernummer?

Ayla: **123.**
jüs jir-mi ütsch.
123.

Rezeptionist: **Memnun musunuz? Bir şikâyetiniz var mı?**
mäm-nun mu-ssu-nus? bir schi-kjaa-jä-ti-nis war mı?
Sind Sie zufrieden? Haben Sie eine Beschwerde?

Ayla: **Hayır, her şey çok güzeldi.**
ha-jır, här schäj tschok gü-säl-di.
Nein, alles war sehr schön.

Thomas: **Telefon hesabımızı alabilir miyim?**
tä-lä-fon hä-ssaa-bı-mı-sı a-la-bi-lir mi-jim?
Kann ich unsere Telefonrechnung haben (*wörtlich:* bekommen)?

Rezeptionist: **Tabii, bir dakika. 27 lira.**
ta-bi, bir da-ki-ka. jir-mi jä-di li-ra.
Natürlich, einen Moment (*wörtlich:* eine Minute). 27 Lira.

Ayla: **Buyurun. Maalesef bozuk param yok.**
bu-ju-run. maa-lä-ssäf bo-suk pa-ram jok.
Bitte sehr. Leider habe ich kein Kleingeld.

Rezeptionist: **Hiç sorun değil. Uçağınız saat kaçta?**
hitsch sso-run dää-il. u-tschaa-ı-nıs ssa-at katsch-ta?
Das ist gar kein Problem. Wann geht Ihr Flugzeug (*wörtlich:* um wie viel Uhr)?

Thomas: **Akşam 6'da. Daha çok vaktimiz var.**
ak-scham al-tı-da. da-ha tschok wak-ti-mis war.
Abends um 18.00. Wir haben noch viel Zeit.

Rezeptionist: **İsterseniz bagajınızı burada bırakabilirsiniz.**
iss-tär-ssä-nis ba-ga-zhı-nı-sı bu-ra-da bı-ra-ka-bi-lir-ssi-nis.
Wenn Sie möchten, können Sie Ihr Gepäck hierlassen.

Ayla:	**Çok iyi olur. Teşekkürler.**
	tschok i-ji o-lur. tä-schäk-kür-lär.
	Das wäre sehr gut. Danke!
Rezeptionist:	**Rica ederim efendim. Yine bekleriz. Size iyi yolculuklar dilerim.**
	ri-dschaa ä-dä-rim ä-fän-dim. ji-nä bäk-lä-ris. ssi-sä i-ji joldschu-luk-lar di-lä-rim.
	Keine Ursache, meine Dame. Wir erwarten Sie wieder. Ich wünsche Ihnen eine gute Reise!
Thomas und Ayla:	**Güle güle!**
	_gü-lä gü-lä!_
	Auf Wiedersehen!

Kleiner Wortschatz

ayrılmak (_aj-rıl-mak_; abreisen, abfahren)

şikâyet (_schi-kjaa-jät_; Beschwerde)

telefon hesabı (_tä-lä-fon hä-ssaa-bı_; Telefonrechnung)

bozuk para (_bo-suk pa-ra_; Kleingeld)

sorun (_sso-run_; Problem)

uçak, -ğı (_u-tschak_; Flugzeug)

vakit, -kti (_wa-kit_; Zeit)

bagaj (_ba-gazh_; Gepäck)

In touristischen Gegenden werden Sie an der Rezeption eines größeren Hotels mit hoher Wahrscheinlichkeit Deutsch sprechen können. Auch das übrige Hotelpersonal, außer dem Reinigungspersonal, wird so weit Deutsch verstehen, dass Sie Ihr Anliegen nicht auf Türkisch mitteilen müssen. In kleineren Orten sollten Sie Ihr »Türkisch für Dummies«-Exemplar allerdings dabei haben!

Spiel und Spaß

Vervollständigen Sie folgende Sätze mit den entsprechenden Wörtern:

kalmak – yüz-yirni üç – ayırtmak – indirim – ödemek

1. Kaç gece _____ istiyorsunuz?

   Wie viele Nächte möchten Sie bleiben?

2. Çocuklar için _____ var mı?

   Gibt es Ermäßigung für Kinder?

3. Hesabı _____ istiyoruz.

   Wir möchten die Rechnung bezahlen.

4. Oda numaranız _____ .

   Ihre Zimmernummer ist 123.

5. İki kişilik bir oda _____ istiyorum.

   Ich möchte ein Doppelzimmer reservieren.

Die Lösung finden Sie in Anhang C.

Unterwegs: Flugzeug, Busse und Taxen

14

In diesem Kapitel

▷ Am Flughafen

▷ Mit dem Auto reisen

▷ Sich mit Bussen und Taxis zurechtfinden

*W*enn Sie eine **seyahat** (*ssä-ja-hat*; Reise) oder **yolculuk** (*jol-dschu-luk*; Reise) planen, stellt sich zunächst die Frage nach dem passenden Transportmittel. Um in die Türkei zu gelangen, entscheiden sich die meisten für das **uçak** (*u-tschak*; Flugzeug). Innerhalb der Türkei können Sie den Bus oder die Eisenbahn nutzen.

In diesem Kapitel nenne ich Ihnen Begriffe und Redewendungen, die Ihnen bei der Reise und Fortbewegung im Land behilflich sein werden. Vorab wünsche ich Ihnen eine »Gute Reise!«: **İyi yolculuklar!** (*i-ji jol-dschu-luk-lar*)

Der Flughafen

Für die meisten wird die Reise am **havalimanı** (*ha-wa-li-ma-nı*; Flughafen) oder **havaalanı** (*ha-wa-a-la-nı*; Flughafen) beginnen oder enden. Bevor Sie aber den Rückflug in die Heimat antreten, müssen Sie einige Formalitäten erledigen. In der Türkei müssen Sie zunächst samt Gepäck eine **emniyet kontrolü** (*äm-ni-jät kon-tro-lü*; Sicherheitskontrolle) oder **güvenlik kontrolü** (*gü-wän-lik kon-tro-lü*; Sicherheitskontrolle) passieren, um ins Flughafengebäude zu gelangen. Anschließend können Sie Ihr **bagaj** (*ba-gazh*; Gepäck) aufgeben und müssen dazu Ihr **bilet** (*bi-lät*; Ticket) vorlegen. Das Bodenpersonal könnte Sie fragen:

✔ **Bagajınız var mı?** (*ba-ga-zhı-nıs war mı*; Haben Sie Gepäck?)

✔ **Kaç parça bagajınız var?** (*katsch par-tscha ba-ga-zhı-nıs war*; Wie viele Gepäckstücke haben Sie?)

✔ **El bagajınızı görebilir miyim?** (*äl ba-ga-zhı-nı-sı gö-rä-bi-lir mi-jim*; Kann ich Ihr Handgepäck sehen?)

✔ **Biletinizi görebilir miyim?** (*bi-lä-ti-ni-si gö-rä-bi-lir mi-jim*; Kann ich Ihr Ticket sehen?)

✔ **Pasaportunuzu verir misiniz?** (*pa-ssa-por-tu-nu-su wä-rir mi-ssi-nis*; Geben Sie (mir) Ihren Pass?)

Sie sollten sich bei Ihrem Reiseveranstalter vorher informieren, wie viele Gepäckstücke Sie mitnehmen dürfen und wie viel Kilo pro Gepäckstück beziehungsweise insgesamt zugelassen sind. Ansonsten müssen Sie draufzahlen und das kann schnell ziemlich teuer werden. Denken Sie auch daran, sich nach den Vorschriften für das **el bagajı** (_äl ba-ga-zhı_; Handgepäck) zu erkundigen.

Wenn Sie Ihr Ticket gezeigt haben, erhalten Sie Ihre **bording kartı** (_bor-ding kar-tı_; Bordkarte) oder **biniş kartı** (_bi-nisch kar-tı_; Bordkarte), mit der Sie sich bei Auslandsreisen zur **pasaport kontrolü** (_pa-ssa-port kon-tro-lü_; Passkontrolle) begeben. Jetzt steht Ihrer Reise nichts mehr im Wege und Sie können sich zu Ihrem **biniş kapısı** (_bi-nisch ka-pı-ssı_; Gate) begeben.

Im Türkischen gibt es zahlreiche Dubletten, so wie im Deutschen zum Beispiel die Begriffe »Rechner« und »Computer« gleichzeitig benutzt und ausgetauscht werden können. So kommt es, dass Sie im Türkischen zwei Begriffe für »Sicherheitskontrolle« oder »Flughafen« haben. Auch für das Wort »Name« kennen Sie bereits zwei Wörter, die beide gleich häufig verwendet werden: **isim, -smi** (_i-ssim_) und **ad** (_ad_).

Willkommen an Bord

Haben Sie erst einmal eingecheckt und sind an Bord, können Sie es sich bequem machen. Die Flugbegleiterin wird Sie wahrscheinlich auffordern, Ihren Platz einzunehmen:

✔ **Lütfen yerinizi alınız.** (_lüt-fän jä-ri-ni-si a-lı-nıs_; Bitte nehmen Sie Ihren Platz ein.)

Anschließend werden Sie bei der ersten Durchsage hören:

✔ **Lütfen emniyet kemerlerinizi bağlayınız.** (_lüt-fän äm-ni-jät kä-mär-lä-ri-ni-si baa-la-jı-nıs_; Bitte legen Sie Ihre Sicherheitsgurte an.)

Hier einige Begriffe, die Ihnen an Bord hilfreich sein können:

✔ **kalkış** (_kal-kısch_; Abflug)

✔ **varış** (_wa-rısch_; Ankunft)

✔ **kokpit** (_kok-pit_; Cockpit)

✔ **pencere** (_pän-dschä-rä_; Fenster)

✔ **uçuş** (_u-tschusch_; Flug)

✔ **uçuş süresi** (_u-tschusch ssü-rä-ssi_; Flugdauer)

✔ **uçak, -ğı** (_u-tschak_; Flugzeug)

✔ **çalışmıyor** (_tscha-lısch-mı-jor_; funktioniert nicht)

✔ **hız** (_his_; Geschwindigkeit)

✔ **yükseklik, -ği** (_jük-ssäk-lik_; Höhe)

✔ **bozuk** (_bo-suk_; (ist) kaputt)

✔ **koridor** (_ko-ri-dor_; Gang)

✔ **iniş** (*i-nisch*; Landung)

✔ **yolcu** (*jol-dschu*; Passagier)

✔ **pilot** (*pi-lot*; Pilot)

✔ **yer numarası** (*jär nu-ma-ra-ssı*; Platznummer)

✔ **emniyet kemeri** (*äm-ni-jät kä-mä-ri*; Sicherheitsgurt)

✔ **hostes** (*hoss-täss*; Stewardess)

✔ **tuvalet** (*tu-wa-lät*; Toilette)

✔ **rötar** (*rö-tar*; Verspätung)

Das Türkische unterscheidet nicht zwischen den Geschlechtern, sodass **hostes** (*hoss-täss*) sowohl Flugbegleiterin als auch Flugbegleiter bedeuten kann.

Wenn Sie einen Fensterplatz oder einen Platz am Gang bevorzugen, können Sie dies dem Flugbegleiter oder der Flugbegleiterin mitteilen:

✔ **Koridorda boş yer yok mu?** (*ko-ri-dor-da bosch jär jok mu*; Gibt es keinen freien Platz am Gang?)

✔ **Pencere kenarında oturmak istiyorum.** (*pän-dschä-rä kä-na-rın-da o-tur-mak iss-ti-jo-rum*; Ich möchte am Fenster sitzen.)

Unterwegs mit dem Auto

Ob Sie nun mit dem eigenen **araba** (*a-ra-ba*; Auto) – auch **otomobil** (*o-to-mo-bil*) – oder mit einem **kiralık araba** (*ki-raa-lık a-ra-ba*; Mietwagen) unterwegs sind, Sie sollten sich nicht von den einheimischen Autofahrern dazu verleiten lassen, schneller als erlaubt zu fahren. Die **trafik polisi** (*tra-fik po-li-ssi*; Verkehrspolizei) ist auch einmal **sivil** (*ssi-wil*; zivil) unterwegs.

Während der Fahrt sollten Sie auf Schilder mit folgenden Hinweisen achten:

✔ **dikkat, -ti** (*dik-kat*; Achtung)

✔ **çıkış** (*tschı-kısch*; Ausfahrt)

✔ **otoban** oder **otoyol** (*o-to-ban, o-to-jol*; Autobahn)

✔ **otoyol girişi** (*o-to-jol gi-ri-schi*; Autobahnauffahrt)

✔ **otoyol çıkışı** (*o-to-jol tschı-kı-schı*; Autobahnausfahrt)

✔ **otoyol üçgeni** (*o-to-jol ütsch-gä-ni*; Autobahndreieck)

✔ **paralı otoyol** (*pa-ra-lı o-to-jol*; gebührenpflichtige Autobahn)

✔ **tamirat** (*taa-mi-raat*; Bauarbeiten)

✔ **inşaat (yeri)** (*in-scha-at jä-ri*; Baustelle)

✔ **yokuş** (*jo-kusch*; Gefälle)

✔ **durmak yasak** (*dur-mak ja-ssak*; Halten verboten)

✔ **karayolu** oder **şehirlerarası yol** (*ka-ra-jo-lu, schä-hir-lär-a-ra-ssı jol*; Landstraße)

✔ **park yapılmaz** (*park ja-pıl-mas*; Parken verboten)

✔ **dinlenme tesisi** oder **mola yeri** (*din-län-mä tää-ssi-ssi, mo-la jä-ri*; Raststätte)

✔ **yasak bölge** (*ja-ssak böl-gä*; Sperrgebiet)

✔ **yol yapımı** (*jol ja-pı-mı*; Straßenbau)

✔ **benzin istasyonu** oder **petrol ofisi** (*bän-sin iss-tass-jo-nu, pät-rol o-fi-ssi*; Tankstelle)

✔ **çevre yolu** (*tschäw-rä jo-lu*; Umgehungsstraße)

Ein Auto mieten

Die Aufschrift **kiralık araba** (*ki-raa-lık a-ra-ba*; Mietwagen) führt Sie zu einer Mietwagen-Agentur. Dort angekommen, können Sie sagen:

✔ **Bir araba kiralamak istiyorum.** (*bir a-ra-ba ki-raa-la-mak iss-ti-jo-rum*; Ich möchte ein Auto mieten.)

Der Mitarbeiter wird Sie zunächst fragen:

✔ **Nasıl bir araba istiyorsunuz?** (*na-ssıl bir a-ra-ba iss-ti-jor-ssu-nus*; Was für ein Auto möchten Sie?)

Hier einige nützliche Begriffe rund ums Auto:

✔ **egzos** (*äg-soss*; Auspuff)

✔ **araba** (*a-ra-ba*; Auto)

✔ **otomatik vitesli** (*o-to-ma-tik wi-täss-li*; mit Automatikschaltung)

✔ **benzin** (*bän-sin*; Benzin)

✔ **fren** (*frän*; Bremse)

✔ **kurşunsuz** (*kur-schun-ssus*; bleifrei)

✔ **dizel** oder **mazot** (*di-säl, ma-sot*; Diesel)

✔ **ayrı** oder **ekstra** (*aj-rı, äkss-tra*; extra)

✔ **ehliyet** oder **sürücü belgesi** (*äch-li-jät, ssü-rü-dschü bäl-gä-ssi*; Führerschein)

✔ **vites** (*wi-täss*; Gang)

✔ **dahil** (*daa-hil*; inbegriffen)

✔ **kilometre sınırlandırması** (*ki-lo-mät-rä ssı-nır-lan-dır-ma-ssı*; Kilometerbegrenzung)

✔ **direksiyon** (*di-räk-ssi-jon*; Lenkrad)

✔ **motor** (*mo-tor*; Motor)

✔ **yağ** (*jaa*; Öl)

✔ **lastik, -ği** (*lass-tik*; Reifen)

✔ **dikiz aynası** (*di-kis aj-na-ssı*; Rückspiegel)

✔ **far** (*far*; Scheinwerfer)

✔ **tampon** (*tam-pon*; Stoßstange)

✔ **depo** (*dä-po;* Tank)

✔ **depoyu doldurmak** (*dä-po-ju dol-dur-mak*; (voll-)tanken)

✔ **sigorta** (*ssi-gor-ta*; Versicherung)

✔ **dört kapılı araba** (*dört ka-pı-lı a-ra-ba*; viertüriges Auto)

✔ **tam kasko sigorta** (*tam kass-ko ssi-gor-ta*; Vollkaskoversicherung)

✔ **iki kapılı araba** (*i-ki ka-pı-lı a-ra-ba*; zweitüriges Auto)

Track 24: Im Gespräch

Sandra ist geschäftlich nach Ankara gefahren und möchte nun einen Wagen mieten. Sie unterhält sich mit dem Angestellten der Autovermietung.

Sandra: **İyi günler, bir araba kiralamak istiyorum.**
i-ji gün-lär, bir a-ra-ba ki-raa-la-mak iss-ti-jo-rum.
Guten Tag, ich möchte einen Wagen mieten.

Autovermieter: **İyi günler. Nasıl bir araba istiyorsunuz?**
i-ji gün-lär. na-ssıl bir a-ra-ba iss-ti-jor-ssu-nus?
Guten Tag! Was für ein Auto möchten Sie?

Sandra: **İki kapılı, küçük, klimalı bir araba olsun.**
i-ki ka-pı-lı, kü-tschük, kli-ma-lı bir a-ra-ba ol-ssun.
Es soll ein zweitüriges, kleines Auto mit Klimaanlage sein.

Autovermieter: **Tamam. Bu arabayı ister misiniz?**
ta-mam. bu a-ra-ba-jı iss-tär mi-ssi-nis?
In Ordnung. Möchten Sie diesen Wagen?

Sandra: **Hmm, ön çamurlukta bir hasar var, umarım not ettiniz.**
hmm, ön tscha-mur-luk-ta bir ha-ssar war, u-ma-rım not ät-ti-nis.
Hmm, am vorderen Kotflügel gibt es einen Schaden. Ich hoffe, Sie haben das vermerkt?

Autovermieter: **Tabii. Bu hasar eski. Arabayı kaç günlük kiralamak istiyorsunuz?**
ta-bi. bu ha-ssar äss-ki. a-ra-ba-jı katsch gün-lük ki-raa-la-mak iss-ti-jor-ssu-nus?
Natürlich. Dieser Schaden ist alt. Wie lange (*wörtlich:* für wie viele Tage) möchten Sie den Wagen mieten?

Sandra: **Üç günlük. Kilometre sınırlandırması var mı?**
ütsch gün-lük. ki-lo-mät-rä ssı-nır-lan-dır-ma-ssı war mı?
Drei Tage. Gibt es eine Kilometerbegrenzung?

Autovermieter: **Hayır, yok.**
ha-jır, jok.
Nein, gibt es nicht.

Sandra: **Sigorta dahil mi acaba?**
ssi-gor-ta daa-hil mi a-dscha-baa?
Ist denn die Versicherung inbegriffen?

Autovermieter: **Maalesef değil. Sigorta ayrı.**
maa-lä-ssäf dää-il. ssi-gor-ta aj-rı.
Leider nicht. Die Versicherung ist extra.

Sandra: **Tamam. Arabanın deposu dolu mu?**
ta-mam. a-ra-ba-nın dä-po-ssu do-lu mu?
In Ordnung. Ist der Wagen vollgetankt (*wörtlich:* Ist der Tank des Wagens voll)?

Autovermieter: **Hayır, ama hemen doldurabiliriz.**
ha-jır, a-ma hä-män dol-du-ra-bi-li-ris.
Nein, aber wir können ihn gleich volltanken.

Sandra: **Arabayı nasıl teslim edeceğim? Dolu depolu mu?**
a-ra-ba-jı na-ssıl täss-lim ä-dä-dschää-im? do-lu dä-po-lu mu?
Wie soll ich (*wörtlich:* wie werde ich) den Wagen übergeben? Vollgetankt (*wörtlich:* mit vollem Tank)?

Autovermieter: **Evet, lütfen arabayı teslim etmeden önce depoyu yine doldurun.**
ä-wät, lüt-fän a-ra-ba-jı täss-lim ät-mä-dän ön-dschä dä-po-ju ji-nä dol-du-run.
Ja, bitte tanken Sie wieder voll, bevor Sie den Wagen übergeben.

Kleiner Wortschatz

... kapılı (*ka-pı-lı*; -türig)

klimalı (*kli-ma-lı*; mit Klimaanlage)

ön (*ön*; vordere)

çamurluk, -ğu (*tscha-mur-luk*; Kotflügel)

hasar (*ha-ssar*; Schaden)

not etmek (*not ät-mäk*; vermerken, notieren)

kilometre sınırlandırması (*ki-lo-mät-rä ssı-nır-lan-dır-ma-ssı*; Kilometerbegrenzung)

sigorta (*ssi-gor-ta*; Versicherung)

ayrı (*aj-rı*; extra, separat)

depo (*dä-po*; Tank)

doldurmak (*dol-dur-mak*; füllen, *hier:* volltanken)

teslim etmek (*täss-lim ät-mäk*; übergeben)

 Sie sollten, auch wenn es etwas teurer ist, eine **tam kasko sigorta** (*tam kass-ko ssi-gor-ta*; Vollkaskoversicherung) abschließen. Bei den ungewohnten Straßenverhältnissen und dem Fahrstil der einheimischen Verkehrsteilnehmer müssen Sie mit Steinschlag und anderen Schäden rechnen, die Sie ohne Vollkaskoversicherung teuer zu stehen kommen können. In der Türkei sind Automatikwagen nicht sehr verbreitet, sodass Sie sich auf einen **vitesli araba** (*wi-täss-li a-ra-ba*; Schaltwagen) einstellen sollten.

Mit dem Bus fahren

Das beliebteste und bequemste Transportmittel in der Türkei, um von einer Stadt in die andere zu reisen, ist zweifellos der **otobüs** (*o-to-büss*; Bus). Den **tren** (*trän*; Zug) nehmen immer weniger Reisende, da die Eisenbahnlinien nicht in alle Orte führen und schon gar nicht in die touristischen Gegenden.

Bei einer Reise aus einer größeren Stadt in eine andere können Sie sich aber auch zum **tren istasyonu** (*trän iss-tass-jo-nu*; Zugbahnhof) begeben, um mit der Bahn zu fahren. Einen **otogar** (*o-to-gar*; Busbahnhof, Terminal) hingegen gibt es auch in jedem kleineren Ort und die Reisebusse fahren rund um die Uhr, sind sehr komfortabel, sauber und vor allem pünktlich.

In einer Stadt gibt es natürlich auch Busse, die allerdings in unregelmäßigen Abständen fahren. Auch wenn der Bus pünktlich am Busbahnhof losfährt, kann man nie wissen, wann er sein Ziel erreicht. In jedem Fall brauchen Sie eine **otobüs bileti** (*o-to-büss bi-lä-ti*; Busfahrkarte), die Sie an einem **büfe** (*bü-fä*; Kiosk) oder **gişe** (*gi-schä*; Schalter) kaufen können.

Um herauszufinden, ob der Kiosk Fahrkarten verkauft, können Sie fragen:

✔ **Bilet satıyor musunuz?** (_bi-lät ssa-tı-jor mu-ssu-nus_; Verkaufen Sie Fahrkarten?)

✔ **Otobüs bileti var mı?** (_o-to-büss bi-lä-ti war mı_; Gibt es Busfahrkarten?)

Am richtigen Kiosk angekommen können Sie Ihre Fahrkarte kaufen:

✔ **İki bilet lütfen.** (_i-ki bi-lät lüt-fän_; Zwei Fahrkarten bitte.)

 Wenn Sie in den Bus steigen, übrigens immer vorn, werfen Sie die Fahrkarte in einen dafür vorgesehenen Kasten. Verbreitet ist auch die Nutzung des **akbil** (_ak-bil_; Chip), der aussieht wie eine kleine Batterie. Den **akbil** kann man an einem Fahrkartenschalter aufladen und hält ihn beim Einsteigen in den Bus an ein Lesegerät. Die Kosten für die Fahrt werden dann automatisch abgezogen.

Die wichtigsten Verben beim Thema öffentliche Verkehrsmittel sind natürlich **binmek** (_binmäk_; einsteigen) und **inmek** (_in-mäk_; aussteigen). Wenn Sie einsteigen, benötigen Sie den Dativ (**-e, -a, -ye, -ya**):

✔ **Otobüse biniyorum.** (_o-to-bü-ssä bi-ni-jo-rum_; Ich steige in den Bus.)

✔ **Arabaya binin!** (_a-ra-ba-ja bi-nin_; Steigen Sie in den Wagen!)

Beim Aussteigen hingegen brauchen Sie den Ablativ (**-den, -dan, -ten, -tan**):

✔ **Otobüsten inmek istiyorum.** (_o-to-büss-tän in-mäk iss-ti-jo-rum_; Ich möchte aus dem Bus steigen.)

✔ **Lütfen taksiden inin!** (_lüt-fän tak-ssi-dän i-nin_; Bitte steigen Sie aus dem Taxi!)

Wahrscheinlich werden Sie auch einmal **aktarma yapmak** (_ak-tar-ma jap-mak_; umsteigen) müssen. In diesem Fall können Sie einen anderen **yolcu** (_jol-dschu;_ Passagier) oder den **otobüs şoförü** (_o-to-büss scho-fö-rü_; Busfahrer) fragen:

✔ **Otobüs garına gitmek için nerede aktarma yapmam lazım?** (_o-to-büss ga-rı-na git-mäk i-tschin nä-rä-dä ak-tar-ma jap-mam laa-sım_; Wo muss ich umsteigen, um zum Busbahnhof zu kommen?)

✔ **Şehir merkezine gitmek için nerede aktarma yapmamız lazım?** (_schä-hir mär-kä-si-nä git-mäk i-tschin nä-rä-dä ak-tar-ma jap-ma-mıs laa-sım_; Wo müssen wir umsteigen, um ins Stadtzentrum zu fahren?)

Beliebte Alternativen zum Bus sind das **dolmuş** (_dol-musch_; Sammeltaxi) oder der **minibüs** (_mi-ni-büss_; Minibus), die etwas mehr als der Bus, aber viel weniger als ein Taxi kosten. Außerdem kommen diese beiden Transportmittel schneller voran, was in den Sommermonaten in großen Städten mit Staugefahr ein Argument für sie und gegen den Bus ist. Um sich nach der Haltestelle zu erkundigen, können Sie fragen:

✔ **Pardon, dolmuş durağı nerede?** (_par-don, dol-musch du-raa-ı nä-rä-dä_; Verzeihung, wo ist die Sammeltaxi-Haltestelle?)

✔ **Minibüsler nereden kalkıyor?** (_mi-ni-büss-lär nä-rä-dän kal-kı-jor_; Wo fahren die Minibusse ab?)

Vorn an der Scheibe des Busses zeigt ein Schild die Endstation an. Sie werden auch den **muavin** (*mu-aa-win*; Beifahrer) beobachten können, wie er sich hinauslehnt und unüberhörbar den Namen der Endstation verkündet. Ansonsten können Sie die anderen Fahrgäste oder den **muavin** einfach fragen:

✔ **Hangi istikamete gidiyorsunuz?** (*han-gi iss-tik-kaa-mä-tä gi-di-jor-ssu-nus*; In welche Richtung fahren Sie?)

In einem **dolmuş** oder **minibüs** zahlen Sie die Fahrt bar. Dazu müssen Sie die Haltestelle nennen, bis zu der Sie fahren wollen. Wenn Sie sich gesetzt haben, reichen Sie das Geld dem **muavin** oder, wenn Sie hinten sitzen, den Fahrgästen vor Ihnen. Das Wechselgeld wird zu Ihnen durchgereicht.

 Versuchen Sie in einem **dolmuş** oder **minibüs** möglichst einen Sitzplatz ganz hinten zu bekommen. Sonst werden Sie ständig von den anderen Fahrgästen aufgefordert, das Geld zum **muavin** und anschließend das Wechselgeld zurück zu reichen und können sich während der Fahrt nicht umschauen.

Track 25: Im Gespräch

 Ayla und Thomas sind endlich am **otogar** (*o-to-gar*; Busbahnhof, Terminal) angekommen und möchten schnell eine Fahrkarte kaufen, um nach Konya zu fahren.

Ayla: **Merhaba, Konya'ya otobüsler saat kaçta kalkıyor?**
mär-ha-ba, kon-ja-ja o-to-büss-lär ssa-at katsch-ta kal-kı-jor?
Guten Tag, um wie viel Uhr fahren die Busse nach Konya ab?

Angestellte: **Şanslısınız. Bugün Konya'ya son otobüs yarım saat sonra kalkıyor.**
schanss-lı-ssı-nıs. bu-gün kon-ja-ja sson o-to-büss ja-rım ssa-at sson-ra kal-kı-jor.
Sie haben Glück. Heute fährt der letzte Bus nach Konya in (*wörtlich:* nach) einer halben Stunde ab.

Thomas: **Bir bilet ne kadar?**
bir bi-lät nä ka-dar?
Wie viel kostet eine Fahrkarte?

Angestellte: **Gidiş dönüş mü, tek gidiş mi?**
gi-disch dö-nüsch mü, täk gi-disch mi?
Hin und zurück oder einfache Fahrt?

Thomas: **Gidiş dönüş.**
gi-disch dö-nüsch.
Hin und zurück.

Angestellte: **55 lira.**
äl-li bäsch li-ra.
55 Lira.

Ayla:	**Lütfen iki bilet. Yolculuk ne kadar sürer? Mola var mı?**
	lüt-fän i-ki bi-lät. jol-dschu-luk nä ka-dar ssü-rär? mo-la war mı?
	Bitte zwei Fahrkarten. Wie lange (*wörtlich:* wie viel) dauert die Fahrt (*wörtlich:* Reise)? Gibt es eine Pause?
Angestellte:	**110 lira lütfen. Beş buçuk saat. İki mola var, dinlenme tesislerimiz temiz ve rahattır.**
	jüs on li-ra lüt-fän. bäsch bu-tschuk ssa-at. i-ki mo-la war, din-län-mä tää-ssiss-lä-ri-mis tä-mis wä ra-hat-tır.
	110 Lira bitte. Fünfeinhalb Stunden. Es gibt zwei Pausen. Unsere Raststätten sind sauber und angenehm.
Angestellte:	**Dönüş ne zaman?**
	dö-nüsch nä sa-man?
	Wann ist die Rückreise?
Ayla:	**Tam bir hafta sonra.**
	tam bir haf-ta sson-ra.
	Nach genau einer Woche.
Angestellte:	**Buyurun, biletleriniz.**
	bu-ju-run, bi-lät-lä-ri-nis.
	Bitte sehr, Ihre Fahrkarten.
Thomas:	**Sağ olun.**
	ssaa o-lun.
	Danke schön!
Angestellte:	**İyi yolculuklar!**
	i-ji jol-dschu-luk-lar!
	Gute Reise!

Kleiner Wortschatz

kalkmak (*kalk-mak*; abfahren)

şans (*schanss*; Glück)

gidiş dönüş (*gi-disch dö-nüsch*; hin und zurück)

tek gidiş (*täk gi-disch*; einfache Fahrt)

yolculuk, -ğu (*jol-dschu-luk*; Fahrt, Reise)

mola (*mo-la*; Rast, Pause)

dinlenme tesisi (*din-län-mä tää-ssi-ssi*; Raststätte)

temiz (*tä-mis*; sauber)

rahat (*ra-hat*; angenehm, bequem)

dönüş (*dö-nüsch*; Rückfahrt, -reise)

tam (*tam*; genau)

Wünsche werden meist im Plural geäußert, man wünscht sich also wörtlich »Gute Reisen!« so wie »Gute Tage!« oder »Gute Nächte!«:

✔ **İyi yolculuklar!** (*i-ji jol-dschu-luk-lar*; Gute Reise!)

✔ **İyi günler!** (*i-ji gün-lär*; Guten Tag!)

✔ **İyi geceler!** (*i-ji gä-dschä-lär*; Gute Nacht!)

Im Türkischen wird unterschieden zwischen **şanslı** (*schanss-lı*) »Glück haben« und **mutlu** (*mut-lu*) »glücklich sein«. Vielleicht kennen Sie die Unterscheidung zwischen »lucky« und »happy« im Englischen, ganz ähnlich funktioniert es im Türkischen:

✔ **Mutluyum.** (*mut-lu-jum*; Ich bin glücklich.)

✔ **Şanslıyım.** (*schanss-lı-jım*; Ich habe Glück.)

Die Substantive dazu sind **mutluluk** (*mut-lu-luk*), das innere Glück, was man empfindet, und **şans** (*schanss*) dagegen das Glück, das einem widerfährt.

Ein Taxi nehmen

Die teuerste, aber wohl bequemste Art, sich in der Stadt fortzubewegen, ist ein **taksi** (*tak-ssi*; Taxi). Sie können sich zu einer **taksi durağı** (*tak-ssi du-raa-ı*; Taxihaltestelle) durchfragen, was aber meist nicht nötig sein wird. Durch die Betätigung der **korna** (*kor-na*; Hupe), die Sie ständig in den Städten hören, macht ein **taksi şoförü** (*tak-ssi scho-fö-rü*) darauf aufmerksam, dass er frei ist. Achten Sie beim Taxifahren darauf, dass der Fahrer eine Lizenz der örtlichen Behörden hat und das Taxameter einschaltet. Sie können sich vor längeren Fahrten aber auch nach einem Festpreis erkundigen oder versuchen, einen auszuhandeln. Besonders teuer wird es, wenn der **gece tarifesi** (*gä-dschä taa-ri-fä-ssi*; Nachttarif) läuft. Wenn Sie zu später Stunde ein Taxi nehmen, fragen Sie den Fahrer vor der Fahrt:

✔ **Gece tarifesi başladı mı?** (*gä-dschä taa-ri-fä-ssi basch-la-dı mı*; Hat der Nachttarif begonnen?)

✔ **Gece tarifesi saat kaçta başlıyor?** (*gä-dschä taa-ri-fä-ssi ssa-at katsch-ta basch-lı-jor*; Wann beginnt der Nachttarif, *wörtlich:* um wie viel Uhr?)

Sind Sie an Ihrem Ziel angekommen und waren mit der Fahrt zufrieden, sollte es auch hier ein kleines **bahşiş** (*bach-schisch*; Trinkgeld) geben.

Im Gespräch

Martin ist zu Besuch in Istanbul und hat endlich die Sammeltaxi-Haltestelle entdeckt. Bevor er einsteigt, wechselt er ein paar Worte mit dem **muavin** (*mu-aa-win*; Beifahrer).

Martin: **Pardon, hangi istikamete gidiyorsunuz?**
par-don, han-gi iss-ti-kaa-mä-tä gi-di-jor-ssu-nus?
Verzeihung, in welche Richtung fahren Sie?

Beifahrer: **Aksaray'a gidiyoruz.**
ak-ssa-ra-ja gi-di-jo-rus.
Wir fahren nach Aksaray.

Martin: **Boş yeriniz var mı?**
bosch jä-ri-nis war mı?
Haben Sie freie Plätze?

Beifahrer: **Var, buyurun.**
war, bu-ju-run.
Haben wir, bitte sehr.

Martin: **Yolculuk ne kadar sürer?**
jol-dschu-luk nä ka-dar ssü-rär?
Wie lange (_wörtlich:_ wie viel) dauert die Fahrt?

Beifahrer: **Bu trafikte en az yarım saat.**
bu tra-fik-tä än as ja-rım ssa-at.
Bei diesem Verkehr mindestens eine halbe Stunde.

Martin: **Oraya ne kadar tutar?**
o-ra-ja nä ka-dar tu-tar?
Wie teuer ist die Fahrkarte (_wörtlich:_ wie viel kostet es) dorthin?

Beifahrer: **İki lira. Buyurun, birazdan hareket ediyoruz.**
i-ki li-ra. bu-ju-run, bir-ras-dan ha-rä-kät ä-di-jo-rus.
Zwei Lira. Bitte sehr, wir fahren gleich ab.

Kleiner Wortschatz

istikamet (_iss-ti-kaa-mät_; Richtung)

boş (_bosch_; leer, frei)

yer (_jär_; Platz)

sürmek (_ssür-mäk_; dauern)

trafik (_tra-fik_; Verkehr)

birazdan (_bi-ras-dan_; gleich, in Kürze)

hareket etmek (_ha-rä-kät ät-mäk_; abfahren, _wörtlich:_ sich bewegen)

Spiel und Spaß

Wie heißen diese Verkehrsmittel auf Türkisch?

1. _____

2. _____

3. _____

4. _____

Die Lösung finden Sie in Anhang C.

Eine Reise planen

In diesem Kapitel

▷ Ins Reisebüro gehen

▷ Einen Kalender benutzen

▷ Von Pässen und Visa

▷ Am Zoll

Nicht immer möchte man auf einer Reise an einem Ort verweilen. Vielleicht planen Sie bereits, weitere Städte im Land zu entdecken, und möchten das nicht auf eigene Faust organisieren. Dann sollten Sie sich in ein **seyahat acentesi** (*ssä-ja-hat a-dschän-tä-ssi*; Reisebüro) begeben.

In diesem Kapitel erkläre ich Ihnen, wie Sie Hilfe im Reisebüro bekommen und einen Kalender benutzen können, um Ihre Reisedaten anzugeben oder eine Buchung zu stornieren. Bei einer Reise sollten Sie natürlich auch einen gültigen **pasaport** (*pa-ssa-port*; Pass) und eventuell ein **vize** (*wi-sä*; Visum) haben. Ich nenne Ihnen hier auch einige Begriffe zum Thema, damit Sie ohne Missverständnisse am Zoll vorbei kommen.

Erkundigungen im Reisebüro einholen

Wenn Sie erst einmal beschlossen haben, **nereye** (*nä-rä-jä*; wohin?) es gehen soll, können Sie in einem **seyahat acentesi** (*ssä-ja-hat a-dschän-tä-ssi*; Reisebüro) vorbeischauen, um sich näher beraten zu lassen.

Beim Gespräch im Reisebüro werden Sie den Dativ brauchen (**-a, -e, -ya, -ye**), der die Richtung angibt:

✔ **Bulgaristan'*a* gitmek istiyorum.** (*bul-ga-riss-ta-na git-mäk iss-ti-jo-rum*; Ich möchte nach Bulgarien fahren.)

✔ **Antalya'*ya* bilet var mı?** (*an-tal-ja-ja bi-lät war mı?*; Gibt es Tickets nach Antalya?)

✔ **Trabzon'*a* daha ucuz biletiniz yok mu?** (*trab-so-na da-ha u-dschus bi-lä-ti-nis jok mu?*; Haben Sie keine billigeren Tickets nach Trabzon?)

✔ **Suriye'*ye* biletler ne kadar?** (*ssuu-ri-jä-jä bi-lät-lär nä ka-dar?*; Wie viel kosten die Tickets nach Syrien?)

Wenn Sie sich nach bestimmten Gegebenheiten in einzelnen Regionen oder Städten erkundigen wollen, brauchen Sie den Lokativ (**-da, -de, -ta, -te**), der den Ort angibt:

✔ **Urfa'*da* bu mevsimde havalar nasıl?** (*ur-fa-da bu mäw-ssim-dä ha-wa-lar na-ssıl*; Wie ist das Wetter (*wörtlich:* die Wetter) in Urfa zu dieser Jahreszeit?)

✔ **Mersin'de nerede kalabilirim?** (*mär-ssin-dä nä-rä-dä ka-la-bi-li-rim*; Wo kann ich in Mersin bleiben?)

✔ **Kars'ta dağlar var mı?** (*karss-ta daa-lar war mı*; Gibt es Berge in Kars?)

✔ **Siirt'te seyahat etmek güvenli mi?** (*ssi-irt-tä ssä-ja-hat ät-mäk gü-wän-li mi*; Ist es sicher, in Siirt zu reisen?)

Im Gespräch

Thomas und seine Freundin Ayla möchten im Sommer verreisen. Sie sind sich noch nicht sicher, wo es überhaupt hingehen soll. Im Reisebüro lassen sie sich beraten.

Thomas: **İyi günler!**
i-ji gün-lär!
Guten Tag!

Angestellter: **İyi günler, hoş geldiniz! Size nasıl yardımcı olabilirim?**
i-ji gün-lär, hosch gäl-di-nis! ssi-sä na-ssıl jar-dım-dschı o-la-bi-li-rim?
Guten Tag, herzlich willkommen! Wie kann ich Ihnen behilflich sein?

Ayla: **Bu yaz iki hafta tatil yapmak istiyoruz, ama kararsızız. Ben bir şehir gezisi yapmak istiyorum, fakat sıcağı fazla sevmem.**
bu jas i-ki haf-ta taa-til jap-mak iss-ti-jo-rus, a-ma ka-rar-ssı-sıs. bän bir schä-hir gä-si-ssi jap-mak iss-ti-jo-rum, fa-kat ssı-dschaa-ı fas-la ssäw-mäm.
Diesen Sommer möchten wir zwei Wochen Urlaub machen, aber wir sind unentschlossen. Ich möchte eine Städtereise machen, mag aber (*wörtlich:* jedoch mag ich) die Hitze nicht sehr.

Thomas: **Ben de şehir gezisine karşı değilim, ama iki hafta şehirde kalmak istemem.**
bän dä schä-hir gä-si-ssi-nä kar-schı dää-i-lim, a-ma i-ki haf-ta schä-hir-dä kal-mak iss-tä-mäm.
Ich habe auch nichts gegen (*wörtlich:* ich bin auch nicht gegen) eine Städtereise, aber ich will nicht zwei Wochen in der Stadt bleiben.

Angestellter: **Peki, Toronto'yu hiç düşündünüz mü? Bir hafta şehirde kalabilirsiniz. Sonra arabayla ya da otobüsle göllere gidebilirsiniz.**
pä-ki, to-ron-to-ju hitsch dü-schün-dü-nüs mü? Bir haf-ta schä-hir-dä ka-la-bi-lir-ssi-nis. sson-ra a-ra-baj-la ja da o-to-büss-lä göl-lä-rä gi-dä-bi-lir-ssi-nis.
Ja gut, haben Sie denn mal an Toronto gedacht? Sie können eine Woche in der Stadt bleiben. Dann können Sie mit dem Auto oder dem Bus zu den Seen fahren.

Ayla: **Kanada çok uzak, pahalı olur.**
ka-na-da tschok u-sak, pa-ha-lı o-lur.
Kanada ist sehr weit, das wird teuer.

Angestellter: **Ya Paris nasıl? Paris'in çevresi de çok güzel.**
ja paa-riss na-ssıl? paa-ri-ssin tschäw-rä-ssi dä tschok gü-säl.
Und wie steht es mit (*wörtlich:* wie ist) Paris? Die Umgebung von Paris ist auch sehr schön.

Thomas: **Fransa'ya geçen yıl gittik. Yeni bir ülkeyi tanımak bizim için daha ilginç.**
fran-ssa-ja gä-tschän jıl git-tik. jä-ni bir ül-kä-ji ta-nı-mak bi-sim i-tschin da-ha il-gintsch.
Nach Frankreich sind wir letztes Jahr gefahren. Ein neues Land kennenzuler-nen ist für uns interessanter.

Angestellter: **Anladım. Polonya'da önceden bulundunuz mu?**
an-la-dım. po-lon-ja-da ön-dschä-dän bu-lun-du-nus mu?
Ich habe verstanden. Waren Sie schon mal in Polen?

Thomas: **Hayır.**
ha-jır.
Nein.

Angestellter: **Öyleyse size Krakov'u tavsiye ederim. Krakov harika bir şehir, ora-dan dağlara da uzak değil.**
öj-läj-ssä ssi-sä kra-ko-wu taw-ssi-jä ä-dä-rim. kra-kow haa-ri-ka bir schä-hir, o-ra-dan daa-la-ra da u-sak dää-il.
Dann empfehle ich Ihnen Krakau. Krakau ist eine wunderbare Stadt, von dort ist es auch nicht weit in die Berge.

Ayla: **Süper bir fikir. Haydi Thomas, bu yaz Polonya'ya gidelim!**
ssü-pär bir fi-kir. haj-di too-mass, bu jas po-lon-ja-ja gi-dä-lim!
Eine super Idee. Los Thomas, lass uns diesen Sommer nach Polen fahren!

Kleiner Wortschatz

yardımcı olmak (*jar-dım-dschı ol-mak*; behilflich sein)

yaz (*jas*; Sommer)

kararsız (*ka-rar-ssıs*; unentschlossen)

şehir gezisi (*schä-hir gä-si-ssi*; Städtereise)

fakat (*fa-kat*; aber, jedoch)

sıcak, -ğı (*ssı-dschak*; heiß/warm; Hitze)

göl (*göl*; See)

çevre (*tschäw-rä*; Umgebung)

ülke (*ül-kä*; Land)

Polonya (*po-lon-ja*; Polen)

tavsiye etmek (*taw-ssi-jä ät-mäk*; empfehlen)

dağ (*daa*; Berg)

fikir, -kri (*fi-kir*; Idee)

Türkische Adjektive sind manchmal identisch mit dem entsprechenden Substantiv. Das Adjektiv **sıcak** (*ssı-dschak*; heiß, warm) ist gleichzeitig auch das Substantiv in der Bedeutung »Hitze«. Zum Beispiel bedeutet das Wort **güzel** (*gü-säl*) gleichzeitig »schön« und »die Schöne«.

Einen Kalender benutzen

Wenn Sie eine Reise planen, schauen Sie zunächst in Ihren **takvim** (*tak-wim*; Kalender), um den richtigen Monat zu finden. Auch beim Buchen eines Tickets werden Sie den **ay** (*aj*; Monat) und das **tarih** (*taa-rich*; Datum) Ihrer Reise angeben.

Die Monate

Es gibt zwei Möglichkeiten, die Monate anzugeben, die beide gebräuchlich sind. Für die erste Möglichkeit erinnern Sie sich an die Bildung der Ordinalzahlen (Ordnungszahlen), die Sie in Kapitel 6 kennenlernen, wobei die Zahlen von eins bis zwölf ausreichen. In Tabelle 15.1 liste ich Ihnen auch noch mal zur Erinnerung die Kardinalzahlen (Grundzahlen) von eins bis zwölf auf.

Kardinalzahlen	Ordinalzahlen
bir (*bir*; eins)	**birinci** (*bi-rin-dschi*; erster)
iki (*i-ki*; zwei)	**ikinci** (*i-kin-dschi*; zweiter)
üç (*ütsch*; drei)	**üçüncü** (*ü-tschün-dschü*; dritter)
dört (*dört*; vier)	**dördüncü** (*dör-dün-dschü*; vierter)
beş (*bäsch*; fünf)	**beşinci** (*bä-schin-dschi*; fünfter)
altı (*al-tı*; sechs)	**altıncı** (*al-tın-dschı*; sechster)
yedi (*jä-di*; sieben)	**yedinci** (*jä-din-dschi*; siebter)
sekiz (*ssä-kis*; acht)	**sekizinci** (*ssä-ki-sin-dschi*; achter)
dokuz (*do-kus*; neun)	**dokuzuncu** (*do-ku-sun-dschu*; neunter)
on (*on*; zehn)	**onuncu** (*o-nun-dschu*; zehnter)
on bir (*on bir*; elf)	**on birinci** (*on bi-rin-dschi*; elfter)
on iki (*on i-ki*; zwölf)	**on ikinci** (*on i-kin-dschi*; zwölfter)

Tabelle 15.1: Kardinal- und Ordinalzahlen

Sie können nun die Ordnungszahl vor das Wort **ay** (*aj*; Monat) setzen, um zu sagen »erster Monat« oder »neunter Monat«, was dem Januar beziehungsweise dem September entspricht:

✔ **birinci ay** (*bi-rin-dschi aj*; erster Monat = Januar)

✔ **dokuzuncu ay** (*do-ku-sun-dschu aj*; neunter Monat = September)

In ländlichen Regionen verwendet man häufiger die Variante mit den Ordnungszahlen für die Angabe der Monate, bei offiziellen Durch- und Ansagen sowie in den Medien dominieren die eigenen Bezeichnungen für die Monate.

Etwas häufiger sind also diese Monatsnamen, die Sie sicher noch aus Kapitel 7 in Erinnerung haben:

✔ **ocak, -ğı** (*o-dschak*; Januar)

✔ **şubat** (*schu-bat*; Februar)

✔ **mart** (*mart*; März)

✔ **nisan** (*nii-ssan*; April)

✔ **mayıs** (*ma- jıss*; Mai)

✔ **haziran** (*ha-sii-ran*; Juni)

✔ **temmuz** (*täm-mus*; Juli)

✔ **ağustos** (*aa-uss-toss*; August)

✔ **eylül** (*äj-lül*; September)

✔ **ekim** (*ä-kim*; Oktober)

✔ **kasım** (*ka-ssım*; November)

✔ **aralık, -ğı** (*a-ra-lık*; Dezember)

Um Angaben wie »im Oktober« oder »im dritten Monat« zu machen, benötigen Sie den Lokativ (**-da, -de, -ta, -te**):

✔ **üçüncü ay*da*** (*ü-tschün-dschü aj-da*; im dritten Monat = im März)

✔ **ekim*de*** (*ä-kim-dä*; im Oktober)

✔ **şubat*ta*** (*schu-bat-ta*; im Februar)

Das Datum angeben

Viel einfacher ist es im Türkischen, das **tarih** (*taa-rich*; Datum) zu benennen, da Sie dazu keine Ordinalzahlen verwenden. Hier einige Beispiele, wie Sie ein Datum nennen können:

✔ **1.07.1998** (*bir jä-di bin do-kus jüs dok-ssan ssä-kis*; *wörtlich:* eins sieben tausendneunhundertachtundneunzig)

✔ **27.03.1972** (*jir-mi jä-di ütsch bin do-kus jüs jät-misch i-ki*; *wörtlich:* siebenundzwanzig drei tausendneunhundertzweiundsiebzig)

✔ **12 Mart 2010** (*on i-ki mart i-ki bin on*; *wörtlich:* zwölf März zweitausendzehn)

✔ **9 Ekim 1971** (*do-kus ä-kim bin do-kus jüs jät-misch bir*; *wörtlich:* neun Oktober tausendneunhunderteinundsiebzig)

 Mit Gründung der Türkischen Republik wurde der gregorianische Sonnenkalender eingeführt. Der Mondkalender, nach dem sich die islamischen Feiertage richten, ist nur für die religiösen Feiertage von Bedeutung. Da Mond- und Sonnenkalender nicht parallel verlaufen, verschieben sich die Feiertage von Jahr zu Jahr, wie auch die Fastenzeit.

Die Frage nach dem heutigen Datum lautet:

✔ **Bugün ayın kaçı?** (*bu-gün a-jın ka-tschı*; Der wievielte ist heute?, *wörtlich:* Heute ist der wievielte des Monats?)

Sie können diese Frage unterschiedlich beantworten:

✔ **Bugün ayın on üçü.** (*bu-gün a-jın on ü-tschü*; Heute ist der dreizehnte, *wörtlich:* Heute ist der dreizehnte des Monats.)

✔ **Bugün 13 Temmuz.** (*bu-gün on ütsch täm-mus*; Heute ist der 13. Juli.)

Wenn Sie sagen möchten, in welchem Jahr was passierte, benötigen Sie den Lokativ (**-da, -de, -ta, -te**):

✔ **1969'*da* doğdum.** (*bin do-kus jüs alt-mısch do-kus-da doo-dum*; Ich bin 1969 geboren.)

✔ **Kızım 1997'*de* okula başladı.** (*kı-sım bin do-kus jüs dok-ssan jä-di-dä o-ku-la basch-la-dı*; Meine Tochter hat 1997 mit der Schule begonnen.)

✔ **Eşim 1964'*te* doğdu.** (*ä-schim bin do-kus- jüs alt-mısch dört-tä doo-du*; Mein Mann ist 1964 geboren.)

✔ **Arkadaşım 2005'*te* ilk defa Türkiye'ye gitti.** (*ar-ka-da-schım i-ki bin bäsch-tä ilk dä-faa tür-ki-jä-jä git-ti*; Meine Freundin ist 2005 zum ersten Mal in die Türkei gefahren.)

Da das Türkische kein Geschlecht kennt, bedeutet **eşim** (*ä-schim*) entweder »mein Mann« oder »meine Frau«. Auch **arkadaşım** (*ar-ka-da-schım*) kann also »meine Freundin« oder »mein Freund« bedeuten.

Track 26: Im Gespräch

Christine ruft in ihrem Reisebüro an, um eine Reise zu stornieren.

Angestellte: **Alo. Buyurun.**
a-lo. bu-ju-run.
Ja, bitte.

Christine: **İyi günler. Ben Christine Lux. 24 Temmuz'da Samsun'a gitmek için sizden üç gün önce bilet aldım. Şimdi planlarım değişti. Geziyi iptal etmem lazım.**
i-ji gün-lär. bän kriss-tii-nä lukss. jir-mi dört täm-mus-da ssam-ssu- na git-mäk i-tschin ssis-dän ütsch gün ön-dschä bi-lät al-dım. schim-di plan-la-rım dää-isch-ti. gä-si-ji ip-taal ät-mäm laa-sım.
Guten Tag! Hier Christine Lux. Vor drei Tagen habe ich bei Ihnen eine Fahrkarte gekauft, um am 24. Juli nach Samsun zu fahren. Jetzt haben sich meine Pläne geändert. Ich muss die Reise stornieren.

Angestellte: **Biletiniz gidiş dönüş müydü?**
bi-lä-ti-nis gi-disch dö-nüsch müj-dü?
War Ihre Fahrkarte hin und zurück?

Christine: **Evet. Gidiş 24.07.2011, dönüş 8'inci ayın 2'si.**
ä-wät. gi-disch jir-mi dört jä-di i-ki bin on bir, dö-nüsch ssä-ki-sin-dschi a-jın i-ki-ssi.
Ja. Hin (am) 24.07.2011, zurück (am) zweiten des achten Monats.

Angestellte: **Hiç sorun değil. Biletinizi iptal ediyoruz. Başka bir tarihte kullan-mak istiyor musunuz?**
hitsch sso-run dää-il. bi-lä-ti-ni-si ip-taal ä-di-jo-rus. basch-ka bir taa-rich-tä kul-lan-mak iss-ti-jor mu-ssu-nus?
Überhaupt kein Problem. Wir stornieren Ihre Fahrkarte. Möchten Sie (sie) an einem anderen Datum verwenden?

Christine: **Hayır, mümkün değil. Maalesef yakında yine Almanya'ya dönmem lazım.**
ha-jır, müm-kün dää-il. maa-lä-ssäf ja-kın-da ji-nä al-man-ja-ja dön-mäm laa-sım.
Nein, das ist nicht möglich. Leider muss ich in Kürze wieder nach Deutschland zurückkehren.

Angestellte: **Olur. Öyleyse lütfen dönmeden önce bize uğrayın ve paranızı alın.**
o-lur. öj-läj-ssä lüt-fän dön-mä-dän ön-dschä bi-sä uu-ra-jın wä pa-ra-nı-sı a-lın.
Gut. Dann schauen Sie bitte, bevor Sie zurückkehren, bei uns vorbei und holen Ihr Geld ab.

Christine: **Tamam, çok teşekkür ederim!**
ta-mam, tschok tä-schäk-kür ä-dä-rim!
In Ordnung, vielen Dank!

Kleiner Wortschatz

değişmek (*dää-isch-mäk*; sich ändern, sich verändern)

iptal etmek (*ip-taal ät-mäk*; stornieren, absagen)

gidiş dönüş (*gi-disch dö-nüsch*; hin und zurück)

gidiş (*gi-disch*; Hinfahrt, Abfahrt, Abreise)

dönüş (*dö-nüsch*; Rückfahrt, Rückreise)

kullanmak (*kul-lan-mak*; benutzen, verwenden)

yakında (*ja-kın-da*; in Kürze, bald)

uğramak (*uu-ra-mak*; vorbeischauen/-gehen/-kommen)

Das Wort **alo** (_a-lo_) entspricht nicht dem deutschen »Hallo«. Es wird ausschließlich bei einem Telefongespräch verwendet, wenn Sie einen Telefonanruf entgegennehmen. Nur wenn _Sie_ den Hörer abnehmen, können Sie sich mit **Alo!** melden.

Ihren Pass, bitte

Bei jeder Reise, die über Staatsgrenzen hinausgeht, müssen Sie durch eine **pasaport kontrolü** (_pa-ssa-port kon-tro-lü_; Passkontrolle). Vor der Reise sollten Sie rechtzeitig prüfen, ob Ihr Pass noch über das Datum Ihrer Rückreise hinaus gültig ist, sonst hören Sie:

✔ **Pasaportunuz geçerli değil.** (_pa-ssa-por-tu-nus gä-tschär-li dää-il_; Ihr Pass ist nicht gültig.)

✔ **Bu pasaport geçersiz.** (_bu pa-ssa-port gä-tschär-ssis_; Dieser Pass ist ungültig.)

Der **memur** (_mää-mur_; Beamter) könnte Ihnen auch eine der folgenden Fragen stellen:

✔ **Adınız ne?** (_a-dı-nıs nä_; Wie ist Ihr Name)

✔ **Doğum tarihiniz ne?** (_doo-um taa-ri-chi-nis nä_; Was ist Ihr Geburtsdatum?)

✔ **Ne kadar kalacaksınız?** (_nä ka-dar ka-la-dschak-ssı-nıs_; Wie lange werden Sie bleiben?)

✔ **Yolculuğunuzun amacı ne?** (_jol-dschu-luu-u-nu-sun a-ma-dschı nä_; Was ist der Zweck Ihrer Reise?)

✔ **Kiminle yolculuk ediyorsunuz?** (_ki-min-lä jol-dschu-luk ä-di-jor-ssu-nus_; Mit wem reisen Sie?)

Track 27: Im Gespräch

Herr Schneider reist mit seiner Frau und seinen Kindern in die Türkei, um Urlaub zu machen. Bei der Passkontrolle wird er von einem Beamten befragt.

Beamter: **Pasaportunuz lütfen.**
pa-ssa-por-tu-nus lüt-fän.
Ihren Pass, bitte!

Herr Schneider: **Buyurun.**
bu-ju-run.
Bitte sehr.

Beamter: **Adınız ne?**
a-dı-nıs nä?
Wie ist Ihr Name?

Herr Schneider: **Schneider. Christopher Schneider.**
schnaj-där. kriss-to-fär schnaj-där.
Schneider. Christopher Schneider.

Beamter:	**Doğum tarihiniz?**
	doo-um taa-ri-chi-nis?
	Ihr Geburtsdatum?
Herr Schneider:	**1.01.1981.**
	bir bir bin do-kus jüs ssäk-ssän bir.
	1.01.1981. (*wörtlich:* eins eins tausendneunhunderteinundachtzig)
Beamter:	**Türkiye'de ne kadar kalacaksınız?**
	tür-ki-jä-dä nä ka-dar ka-la-dschak-ssı-nıs?
	Wie lange werden Sie sich in der Türkei aufhalten (*wörtlich:* bleiben)?
Herr Schneider:	**On gün.**
	on gün.
	Zehn Tage.
Beamter:	**Yolculuğunuzun amacı ne?**
	jol-dschu-luu-u-nu-sun a-ma-dschı nä?
	Was ist der Zweck Ihrer Reise?
Herr Schneider:	**Tatil yapmak istiyorum.**
	taa-til jap-mak iss-ti-jo-rum.
	Ich möchte Urlaub machen.
Beamter:	**Kiminle yolculuk ediyorsunuz?**
	ki-min-lä jol-dschu-luk ä-di-jor-ssu-nus?
	Mit wem reisen Sie?
Herr Schneider:	**Eşim ve oğullarımla.**
	ä-schim wä oo-ul-la-rım-la.
	Mit meiner Frau und meinen Söhnen.
Beamter:	**Öyleyse iyi tatiller!**
	öj-läj-ssä i-ji taa-til-lär!
	Na dann schönen Urlaub!

Kleiner Wortschatz

doğum tarihi (*doo-um taa-ri-chi*; Geburtsdatum)

amaç, -cı (*a-matsch*; Zweck, Absicht)

tatil yapmak (*taa-til jap-mak*; Urlaub machen)

oğul, -ğlu (*oo-ul*; Sohn)

Ein gültiges Visum haben

Ebenso wichtig wie ein gültiger **pasaport** (_pa-ssa-port_; Pass) ist die Frage, ob Sie ein **vize** (_wi-sä_; Visum) brauchen. Sie sollten sich bereits vor der Buchung der Reise vergewissert haben, dass Sie keines brauchen oder noch rechtzeitig ein Visum beantragen können. Wenn das Reisebüro Ihnen keine Auskunft geben kann, fragen Sie das zuständige **konsolosluk** (_kon-sso-los-luk_; Konsulat). Wenn Sie Ihren Pass verloren haben, wenden Sie sich an das für Sie zuständige **konsolosluk**. Die Kontaktdaten sollten Sie stets zur Hand haben.

Als deutscher Staatsangehöriger können Sie ohne Visum in die Türkei einreisen und erhalten an der Grenze ein dreimonatiges Touristenvisum, das die Aufnahme einer Erwerbstätigkeit ausschließt. Sie können wahlweise mit dem Pass oder mit Ihrem Personalausweis einreisen. Wenn Sie mit dem Pass einreisen, erhalten Sie einen Ein- und bei der Ausreise einen Ausreisestempel in den Pass. Wenn Sie mit Ihrem Personalausweis einreisen, bekommen Sie den Einreisestempel auf einem Formular, das etwa die Größe Ihres Ausweises hat. Dieses Formular mit dem Einreisestempel müssen Sie gut aufbewahren. Sie werden es mit Ihrem Ausweis bei einer Polizeikontrolle und vor allem bei der Ausreise vorlegen müssen.

Am Zoll

Nach der **pasaport kontrolü** (_pa-ssa-port kon-tro-lü_; Passkontrolle) ist die **gümrük işlemi** (_güm-rük isch-lä-mi_; Zollabfertigung) die letzte Etappe. Auch wenn Sie nichts zu verzollen haben, kann ein **gümrük memuru** (_güm-rük mää-mu-ru_; Zollbeamter) Sie fragen, ob Sie eines der folgenden Produkte mit sich führen:

✔ **alkol, -lü** (_al-kol_; Alkohol)

✔ **uyuşturucu** (_u-jusch-tu-ru-dschu_; Drogen)

✔ **patlayıcı madde** (_pat-la-jı-dschı mad-dä_; Explosivstoffe)

✔ **tütün ürünleri** (_tü-tün ü-rün-lä-ri_; Tabakwaren)

✔ **silah** (_ssi-lach_; Waffen)

Der **gümrük memuru** könnte Sie auch mit einem der folgenden Sätze zu etwas auffordern:

✔ **Lütfen valizinizi açın!** (_lüt-fän wa-li-si-ni-si a-tschın_; Bitte öffnen Sie Ihren Koffer!)

✔ **El çantanızı açın!** (_äl tschan-ta-nı-sı a-tschın_; Öffnen Sie Ihre Handtasche!)

✔ **Beyan etmek istediğiniz bir şey var mı?** (_bä-jaan ät-mäk iss-tä-dii-i-nis bir schäj war mı?_; Gibt es etwas, das Sie anmelden möchten?)

Vor Ihrer Einreise sollten Sie sich nach den Einfuhrbestimmungen für Tabak, Alkohol und Parfum erkundigen. Wenn Ihre Waren den zollfreien Wert überschreiten, kann es schnell teuer werden und Sie können sich nicht mehr über den vermeintlich günstigen Einkauf freuen.

Track 28: Im Gespräch

Moritz möchte seine Freunde in Ankara besuchen und ist gerade gelandet. Nachdem er die Passkontrolle passiert hat, muss er noch durch den Zoll.

Zollbeamter: **Merhaba, beyan etmek istediğiniz bir şey var mı?**
mär-ha-ba, bä-jaan ät-mäk iss-tä-dii-i-nis bir schäj war mı?
Guten Tag, gibt es etwas, das Sie anmelden möchten?

Moritz: **Neleri beyan etmem lazım ki?**
nä-lä-ri bä-jaan ät-mäm laa-sım ki?
Was muss ich denn alles anmelden?

Zollbeamter: **Yanınızda patlayıcı madde veya silah var mı?**
ja-nı-nıs-da pat-la-jı-dschı mad-dä wä-ja ssi-lach war mı?
Führen Sie Explosivstoffe oder Waffen mit sich?

Moritz: **Yanımda öyle şeyler yok.**
ja-nım-da öj-lä schäj-lär jok.
So etwas (*wörtlich:* solche Sachen) habe ich nicht bei mir.

Zollbeamter: **Uyuşturucu?**
u-jusch-tu-ru-dschu?
Drogen?

Moritz: **Hayır, hayır!**
ha-jır, ha-jır!
Nein, nein!

Zollbeamter: **İçki ve tütün ürünleri?**
itsch-ki wä tü-tün ü-rün-lä-ri?
Alkoholische Getränke und Tabakwaren?

Moritz: **Evet, bir şişe rakı ve bir karton sigara aldım.**
ä-wät, bir schi-schä ra-kı wä bir kar-ton ssi-ga-ra al-dım.
Ja, ich habe eine Flasche Raki und eine Stange Zigaretten gekauft.

Zollbeamter: **Görebilir miyim lütfen?**
gö-rä-bi-lir mi-jim lüt-fän?
Kann ich es sehen, bitte?

Moritz: **Tabii, buyurun.**
ta-bi, bu-ju-run.
Natürlich, bitte sehr.

Zollbeamter: **Tamam, teşekkürler. Türkiye'ye hoş geldiniz!**
ta-mam, tä-schäk-kür-lär. tür-ki-jä-jä hosch gäl-di-nis!
In Ordnung, danke. Herzlich willkommen in der Türkei!

Moritz: **Hoş bulduk!**
hosch bul-duk!
Bedeutung: Erwiderung auf »Herzlich willkommen!«

Kleiner Wortschatz

beyan etmek (_bä-jaan ät-mäk_; anmelden, deklarieren)

patlayıcı madde (_pat-la-jı-dschı mad-dä_; Explosivstoffe)

silah (_ssi-lach_; Waffe)

uyuşturucu (_u-jusch-tu-ru-dschu_; Drogen)

tütün (_tü-tün_; Tabak)

ürün (_ü-rün_; Produkt, Ware)

şişe (_schi-schä_; Flasche)

karton (_kar-ton_; Karton, _hier:_ Stange)

Spiel und Spaß

Wie heißen diese Begriffe auf Deutsch?

a. vize

b. pasaport kontrolü

c. takvim

d. seyahat acentesi

e. yolculuk

f. gümrük memuru

Die Lösung finden Sie in Anhang C.

Was tun in Notfällen?

In diesem Kapitel

▷ Bei Unfällen und Notfällen nach Hilfe fragen

▷ Zum Arzt, ins Krankenhaus und in die Apotheke gehen

▷ Mit der Polizei sprechen

Selbstverständlich sollten Sie optimistisch bleiben und nicht damit rechnen, dass Sie einmal in eine Notsituation geraten. Dennoch kann es nicht schaden, wenn Sie darauf vorbereitet sind. In Notsituationen ist es besonders wichtig, schnell zu reagieren, damit Sie **yardım** (*jar-dım*; Hilfe) bekommen oder jemand anderem helfen können.

In diesem Kapitel lernen Sie die Begriffe und Redewendungen, die hilfreich sein können, um bei einem **acil durum** (*aa-dschil du-rum*; Notfall) entsprechend zu reagieren und zurechtzukommen.

Unfälle und Notfälle

Sollten Sie einmal in eine Notsituation geraten, besteht die erste Herausforderung darin, einen kühlen Kopf zu bewahren und sich Übersicht zu verschaffen, damit Sie gezielt nach Hilfe fragen können. Sie müssen in solch einer Situation entscheiden, ob Sie die Feuerwehr, den Krankenwagen oder die Polizei herbeirufen. Anschließend können Sie nach einer Person fragen, die Ihre Sprache spricht.

Um Hilfe rufen

Egal ob es sich um einen **kaza** (*ka-saa*; Unfall), ein **yangın** (*jan-gın*; Feuer) oder um **hırsızlık** (*hır-ssıs-lık*; Diebstahl) handelt, als Erstes können Sie um Hilfe rufen: **İmdat!** (*im-daat*; Hilfe!)

Mit diesem Hilferuf können Sie auch folgende Ausdrücke kombinieren, um die Lage zu verdeutlichen:

✔ **Yangın var!** (*jan-gın war*; Feuer!, *wörtlich:* Es gibt ein Feuer!)

✔ **Hırsız var!** (*hır-ssıs war*; Dieb!, *wörtlich:* Es gibt einen Dieb/Diebe!)

✔ **Polis!** (*po-liss*; Polizei!)

✔ **Kaza var.** (*ka-saa war*; Es gibt einen Unfall.)

✔ **Doktor çağırın!** (*dok-tor tschaa-ı-rın*; Rufen Sie einen Arzt!)

✔ **Ambulans çağırın!** (*am-bu-lanss tschaa-ı-rın*; Rufen Sie einen Krankenwagen!)

✔ **İtfaiyeyi çağırın!** (*it-faa-i-jä-ji tschaa-ı-rın*; Rufen Sie die Feuerwehr!)

Nach einer Person fragen, die Ihre Sprache spricht

Wenn die detaillierte Schilderung des Vorfalls gefordert ist, können Sie nach jemandem fragen, der Ihre Sprache spricht:

✔ **Almanca bilen var mı?** (_al-man-dscha bi-län war mı_; Gibt es jemanden, der Deutsch spricht?, _wörtlich:_ … der Deutsch kann?)

✔ **İngilizce bilen var mı?** (_in-gi-lis-dschä bi-län war mı_; Gibt es jemanden, der Englisch spricht?, _wörtlich:_ … der Englisch kann?)

Einer anderen Person helfen

Vielleicht kommen Sie auch in die Situation, dass jemand anderes Ihre Hilfe braucht. Sie können dann diese Fragen stellen, um die Lage einzuschätzen:

✔ **Ne oldu?** (_nä oldu_; Was ist passiert?)

✔ **Yardıma ihtiyacınız var mı?** (_jar-dı-ma ich-ti-jaa-dschı-nıs war mı_; Benötigen Sie Hilfe?)

✔ **Size nasıl yardım edebilirim?** (_ssi-sä na-ssıl jar-dım ä-dä-bi-li-rim_; Wie kann ich Ihnen helfen?)

✔ **Kime haber vereyim?** (_ki-mä ha-bär wä-rä-jim_; Wen soll ich benachrichtigen?, _wörtlich:_ Wem soll ich Nachricht geben?)

Track 29: Im Gespräch

Andreas kommt gerade vom Einkaufen zurück, als ein Mann vor ihm stolpert und hinfällt. Er geht zu ihm und fragt, ob er behilflich sein kann.

Andreas: **Pardon, yardıma ihtiyacınız var mı?**
par-don, jar-dı-ma ich-ti-jaa-dschı-nıs war mı?
Verzeihung, benötigen Sie Hilfe?

Mann: **Hayır, teşekkür ederim.**
ha-jır, tä-schäk-kür ä-dä-rim.
Nein, danke.

Andreas: **Ne oldu?**
_nä ol-du?_
Was ist passiert?

Mann: **Ayağım takıldı ve düştüm. Bir şeyim yok.**
a-jaa-ım ta-kıl-dı wä düsch-tüm. bir schä-jim jok.
Ich bin gestolpert und hingefallen. Mir fehlt nichts (_wörtlich:_ Ich habe nichts).

Andreas: **Emin misiniz?**
ä-min mi-ssi-nis?
Sind Sie sich sicher?

Mann: **Evet, iyiyim.**
        ä-wät, i-ji-jim.
        Ja, es geht mir gut.

Kleiner Wortschatz

yardım (*jar-dım*; Hilfe)

ihtiyaç, -cı (*ich-ti-jatsch*; Bedürfnis, Bedarf)

ayak, -ğı (*a-jak*; Fuß)

takılmak (*ta-kıl-mak*; hängen bleiben, *hier:* stolpern)

düşmek (*düsch-mäk*; hinfallen)

emin (*ä-min*; sicher)

Brauchen Sie etwas?

In Kapitel 6 erläutere ich, dass es im Türkischen kein Verb für »brauchen« gibt und Sie mithilfe des Dativs (**-e**, **-a**, **-ye**, **-ya**) und dem Wort **lazım** (*laa-sım*; nötig, notwendig) ausdrücken können, dass Sie etwas brauchen. Die Person, die etwas braucht, wird dabei in den Dativ gesetzt:

✔ **Size yardım *lazım* mı?** (*ssi-sä jar-dım laa-sım mı*; Brauchen Sie Hilfe?)

✔ **Adama yardım *lazım*dı.** (*a-da-ma jar-dım laa-sım-dı*; Der Mann brauchte Hilfe.)

Wörtlich bedeuten die Sätze dann »Ist Ihnen Hilfe nötig?« und »Dem Mann war Hilfe nötig.«.

Eine andere Möglichkeit auszudrücken, dass Sie etwas brauchen, bietet Ihnen das Substantiv **ihtiyaç** (*ich-ti-jatsch*), das von der häufigsten Lauterscheinung, nämlich der Konsonantenerweichung betroffen ist: Wird eine Endung angefügt, die mit einem Vokal beginnt, wird das **ç** (*tschä*) am Ende des Wortes überführt zu seinem stimmhaften Pendant **c** (*dschä*). Dieses Substantiv bedeutet »Bedarf« oder »Bedürfnis«. Wenn Sie sagen möchten »mein Bedürfnis«, lautet es **ihtiyacım** (*ich-ti-jaa-dschım*).

Mit diesem Substantiv können Sie ausdrücken, dass Sie etwas brauchen, indem Sie einen Satz mit **var** (*war*; vorhanden, haben) oder dem Gegenstück **yok** (*jok*; nicht vorhanden, nicht haben) bilden. Sie bilden also einen Satz mit »haben« oder »nicht haben«, wozu Sie die besitzanzeigenden Endungen brauchen. Das, was Sie brauchen, wird dabei mit dem Dativ versehen:

✔ **Yardıma ihtiyacım yok.** (*jar-dı-ma ich-ti-jaa-dschım jok*; Ich brauche keine Hilfe.)

Das Wort **yardım** steht im Dativ, das Wort **ihtiyaç** ist mit der besitzanzeigenden Endung (Possessivsuffix) der ersten Person Singular versehen. Wörtlich bedeutet der Satz »Ich habe keinen Bedarf/kein Bedürfnis an Hilfe.«. Die Variante mit **ihtiyaç** drückt ein stärkeres »brauchen« aus als die Variante mit **lazım**.

Notrufnummern

Für Notfälle sollten Sie immer einige Telefonnummern parat haben, damit Sie, wenn es darauf ankommt, keine Zeit verlieren. In der Türkei erreichen Sie die **polis** (*po-liss*; Polizei) unter der Nummer 155. Außerhalb geschlossener Ortschaften und auf dem Land ist die **jandarma** (*zhan-dar-ma*; Gendarmerie) zuständig, die Sie unter der Nummer 156 erreichen. Die Notrufnummer für den **ambulans** (*am-bu-lanss*; Krankenwagen) lautet 112; die **itfaiye** (*it-faa-i-jä*; Feuerwehr) erreichen Sie unter 110.

Medizinische Hilfe

Leider passiert es häufig im Urlaub, dass man wegen der Klimaveränderung oder der ungewohnten Kost einen Arzt aufsuchen muss. Bevor Sie medizinische Hilfe in Anspruch nehmen, sollten Sie entscheiden, wohin es genau gehen soll. Dazu hier einige Begriffe:

✔ **eczane** (*äs-saa-nä*; Apotheke)

✔ **doktor** (*dok-tor*; Arzt)

✔ **muayenehane** (*mu-a-jä-nä-haa-nä*; Arztpraxis)

✔ **hastane** (*hass-taa-nä*; Krankenhaus)

✔ **acil servis** (*aa-dschil ssär-wiss*; Notaufnahme)

Sollten Sie einen Facharzt brauchen, werden diese Begriffe hilfreich sein:

✔ **göz doktoru** (*gös dok-to-ru*; Augenarzt)

✔ **kulak-burun-boğaz doktoru** (*ku-lak bu-run boo-as dok-to-ru*; Hals-Nasen-Ohren-Arzt)

✔ **kadın doktoru** oder **jinekolog** (*ka-dın dok-to-ru, zhi-nä-ko-log*; Frauenarzt)

✔ **dahiliyeci** (*daa-hi-li-jä-dschi*; Internist)

✔ **çocuk doktoru** (*tscho-dschuk dok-to-ru*; Kinderarzt)

✔ **nörolog** (*nö-ro-log*; Neurologe)

✔ **ortopedist** (*or-to-pä-disst*; Orthopäde)

✔ **dişçi** oder **diş doktoru** (*disch-tschi, disch dok-to-ru*; Zahnarzt)

Da es kein grammatikalisches Geschlecht im Türkischen gibt, kann **göz doktoru** (*gös dok-to-ru*) sowohl Augenärztin als auch Augenarzt bedeuten. In der Anrede verwendet man die Berufsbezeichnung **doktor** und stellt dem Geschlecht entsprechend **hanım** und **bey** nach:

✔ **Doktor Hanım** (*dok-tor ha-nım*; Frau Doktor)

✔ **Doktor Bey** (*dok-tor bäj*; Herr Doktor)

Die Körperteile

Den richtigen Arzt zu finden, ist allerdings nur der erste Schritt; erst einmal dort angekommen, wird der Arzt Sie fragen, wo Sie Beschwerden haben. Damit Sie den entsprechenden Körperteil benennen können, hier ein Überblick:

- ✔ **kol** (*kol*; Arm)

- ✔ **göz** (*gös*; Auge)

- ✔ **karın, -rnı** (*ka-rın*; Bauch)

- ✔ **bacak, -ğı** (*ba-dschak*; Bein)

- ✔ **göğüs, -ğsü** (*göö-üss*; Brust)

- ✔ **dirsek, -ği** (*dir-ssäk*; Ellbogen)

- ✔ **parmak, -ğı** (*par-mak*; Finger)

- ✔ **ayak, -ğı** (*a-jak*; Fuß)

- ✔ **yüz** (*jüs*; Gesicht)

- ✔ **boğaz** (*boo-as*; Hals)

- ✔ **el** (*äl*; Hand)

- ✔ **baş** (*basch*; Kopf)

- ✔ **vücut, -du** (*wü-dschut*; Körper)

- ✔ **diz** (*dis*; Knie)

- ✔ **dudak, -ğı** (*du-dak*; Lippe)

- ✔ **ağız, -ğzı** (*aa-ıs*; Mund)

- ✔ **burun, -rnu** (*bu-run*; Nase)

- ✔ **kulak, -ğı** (*ku-lak*; Ohr)

- ✔ **sırt** (*ssırt*; Rücken)

- ✔ **omuz, -mzu** (*o-mus*; Schulter)

- ✔ **diş** (*disch*; Zahn)

- ✔ **ayak parmağı** (*a-jak par-maa-ı*; Zeh)

- ✔ **dil** (*dil*; Zunge)

Auch die Bezeichnungen für die Organe werden hilfreich sein:

- ✔ **bağırsak, -ğı** (*baa-ır-ssak*; Darm)

- ✔ **safra kesesi** (*ssaf-ra kä-ssä-ssi*; Gallenblase)

- ✔ **kalp, -bi** (*kalp*; Herz)

✔ **karaciğer** (_ka-ra-dschii-är_; Leber)

✔ **akciğer** (_ak-dschii-är_; Lunge)

✔ **dalak, -ğı** (_da-lak_; Milz)

✔ **böbrek, -ği** (_böb-räk_; Niere)

✔ **mide** (_mii-dä_; Magen)

Symptome und besondere Umstände erklären

Leider reicht es nicht immer, den entsprechenden Körperteil zu benennen und Sie müssen erklären, woran Sie leiden. Wenn Sie an einer Allergie leiden oder schwanger sind, sollten Sie das auch mitteilen. Hier einige Sätze, die Ihnen dabei behilflich sein werden:

✔ **Başım (çok/hafif) ağrıyor.** (_ba-schım tschok/ha-fif aa-rı-jor_; Ich habe (starke/leichte) Kopfschmerzen.)

✔ **Migrenim var.** (_mig-rä-nim war_; Ich habe Migräne.)

✔ **Alerjim var.** (_a-lär-zhim war_; Ich habe eine Allergie.)

✔ **Hamileyim.** (_haa-mi-lä-jim_; Ich bin schwanger.)

✔ **Midem yanıyor.** (_mii-däm ja-nı-jor_; Ich habe Sodbrennen.)

✔ **(Yüksek) ateşim var.** (_jük-ssäk a-tä-schim war_; Ich habe (hohes) Fieber.)

✔ **İshalim var.** (_iss-ha-lim war_; Ich habe Durchfall.)

✔ **Kabızım.** (_ka-bı-sım_; Ich habe Verstopfung.)

✔ **Tansiyonum düşük/yüksek.** (_tan-ssi-jo-num dü-schük/jük-ssäk_; Mein Blutdruck ist niedrig/hoch.)

✔ **Şeker hastasıyım.** (_schä-kär hass-ta-ssı-jım_; Ich bin Diabetiker.)

✔ **Midem bulanıyor.** (_mii-däm bu-la-nı-jor_; Mir ist übel.)

✔ **Başım dönüyor.** (_ba-schım dö-nü-jor_; Mir ist schwindlig.)

✔ **Üşüttüm.** (_ü-schüt-tüm_; Ich habe mich erkältet.)

In der Apotheke

Nach der Behandlung wird Ihnen der Arzt wahrscheinlich ein **reçete** (_rä-tschä-tä_; Rezept) verschreiben, mit dem Sie in eine **eczane** (_äs-saa-nä_; Apotheke) gehen können. Der **eczacı** (_äs-saa-dschı_; Apotheker) wird Ihnen Ihr **ilaç** (_i-latsch_; Medikament) aushändigen und in der Regel auch etwas zur Einnahme des Medikaments sagen. Mögliche Begriffe, die der Apotheker Ihnen nennen könnte, sind folgende:

✔ **yemekten önce** (_jä-mäk-tän ön-dschä_; vor dem Essen)

✔ **yemekten sonra** (_jä-mäk-tän sson-ra_; nach dem Essen)

- **yemekte** (*jä-mäk-tä*; beim Essen)

- **aç karnına** (*atsch kar-nı-na*; auf nüchternen Magen, *wörtlich:* auf hungrigen Bauch)

- **tok karnına** (*tok kar-nı-na*; nicht auf nüchternen Magen, *wörtlich:* auf satten Bauch)

- **suyla** (*ssuj-la*; mit Wasser)

- **günde iki defa** (*gün-dä i-ki dä-faa*; zweimal am Tag)

- **günde iki tane** (*gün-dä i-ki taa-nä*; zwei Stück am Tag)

- **yarım tablet** (*ja-rım tab-lät*; eine halbe Tablette)

- **sabah ve akşam** (*ssa-bach wä ak-scham*; morgens und abends)

- **öğlen** (*öö-län*; mittags)

- **üç saatte bir** (*ütsch ssa-at-tä bir*; alle drei Stunden)

Track 30: Im Gespräch

Michael bekommt die Hitze am Urlaubsort nicht, sodass er mit Kreislaufbeschwerden und Übelkeit zum Arzt gegangen ist. Der Arzt hat ihm ein Rezept für ein Medikament ausgestellt, das er jetzt in der Apotheke abholen möchte.

Michael: **İyi günler!**
i-ji gün-lär!
Guten Tag!

Apotheker: **İyi günler, hoş geldiniz! Size nasıl yardımcı olabilirim?**
i-ji gün-lär, hosch gäl-di-nis! ssi-sä na-ssıl jar-dım-dschı o-la-bi-li-rim?
Guten Tag, herzlich willkommen! Wie kann ich Ihnen behilflich sein?

Michael: **Doktor bana bir reçete verdi, şimdi ilacımı almak istiyorum. Buyurun, reçetem.**
dok-tor ba-na bir rä-tschä-tä wär-di, schim-di i-la-dschı-mı al-mak iss-ti-jo-rum. bu-ju-run, rä-tschä-täm.
Der Arzt hat mir ein Rezept gegeben, jetzt möchte ich mein Medikament abholen. Bitte sehr, mein Rezept.

Apotheker: **Teşekkürler, bir dakika bekleyin lütfen.**
tä-schäk-kür-lär, bir da-ki-ka bäk-lä-jin lüt-fän.
Dankeschön, warten Sie einen Moment (*wörtlich:* eine Minute) bitte.

Michael: **Tamam.**
ta-mam.
In Ordnung.

Apotheker: **İşte ilacınız.**
isch-tä i-la-dschı-nıs.
Hier ist Ihr Medikament.

Michael: **Teşekkürler. İlacı nasıl almam lazım?**
             tä-schäk-kür-lär. i-la-dschı na-ssıl al-mam laa-sım?
             Danke schön. Wie muss ich das Medikament einnehmen?

Apotheker: **Sabah ve akşam yemekten sonra bir tablet, bol suyla alın. Ayrıca bu sıcaklarda bol su için ve güneşe çıkmayın!**
             ssa-bach wä ak-scham jä-mäk-tän sson-ra bir tab-lät, bol ssuj-la a-lın. aj-rı-dscha bu ssı-dschak-lar-da bol ssu i-tschin wä gü-nä-schä tschık-ma-jın!
             Morgens und abends nach dem Essen eine Tablette, nehmen Sie sie mit reichlich Wasser ein. Außerdem trinken Sie bei dieser Hitze reichlich Wasser und gehen nicht in die Sonne!

Michael: **Anladım. Borcum ne kadar?**
             an-la-dım. bor-dschum nä ka-dar?
             Ich habe verstanden. Wie viel schulde ich Ihnen?

Apotheker: **Altı buçuk lira.**
             al-tı bu-tschuk li-ra.
             Sechseinhalb Lira.

Michael: **Buyurun. İyi günler!**
             bu-ju-run. i-ji gün-lär!
             Bitte sehr. Auf Wiedersehen!

Apotheker: **Güle güle! Geçmiş olsun!**
             gü-lä gü-lä! gätsch-misch ol-ssun!
             Auf Wiedersehen! Gute Besserung!

Kleiner Wortschatz

reçete (*rä-tschä-tä*; Rezept)

ilaç, -cı (*i-latsch*; Medikament)

beklemek (*bäk-lä-mäk*; warten)

tablet (*tab-lät*; Tablette)

güneş (*gü-näsch*; Sonne)

güneşe çıkmak (*gü-nä-schä tschık-mak*; in die Sonne (raus-)gehen)

bol (*bol*; reichlich)

borç, -cu (*bortsch*; Schulden)

Geçmiş olsun! (*gätsch-misch ol-ssun*; Gute Besserung!)

Die gesetzlichen Krankenkassen bieten Ihnen die Möglichkeit, sich für den Urlaub einen Auslandskrankenschein ausstellen zu lassen. Dazu gibt es Abkommen mit verschiedenen Ländern, zu denen auch die Türkei zählt. Im Krankheitsfall wenden Sie sich dann vor Ort an eine Regionalstelle der **Sosyal Güvenlik Kurumu** (*ssoss-jal gü-wän-lik ku-ru-mu*; Sozialversicherungsanstalt), wo Ihnen die weitere Vorgehensweise erklärt wird. Es ist auch eine Überlegung wert, eine zusätzliche Auslandsreise-Krankenversicherung abzuschließen. Es schadet nicht, sich vor Reiseantritt bei Ihrer Krankenkasse zu erkundigen. Wenn Sie ADAC-Mitglied sind, sollten Sie sich auch beim ADAC über die Möglichkeiten einer Auslandsversicherung informieren.

Auf dem Polizeirevier

Leider kann es überall passieren, dass Sie bestohlen werden oder Sie aus anderen Gründen ein **karakol** (*ka-ra-kol*; Polizeirevier) aufsuchen müssen. Aus diesem Grund sollten Sie immer auf Ihr »Türkisch für Dummies«-Exemplar achtgeben, damit Sie in einer solchen Situation alle wichtigen Begriffe parat haben.

Hier die ersten Sätze, die im Falle des Falles hilfreich sein werden:

✔ **En yakın karakol nerede?** (*än ja-kın ka-ra-kol nä-rä-dä*; Wo ist das nächste Polzeirevier?)

✔ **Polise nasıl ulaşabilirim?** (*po-li-ssä na-ssıl u-la-scha-bi-li-rim*; Wie kann ich die Polizei erreichen?)

✔ **Bir ihbarda bulunmak istiyorum.** (*bir ich-bar-da bu-lun-mak iss-ti-jo-rum*; Ich möchte eine Anzeige erstatten.)

Die Polizeibeamten können Sie mit der Berufsbezeichnung anreden:

✔ **Polis Hanım** (*po-liss ha-nım*; Frau Polizistin)

✔ **Polis Bey** (*po-liss bäj*; Herr Polizist)

Eine andere übliche Anredeform ist:

✔ **Memur Hanım** (*mää-mur ha-nım*; Frau Beamtin)

✔ **Memur Bey** (*mää-mur bäj*; Herr Beamter)

Beschreiben, was gestohlen wurde

Wenn Sie einen Diebstahl melden, sollten Sie neben Ihren Personalien und den Umständen zunächst angeben, worum es geht:

✔ **… çalındı.** (… *tscha-lın-dı*; … wurde gestohlen.)

Hier eine Auswahl an möglichen Gegenständen, die Sie in die Lücke einsetzen können:

✔ **arabam** (*a-ra-bam*; mein Auto)

✔ **cüzdanım** (*dschüs-da-nım*; meine Brieftasche/mein Portemonnaie)

✔ **param** (*pa-ram*; mein Geld)

✔ **cep telefonum** (*dschäp tä-lä-fo-num*; mein Handy)

✔ **valizim** (*wa-li-sim*; mein Koffer)

✔ **kredi kartım** (*krä-di kar-tım*; meine Kreditkarte)

✔ **pasaportum** (*pa-ssa-por-tum*; mein Pass)

✔ **anahtarım** (*a-nach-ta-rım*; mein Schlüssel)

✔ **çantam** (*tschan-tam*; meine Tasche)

Die Fragen der Polizei beantworten

Der Polizeibeamte wird Ihnen einige Fragen zum **hırsız** (*hır-ssıs*; Dieb) und zum **olay** (*o-laj*; Vorfall) stellen:

✔ **Hırsızı gördünüz mü?** (*hır-ssı-sı gördünüz mü*; Haben Sie den Dieb gesehen?)

✔ **Hırsızı tarif edebilir misiniz?** (*hır-ssı-sı taa-rif ä-dä-bi-lir mi-ssi-nis*; Können Sie den Dieb beschreiben?)

✔ **... ne zaman çalındı?** (*...nä sa-man tscha-lın-dı*; Wann wurde ... gestohlen?)

✔ **... saat kaçta çalındı?** (*... ssa-at katsch-ta tscha-lın-dı*; Um wie viel Uhr wurde ... gestohlen?)

✔ **Nasıl oldu?** (*na-ssıl ol-du*; Wie ist das passiert?)

✔ **Nerede oldu?** (*nä-rä-dä ol-du*; Wo ist das passiert?)

Wenn Sie dem Polizeibeamten den Dieb beschreiben, können Sie einleiten mit **Hırsız ...** (*hır-ssıs ...*; Der Dieb ...) und fortfahren mit:

✔ **... uzun boyluydu.** (*... u-sun boj-luj-du*; ... war groß.)

✔ **... kısa boyluydu.** (*... kı-ssa boj-luj-du*; ... war klein.)

✔ **... şişmandı.** (*... schisch-man-dı*; ... war dick.)

✔ **... zayıftı.** (*... sa-jıf-tı*; ... war dünn.)

✔ **... gözlüklüydü.** (*... gös-lük-lüj-dü*; ... hatte eine Brille.)

✔ **... uzun/kısa saçlıydı.** (*... u-sun/kı-ssa ssatsch-lıj-dı*; ... hatte lange/kurze Haare.)

✔ **... esmerdi/sarışındı/kızıl saçlıydı.** (*... äss-mär-di/ssa-rı-schın-dı/kı-sıl ssatsch-lıj-dı*; ... war dunkelhaarig/blond/roothaarig.)

✔ **... sakallıydı/bıyıklıydı.** (*... ssa-kal-lıj-dı/bı-jık-lıj-dı*; ... hatte einen Bart/Schnurrbart.)

✔ **... keldi.** (*... käl-di*; ... hatte eine Glatze.)

✔ **... gençti/yaşlıydı.** (*... gäntsch-ti/jasch-lıj-dı*; ... war jung/alt.)

Ihre Rechte wahrnehmen

Wenn Sie sich in einer schwierigen Situation befinden oder zu aufgeregt sind, um das Gespräch auf Türkisch zu führen, können diese Sätze hilfreich sein:

✔ **Bir tercüman istiyorum.** (*bir tär-dschü-man iss-ti-jo-rum*; Ich möchte einen Dolmetscher.)

✔ **Bir avukat istiyorum.** (*bir a-wu-kat iss-ti-jo-rum*; Ich möchte einen Anwalt.)

✔ **Konsolosluğa telefon etmek istiyorum.** (*kon-sso-loss-luu-a tä-lä-fon ät-mäk iss-ti-jo-rum*; Ich möchte das Konsulat anrufen.)

Track 31: Im Gespräch

Ayla und Thomas kommen aus dem Kino und kaufen sich etwas zu trinken. Als sie bezahlen, stellt Thomas fest, dass seine Brieftasche gestohlen wurde. Sie begeben sich auf die nächste Polizeiwache, um Anzeige zu erstatten.

Thomas: **İyi akşamlar Memur Bey. Bir ihbarda bulunmak istiyorum. Cüzdanım çalındı.**
i-ji ak-scham-lar mää-mur bäj. bir ich-bar-da bu-lun-mak iss-ti-jo-rum. dschüs-da-nım tscha-lın-dı.
Guten Abend Herr Beamter. Ich möchte eine Anzeige erstatten. Meine Brieftasche wurde gestohlen.

Polizist: **İyi akşamlar. Nerede ve ne zaman oldu?**
i-ji ak-scham-lar. nä-rä-dä wä nä sa-man ol-du?
Guten Abend. Wo und wann ist das passiert?

Thomas: **Biraz önce sinemada oldu. Saat kaçta ...?**
bi-ras ön-dschä ssi-nä-ma-da ol-du. ssa-at katsch-ta ...?
Das ist eben gerade im Kino passiert. Um wie viel Uhr ...?

Ayla: **Film saat yedi buçukta başladı ve dokuza doğru bitti.**
film ssa-at jä-di bu-tschuk-ta basch-la-dı wä do-ku-sa doo-ru bit-ti.
Der Film hat um halb acht begonnen und gegen neun geendet.

Polizist: **Peki, cüzdanınızda neler vardı?**
pä-ki, dschüs-da-nı-nıs-da nä-lär war-dı?
Nun gut, was war alles in Ihrer Brieftasche?

Thomas: **Bir kredi kartı, ehliyetim ve para.**
bir krä-di kar-tı, äch-li-jä-tim wä pa-ra.
Eine Kreditkarte, mein Führerschein und Geld.

Polizist: **Ne kadar para?**
nä ka-dar pa-ra?
Wie viel Geld?

Thomas: **Aşağı yukarı 90 lira.**
a-schaa-ı ju-ka-rı dok-ssan li-ra.
Ungefähr neunzig Lira.

Polizist: **Hırsızı gördünüz mü? Onu tarif edebilir misiniz?**
hır-ssı-sı gör-dü-nüs mü? o-nu taa-rif ä-dä-bi-lir mi-ssi-nis?
Haben Sie den Dieb gesehen? Können Sie ihn beschreiben?

Ayla: **Hayır, Memur Bey. Maalesef görmedik.**
ha-jır, mää-mur bäj. maa-lä-ssäf gör-mä-dik.
Nein, Herr Beamter. Leider haben wir ihn nicht gesehen.

Polizist: **Tamam, lütfen burada bekleyin. Ben ihbar için gereken formu getiriyorum.**
ta-mam, lüt-fän bu-ra-da bäk-lä-jin. bän ich-bar i-tschin gä-rä-kän formu gä-ti-ri-jo-rum.
In Ordnung, bitte warten Sie hier. Ich hole das nötige Formular für die Anzeige.

Kleiner Wortschatz

ihbar (*ich-bar*; Anzeige)

ihbarda bulunmak (*ich-bar-da bu-lun-mak*; Anzeige erstatten)

cüzdan (*dschüs-dan*; Brieftasche)

başlamak (*basch-la-mak*; beginnen)

bitmek (*bit-mäk*; enden)

kredi kartı (*krä-di kar-tı*; Kreditkarte)

ehliyet (*äch-li-jät*; Führerschein)

tarif etmek (*taa-rif ät-mäk*; beschreiben)

form (*form*; Formular)

getirmek (*gä-tir-mäk*; bringen)

Spiel und Spaß

Wie heißen diese Körperteile auf Türkisch?

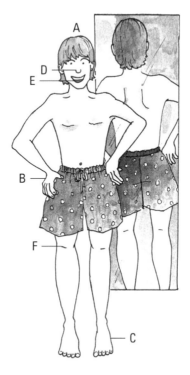

a. _____

b. _____

c. _____

d. _____

e. _____

f. _____

Die Lösung finden Sie in Anhang C.

Der Top-Ten-Teil

The 5th Wave

By Rich Tennant

»Thomas hatte gelesen, dass man sich in der Türkei überschwänglich
begrüßt. Nur hatte ihm keiner gesagt, dass die Türken heutzutage keinen
Turban mehr tragen.«

In diesem Teil ... verrate ich Ihnen, welche Feiertage von Bedeutung sind und welche Redewendungen Sie kennen sollten. Sie erfahren, welche zehn Sätze Sie zum Türken machen und was Sie tun können, um Ihr Türkisch zu verbessern und zu üben. Ich erkläre Ihnen hier auch, worauf Sie im Umgang mit Türken unbedingt achten sollten.

Zehn Tipps, um schnell Türkisch zu lernen

17

Keine Frage: Am besten lernen Sie Türkisch in einer türkischsprachigen Umgebung. Nicht immer haben Sie aber die Möglichkeit, sich länger in der Türkei aufzuhalten. In diesem Kapitel gebe ich Ihnen einige Tipps, wie Sie Ihr Türkisch verbessern, üben und ausbauen können, ohne dafür vor Ort sein zu müssen.

Besuchen Sie einen Türkischkurs

Vielleicht haben Sie bereits einmal einen **Türkçe kursu** (*türk-tschä kur-ssu*; Türkischkurs) besucht oder spielen mit dem Gedanken, sich für einen Kurs anzumelden. Inzwischen bieten beinahe alle Volkshochschulen in größeren Städten Türkischkurse an, aber auch an einer Universität könnten Sie nachfragen, ob Sie als Gasthörer teilnehmen können. Darüber hinaus gibt es inzwischen umfangreiches Lehrmaterial auf dem Markt, mit dem Sie sich im Selbststudium mit dem Türkischen vertraut machen können.

Auch in der Türkei gibt es einiges an Kursangeboten, sodass Sie auch einen Kurs an einer **dil okulu** (*dil o-ku-lu*; Sprachenschule) belegen können. Anerkannte Sprachenschulen sind zum Beispiel TÖMER (www.tomer.ankara.edu.tr), die Filialen in vielen türkischen Städten hat, oder die Sprachenschule DİLMER (www.dilmer.com), die ihren Sitz in Istanbul hat.

Schauen Sie türkisches Fernsehen

Die türkische Medienlandschaft ist sehr lebendig. Neben dem staatlichen Fernsehsender TRT gibt es zahlreiche Privatsender. Neben Nachrichtenmagazinen und Talkshows sind vor allem Musikprogramme sehr beliebt. An erster Stelle bei den Zuschauern stehen jedoch die **dizi** (*di-si*; Serie, Seifenoper), die sich auch in synchronisierter Form in der arabischen Welt großer Beliebtheit erfreuen.

Wenn Sie moderne Seifenopern verfolgen, die nicht nach einer historischen Vorlage gedreht wurden, können Sie gleichzeitig einen interessanten Einblick in das türkische Alltagsleben erhalten. Fragen Sie doch einmal bei Ihren türkischen Nachbarn nach, wie Sie türkische Sender empfangen können oder ob Sie sich bei einem Fernsehabend dazugesellen können.

Hören Sie Sprach-CDs

Wenn Sie zu denjenigen gehören, die über das Gehör die besten Lernerfolge erzielen, sollten Sie vor allem eines tun: Türkisch hören! Fangen Sie doch gleich einmal mit der beiliegenden **CD** (*ssii-dii*; CD) an. Versuchen Sie, das Gehörte möglichst oft laut nach- oder mitzusprechen. Sie können sich auch selbst aufnehmen und anschließend gezielt an Ihrer Aussprache und Intonation arbeiten.

Schauen Sie türkische Filme an

Wenn Sie gern ins Kino gehen und sich ganz allgemein für Filme interessieren, sollten Sie sich unbedingt türkische Filme anschauen. Türkische Filme kommen mehr und mehr in deutsche Kinos und werden nicht immer synchronisiert, sondern auch im Original mit deutschen Untertiteln vorgeführt. Sie können aber auch bei Ihrem nächsten Besuch in der Videothek nach türkischen Filmen fragen, doch auch bei DVDs gibt es mittlerweile auch bei nicht türkischen Filmen häufig eine türkische Sprachauswahl.

Wenn Sie sich einen Film von Fatih Akın ausleihen, dem wohl bekanntesten deutschen Regisseur mit türkischen Wurzeln, können Sie sich den Film bestimmt auch in der türkischen Fassung ansehen. Testen Sie doch einmal bei Ihrem Lieblingsfilm, ob Sie nicht bei der Spracheinstellung auch eine türkische Version oder zumindest türkische Untertitel haben. Wenn Sie einen Film auf Türkisch sehen, erleichtern eingeblendete deutsche oder aber türkische Untertitel das Verständnis, denn nicht immer ist es einfach, gesprochene Sprache auf Anhieb zu verstehen.

Besuchen Sie türkische Läden und Restaurants

Fast überall werden Sie ein türkisches **lokanta** (*lo-kan-ta*; Restaurant) oder **restoran** (*räss-to-ran*; Restaurant) finden, in dem Sie einfach mal auf Türkisch bestellen und mit dem Personal über die Speisen sprechen können. Sie kennen vielleicht auch ein türkisches **bakkal** (*bak-kal*; kleines Geschäft) in Ihrer Umgebung. Versuchen Sie einfach, Ihren nächsten Einkauf auf Türkisch zu bewältigen. Da Türkisch nicht gerade eine verbreitete Fremdsprache ist, wird man Ihre Bemühungen zu schätzen wissen und Sie in jedem Fall loben. Wahrscheinlich bekommen Sie dann auch die frischere Ware.

Lesen Sie die türkische Presse

Die türkische **basın** (*ba-ssın*; Presse) ist nicht nur vielfältig, sondern auch sehr bunt bebildert. Neben zahlreichen Magazinen und Zeitschriften sind es aber vor allem die Tageszeitungen, die sich einer großen Leserschaft erfreuen. Die größten oder bekanntesten Tageszeitungen sind »Cumhuriyet«, »Sabah« und »Hürriyet«. Sie werden feststellen, dass die türkische Presse sich auch tagespolitischen Ereignissen annimmt, die für Europa weniger im Zentrum des Interesses stehen. Während die »Cumhuriyet« eine streng kemalistische Linie verfolgt, ist die

»Sabah« religiös-konservativ und die »Hürriyet« eher als säkular, doch mit liberal-konservativer Ausrichtung einzuordnen. Ein Vergleich der Ausrichtungen mit denen deutscher Blätter ist jedoch schwierig, da die Zeitungs- und Nachrichtenkultur sich unterscheidet und die einzelnen Presseorgane in der Türkei auch stärker politisch Stellung beziehen.

Sollte Ihnen die Zeitungslektüre vorerst schwerfallen, versuchen Sie vielleicht zunächst mit einer **dergi** (*där-gi*; Zeitschrift), die auf Ihre Interessen ausgerichtet ist. Fragen Sie einfach einmal bei Ihrem Kiosk, ob es dort nicht auch türkische Zeitungen oder Zeitschriften gibt. In kleineren Orten dürften Sie am Bahnhof fündig werden. Sie können aber auch das Internet nutzen, wobei Ihnen diese Webseite einen Überblick über sämtliche Tageszeitungen bietet: `http://g-oku.com/`

Hören Sie türkische Musik

Recht unbekannt sind hierzulande die **Klasik Türk Müziği** (*kla-ssik türk mü-sii-i*; klassische türkische Musik) und die **Türk Sanat Müziği** (*türk ssa-nat mü-sii-i*; türkische Kunstmusik). Allgemein großer Beliebtheit erfreut sich aber die **halk müziği** (*halk mü-sii-i*; Volksmusik), die an zweiter Stelle steht und so gar nichts mit der Volksmusik zu tun hat, die uns hierzulande bekannt ist. Platz eins besetzt natürlich die **pop müzik** (*pop mü-sik*; Popmusik), die aus dem türkischen Alltag nicht wegzudenken ist. Der international bekannteste türkische Popsänger dürfte Tarkan sein. In vielen deutschen Großstädten gibt es auch türkische Radiosender, die zweisprachig und vor allem viel Musik senden.

Das **şarkı söylemek** (*schar-kı ssöj-lä-mäk*; singen) ist in der türkischen Kultur weit verbreitet: Nicht nur allein unter der Dusche, sondern vor allem in geselliger Runde wird ungeniert und ungezwungen drauflosgeträllert. Mitsingen macht nicht nur Spaß, es trainiert auch Ihre Aussprache und Ihren Wortschatz. Übersetzen Sie einfach einmal Ihr Lieblingslied für sich und lernen Sie, es mitzusingen. Wie auf der ganzen Welt geht es natürlich meist um die Liebe, sodass Sie eine besondere Person mit dem Ständchen eines türkischen Liedes überraschen und beeindrucken können.

Blättern Sie im Wörterbuch

Das **sözlük** (*ssös-lük*; Wörterbuch) gehört nicht zu den Büchern, die Sie von der ersten bis zur letzten Seite lesen werden, allerdings sollte es immer in greifbarer Nähe stehen. Auch im Web finden Sie verschiedene Online-Wörterbücher, von denen Folgendes zu empfehlen ist: `www.cafeuni.de/site/home`

Wenn Sie vom Türkischlernen nicht genug bekommen können, suchen Sie sich einfach nach dem Zufallsprinzip »das Wort des Tages« oder »das Wort der Woche« heraus, das Sie sich dann zusätzlich einprägen. So wächst Ihr Wortschatz auch um Vokabeln, die über den Grundwortschatz hinausgehen.

Finden Sie türkische Freunde

Die schönste und für viele die beste Möglichkeit, Türkisch zu lernen, ist der zwischenmenschliche Kontakt. Ein türkischer **arkadaş** (_ar-ka-dasch_; Freund) oder **tanıdık** (_ta-nı-dık_; Bekannter) kann Sie beim Lernen vielseitig unterstützen. Wenden Sie sich mit Ihren Fragen auch an türkische Kollegen und Nachbarn, die Ihnen sicher gern behilflich sein werden. Über das Türkischlernen mag vielleicht auch die eine oder andere Freundschaft entstehen.

Eine andere Möglichkeit, von der beide Parteien profitieren, ist die sogenannte Tandemarbeit. Bei einem Sprachtandem kommen zwei Personen mit unterschiedlichen Muttersprachen zusammen, die sich gegenseitig beim Erlernen der jeweils anderen Sprache unterstützen. Schauen Sie am Schwarzen Brett der Universität oder Volkshochschule nach entsprechenden Aushängen oder machen Sie selbst einen.

Surfen Sie im Internet

Im **internet** (_in-tär-nät_; Internet) finden Sie alles Mögliche über Türkisch und vor allem alles Mögliche auf Türkisch. Sie können hier nicht nur Ihre Lesefähigkeiten ausbauen, sondern auch selbst aktiv werden und sich in Foren auf Türkisch zu verschiedensten Themen austauschen. Suchen Sie einmal über eine Suchmaschine etwas zu einem Thema, für das Sie sich leidenschaftlich interessieren. Dann wird die Lektüre nicht nur sprachlich, sondern auch inhaltlich spannend.

Wenn Sie etwas auf Türkisch schreiben wollen und nicht über die Sonderzeichen verfügen, setzen Sie einfach die entsprechenden Buchstaben ohne Häkchen, also ein **g** für **ğ** oder ein **s** für **ş**. Ihr Gegenüber wird Ihre Zeilen mühelos lesen und verstehen. Sie können aber auch an Ihrem Rechner die türkische Tastatur über die Sprachauswahl hinzufügen. Übrigens haben Sie diese Option auch bei Ihrem Handy.

Zehn Dinge, auf die Sie achten sollten

18

Das Sprichwort »Andere Länder, andere Sitten« gilt auch für die Türkei und unter Türken. Eine andere Sprache zu lernen bedeutet auch, kulturelle Unterschiede wahrzunehmen. Damit Sie nicht ins Fettnäpfchen treten, gebe ich Ihnen hier zehn Tipps, wie Sie im Umgang mit Menschen aus der Türkei nicht anecken oder auffallen. Übrigens gelten diese Tipps für den gesamten Nahen Osten.

Die Schuhe ausziehen

Wenn Sie zu einem Anlass eingeladen sind, zu dem auch viele andere Gäste kommen, werden Sie schon am Eingang eine ganze Menge Schuhe sehen. Denn sobald Sie eine türkische Wohnung betreten, ob in der Türkei oder in Deutschland, sollten Sie als Erstes Ihre Schuhe ausziehen. Das wird auch so gehandhabt, wenn Sie die Wohnung nur kurz betreten. Es lohnt sich also, morgens die Socken zu prüfen, denn Löcher in den Strümpfen sind auch in der türkischen Kultur peinlich.

Jeder türkische Haushalt hält **terlik** (*tär-lik*; Hausschuhe) für Gäste bereit; auch Sie sollten, wenn Sie türkische Gäste empfangen, nach Möglichkeit Hausschuhe anbieten. Zu einem schicken Anlass können Sie sich auch Ihre zu Ihrem Outfit passenden eigenen (Haus-)Schuhe mitbringen.

Keine Intimitäten in der Öffentlichkeit

Während Sie in Europa oft Paare sehen können, die sich in der Öffentlichkeit **öpüşmek** (*ö-püsch-mäk*; küssen), werden Sie das in der Türkei nicht sehen. Ausgenommen sind hier natürlich die Wangenküsschen, mit denen sich auch Männer und Frauen begrüßen und verabschieden. In einer größeren Stadt werden Sie nicht auffallen, wenn Sie Händchen halten oder den Arm um die Schulter des Partners legen. Grundsätzlich ist es aber nicht üblich, Zärtlichkeiten in der Öffentlichkeit auszutauschen. Sollten Sie sich innig mit Ihrem Partner auf der Straße küssen, wird man Sie früher oder später freundlich bis eher weniger freundlich darum bitten, es zu unterlassen. Zärtlichkeiten unter Paaren gehören in der türkischen Kultur in den privaten Bereich.

An das Gastgeschenk denken

Geschenke spielen im Nahen Osten eine wichtige Rolle. Besonders wichtig ist das Gastgeschenk. Vielleicht haben Sie aber nicht immer etwas Landestypisches aus Ihrer Heimat parat, was in der Türkei natürlich ein besonders interessantes Gastgeschenk sein würde. Wenn Sie zum Essen oder Tee eingeladen werden, können Sie etwas Süßes in einer **pastane** (_pass-taa-nä_; Konditorei) besorgen. Geeignet sind Torten, Feingebäck oder auch Schokolade, die entsprechend verpackt ist. Auch besondere türkische Süßspeisen oder Blumen sind geeignet. Sollten im Haushalt Kinder leben, können Sie auch eine Kleinigkeit für sie mitbringen, was Ihnen nicht nur die Sympathie der jüngeren Familienmitglieder einbringt.

Keinen Alkohol in der Öffentlichkeit trinken

Der Genuss von Alkohol hat in der türkischen Kultur nicht den Stellenwert, den er zum Beispiel in Europa hat. Ganz verzichtet wird darauf an religiösen Feiertagen, zur Fastenzeit und bei Beerdigungen. Viele Familienfeiern kommen ohne Alkohol aus; auch eine Hochzeit kann, wenn die Familien religiös sind, ganz und gar alkoholfrei verlaufen.

Grundsätzlich ist es kein Problem **içki** (_itsch-ki_; alkoholische Getränke) in einem Restaurant oder einer Bar zu trinken, sonst würden sie ja nicht angeboten werden, nur in der Öffentlichkeit sollten Sie darauf verzichten. Sich mit einer Flasche Bier in den Park zu setzen, kann zur Bekanntschaft mit einem Ordnungshüter führen.

Richtiges Verhalten in einer Moschee

Wenn Sie eine **cami** (_dschaa-mi_; Moschee) besuchen, müssen Sie Ihre Schuhe ausziehen, sich angemessen kleiden und dürfen nicht fotografieren. Sie müssen lange Hosen beziehungsweise einen langen Rock tragen und als Frau die Oberarme und die Haare bedecken. In berühmten Moscheen, die viele ausländische Besucher anziehen, werden Sie Hinweisschilder mit Verhaltensregeln vorfinden. Achten Sie darauf, die anderen Moscheebesucher nicht bei der Verrichtung ihres Gebets zu stören und sich leise zu verhalten, dann sollte Ihrem Besuch nichts im Wege stehen.

Den Fastenmonat respektieren

Der **ramazan** (_ra-ma-san_; Fastenmonat, Fastenzeit) spielt eine große Rolle im Leben der Muslime und auch für die Menschen um sie herum. Da die Gläubigen in dieser Zeit von Sonnenaufgang bis Sonnenuntergang **oruç tutmak** (_o-rutsch tut-mak_; fasten), also weder essen, rauchen noch trinken – auch kein Wasser –, sollten Sie Rücksicht darauf nehmen. Während der Fastenzeit ist es kein Problem, dass Sie nicht fasten, und Sie können auch in Restaurants essen und trinken, allerdings werden einige Restaurants ihren Alkoholausschank in dieser Zeit aussetzen. Sie sollten Rücksicht auf die Fastenden nehmen und wenn es sich vermeiden lässt, nicht unbedingt in ihrer Gegenwart essen, trinken oder rauchen.

Auf FKK verzichten

An öffentlichen Stränden sollten Sie in jedem Fall auf FKK verzichten. Öffentliche FKK-Strände gibt es in der Türkei nicht. Manchmal finden Sie in touristenreichen Gegenden auch ein Hinweisschild, das das Nacktbaden verbietet. Wenn Sie sich an einem touristischen Ort in einer geschlossenen Hotelanlage aufhalten, gehört meist auch ein Strandabschnitt dazu. Beobachten Sie zunächst, wie sich die anderen Badegäste verhalten, oder fragen Sie im Zweifelsfall zunächst das Hotelpersonal, bevor Sie die Hüllen fallen lassen.

In der türkischen Kultur herrscht ein anderer Umgang mit Nacktheit. Bei einem Besuch in einem **hamam** (*ha-mam*; türkisches Bad, Hamam) werden Sie feststellen, dass es separate Bereiche für Männer und Frauen gibt. Aber auch unter gleichgeschlechtlichen Besuchern eines Badehauses ist man nie vollkommen **çıplak** (*tschıp-lak*; nackt) und bedeckt den Schambereich. An touristischen Orten gibt es daher landestypische Hamams für ausländische Gäste, die in der Regel nicht von Türken aufgesucht werden.

Die Nase leise putzen

Während das Naseputzen in der mitteleuropäischen Kultur die Anstandsregeln nicht verletzt, gilt es in der türkischen Kultur als äußerst unhöflich und löst Ekelgefühle aus. Wenn Ihre Nase läuft, ist es höflicher, sie einstweilen hochzuziehen, bis Sie sich zum Naseputzen in ein Bad begeben können. Wenn es gar nicht anders geht, bitten Sie um Entschuldigung und drehen sich beim Naseputzen weg oder laufen ein paar Schritte weiter. Besonders unhöflich ist das Naseputzen beim Essen. Nur zum Vergleich: Während ein Rülpser mit einem **Pardon!** (*par-don*; Verzeihung!) aus der Welt geschafft und vergessen ist, wird der Fehltritt mit dem Naseputzen im Gedächtnis haften bleiben.

Niemanden anstarren

Wenn Sie eine Person nicht kennen, sollten Sie sie auf keinen Fall anstarren oder längere Zeit zu ihr hinschauen. Anstarren wird als Provokation aufgefasst und Sie könnten zu hören bekommen: **Ne bakıyorsun?** (*nä ba-kı-jor-ssun*; Was guckst du?) Besonders als Mann sollten Sie es vermeiden, eine Ihnen unbekannte Person, ob Mann oder Frau, anzustarren, da Sie als Mann schneller als Provokateur beschuldigt werden.

Angebotene Speisen nicht zurückweisen

Das Essen, vor allem das gemeinsame, spielt eine wichtige Rolle. Jemanden einzuladen ist dabei wichtiger, als selbst eingeladen zu werden, weil man den Gast unter allen Umständen zufriedenstellen möchte. Die Mengen und Vielfalt der angebotenen Speisen können einen ungeübten Gast leicht an seine physischen Grenzen stoßen lassen. Selbst wenn Sie eine Speise überhaupt nicht mögen, sollten Sie sie nicht zurückweisen und unter keinen Umständen durch Ihre Mimik äußere Anzeichen von Nichtgefallen zeigen. Essen Sie etwas mehr als Sie können und versuchen Sie Einladungen an zwei aufeinanderfolgenden Tagen zu umgehen. **Afiyet olsun!** (*aa-fi-jät ol-ssun*; Guten Appetit!)

Zehn türkische Redewendungen

19

*W*enn Sie sich schon ein wenig ins Türkische reingehört haben, wird Ihnen auch aufgefallen sein, dass sich einige Redewendungen oft wiederholen und zu allen möglichen Gelegenheiten benutzt werden. In diesem Kapitel nenne ich Ihnen einige, damit Sie mitreden können.

Allah Allah!

(*al-lach al-lach*)

Wörtlich bedeutet dieser Ausdruck »Oh Gott, oh Gott!«. Er wird verwendet, um Gott bei einer unglaublichen Sache anzurufen. Mit dieser Redewendung können Sie Verwunderung und Erstaunen ausdrücken, sodass man auf die Bedeutung »Na so was!« oder »Das ist ja ein Ding!« kommt.

Aynen

(*aj-nän*)

Dieses Wort hat viele Bedeutungen und wird in der Konversation in der Bedeutung »ebenso«, »genau (so)« und »ja eben« verwendet.

Çok güzel!

(*tschok gü-säl*)

Diese Redewendung bedeutet »Sehr schön!« und passt in vielen Situationen. Sie wird auch in der Bedeutung »Sehr gut!« verwendet. Ob es nun das Essen, der Film oder das Wetter ist, alles kann einfach **çok güzel** oder einfach nur **güzel** sein.

..., değil mi?

(*dää-il mi*)

Dieser Ausdruck wird einer Aussage nachgestellt und bedeutet »..., nicht wahr?« beziehungsweise »..., oder?«. Der Gesprächspartner wird hierbei, sofern eine Sprechpause entsteht, um

Bestätigung gebeten. Häufig wird aber gar nicht eine Reaktion des Gesprächspartners gefordert und dieser nachgestellte Ausdruck dient der eigenen Bestätigung. Vielleicht kennen Sie das nachgestellte »..., isn't it?« oder »..., right?« im Englischen, was in der Anwendung dem Türkischen **değil mi?** entspricht.

Haydi!

(_haj-di_)

Diese Aufforderung bedeutet »Los!« und kommt auch in der Form **hadi** (_ha-di_) vor.

İnşallah!

(_in-schal-lach_)

Dieses Wort bedeutet wörtlich »So Gott will!«. Es wird in der Bedeutung »Dein Wort in Gottes Ohr!« verwendet und weitaus häufiger in der Bedeutung »hoffentlich«. Auch die Wendung **umarım** (_u-ma-rım_; hoffentlich, _wörtlich:_ ich hoffe) kommt neben **inşallah** häufig vor.

Olamaz!

(_o-la-mas_)

Wörtlich bedeutet dieser Ausdruck »Das kann nicht sein!«. Er wird in der Bedeutung »Unglaublich!« oder »Das darf doch (wohl) nicht wahr sein!« verwendet.

Olur/Oldu

(_o-lur/ol-du_)

Dieser Ausdruck stammt vom Hilfsverb **olmak** (_ol-mak_; sein, werden) und steht in der Zeitform Aorist, der die allgemeine Gegenwart wiedergibt. Ebenso häufig wird die Form **oldu** (_ol-du_) verwendet, bei der das Verb im Präteritum steht. Sie können diese Formen als Zusage und Zustimmung im Sinne von »das geht in Ordnung« oder »abgemacht« verwenden.

Peki

(_pä-ki_)

Als Erwiderung auf einen Befehl oder eine Aufforderung bedeutet dieses Wort »Jawohl!«, »gewiss«, »akzeptiert« oder »schon recht«. Einleitend zu einer Aussage hat es die Bedeutung »ja gut« oder »nun gut«.

Tamam

(_ta-mam_)

Dieses Wort bedeutet so viel wie »in Ordnung«, »schon gut« oder »einverstanden«. Sie können **tamam** mit **oldu** oder **olur** variieren.

Zehn Sätze, mit denen Sie wie ein Türke klingen

20

In diesem Kapitel mache ich Sie mit typischen Sätzen bekannt, die im Alltag häufig vorkommen. Von Türkischlernern erwartet man nicht, dass sie sie kennen, sodass Sie Ihre Gesprächspartner mit den folgenden Sätzen richtig beeindrucken können.

Afiyet olsun! – Eline sağlık!

(aa-fi-jät ol-ssun; ä-li-nä ssaa-lık)

Afiyet olsun!, nämlich »Guten Appetit!«, wünscht man sich zu Beginn einer Mahlzeit. **Eline sağlık!**, was »Gesundheit deinen Händen« bedeutet, wird beim, spätestens aber nach dem Essen der Person gewünscht, die das Mahl zubereitet hat. In der siezenden Form lautet der Satz **Elinize sağlık!** *(ä-li-ni-sä ssaa-lık)*. Man drückt damit gleichzeitig aus, dass das Essen schmeckt. Diese Redewendung gehört mit »Guten Appetit!« zusammen, denn auch die Erwiderung auf **Eline sağlık!** ist **Afiyet olsun!** Die wörtliche Bedeutung von **afiyet** ist nämlich »Wohlgefallen« und »Wohlergehen«, sodass man sich mit **Afiyet olsun!** wörtlich »Möge es Wohlgefallen finden!« oder »Möge es zu Wohlergehen führen!« oder sinngemäß einfach »Möge es (wohl) schmecken« wünscht.

Allah kavuştursun!

(al-lach ka-wusch-tur-ssun)

Dieser Satz bedeutet »Möge Gott (Euch oder Sie) (wieder) zusammenführen!« und wird einer Person gewünscht, die gerade von jemanden für längere Zeit Abschied genommen hat.

Geçmiş olsun!

(gätsch-misch ol-ssun)

»Möge es vorbei sein!« ist immer dann angebracht, wenn jemand eine schwierige oder unangenehme Situation oder Tätigkeit hinter sich gebracht hat. Das kann eine Prüfung, ein ungewolltes Treffen oder auch die alltägliche Arbeit sein. Dieser Satz wird auch bei einer Krankheit im Sinne von »Gute Besserung!« verwendet.

Gözün aydın!

(gö-sün aj-dın)

Ist die ersehnte Person wieder zurück, sagt man **Gözün aydın!**, was wörtlich »dein Auge ist erhellt« bedeutet. In der siezenden Form, oder wenn Sie mehrere Personen ansprechen, lautet der Satz **Gözünüz aydın!** *(gö-sü-nüs aj-dın)*. **Gözün aydın!** verwendet man auch etwas allgemeiner als Glückwunschformel beim Eintritt eines freudigen Ereignisses.

Güle güle ... !

(gü-lä gü-lä)

Sie kennen diese Redewendung sicher bereits als Erwiderung auf einen Abschiedsgruß in der Bedeutung »Auf Wiedersehen!«. Wörtlich bedeutet es »lachend«, allerdings bedeutet es bei dieser Wunschformel »mit Freude«. Dem **Güle güle ... !** folgt die Befehlsform und man kann diese Wunschformel in vielen Situationen aussprechen. Zum Beispiel wenn jemand ein neues Kleidungsstück gekauft hat oder ein neues Haus, kann man **Güle güle giy!** *(gü-lä gü-lä gij;* Trage es mit Freude!) oder **Güle güle oturun!** *(gü-lä gü-lä o-tu-run;* Wohnen Sie mit Freude darin!) sagen.

Hayırlı işler!

(ha-jır-lı isch-lär)

Wenn Sie sich in einem Geschäft verabschieden, können Sie dem Ladenbesitzer oder dem Personal mit diesem Satz »gesegnete« oder »einträgliche Geschäfte« wünschen.

Hoş geldin! – Hoş bulduk!

(hosch gäl-din; hosch bul-duk)

Hoş geldin! bedeutet »Herzlich willkommen!«, wörtlich »du bist wohlwollend (erwünscht) gekommen«. In der siezenden Form, oder wenn man mehrere Personen willkommen heißt, lautet der Satz **Hoş geldiniz!** *(hosch gäl-di-nis)*. Die Erwiderung darauf ist **Hoş bulduk!**, wörtlich »wir haben es wohlwollend (erwünscht) vorgefunden«. Übrigens wird die Erwiderung immer in dieser Form verwendet, also der ersten Person Plural, auch wenn Sie allein kommen. Sinngemäß drückt man hiermit aus, dass man sich über das Eintreffen einer oder mehrerer Personen freut.

Kolay gelsin!

(ko-laj gäl-ssin)

»Möge es leichtfallen!« wünscht man einer Person immer dann, wenn eine zu bewältigende (meist schwierige oder unangenehme) Aufgabe bevorsteht. Das kann eine anstehende Prüfung, ein ungewolltes Treffen oder auch die alltägliche Arbeit sein.

Sıhhatler olsun!

(ssı-hat-lär ol-ssun)

Eigentlich bedeutet **sıhhat** *(ssı-hat)* »Gesundheit«, hier allerdings »Wohlbefinden« oder »Wohlergehen«. Der ganze Satz drückt also den Wunsch »Möge es Wohlbefinden bringen!« aus und wird einer Person gewünscht, die gerade ein Bad genommen hat, beim Friseur war (auch da werden ja die Haare gewaschen) oder eine Bartrasur hinter sich hat.

Yolun açık olsun!

(jo-lun a-tschık ol-ssun)

In der siezenden Form beziehungsweise wenn Sie mehrere Personen ansprechen, lautet dieser Wunsch **Yolunuz açık olsun!** *(jo-lu-nus a-tschık ol-ssun)* und wird einer Person gewünscht, von der man sich für längere Zeit verabschiedet oder die einen langen Weg vor sich hat. Wörtlich bedeutet dieser Satz »Möge dein/Euer/Ihr Weg offen sein«, gemeint ist ohne Hindernisse, und steht dem Wunsch »Gute Reise!« nah.

Zehn Feiertage, über die Sie Bescheid wissen sollten

21

In diesem Kapitel mache ich Sie mit zehn Feiertagen bekannt, die in der Türkei wichtig sind. Man unterscheidet bei den Feiertagen zwischen den **dinî bayramlar** *(dii-nii baj-ram-lar;* religiöse Feiertage) und den **ulusal bayramlar** *(u-lu-ssal baj-ram-lar;* nationale Feiertage). Insgesamt gibt es acht offizielle Feiertage, an denen nicht gearbeitet wird und es schulfrei gibt.

Atatürk'ü Anma, Gençlik ve Spor Bayramı

Der »Feiertag der Jugend, des Sports und des Gedenkens an Atatürk« *(a-ta-tür-kü an-ma, gäntsch-lik wä spor baj-ra-mı)* wird am 19. Mai gefeiert. Er erinnert an Atatürks Ankunft (damals Mustafa Kemal Pascha) in Samsun im Jahre 1919, der den Beginn des Befreiungskriegs kennzeichnet.

Cumhuriyet Bayramı

Am 29. Oktober wird der »Feiertag der Republik« *(dschum-huu-ri-jät baj-ra-mı)* begangen, ein für die Türken sehr wichtiger Nationalfeiertag, an dem an die Ausrufung der Türkischen Republik durch Mustafa Kemal Pascha (Atatürk) im Jahre 1923 erinnert wird.

Emek ve Dayanışma Günü

Der »Tag der Arbeit und der Solidarität« *(ä-mäk wä da-ja-nısch-ma gü-nü)* wird am 1. Mai begangen und wurde erst vor Kurzem mit einer Gesetzesänderung zu einem offiziellen Feiertag.

Kurban Bayramı

Das viertägige »Opferfest« **Kurban Bayramı** *(kur-ban baj-ra-mı)* wird ähnlich wie das Zuckerfest begangen und ist das höchste religiöse Fest. Einen wichtigen Unterschied zum **Şeker Bayramı** *(schä-kär baj-ra-mı)*, dem Zuckerfest, gibt es allerdings: Wie der Name sagt, wird ein Opfertier geschlachtet, sodass die Festtagsspeisen zum großen Teil aus Fleisch bestehen. Als Opfertier kommen Schafe und Widder infrage, aber auch Rinder oder Kamele (Letzteres weniger in der Türkei), wobei das Tier gesund sein muss und weibliche Tiere nicht trächtig sein dürfen. Das Fest beginnt ab dem zehnten Tag des zwölften Monats des Mondkalenders. In der Regel wird das Tier am Morgen des ersten Festtags geschlachtet. Die Familie darf nur einen

Teil des Fleisches für sich behalten. Der größte Teil des geschlachteten Opfertiers muss an Verwandte, Nachbarn und Bedürftige verteilt werden. Familien, die es sich leisten können, lassen ein oder mehrere Opfertiere schlachten und spenden das Fleisch an Armenküchen oder Waisenheime.

Ulusal Egemenlik ve Çocuk Bayramı

Der »Feiertag der Nationalen Souveränität und des Kindes« *(u-lu-ssal ä-gä-män-lik wä tscho-dschuk baj-ra-mı)* wird am 23. April begangen. Er erinnert an die Eröffnung der Großen Nationalversammlung der Türkei im Jahre 1920 in Ankara, wodurch das Fundament für die Souveränität der Republik gelegt wurde. Schulkinder und das Militär halten an diesem Tag Paraden ab und es finden internationale Folklore-Aufführungen von Kindern statt. Dieser Tag soll die Freundschaft und Brüderlichkeit der Kinder untereinander fördern und ist Atatürks Motto entsprungen, das **Çocuklarımız geleceğimizdir!** *(tscho-dschuk-la-rı-mıs gä-lä-dschää-i-mis-dir*; Unsere Kinder sind unsere Zukunft!) besagt.

Şeker Bayramı

Am Ende der Fastenzeit, dem **ramazan** *(ra-ma-san*; Ramadan), die 29 oder 30 Tage dauern kann, wird dieses dreitägige Fest gefeiert. **Şeker Bayramı** *(schä-kär baj-ra-mı)* bedeutet »Zuckerfest«; die Kinder bekommen zu diesem Anlass neben Geld und anderen Geschenken Süßigkeiten. Dieser Feiertag, der eigentlich **Ramazan Bayramı** *(ra-ma-san baj-ra-mı*; Ramadanfest) heißt, zählt zu den religiösen Feiertagen. Da sich der islamische Kalender nach dem Mondkalender richtet, verschiebt sich die Fastenzeit jedes Jahr. Innerhalb des islamischen Kalenders bewegt sich die Fastenzeit allerdings nicht und liegt im neunten Monat, sodass dieses Fest in die ersten drei Tage des zehnten Monats des Mondkalenders fällt. Nachdem die Gläubigen in der Fastenzeit von Sonnenaufgang bis Sonnenuntergang weder essen, trinken noch rauchen durften, wird dieses Fest gefeiert, indem sich Verwandte und Freunde Besuche abstatten und üppige Mahlzeiten zubereitet werden.

Yılbaşı

Dieser Feiertag *(jıl-ba-schı)* zum Anlass des ersten Tages des neuen Jahres fällt auf den 1. Januar und bedeutet Neujahr. Am Neujahrstag statten jüngere Familienmitgliedern den Älteren in der Familie einen Neujahrsbesuch ab.

Zafer Bayramı

Dem »Feiertag des Sieges« *(sa-fär baj-ra-mı)* am 30. August liegt die Erinnerung an den Sieg gegen die europäischen Besatzer im türkischen Befreiungskrieg (1919–1923) zugrunde.

Nicht offizielle Feiertage

Darüber hinaus gibt es einige Feiertage, die keinen offiziellen Charakter haben und nur für bestimmte Berufsgruppen oder Gemeinden wichtig sind. Interessant ist der **Öğretmenler Günü** (*öö-rät-män-lär gü-nü*; Tag des Lehrers) am 24. November, der auf Atatürk zurückgeht, oder der **Anneler Günü** (*an-nä-lär gü-nü*; Muttertag), der wie hierzulande begangen wird.

Mustafa Kemal Atatürk'ün Ölümü

Der »Todestag Mustafa Kemal Atatürks« *(muss-ta-fa kä-mal a-ta-tür-kün ö-lü-mü)* ist kein offizieller Feiertag, aber als Trauer- und Gedenktag von großer Bedeutung. Alljährlich wird Atatürks Tod am 10. November 1938 in Istanbul gedacht. Am 10. November ertönen zu seinem Todeszeitpunkt um 9.05 Uhr in der gesamten Türkei Sirenen in staatlichen Einrichtungen, die überall zu hören sind, und alle Bürger halten inne und legen eine Schweigeminute ein. Sollten Sie sich zu diesem Zeitpunkt in der Türkei aufhalten, bleiben Sie beim Ertönen der Sirenen unbedingt stehen beziehungsweise stehen Sie auf und verhalten sich ruhig, bis das Leben seinen gewohnten Gang nimmt.

Anhänge

The 5th Wave   By Rich Tennant

»Ich höre mir einen echten Evergreen an: die unregelmäßige Konjugation der Verben im Aorist.«

In diesem Teil ...

finden Sie verschiedene Anhänge. In Anhang A habe ich für Sie verschiedene Tabellen zur Kleinen und Großen Vokalharmonie und zur Deklination und Konjugation im Türkischen, eine Liste von weiblichen und männlichen Vornamen sowie von Ländernamen zusammengestellt, die Ihnen beim Lernen eine Stütze sein sollen. Anhang B besteht aus zwei Miniwörterbüchern, das erste Türkisch – Deutsch und das zweite Deutsch – Türkisch. In Anhang C können Sie die Lösungen zu den »Spiel und Spaß«-Abschnitten nachschlagen und Anhang D gibt Ihnen einen Überblick über die Audio-Tracks auf der beiliegenden CD.

Vokalharmonien, Konsonanten-angleichung, Deklination und Konjugation im Türkischen

Hier finden Sie Tabellen zur Kleinen und Großen Vokalharmonie, zur Konsonantenanglei-chung, eine Übersicht zu Pronomen und Suffixen sowie zur Deklination und Konjugation im Türkischen.

Die zwei Vokalharmonien

Kleine Vokalharmonie auf	folgt	Beispiel
a		**arabalar** (*a-ra-ba-lar*; Autos)
ı	a	**kızlar** (*kıs-lar*; Mädchen, Töchter)
o		**vazolar** (*wa-so-lar*; Vasen)
u		**kuşlar** (*kusch-lar*; Vögel)
e		**kalemler** (*ka-läm-lär*; Stifte)
i	e	**kediler** (*kä-di-lär*; Katzen)
ö		**gözler** (*gös-lär*; Augen)
ü		**güller** (*gül-lär*; Rosen)

Große Vokalharmonie auf	folgt	Beispiel
a	ı	**arabası** (*a-ra-ba-ssı*; sein/ihr Auto)
ı		**kızı** (*kı-sı*; seine/ihre Tochter)
o	u	**vazosu** (*wa-so-ssu*; seine/ihre Vase)
u		**kuşu** (*ku-schu*; sein/ihr Vogel)
e	i	**kalemi** (*ka-lä-mi*; sein/ihr Stift)
i		**kedisi** (*kä-di-ssi*; seine/ihre Katze)
ö	ü	**gözü** (*gö-sü*; sein/ihr Auge)
ü		**gülü** (*gü-lü*; seine/ihre Rose)

Die Konsonantenassimilation (Konsonantenangleichung)

Nach stimmlosen Konsonanten wird der anlautende Konsonant einiger Suffixe ebenfalls stimmlos.

nach	wird	zu	Beispiel
ç, f, h, k, p, s, ş, t	c	ç	**Türkçe** (_türk-tschä_; Türkisch)
	d	t	**kitapta** (_ki-tap-ta_; im Buch)

Übersicht über Pronomen und Suffixe

Die Personalpronomen (personenanzeigende Fürwörter)

Person	Türkisch	Aussprache	Deutsch
Erste Singular	**ben**	_bän_	ich
Zweite Singular	**sen**	_ssän_	du
Dritte Singular	**o**	_o_	er/sie/es
Erste Plural	**biz**	_bis_	wir
Zweite Plural	**siz**	_ssis_	Sie/ihr
Dritte Plural	**onlar**	_on-lar_	sie

Die Personalsuffixe (personenanzeigende Endungen) Typ 1

Person	nach einem Konsonanten	nach einem Vokal
Ernste Singular	**-ım, -im, -um, -üm**	**-yım, -yim, -yum, -yüm**
Zweite Singular	**-sın, -sin, -sun, -sün**	**-sın, -sin, -sun, -sün**
Dritte Singular	–	–
Erste Plural	**-ız, -iz, -uz, -üz**	**-yız, -yiz, -yuz, -yüz**
Zweite Plural	**-sınız, -siniz, -sunuz, -sünüz**	**-sınız, -siniz, -sunuz, -sünüz**
Dritte Plural	**-lar, -ler**	**-lar, -ler**

Die Personalsuffixe (personenanzeigende Endungen)
Typ 2 – Verwendung nur bei der Konjugation in der Vergangenheit

Person	
Erste Singular	**-m**
Zweite Singular	**-n**
Dritte Singular	–
Erste Plural	**-k**
Zweite Plural	**-nız, -niz, -nuz, -nüz**
Dritte Plural	**-lar, -ler**

Beispiele Personalsuffixe (personenanzeigende Endungen) für »sein«

Nach konsonantisch auslautendem Wortstamm

Der letzte Vokal ist ein **a** oder **ı**.

avukat (*a-wu-kat*; Rechtsanwalt, Rechtsanwältin)

Person	Türkisch	Aussprache	Deutsch
Erste Singular	**avukatım**	*a-wu-ka-tım*	ich bin Rechtsanwalt
Zweite Singular	**avukatsın**	*a-wu-kat-ssın*	du bist Rechtsanwalt
Dritte Singular	**avukat**	*a-wu-kat*	er ist Rechtsanwalt/sie ist Rechtsanwältin
Erste Plural	**avukatız**	*a-wu-ka-tıs*	wir sind Rechtsanwälte
Zweite Plural	**avukatsınız**	*a-wu-kat-ssı-nıs*	Sie sind Rechtsanwalt/ihr seid Rechtsanwälte
Dritte Plural	**avukatlar**	*a-wu-kat-lar*	sie sind Rechtsanwälte

Der letzte Vokal ist ein **e** oder **i**.

sekreter (*ssäk-rä-tär*; Sekretär, -in)

Person	Türkisch	Aussprache	Deutsch
Erste Singular	**sekreterim**	*ssäk-rä-tä-rim*	ich bin Sekretär
Zweite Singular	**sekretersin**	*ssäk-rä-tär-ssin*	du bist Sekretär
Dritte Singular	**sekreter**	*ssäk-rä-tär*	er ist Sekretär/sie ist Sekretärin
Erste Plural	**sekreteriz**	*ssäk-rä-tä-ris*	wir sind Sekretäre
Zweite Plural	**sekretersiniz**	*ssäk-rä-tär-ssi-nis*	Sie sind Sekretär/ihr seid Sekretäre
Dritte Plural	**sekreterler**	*ssäk-rä-tär-lär*	sie sind Sekretäre

Der letzte Vokal ist ein **o** oder **u**.

doktor (*dok-tor*; Arzt, Ärztin)

Person	Türkisch	Aussprache	Deutsch
Erste Singular	**doktorum**	*dok-to-rum*	ich bin Arzt
Zweite Singular	**doktorsun**	*dok-tor-ssun*	du bist Arzt
Dritte Singular	**doktor**	*dok-tor*	er ist Arzt/sie ist Ärztin
Erste Plural	**doktoruz**	*dok-to-rus*	wir sind Ärzte
Zweite Plural	**doktorsunuz**	*dok-tor-ssu-nus*	Sie sind Arzt/ihr seid Ärzte
Dritte Plural	**doktorlar**	*dok-tor-lar*	sie sind Ärzte

Der letzte Vokal ist ein **ö** oder **ü**.

rejisör (*rä-zhi-ssör*; Regisseur, -in)

Person	Türkisch	Aussprache	Deutsch
Erste Singular	**rejisörüm**	*rä-zhi-ssö-rüm*	ich bin Regisseur
Zweite Singular	**rejisörsün**	*rä-zhi-ssör-ssün*	du bist Regisseur
Dritte Singular	**rejisör**	*rä-zhi-ssör*	er ist Regisseur/sie ist Regisseurin
Erste Plural	**rejisörüz**	*rä-zhi-ssö-rüs*	wir sind Regisseure
Zweite Plural	**rejisörsünüz**	*rä-zhi-ssör-ssü-nüs*	Sie sind Regisseur/ihr seid Regisseure
Dritte Plural	**rejisörler**	*rä-zhi-ssör-lär*	sie sind Regisseure

Nach vokalisch auslautendem Wortstamm

Der letzte Vokal ist ein **a** oder **ı**.

kapıcı (*ka-pı-dschı*; Hausmeister, -in)

Person	Türkisch	Aussprache	Deutsch
Erste Singular	**kapıcıyım**	*ka-pı-dschı-jım*	ich bin Hausmeister
Erste Plural	**kapıcıyız**	*ka-pı-dschı-jıs*	wir sind Hausmeister

Der letzte Vokal ist ein **e** oder **i**.

öğrenci (*öö-rän-dschi*; Schüler, -in, Student, -in)

Person	Türkisch	Aussprache	Deutsch
Erste Singular	**öğrenciyim**	*öö-rän-dschi-jim*	ich bin Student
Erste Plural	**öğrenciyiz**	*öö-rän-dschi-jis*	wir sind Studenten

Der letzte Vokal ist ein **o** oder **u**.

futbolcu (*fut-bol-dschu*; Fußballer, -in)

Person	Türkisch	Aussprache	Deutsch
Erste Singular	**futbolcuyum**	*fut-bol-dschu-jum*	ich bin Fußballer
Erste Plural	**futbolcuyuz**	*fut-bol-dschu-jus*	wir sind Fußballer

Der letzte Vokal ist ein **ö** oder **ü**.

çöpçü (*tschöp-tschü*; Müllmann)

Person	Türkisch	Aussprache	Deutsch
Erste Singular	**çöpçüyüm**	*tschöp-tschü-jüm*	ich bin Müllmann
Erste Plural	**çöpçüyüz**	*tschöp-tschü-jüs*	wir sind Müllmänner

Die Possessivpronomen (besitzanzeigende Fürwörter)

Person	Türkisch	Aussprache	Deutsch
Erste Singular	**benim**	*bä-nim*	mein/meine
Zweite Singular	**senin**	*ssä-nin*	dein/deine
Dritte Singular	**onun**	*o-nun*	sein/seine/ihr/ihre
Erste Plural	**bizim**	*bi-sim*	unser/unsere
Zweite Plural	**sizin**	*ssi-sin*	Ihr/Ihre/euer/eure
Dritte Plural	**onların**	*on-la-rın*	ihr/ihre

Die Possessivsuffixe (besitzanzeigende Endungen)

Person	nach einem Konsonanten	nach einem Vokal
Erste Singular	**-ım, -im, -um, -üm**	**-m**
Zweite Singular	**-ın, -in, -un, -ün**	**-n**
Dritte Singular	**-ı, -i, -u, -ü**	**-sı, -si, -su, -sü**
Erste Plural	**-ımız, -imiz, -umuz, -ümüz**	**-mız, -miz, -muz, -müz**
Zweite Plural	**-ınız, -iniz, -unuz, -ünüz**	**-nız, -niz, -nuz, -nüz**
Dritte Plural	**-ları, -leri**	**-ları, -leri**

Beispiele Possessivsuffixe (besitzanzeigende Endungen)

Nach konsonantisch auslautendem Wortstamm

Der letzte Vokal ist ein **a** oder **ı**.

at (*at*; Pferd)

Person	Türkisch	Aussprache	Deutsch
Erste Singular	**atım**	*a-tım*	mein Pferd
Zweite Singular	**atın**	*a-tın*	dein Pferd
Dritte Singular	**atı**	*a-tı*	sein/ihr Pferd
Erste Plural	**atımız**	*a-tı-mıs*	unser Pferd
Zweite Plural	**atınız**	*a-tı-nıs*	Ihr/euer Pferd
Dritte Plural	**atları**	*at-la-rı*	ihr Pferd

Der letzte Vokal ist ein **e** oder **i**.

kalem (*ka-läm*; Stift)

Person	Türkisch	Aussprache	Deutsch
Erste Singular	**kalemim**	*ka-lä-mim*	mein Stift
Zweite Singular	**kalemin**	*ka-lä-min*	dein Stift
Dritte Singular	**kalemi**	*ka-lä-mi*	sein/ihr Stift
Erste Plural	**kalemimiz**	*ka-lä-mi-mis*	unser Stift
Zweite Plural	**kaleminiz**	*ka-lä-mi-nis*	Ihr/euer Stift
Dritte Plural	**kalemleri**	*ka-läm-lä-ri*	ihr Stift

Der letzte Vokal ist ein **o** oder **u**.

pantolon (*pan-to-lon*; Hose)

Person	Türkisch	Aussprache	Deutsch
Erste Singular	**pantolonum**	*pan-to-lo-num*	meine Hose
Zweite Singular	**pantolonun**	*pan-to-lo-nun*	deine Hose
Dritte Singular	**pantolonu**	*pan-to-lo-nu*	seine/ihre Hose
Erste Plural	**pantolonumuz**	*pan-to-lo-nu-mus*	unsere Hose
Zweite Plural	**pantolonunuz**	*pan-to-lo-nu-nus*	Ihre/eure Hose
Dritte Plural	**pantolonları**	*pan-to-lon-la-rı*	ihre Hose

Der letzte Vokal ist ein **ö** oder **ü**.

tişört (*ti-schört*; T-Shirt)

Person	Türkisch	Aussprache	Deutsch
Erste Singular	**tişörtüm**	*ti-schör-tüm*	mein T-Shirt
Zweite Singular	**tişörtün**	*ti-schör-tün*	dein T-Shirt
Dritte Singular	**tişörtü**	*ti-schör-tü*	sein/ihr T-Shirt
Erste Plural	**tişörtümüz**	*ti-schör-tü-müs*	unser T-Shirt
Zweite Plural	**tişörtünüz**	*ti-schör-tü-nüs*	Ihr/euer T-Shirt
Dritte Plural	**tişörtleri**	*ti-schört-lä-ri*	ihr T-Shirt

Nach vokalisch auslautendem Wortstamm

Der letzte Vokal ist ein **a** oder **ı**.

masa (*ma-ssa*; Tisch)

Person	Türkisch	Aussprache	Deutsch
Erste Singular	**masam**	*ma-ssam*	mein Tisch
Zweite Singular	**masan**	*ma-ssan*	dein Tisch
Dritte Singular	**masası**	*ma-ssa-ssı*	sein/ihr Tisch
Erste Plural	**masamız**	*ma-ssa-mıs*	unser Tisch
Zweite Plural	**masanız**	*ma-ssa-nıs*	Ihr/euer Tisch
Dritte Plural	**masaları**	*ma-ssa-la-rı*	ihr Tisch

Der letzte Vokal ist ein **e** oder **i**.

kedi (*kä-di*; Katze)

Person	Türkisch	Aussprache	Deutsch
Erste Singular	**kedim**	*kä-dim*	meine Katze
Zweite Singular	**kedin**	*kä-din*	deine Katze
Dritte Singular	**kedisi**	*kä-di-ssi*	seine/ihre Katze
Erste Plural	**kedimiz**	*kä-di-mis*	unsere Katze
Zweite Plural	**kediniz**	*kä-di-nis*	Ihre/eure Katze
Dritte Plural	**kedileri**	*kä-di-lä-ri*	ihre Katze

Der letzte Vokal ist ein **o** oder **u**.

soru (*sso-ru*; Frage)

Person	Türkisch	Aussprache	Deutsch
Erste Singular	**sorum**	*sso-rum*	meine Frage
Zweite Singular	**sorun**	*sso-run*	deine Frage
Dritte Singular	**sorusu**	*sso-ru-ssu*	seine/ihre Frage
Erste Plural	**sorumuz**	*sso-ru-mus*	unsere Frage
Zweite Plural	**sorunuz**	*sso-ru-nus*	Ihre/eure Frage
Dritte Plural	**soruları**	*sso-ru-la-rı*	ihre Frage

Der letzte Vokal ist ein **ö** oder **ü**.

ütü (*ü-tü*; Bügeleisen)

Person	Türkisch	Aussprache	Deutsch
Erste Singular	**ütüm**	*ü-tüm*	mein Bügeleisen
Zweite Singular	**ütün**	*ü-tün*	dein Bügeleisen
Dritte Singular	**ütüsü**	*ü-tü-ssü*	sein/ihr Bügeleisen
Erste Plural	**ütümüz**	*ü-tü-müs*	unser Bügeleisen
Zweite Plural	**ütünüz**	*ü-tü-nüs*	Ihr/euer Bügeleisen
Dritte Plural	**ütüleri**	*ü-tü-lä-ri*	ihr Bügeleisen

Im Plural

Wenn der Plural **-lar** lautet:

kitaplar (*ki-tap-lar*; Bücher)

Person	Türkisch	Aussprache	Deutsch
Erste Singular	**kitaplarım**	*ki-tap-la-rım*	meine Bücher
Zweite Singular	**kitapların**	*ki-tap-la-rın*	deine Bücher
Dritte Singular	**kitapları**	*ki-tap-la-rı*	seine/ihre Bücher
Erste Plural	**kitaplarımız**	*ki-tap-la-rı-mıs*	unsere Bücher
Zweite Plural	**kitaplarınız**	*ki-tap-la-rı-nıs*	Ihre/eure Bücher
Dritte Plural	**kitapları**	*ki-tap-la-rı*	ihre Bücher

Wenn der Plural -**ler** lautet:

kardeşler (_kar-däsch-lär_; Geschwister)

Person	Türkisch	Aussprache	Deutsch
Erste Singular	**kardeşlerim**	_kar-däsch-lä-rim_	meine Geschwister
Zweite Singular	**kardeşlerin**	_kar-däsch-lä-rin_	deine Geschwister
Dritte Singular	**kardeşleri**	_kar-däsch-lä-ri_	seine/ihre Geschwister
Erste Plural	**kardeşlerimiz**	_kar-däsch-lä-ri-mis_	unsere Geschwister
Zweite Plural	**kardeşleriniz**	_kar-däsch-lä-ri-nis_	Ihre/eure Geschwister
Dritte Plural	**kardeşleri**	_kar-däsch-lä-ri_	ihre Geschwister

Die Konjugation

Das Präsens (Gegenwart) – bejaht

Nach konsonantisch auslautendem Verbstamm

Der letzte Vokal im Verbstamm ist ein **a** oder **ı**.

yazmak (_jas-mak_; schreiben)

Person	Türkisch	Aussprache	Deutsch
Erste Singular	**yazıyorum**	_ja-sı-jo-rum_	ich schreibe
Zweite Singular	**yazıyorsun**	_ja-sı-jor-ssun_	du schreibst
Dritte Singular	**yazıyor**	_ja-sı-jor_	er/sie schreibt
Erste Plural	**yazıyoruz**	_ja-sı-jo-rus_	wir schreiben
Zweite Plural	**yazıyorsunuz**	_ja-sı-jor-ssu-nus_	Sie schreiben/ihr schreibt
Dritte Plural	**yazıyorlar**	_ja-sı-jor-lar_	sie schreiben

Der letzte Vokal im Verbstamm ist ein **e** oder **i**.

gelmek (_gäl-mäk_; kommen)

Person	Türkisch	Aussprache	Deutsch
Erste Singular	**geliyorum**	_gä-li-jo-rum_	ich komme
Zweite Singular	**geliyorsun**	_gä-li-jor-ssun_	du kommst
Dritte Singular	**geliyor**	_gä-li-jor_	er/sie kommt
Erste Plural	**geliyoruz**	_gä-li-jo-rus_	wir kommen
Zweite Plural	**geliyorsunuz**	_gä-li-jor-ssu-nus_	Sie kommen/ihr kommt
Dritte Plural	**geliyorlar**	_gä-li-jor-lar_	sie kommen

Der letzte Vokal im Verbstamm ist ein **o** oder **u**.

sormak (*ssor-mak*; fragen)

Person	Türkisch	Aussprache	Deutsch
Erste Singular	**soruyorum**	*sso-ru-jo-rum*	ich frage
Zweite Singular	**soruyorsun**	*sso-ru-jor-ssun*	du fragst
Dritte Singular	**soruyor**	*sso-ru-jor*	er/sie fragt
Erste Plural	**soruyoruz**	*sso-ru-jo-rus*	wir fragen
Zweite Plural	**soruyorsunuz**	*sso-ru-jor-ssu-nus*	Sie fragen/ihr fragt
Dritte Plural	**soruyorlar**	*sso-ru-jor-lar*	sie fragen

Der letzte Vokal im Verbstamm ist ein **ö** oder **ü**.

gülmek (*gül-mäk*; lachen)

Person	Türkisch	Aussprache	Deutsch
Erste Singular	**gülüyorum**	*gü-lü-jo-rum*	ich lache
Zweite Singular	**gülüyorsun**	*gü-lü-jor-ssun*	du lachst
Dritte Singular	**gülüyor**	*gü-lü-jor*	er/sie lacht
Erste Plural	**gülüyoruz**	*gü-lü-jo-rus*	wir lachen
Zweite Plural	**gülüyorsunuz**	*gü-lü-jor-ssu-nus*	Sie lachen/ihr lacht
Dritte Plural	**gülüyorlar**	*gü-lü-jor-lar*	sie lachen

Nach vokalisch auslautendem Verbstamm

Der letzte Vokal im Verbstamm ist ein **a** oder **ı**.

anlamak (*an-la-mak*; verstehen)

Person	Türkisch	Aussprache	Deutsch
Erste Singular	**anlıyorum**	*an-lı-jo-rum*	ich verstehe
Zweite Singular	**anlıyorsun**	*an-lı-jor-ssun*	du verstehst
Dritte Singular	**anlıyor**	*an-lı-jor*	er/sie versteht
Erste Plural	**anlıyoruz**	*an-lı-jo-rus*	wir verstehen
Zweite Plural	**anlıyorsunuz**	*an-lı-jor-ssu-nus*	Sie verstehen/ihr versteht
Dritte Plural	**anlıyorlar**	*an-lı-jor-lar*	sie verstehen

Der letzte Vokal im Verbstamm ist ein **e** oder **i**.

beklemek (*bäk-lä-mäk*; warten)

Person	Türkisch	Aussprache	Deutsch
Erste Singular	**bekliyorum**	*bäk-li-jo-rum*	ich warte
Zweite Singular	**bekliyorsun**	*bäk-li-jor-ssun*	du wartest
Dritte Singular	**bekliyor**	*bäk-li-jor*	er/sie wartet
Erste Plural	**bekliyoruz**	*bäk-li-jo-rus*	wir warten
Zweite Plural	**bekliyorsunuz**	*bäk-li-jor-ssu-nus*	Sie warten/ihr wartet
Dritte Plural	**bekliyorlar**	*bäk-li-jor-lar*	sie warten

Der letzte Vokal im Verbstamm ist ein **o** oder **u**.

okumak (*o-ku-mak*; lesen, studieren)

Person	Türkisch	Aussprache	Deutsch
Erste Singular	**okuyorum**	*o-ku-jo-rum*	ich lese
Zweite Singular	**okuyorsun**	*o-ku-jor-ssun*	du liest
Dritte Singular	**okuyor**	*o-ku-jor*	er/sie liest
Erste Plural	**okuyoruz**	*o-ku-jo-rus*	wir lesen
Zweite Plural	**okuyorsunuz**	*o-ku-jor-ssu-nus*	Sie lesen/ihr lest
Dritte Plural	**okuyorlar**	*o-ku-jor-lar*	sie lesen

Der letzte Vokal im Verbstamm ist ein **ö** oder **ü**.

üşümek (*ü-schü-mäk*; frieren)

Person	Türkisch	Aussprache	Deutsch
Erste Singular	**üşüyorum**	*ü-schü-jo-rum*	ich friere
Zweite Singular	**üşüyorsun**	*ü-schü-jor-ssun*	du frierst
Dritte Singular	**üşüyor**	*ü-schü-jor*	er/sie friert
Erste Plural	**üşüyoruz**	*ü-schü-jo-rus*	wir frieren
Zweite Plural	**üşüyorsunuz**	*ü-schü-jor-ssu-nus*	Sie frieren/ihr friert
Dritte Plural	**üşüyorlar**	*ü-schü-jor-lar*	sie frieren

Das Präsens (Gegenwart) – verneint

Nach konsonantisch auslautendem Verbstamm

Der letzte Vokal im Verbstamm ist ein **a** oder **ı**.

yazmamak (*jas-ma-mak*; nicht schreiben)

Person	Türkisch	Aussprache	Deutsch
Erste Singular	**yazmıyorum**	*jas-mı-jo-rum*	ich schreibe nicht
Zweite Singular	**yazmıyorsun**	*jas-mı-jor-ssun*	du schreibst nicht
Dritte Singular	**yazmıyor**	*jas-mı-jor*	er/sie schreibt nicht
Erste Plural	**yazmıyoruz**	*jas-mı-jo-rus*	wir schreiben nicht
Zweite Plural	**yazmıyorsunuz**	*jas-mı-jor-ssu-nus*	Sie schreiben nicht/ ihr schreibt nicht
Dritte Plural	**yazmıyorlar**	*jas-mı-jor-lar*	sie schreiben nicht

Der letzte Vokal im Verbstamm ist ein **e** oder **i**.

gelmemek (*gäl-mä-mäk*; nicht kommen)

Person	Türkisch	Aussprache	Deutsch
Erste Singular	**gelmiyorum**	*gäl-mi-jo-rum*	ich komme nicht
Zweite Singular	**gelmiyorsun**	*gäl-mi-jor-ssun*	du kommst nicht
Dritte Singular	**gelmiyor**	*gäl-mi-jor*	er/sie kommt nicht
Erste Plural	**gelmiyoruz**	*gäl-mi-jo-rus*	wir kommen nicht
Zweite Plural	**gelmiyorsunuz**	*gäl-mi-jor-ssu-nus*	Sie kommen nicht/ ihr kommt nicht
Dritte Plural	**gelmiyorlar**	*gäl-mi-jor-lar*	sie kommen nicht

Der letzte Vokal im Verbstamm ist ein **o** oder **u**.

sormamak (*ssor-ma-mak*; nicht fragen)

Person	Türkisch	Aussprache	Deutsch
Erste Singular	**sormuyorum**	*ssor-mu-jo-rum*	ich frage nicht
Zweite Singular	**sormuyorsun**	*ssor-mu-jor-ssun*	du fragst nicht
Dritte Singular	**sormuyor**	*ssor-mu-jor*	er/sie fragt nicht
Erste Plural	**sormuyoruz**	*ssor-mu-jo-rus*	wir fragen nicht
Zweite Plural	**sormuyorsunuz**	*ssor-mu-jor-ssu-nus*	Sie fragen nicht/ihr fragt nicht
Dritte Plural	**sormuyorlar**	*ssor-mu-jor-lar*	sie fragen nicht

Der letzte Vokal im Verbstamm ist ein **ö** oder **ü**.

gülmemek (_gül-mä-mäk_; nicht lachen)

Person	Türkisch	Aussprache	Deutsch
Erste Singular	**gülmüyorum**	_gül-mü-jo-rum_	ich lache nicht
Zweite Singular	**gülmüyorsun**	_gül-mü-jor-ssun_	du lachst nicht
Dritte Singular	**gülmüyor**	_gül-mü-jor_	er/sie lacht nicht
Erste Plural	**gülmüyoruz**	_gül-mü-jo-rus_	wir lachen nicht
Zweite Plural	**gülmüyorsunuz**	_gül-mü-jor-ssu-nus_	Sie lachen/ihr lacht nicht
Dritte Plural	**gülmüyorlar**	_gül-mü-jor-lar_	sie lachen nicht

Nach vokalisch auslautendem Verbstamm

Der letzte Vokal im Verbstamm ist ein **a** oder **ı**.

anlamamak (_an-la-ma-mak_; nicht verstehen)

Person	Türkisch	Aussprache	Deutsch
Erste Singular	**anlamıyorum**	_an-la-mı-jo-rum_	ich verstehe nicht
Zweite Singular	**anlamıyorsun**	_an-la-mı-jor-ssun_	du verstehst nicht
Dritte Singular	**anlamıyor**	_an-la-mı-jor_	er/sie versteht nicht
Erste Plural	**anlamıyoruz**	_an-la-mı-jo-rus_	wir verstehen nicht
Zweite Plural	**anlamıyorsunuz**	_an-la-mı-jor-ssu-nus_	Sie verstehen nicht/ihr versteht nicht
Dritte Plural	**anlamıyorlar**	_an-la-mı-jor-lar_	sie verstehen nicht

Der letzte Vokal im Verbstamm ist ein **e** oder **i**.

beklememek (_bäk-lä-mä-mäk_; nicht warten)

Person	Türkisch	Aussprache	Deutsch
Erste Singular	**beklemiyorum**	_bäk-lä-mi-jo-rum_	ich warte nicht
Zweite Singular	**beklemiyorsun**	_bäk-lä-mi-jor-ssun_	du wartest nicht
Dritte Singular	**beklemiyor**	_bäk-lä-mi-jor_	er/sie wartet nicht
Erste Plural	**beklemiyoruz**	_bäk-lä-mi-jo-rus_	wir warten nicht
Zweite Plural	**beklemiyorsunuz**	_bäk-lä-mi-jor-ssu-nus_	Sie warten nicht/ihr wartet nicht
Dritte Plural	**beklemiyorlar**	_bäk-lä-mi-jor-lar_	sie warten nicht

Der letzte Vokal im Verbstamm ist ein **o** oder **u**.

okumamak (*o-ku-ma-mak*; nicht lesen, nicht studieren)

Person	Türkisch	Aussprache	Deutsch
Erste Singular	**okumuyorum**	*o-ku-mu-jo-rum*	ich lese nicht
Zweite Singular	**okumuyorsun**	*o-ku-mu-jor-ssun*	du liest nicht
Dritte Singular	**okumuyor**	*o-ku-mu-jor*	er/sie liest nicht
Erste Plural	**okumuyoruz**	*o-ku-mu-jo-rus*	wir lesen nicht
Zweite Plural	**okumuyorsunuz**	*o-ku-mu-jor-ssu-nus*	Sie lesen nicht/ihr lest nicht
Dritte Plural	**okumuyorlar**	*o-ku-mu-jor-lar*	sie lesen nicht

Der letzte Vokal im Verbstamm ist ein **ö** oder **ü**.

üşümemek (*ü-schü-mä-mäk*; nicht frieren)

Person	Türkisch	Aussprache	Deutsch
Erste Singular	**üşümüyorum**	*ü-schü-mü-jo-rum*	ich friere nicht
Zweite Singular	**üşümüyorsun**	*ü-schü-mü-jor-ssun*	du frierst nicht
Dritte Singular	**üşümüyor**	*ü-schü-mü-jor*	er/sie friert nicht
Erste Plural	**üşümüyoruz**	*ü-schü-mü-jo-rus*	wir frieren nicht
Zweite Plural	**üşümüyorsunuz**	*ü-schü-mü-jor-ssu-nus*	Sie frieren nicht/ihr friert nicht
Dritte Plural	**üşümüyorlar**	*ü-schü-mü-jor-lar*	sie frieren nicht

Das Präsens (Gegenwart) – fragend

Fragepartikel

Person	Türkisch	Aussprache
Erste Singular	**muyum?**	*mu-jum*
Zweite Singular	**musun?**	*mu-ssun*
Dritte Singular	**mu?**	*mu*
Erste Plural	**muyuz?**	*mu-jus*
Zweite Plural	**musunuz?**	*mu-ssu-nus*
Dritte Plural	**-lar mı?**	*-lar mı*

Konjugierte Form in der dritten Person Singular (bejaht oder verneint) und Fragepartikel mit entsprechendem Personalsuffix

Person	Türkisch	Aussprache	Deutsch
Erste Singular	**yazıyor muyum?**	*ja-sı-jor mu-jum*	schreibe ich?
Zweite Singular	**gülüyor musun?**	*gü-lü-jor mu-ssun*	lachst du?
Dritte Singular	**soruyor mu?**	*sso-ru-jor mu*	fragt er/sie?
Erste Plural	**anlamıyor muyuz?**	*an-la-mı-jor mu-jus*	verstehen wir nicht?
Zweite Plural	**okumuyor musunuz?**	*o-ku-mu-jor mu-ssu-nus*	lesen Sie nicht?/lest ihr nicht?
Dritte Plural	**üşümüyorlar mı?**	*ü-schü-mü-jor-lar mı*	frieren sie nicht?

Lauterscheinungen, die im Präsens beachtet werden müssen

Die Lauterscheinungen sind nur in der konjugierten bejahten Form in allen Personen zu beachten. In der Verneinung treten diese Lauterscheinungen nicht auf.

Verb	richtig	falsch
etmek (*ät-mäk*; machen, tun)	**ediyor** (*ä-di-jor*; er/sie macht)	**etiyor**
gitmek (*git-mäk*; gehen, fahren)	**gidiyor** (*gi-di-jor*; er/sie geht)	**gitiyor**
yemek (*jä-mäk*; essen)	**yiyor** (*ji-jor*; er/sie isst)	**yeyiyor, yeyor**
demek (*dä-mäk*; sagen)	**diyor** (*di-jor*; er/sie sagt)	**deyiyor, deyor**

Der Aorist (generelle Gegenwart) – bejaht

Nach einem einsilbigen, konsonantisch auslautendem Verbstamm

Der letzte Vokal im Verbstamm ist ein **a**, **ı**, **o** oder **u**.

yazmak (*jas-mak*; schreiben)

Person	Türkisch	Aussprache	Deutsch
Erste Singular	**yazarım**	*ja-sa-rım*	ich schreibe
Zweite Singular	**yazarsın**	*ja-sar-ssın*	du schreibst
Dritte Singular	**yazar**	*ja-sar*	er/sie schreibt
Erste Plural	**yazarız**	*ja-sa-rıs*	wir schreiben
Zweite Plural	**yazarsınız**	*ja-sar-ssı-nıs*	Sie schreiben/ihr schreibt
Dritte Plural	**yazarlar**	*ja-sar-lar*	sie schreiben

Der letzte Vokal im Verbstamm ist ein **e**, **i**, **ö** oder **ü**.

gülmek (*gül-mäk*; lachen)

Person	Türkisch	Aussprache	Deutsch
Erste Singular	**gülerim**	*gü-lä-rim*	ich lache
Zweite Singular	**gülersin**	*gü-lär-ssin*	du lachst
Dritte Singular	**güler**	*gü-lär*	er/sie lacht
Erste Plural	**güleriz**	*gü-lä-ris*	wir lachen
Zweite Plural	**gülersiniz**	*gü-lär-ssi-nis*	Sie lachen/ihr lacht
Dritte Plural	**gülerler**	*gü-lär-lär*	sie lachen

Nach einem mehrsilbigen, konsonantisch auslautendem Verbstamm

Der letzte Vokal im Verbstamm ist ein **a** oder **ı**.

çalışmak (*tscha-lısch-mak*; arbeiten)

Person	Türkisch	Aussprache	Deutsch
Erste Singular	**çalışırım**	*tscha-lı-schı-rım*	ich arbeite
Zweite Singular	**çalışırsın**	*tscha-lı-schır-ssın*	du arbeitest
Dritte Singular	**çalışır**	*tscha-lı-schır*	er/sie arbeitet
Erste Plural	**çalışırız**	*tscha-lı-schı-rıs*	wir arbeiten
Zweite Plural	**çalışırsınız**	*tscha-lı-schır-ssı-nıs*	Sie arbeiten/ihr arbeitet
Dritte Plural	**çalışırlar**	*tscha-lı-schır-lar*	sie arbeiten

Der letzte Vokal im Verbstamm ist ein **e** oder **i**.

öğrenmek (*öö-rän-mäk*; lernen)

Person	Türkisch	Aussprache	Deutsch
Erste Singular	**öğrenirim**	*öö-rä-ni-rim*	ich lerne
Zweite Singular	**öğrenirsin**	*öö-rä-nir-ssin*	du lernst
Dritte Singular	**öğrenir**	*öö-rä-nir*	er/sie lernt
Erste Plural	**öğreniriz**	*öö-rä-ni-ris*	wir lernen
Zweite Plural	**öğrenirsiniz**	*öö-rä-nir-ssi-nis*	Sie lernen/ihr lernt
Dritte Plural	**öğrenirler**	*öö-rä-nir-lär*	sie lernen

Der letzte Vokal im Verbstamm ist ein **o** oder **u**.

unutmak (_u-nut-mak_; vergessen)

Person	Türkisch	Aussprache	Deutsch
Erste Singular	**unuturum**	_u-nu-tu-rum_	ich vergesse
Zweite Singular	**unutursun**	_u-nu-tur-ssun_	du vergisst
Dritte Singular	**unutur**	_u-nu-tur_	er/sie vergisst
Erste Plural	**unuturuz**	_u-nu-tu-rus_	wir vergessen
Zweite Plural	**unutursunuz**	_u-nu-tur-ssu-nus_	Sie vergessen/ihr vergisst
Dritte Plural	**unuturlar**	_u-nu-tur-lar_	sie vergessen

Der letzte Vokal im Verbstamm ist ein **ö** oder **ü**.

düşünmek (_dü-schün-mäk_; (nach-)denken)

Person	Türkisch	Aussprache	Deutsch
Erste Singular	**düşünürüm**	_dü-schü-nü-rüm_	ich denke
Zweite Singular	**düşünürsün**	_dü-schü-nür-ssün_	du denkst
Dritte Singular	**düşünür**	_dü-schü-nür_	er/sie denkt
Erste Plural	**düşünürüz**	_dü-schü-nü-rüs_	wir denken
Zweite Plural	**düşünürsünüz**	_dü-schü-nür-ssü-nüs_	Sie denken/ihr denkt
Dritte Plural	**düşünürler**	_dü-schü-nür-lär_	sie denken

Nach einem vokalisch auslautendem Verbstamm

Der letzte Vokal im Verbstamm ist ein **a** oder **ı**.

anlamak (_an-la-mak_; verstehen)

Person	Türkisch	Aussprache	Deutsch
Erste Singular	**anlarım**	_an-la-rım_	ich verstehe
Zweite Singular	**anlarsın**	_an-lar-ssın_	du verstehst
Dritte Singular	**anlar**	_an-lar_	er/sie versteht
Erste Plural	**anlarız**	_an-la-rıs_	wir verstehen
Zweite Plural	**anlarsınız**	_an-lar-ssı-nıs_	Sie verstehen/ihr versteht
Dritte Plural	**anlarlar**	_an-lar-lar_	sie verstehen

Der letzte Vokal im Verbstamm ist ein **e** oder **i**.

beklemek (*bäk-lä-mäk*; warten)

Person	Türkisch	Aussprache	Deutsch
Erste Singular	**beklerim**	*bäk-lä-rim*	ich warte
Zweite Singular	**beklersin**	*bäk-lär-ssin*	du wartest
Dritte Singular	**bekler**	*bäk-lär*	er/sie wartet
Erste Plural	**bekleriz**	*bäk-lä-ris*	wir warten
Zweite Plural	**beklersiniz**	*bäk-lär-ssi-nis*	Sie warten/ihr wartet
Dritte Plural	**beklerler**	*bäk-lär-lär*	sie warten

Der letzte Vokal im Verbstamm ist ein **o** oder **u**.

okumak (*o-ku-mak*; lesen, studieren)

Person	Türkisch	Aussprache	Deutsch
Erste Singular	**okurum**	*o-ku-rum*	ich lese
Zweite Singular	**okursun**	*o-kur-ssun*	du liest
Dritte Singular	**okur**	*o-kur*	er/sie liest
Erste Plural	**okuruz**	*o-ku-rus*	wir lesen
Zweite Plural	**okursunuz**	*o-kur-ssu-nus*	Sie lesen/ihr lest
Dritte Plural	**okurlar**	*o-kur-lar*	sie lesen

Der letzte Vokal im Verbstamm ist ein **ö** oder **ü**.

üşümek (*ü-schü-mäk*; frieren)

Person	Türkisch	Aussprache	Deutsch
Erste Singular	**üşürüm**	*ü-schü-rüm*	ich friere
Zweite Singular	**üşürsün**	*ü-schür-ssün*	du frierst
Dritte Singular	**üşür**	*ü-schür*	er/sie friert
Erste Plural	**üşürüz**	*ü-schü-rüs*	wir frieren
Zweite Plural	**üşürsünüz**	*ü-schür-ssü-nüs*	Sie frieren/ihr friert
Dritte Plural	**üşürler**	*ü-schür-lär*	sie frieren

Der Aorist (generelle Gegenwart) – verneint

Der letzte Vokal im Verbstamm ist ein **a**, **ı**, **o** oder **u**.

uyumamak (*u-ju-ma-mak*; nicht schlafen)

Person	Türkisch	Aussprache	Deutsch
Erste Singular	**uyumam**	*u-ju-mam*	ich schlafe nicht
Zweite Singular	**uyumazsın**	*u-ju-mas-ssın*	du schläfst nicht
Dritte Singular	**uyumaz**	*u-ju-mas*	er/sie schläft nicht
Erste Plural	**uyumayız**	*u-ju-ma-jıs*	wir schlafen nicht
Zweite Plural	**uyumazsınız**	*u-ju-mas-ssı-nıs*	Sie schlafen nicht/ihr schlaft nicht
Dritte Plural	**uyumazlar**	*u-ju-mas-lar*	sie schlafen nicht

Der letzte Vokal im Verbstamm ist ein **e**, **i**, **ö** oder **ü**.

gelmemek (*gäl-mä-mäk*; nicht kommen)

Person	Türkisch	Aussprache	Deutsch
Erste Singular	**gelmem**	*gäl-mäm*	ich komme nicht
Zweite Singular	**gelmezsin**	*gäl-mäs-ssin*	du kommst nicht
Dritte Singular	**gelmez**	*gäl-mäs*	er/sie kommt nicht
Erste Plural	**gelmeyiz**	*gäl-mä-jis*	wir kommen nicht
Zweite Plural	**gelmezsiniz**	*gäl-mäs-ssi-nis*	Sie kommen nicht/ihr kommt nicht
Dritte Plural	**gelmezler**	*gäl-mäs-lär*	sie kommen nicht

Der Aorist (generelle Gegenwart) – fragend/bejaht

Konjugierte Form in der dritten Person Singular (bejaht) und Fragepartikel mit entsprechendem Personalsuffix

Der letzte Vokal im Verbstamm ist ein **a** oder **ı**.

çalışmak (*tscha-lısch-mak*; verstehen)

Person	Türkisch	Aussprache	Deutsch
Erste Singular	**çalışır mıyım?**	*tscha-lı-schır mı-jım*	arbeite ich?
Zweite Singular	**çalışır mısın?**	*tscha-lı-schır mı-ssın*	arbeitest du?
Dritte Singular	**çalışır mı?**	*tscha-lı-schır mı*	arbeitet er/sie?
Erste Plural	**çalışır mıyız?**	*tscha-lı-schır mı-jıs*	arbeiten wir?
Zweite Plural	**çalışır mısınız?**	*tscha-lı-schır mı-ssı-nıs*	arbeiten Sie?/arbeitet ihr?
Dritte Plural	**çalışırlar mı?**	*tscha-lı-schır-lar mı*	arbeiten sie?

Der letzte Vokal im Verbstamm ist ein **e** oder **i**.

yemek (*jä-mäk*; essen)

Person	Türkisch	Aussprache	Deutsch
Erste Singular	**yer miyim?**	*jär mi-jim*	esse ich?
Zweite Singular	**yer misin?**	*jär mi-ssin*	isst du?
Dritte Singular	**yer mi?**	*jär mi*	isst er/sie?
Erste Plural	**yer miyiz?**	*jär mi-jis*	essen wir?
Zweite Plural	**yer misiniz?**	*jär mi-ssi-nis*	essen Sie?/esst ihr?
Dritte Plural	**yerler mi?**	*jär-lär mi*	essen sie?

Der letzte Vokal im Verbstamm ist ein **o** oder **u**.

konuşmak (*ko-nusch-mak*; sprechen)

Person	Türkisch	Aussprache	Deutsch
Erste Singular	**konuşur muyum?**	*ko-nu-schur mu-jum*	spreche ich?
Zweite Singular	**konuşur musun?**	*ko-nu-schur mu-ssun*	sprichst du?
Dritte Singular	**konuşur mu?**	*ko-nu-schur mu*	spricht er/sie?
Erste Plural	**konuşur muyuz?**	*ko-nu-schur mu-jus*	sprechen wir?
Zweite Plural	**konuşur musunuz?**	*ko-nu-schur mu-ssu-nus*	sprechen Sie?/sprecht ihr?
Dritte Plural	**konuşurlar mı?**	*ko-nu-schur-lar mı*	sprechen sie?

Der letzte Vokal im Verbstamm ist ein **ö** oder **ü**.

üşümek (*ü-schü-mäk*; frieren)

Person	Türkisch	Aussprache	Deutsch
Erste Singular	**üşür müyüm?**	*ü-schür mü-jüm*	friere ich?
Zweite Singular	**üşür müsün?**	*ü-schür mü-ssün*	frierst du?
Dritte Singular	**üşür mü?**	*ü-schür mü*	friert er/sie?
Erste Plural	**üşür müyüz?**	*ü-schür mü-jüs*	frieren wir?
Zweite Plural	**üşür müsünüz?**	*ü-schür mü-ssü-nüs*	frieren Sie?/friert ihr?
Dritte Plural	**üşürler mi?**	*ü-schür-lär mi*	frieren sie?

Der Aorist (generelle Gegenwart) – fragend/verneint

Konjugierte Form in der dritten Person Singular (verneint) und Fragepartikel mit entsprechendem Personalsuffix

Der letzte Vokal im Verbstamm ist ein **a**, **ı**, **o** oder **u**.

almamak (*al-ma-mak*; nicht kaufen, nicht nehmen)

Person	Türkisch	Aussprache	Deutsch
Erste Singular	**almaz mıyım?**	*al-mas mı-jım*	kaufe ich nicht?
Zweite Singular	**almaz mısın?**	*al-mas mı-ssın*	kaufst du nicht?
Dritte Singular	**almaz mı?**	*al-mas mı*	kauft er/sie nicht?
Erste Plural	**almaz mıyız?**	*al-mas mı-jıs*	kaufen wir nicht?
Zweite Plural	**almaz mısınız?**	*al-mas mı-ssı-nıs*	kaufen Sie nicht?/ kauft ihr nicht?
Dritte Plural	**almazlar mı?**	*al-mas-lar mı*	kaufen sie nicht?

Der letzte Vokal im Verbstamm ist ein **e**, **i**, **ö** oder **ü**.

gitmemek (*git-mä-mäk*; nicht gehen, nicht fahren)

Person	Türkisch	Aussprache	Deutsch
Erste Singular	**gitmez miyim?**	*git-mäs mi-jim*	gehe ich nicht?
Zweite Singular	**gitmez misin?**	*git-mäs mi-ssin*	gehst du nicht?
Dritte Singular	**gitmez mi?**	*git-mäs mi*	geht er/sie nicht?
Erste Plural	**gitmez miyiz?**	*git-mäs mi-jis*	gehen wir nicht?
Zweite Plural	**gitmez misiniz?**	*git-mäs mi-ssi-nis*	gehen Sie nicht?/geht ihr nicht?
Dritte Plural	**gitmezler mi?**	*git-mäs-lär mi*	gehen sie nicht?

Lauterscheinungen, die im Aorist zu beachten sind

Die Lauterscheinungen sind nur in der konjugierten bejahten Form in allen Personen zu beachten. In der Verneinung tritt diese Lauterscheinung nicht auf.

Verb	richtig	falsch
etmek (*ät-mäk*; machen, tun)	**eder** (*ä-där*; er/sie macht)	**eter**
gitmek (*git-mäk*; gehen, fahren)	**gider** (*gi-där*; er/sie geht)	**giter**

Ausnahmen, die im Aorist zu beachten sind

Die Ausnahmen betreffen nur die bejahte Konjugation in allen Personen einiger einsilbiger Verbstämme, die auf einen Konsonanten ausgehen. Die Verneinung ist regelmäßig.

Verb	richtig	falsch
almak (*al-mak*; nehmen, kaufen)	**alır** (*a-lır*; er/sie nimmt)	**alar**
görmek (*gör-mäk*; sehen)	**görür** (*gö-rür*; er/sie sieht)	**görer**
bilmek (*bil-mäk*; wissen, kennen)	**bilir** (*bi-lir*; er/sie weiß)	**biler**
durmak (*dur-mak*; stehen, anhalten)	**durur** (*du-rur*; er/sie steht)	**durar**
ölmek (*öl-mäk*; sterben)	**ölür** (*ö-lür*; er/sie stirbt)	**öler**
bulmak (*bul-mak*; finden)	**bulur** (*bu-lur*; er/sie findet)	**bular**
vermek (*wär-mäk*; geben)	**verir** (*wä-rir*; er/sie gibt)	**verer**
sanmak (*ssan-mak*; meinen)	**sanır** (*ssa-nır*; er/sie meint)	**sanar**
gelmek (*gäl-mäk*; kommen)	**gelir** (*gä-lir*; er/sie kommt)	**geler**
kalmak (*kal-mak*; bleiben)	**kalır** (*ka-lır*; er/sie bleibt)	**kalar**
olmak (*ol-mak*; werden)	**olur** (*o-lur*; er/sie wird)	**olar**

Das Präteritum (Geschehensvergangenheit)

Entspricht in der Übersetzung dem deutschen Präteritum (»ich las«) oder dem deutschen Perfekt (»ich habe gelesen«).

Nach stimmhaft-konsonantisch auslautendem Verbstamm

Der letzte Vokal im Verbstamm ist ein **a** oder ı.

yazmak (*jas-mak*; schreiben)

Person	Türkisch	Aussprache	Deutsch
Erste Singular	**yazdım**	*jas-dım*	ich habe geschrieben
Zweite Singular	**yazdın**	*jas-dın*	du hast geschrieben
Dritte Singular	**yazdı**	*jas-dı*	er/sie hat geschrieben
Erste Plural	**yazdık**	*jas-dık*	wir haben geschrieben
Zweite Plural	**yazdınız**	*jas-dı-nıs*	Sie haben/ihr habt geschrieben
Dritte Plural	**yazdılar**	*jas-dı-lar*	sie haben geschrieben

Der letzte Vokal im Verbstamm ist ein **e** oder **i**.

gelmek (*gäl-mäk*; kommen)

Person	Türkisch	Aussprache	Deutsch
Erste Singular	**geldim**	*gäl-dim*	ich bin gekommen
Zweite Singular	**geldin**	*gäl-din*	du bist gekommen
Dritte Singular	**geldi**	*gäl-di*	er/sie ist gekommen
Erste Plural	**geldik**	*gäl-dik*	wir sind gekommen
Zweite Plural	**geldiniz**	*gäl-di-nis*	Sie sind/ihr seid gekommen
Dritte Plural	**geldiler**	*gäl-di-lär*	sie sind gekommen

Der letzte Vokal im Verbstamm ist ein **o** oder **u**.

bulmak (*bul-mak*; finden)

Person	Türkisch	Aussprache	Deutsch
Erste Singular	**buldum**	*bul-dum*	ich habe gefunden
Zweite Singular	**buldun**	*bul-dun*	du hast gefunden
Dritte Singular	**buldu**	*bul-du*	er/sie hat gefunden
Erste Plural	**bulduk**	*bul-duk*	wir haben gefunden
Zweite Plural	**buldunuz**	*bul-du-nus*	Sie haben/ihr habt gefunden
Dritte Plural	**buldular**	*bul-du-lar*	sie haben gefunden

Der letzte Vokal im Verbstamm ist ein **ö** oder **ü**.

yüzmek (*jüs-mäk*; schwimmen)

Person	Türkisch	Aussprache	Deutsch
Erste Singular	**yüzdüm**	*jüs-düm*	ich bin geschwommen
Zweite Singular	**yüzdün**	*jüs-dün*	du bist geschwommen
Dritte Singular	**yüzdü**	*jüs-dü*	er/sie ist geschwommen
Erste Plural	**yüzdük**	*jüs-dük*	wir sind geschwommen
Zweite Plural	**yüzdünüz**	*jüs-dü-nüs*	Sie sind/ihr seid geschwommen
Dritte Plural	**yüzdüler**	*jüs-dü-lär*	sie sind geschwommen

Nach stimmlos-konsonantisch auslautendem Verbstamm

Der letzte Vokal im Verbstamm ist ein **a** oder **ı**.

yapmak (*jap-mak*; machen, tun)

Person	Türkisch	Aussprache	Deutsch
Erste Singular	**yaptım**	*jap-tım*	ich habe gemacht
Zweite Singular	**yaptın**	*jap-tın*	du hast gemacht
Dritte Singular	**yaptı**	*jap-tı*	er/sie hat gemacht
Erste Plural	**yaptık**	*jap-tık*	wir haben gemacht
Zweite Plural	**yaptınız**	*jap-tı-nıs*	Sie haben/ihr habt gemacht
Dritte Plural	**yaptılar**	*jap-tı-lar*	sie haben gemacht

Der letzte Vokal im Verbstamm ist ein **e** oder **i**.

içmek (*itsch-mäk*; trinken)

Person	Türkisch	Aussprache	Deutsch
Erste Singular	**içtim**	*itsch-tim*	ich habe getrunken
Zweite Singular	**içtin**	*itsch-tin*	du hast getrunken
Dritte Singular	**içti**	*itsch-ti*	er/sie hat getrunken
Erste Plural	**içtik**	*itsch-tik*	wir haben getrunken
Zweite Plural	**içtiniz**	*itsch-ti-nis*	Sie haben/ihr habt getrunken
Dritte Plural	**içtiler**	*itsch-ti-lär*	sie haben getrunken

Der letzte Vokal im Verbstamm ist ein **o** oder **u**.

konuşmak (*ko-nusch-mak*; sprechen)

Person	Türkisch	Aussprache	Deutsch
Erste Singular	**konuştum**	*ko-nusch-tum*	ich habe gesprochen
Zweite Singular	**konuştun**	*ko-nusch-tun*	du hast gesprochen
Dritte Singular	**konuştu**	*ko-nusch-tu*	er/sie hat gesprochen
Erste Plural	**konuştuk**	*ko-nusch-tuk*	wir haben gesprochen
Zweite Plural	**konuştunuz**	*ko-nusch-tu-nus*	Sie haben/ihr habt gesprochen
Dritte Plural	**konuştular**	*ko-nusch-tu-lar*	sie haben gesprochen

Der letzte Vokal im Verbstamm ist ein **ö** oder **ü**.

öpmek (_öp-mäk_; küssen)

Person	Türkisch	Aussprache	Deutsch
Erste Singular	**öptüm**	_öp-tüm_	ich habe geküsst
Zweite Singular	**öptün**	_öp-tün_	du hast geküsst
Dritte Singular	**öptü**	_öp-tü_	er/sie hat geküsst
Erste Plural	**öptük**	_öp-tük_	wir haben geküsst
Zweite Plural	**öptünüz**	_öp-tü-nüs_	Sie haben/ihr habt geküsst
Dritte Plural	**öptüler**	_öp-tü-lär_	sie haben geküsst

Nach vokalisch auslautendem Verbstamm

Der letzte Vokal im Verbstamm ist ein **a** oder **ı**.

aramak (_a-ra-mak_; suchen)

Person	Türkisch	Aussprache	Deutsch
Erste Singular	**aradım**	_a-ra-dım_	ich habe gesucht
Zweite Singular	**aradın**	_a-ra-dın_	du hast gesucht
Dritte Singular	**aradı**	_a-ra-dı_	er/sie hat gesucht
Erste Plural	**aradık**	_a-ra-dık_	wir haben gesucht
Zweite Plural	**aradınız**	_a-ra-dı-nıs_	Sie haben/ihr habt gesucht
Dritte Plural	**aradılar**	_a-ra-dı-lar_	sie haben gesucht

Der letzte Vokal im Verbstamm ist ein **e** oder **i**.

yemek (_jä-mäk_; essen)

Person	Türkisch	Aussprache	Deutsch
Erste Singular	**yedim**	_jä-dim_	ich habe gegessen
Zweite Singular	**yedin**	_jä-din_	du hast gegessen
Dritte Singular	**yedi**	_jä-di_	er/sie hat gegessen
Erste Plural	**yedik**	_jä-dik_	wir haben gegessen
Zweite Plural	**yediniz**	_jä-di-nis_	Sie haben/ihr habt gegessen
Dritte Plural	**yediler**	_jä-di-lär_	sie haben gegessen

Der letzte Vokal im Verbstamm ist ein **o** oder **u**.

okumak (*o-ku-mak*; lesen, studieren)

Person	Türkisch	Aussprache	Deutsch
Erste Singular	**okudum**	*o-ku-dum*	ich habe gelesen
Zweite Singular	**okudun**	*o-ku-dun*	du hast gelesen
Dritte Singular	**okudu**	*o-ku-du*	er/sie hat gelesen
Erste Plural	**okuduk**	*o-ku-duk*	wir haben gelesen
Zweite Plural	**okudunuz**	*o-ku-du-nus*	Sie haben/ihr habt gelesen
Dritte Plural	**okudular**	*o-ku-du-lar*	sie haben gelesen

Der letzte Vokal im Verbstamm ist ein **ö** oder **ü**.

üşümek (*ü-schü-mäk*; frieren)

Person	Türkisch	Aussprache	Deutsch
Erste Singular	**üşüdüm**	*ü-schü-düm*	ich habe gefroren
Zweite Singular	**üşüdün**	*ü-schü-dün*	du hast gefroren
Dritte Singular	**üşüdü**	*ü-schü-dü*	er/sie hat gefroren
Erste Plural	**üşüdük**	*ü-schü-dük*	wir haben gefroren
Zweite Plural	**üşüdünüz**	*ü-schü-dü-nüs*	Sie haben/ihr habt gefroren
Dritte Plural	**üşüdüler**	*ü-schü-dü-lär*	sie haben gefroren

Das Präteritum (Geschehensvergangenheit) – verneint

Der letzte Vokal im Verbstamm ist ein **a, ı, o** oder **u**.

anlamamak (*an-la-ma-mak*; nicht verstehen)

Person	Türkisch	Aussprache	Deutsch
Erste Singular	**anlamadım**	*an-la-ma-dım*	ich habe nicht verstanden
Zweite Singular	**anlamadın**	*an-la-ma-dın*	du hast nicht verstanden
Dritte Singular	**anlamadı**	*an-la-ma-dı*	er/sie hat nicht verstanden
Erste Plural	**anlamadık**	*an-la-ma-dık*	wir haben nicht verstanden
Zweite Plural	**anlamadınız**	*an-la-ma-dı-nız*	Sie haben nicht/ihr habt nicht verstanden
Dritte Plural	**anlamadılar**	*an-la-ma-dı-lar*	sie haben nicht verstanden

Der letzte Vokal im Verbstamm ist ein **e**, **i**, **ö** oder **ü**.

gitmemek (*git-mä-mäk*; nicht gehen, nicht fahren)

Person	Türkisch	Aussprache	Deutsch
Erste Singular	**gitmedim**	*git-mä-dim*	ich bin nicht gegangen
Zweite Singular	**gitmedin**	*git-mä-din*	du bist nicht gegangen
Dritte Singular	**gitmedi**	*git-mä-di*	er/sie ist nicht gegangen
Erste Plural	**gitmedik**	*git-mä-dik*	wir sind nicht gegangen
Zweite Plural	**gitmediniz**	*git-mä-di-nis*	Sie sind nicht/ihr seid nicht gegangen
Dritte Plural	**gitmediler**	*git-mä-di-lär*	sie sind nicht gegangen

Das Präteritum (Geschehensvergangenheit) – fragend/bejaht

Fragepartikel ohne Personalsuffix – der letzte Vokal im Verbstamm ist ein **a** oder **ı**.

aramak (*a-ra-mak*; suchen)

Person	Türkisch	Aussprache	Deutsch
Erste Singular	**aradım mı?**	*a-ra-dım mı*	habe ich gesucht?
Zweite Singular	**aradın mı?**	*a-ra-dın mı*	hast du gesucht?
Dritte Singular	**aradı mı?**	*a-ra-dı mı*	hat er/sie gesucht?
Erste Plural	**aradık mı?**	*a-ra-dık mı*	haben wir gesucht?
Zweite Plural	**aradınız mı?**	*a-ra-dı-nıs mı*	haben Sie/habt ihr gesucht?
Dritte Plural	**aradılar mı?**	*a-ra-dı-lar mı*	haben sie gesucht?

Fragepartikel ohne Personalsuffix – der letzte Vokal im Verbstamm ist ein **e** oder **i**.

gitmek (*git-mäk*; gehen, fahren)

Person	Türkisch	Aussprache	Deutsch
Erste Singular	**gittim mi?**	*git-tim mi*	bin ich gegangen?
Zweite Singular	**gittin mi?**	*git-tin mi*	bist du gegangen?
Dritte Singular	**gitti mi?**	*git-ti mi*	ist er/sie gegangen?
Erste Plural	**gittik mi?**	*git-tik mi*	sind wir gegangen?
Zweite Plural	**gittiniz mi?**	*git-ti-nis mi*	sind Sie/seid ihr gegangen?
Dritte Plural	**gittiler mi?**	*git-ti-lär mi*	sind sie gegangen?

Fragepartikel ohne Personalsuffix – der letzte Vokal im Verbstamm ist ein **o** oder **u**.

sormak (*ssor-mak*; fragen)

Person	Türkisch	Aussprache	Deutsch
Erste Singular	**sordum mu?**	*ssor-dum mu*	habe ich gefragt?
Zweite Singular	**sordun mu?**	*ssor-dun mu*	hast du gefragt?
Dritte Singular	**sordu mu?**	*ssor-du mu*	hat er/sie gefragt?
Erste Plural	**sorduk mu?**	*ssor-duk mu*	haben wir gefragt?
Zweite Plural	**sordunuz mu?**	*ssor-du-nus mu*	haben Sie/habt ihr gefragt?
Dritte Plural	**sordular mı?**	*ssor-du-lar mı*	haben sie gefragt?

Fragepartikel ohne Personalsuffix – der letzte Vokal im Verbstamm ist ein **ö** oder **ü**.

üşümek (*ü-schü-mäk*; frieren)

Person	Türkisch	Aussprache	Deutsch
Erste Singular	**üşüdüm mü?**	*ü-schü-düm mü*	habe ich gefroren?
Zweite Singular	**üşüdün mü?**	*ü-schü-dün mü*	hast du gefroren?
Dritte Singular	**üşüdü mü?**	*ü-schü-dü mü*	hat er/sie gefroren?
Erste Plural	**üşüdük mü?**	*ü-schü-dük mü*	haben wir gefroren?
Zweite Plural	**üşüdünüz mü?**	*ü-schü-dü-nüs mü*	haben Sie/habt ihr gefroren?
Dritte Plural	**üşüdüler mü?**	*ü-schü-dü-lär mi*	haben sie gefroren?

Das Präteritum (Geschehensvergangenheit) – fragend/verneint

Fragepartikel ohne Personalsuffix – der letzte Vokal im Verbstamm ist ein **a**, **ı**, **o** oder **u**.

anlamamak (*an-la-ma-mak*; nicht verstehen)

Person	Türkisch	Aussprache	Deutsch
Erste Singular	**anlamadım mı?**	*an-la-ma-dım mı*	habe ich nicht verstanden?
Zweite Singular	**anlamadın mı?**	*an-la-ma-dın mı*	hast du nicht verstanden?
Dritte Singular	**anlamadı mı?**	*an-la-ma-dı mı*	hat er/sie nicht verstanden?
Erste Plural	**anlamadık mı?**	*an-la-ma-dık mı*	haben wir nicht verstanden?
Zweite Plural	**anlamadınız mı?**	*an-la-ma-dı-nıs mı*	haben Sie nicht/habt ihr nicht verstanden?
Dritte Plural	**anlamadılar mı?**	*an-la-ma-dı-lar mı*	haben sie nicht verstanden?

Fragepartikel ohne Personalsuffix – der letzte Vokal im Verbstamm ist ein **e**, **i**, **ö** oder **ü**.

gitmemek (_git-mä-mäk_; nicht gehen, nicht fahren)

Person	Türkisch	Aussprache	Deutsch
Erste Singular	**gitmedim mi?**	_git-mä-dim mi_	bin ich nicht gegangen?
Zweite Singular	**gitmedin mi?**	_git-mä-din mi_	bist du nicht gegangen?
Dritte Singular	**gitmedi mi?**	_git-mä-di mi_	ist er/sie nicht gegangen?
Erste Plural	**gitmedik mi?**	_git-mä-dik mi_	sind wir nicht gegangen?
Zweite Plural	**gitmediniz mi?**	_git-mä-di-nis mi_	sind Sie nicht/seid ihr nicht gegangen?
Dritte Plural	**gitmediler mi?**	_git-mä-di-lär mi_	sind sie nicht gegangen?

Die Vergangenheit von »sein« (bejaht), wenn kein Verb vorhanden ist – Funktionswort »idi« als Suffix

Nach stimmhaft-konsonantisch auslautendem Wortstamm

Der letzte Vokal im Wortstamm ist ein **a** oder **ı**.

şişman (_schisch-man_; dick)

Person	Türkisch	Aussprache	Deutsch
Erste Singular	**şişmandım**	_schisch-man-dım_	ich war dick
Zweite Singular	**şişmandın**	_schisch-man-dın_	du warst dick
Dritte Singular	**şişmandı**	_schisch-man-dı_	er/sie war dick
Erste Plural	**şişmandık**	_schisch-man-dık_	wir waren dick
Zweite Plural	**şişmandınız**	_schisch-man-dı-nıs_	Sie waren/ihr wart dick
Dritte Plural	**şişmandılar**	_schisch-man-dı-lar_	sie waren dick

Der letzte Vokal im Wortstamm ist ein **e** oder **i**.

güzel (_gü-säl_; schön)

Person	Türkisch	Aussprache	Deutsch
Erste Singular	**güzeldim**	_gü-säl-dim_	ich war schön
Zweite Singular	**güzeldin**	_gü-säl-din_	du warst schön
Dritte Singular	**güzeldi**	_gü-säl-di_	er/sie war schön
Erste Plural	**güzeldik**	_gü-säl-dik_	wir waren schön
Zweite Plural	**güzeldiniz**	_gü-säl-di-nis_	Sie waren/ihr wart schön
Dritte Plural	**güzeldiler**	_gü-säl-di-lär_	sie waren schön

Der letzte Vokal im Wortstamm ist ein **o** oder **u**.

yorgun (_jor-gun_; müde)

Person	Türkisch	Aussprache	Deutsch
Erste Singular	**yorgundum**	_jor-gun-dum_	ich war müde
Zweite Singular	**yorgundun**	_jor-gun-dun_	du warst müde
Dritte Singular	**yorgundu**	_jor-gun-du_	er/sie war müde
Erste Plural	**yorgunduk**	_jor-gun-duk_	wir waren müde
Zweite Plural	**yorgundunuz**	_jor-gun-du-nus_	Sie waren/ihr wart müde
Dritte Plural	**yorgundular**	_jor-gun-du-lar_	sie waren müde

Der letzte Vokal im Wortstamm ist ein **ö** oder **ü**.

hür (_hür_; frei)

Person	Türkisch	Aussprache	Deutsch
Erste Singular	**hürdüm**	_hür-düm_	ich war frei
Zweite Singular	**hürdün**	_hür-dün_	du warst frei
Dritte Singular	**hürdü**	_hür-dü_	er/sie war frei
Erste Plural	**hürdük**	_hür-dük_	wir waren frei
Zweite Plural	**hürdünüz**	_hür-dü-nüs_	Sie waren/ihr wart frei
Dritte Plural	**hürdüler**	_hür-dü-lär_	sie waren frei

Nach stimmlos-konsonantisch auslautendem Wortstamm

Der letzte Vokal im Wortstamm ist ein **a** oder **ı**.

aç (_atsch_; hungrig)

Person	Türkisch	Aussprache	Deutsch
Erste Singular	**açtım**	_atsch-tım_	ich war hungrig
Zweite Singular	**açtın**	_atsch-tın_	du warst hungrig
Dritte Singular	**açtı**	_atsch-tı_	er/sie war hungrig
Erste Plural	**açtık**	_atsch-tık_	wir waren hungrig
Zweite Plural	**açtınız**	_atsch-tı-nıs_	Sie waren/ihr wart hungrig
Dritte Plural	**açtılar**	_atsch-tı-lar_	sie waren hungrig

Der letzte Vokal im Wortstamm ist ein **e** oder **i**.

genç (_gäntsch_; jung)

Person	Türkisch	Aussprache	Deutsch
Erste Singular	**gençtim**	_gäntsch-tim_	ich war jung
Zweite Singular	**gençtin**	_gäntsch-tin_	du warst jung
Dritte Singular	**gençti**	_gäntsch-ti_	er/sie war jung
Erste Plural	**gençtik**	_gäntsch-tik_	wir waren jung
Zweite Plural	**gençtiniz**	_gäntsch-ti-nis_	Sie waren/ihr wart jung
Dritte Plural	**gençtiler**	_gäntsch-ti-lär_	sie waren jung

Der letzte Vokal im Wortstamm ist ein **o** oder **u**.

çocuk (_tscho-dschuk_; Kind)

Person	Türkisch	Aussprache	Deutsch
Erste Singular	**çocuktum**	_tscho-dschuk-tum_	ich war ein Kind
Zweite Singular	**çocuktun**	_tscho-dschuk-tun_	du warst ein Kind
Dritte Singular	**çocuktu**	_tscho-dschuk-tu_	er/sie war ein Kind
Erste Plural	**çocuktuk**	_tscho-dschuk-tuk_	wir waren ein Kind
Zweite Plural	**çocuktunuz**	_tscho-dschuk-tu-nus_	Sie waren/ihr wart ein Kind
Dritte Plural	**çocuktular**	_tscho-dschuk-tu-lar_	sie waren ein Kind

Der letzte Vokal im Wortstamm ist ein **ö** oder **ü**.

küçük (*kü-tschük*; klein)

Person	Türkisch	Aussprache	Deutsch
Erste Singular	**küçüktüm**	*kü-tschük-tüm*	ich war klein
Zweite Singular	**küçüktün**	*kü-tschük-tün*	du warst klein
Dritte Singular	**küçüktü**	*kü-tschük-tü*	er/sie war klein
Erste Plural	**küçüktük**	*kü-tschük-tük*	wir waren klein
Zweite Plural	**küçüktünüz**	*kü-tschük-tü-nüs*	Sie waren/ihr wart klein
Dritte Plural	**küçüktüler**	*kü-tschük-tü-lär*	sie waren klein

Nach vokalisch auslautendem Wortstamm

Der letzte Vokal im Wortstamm ist ein **a** oder **ı**.

hasta (*hass-ta*; krank)

Person	Türkisch	Aussprache	Deutsch
Erste Singular	**hastaydım**	*hass-taj-dım*	ich war krank
Zweite Singular	**hastaydın**	*hass-taj-dın*	du warst krank
Dritte Singular	**hastaydı**	*hass-taj-dı*	er/sie war krank
Erste Plural	**hastaydık**	*hass-taj-dık*	wir waren krank
Zweite Plural	**hastaydınız**	*hass-taj-dı-nıs*	Sie waren/ihr wart krank
Dritte Plural	**hastaydılar**	*hass-taj-dı-lar*	sie waren krank

Der letzte Vokal im Wortstamm ist ein **e** oder **i**.

öğrenci (*öö-rän-dschi*; Schüler, -in, Student, -in)

Person	Türkisch	Aussprache	Deutsch
Erste Singular	**öğrenciydim**	*öö-rän-dschij-dim*	ich war Student
Zweite Singular	**öğrenciydin**	*öö-rän-dschij-din*	du warst Student
Dritte Singular	**öğrenciydi**	*öö-rän-dschij-di*	er/sie war Student, -in
Erste Plural	**öğrenciydik**	*öö-rän-dschij-dik*	wir waren Student
Zweite Plural	**öğrenciydiniz**	*öö-rän-dschij-di-nis*	Sie waren/ihr wart Student, -en
Dritte Plural	**öğrenciydiler**	*öö-rän-dschij-di-lär*	sie waren Student

Der letzte Vokal im Wortstamm ist ein **o** oder **u**.

futbolcu (_fut-bol-dschu_; Fußballer, -in)

Person	Türkisch	Aussprache	Deutsch
Erste Singular	**futbolcuydum**	_fut-bol-dschuj-dum_	ich war Fußballer
Zweite Singular	**futbolcuydun**	_fut-bol-dschuj-dun_	du warst Fußballer
Dritte Singular	**futbolcuydu**	_fut-bol-dschuj-du_	er/sie war Fußballer, -in
Erste Plural	**futbolcuyduk**	_fut-bol-dschuj-duk_	wir waren Fußballer
Zweite Plural	**futbolcuydunuz**	_fut-bol-dschuj-du-nus_	Sie waren/ihr wart Fußballer
Dritte Plural	**futbolcuydular**	_fut-bol-dschuj-du-lar_	sie waren Fußballer

Der letzte Vokal im Wortstamm ist ein **ö** oder **ü**.

ünlü (_ün-lü_; berühmt)

Person	Türkisch	Aussprache	Deutsch
Erste Singular	**ünlüydüm**	_ün-lüj-düm_	ich war berühmt
Zweite Singular	**ünlüydün**	_ün-lüj-dün_	du warst berühmt
Dritte Singular	**ünlüydü**	_ün-lüj-dü_	er/sie war berühmt
Erste Plural	**ünlüydük**	_ün-lüj-dük_	wir waren berühmt
Zweite Plural	**ünlüydünüz**	_ün-lüj-dü-nüs_	Sie waren/ihr wart berühmt
Dritte Plural	**ünlüydüler**	_ün-lüj-dü-lär_	sie waren berühmt

Die Vergangenheit von »nicht sein« (verneint), wenn kein Verb vorhanden ist – Funktionswort »idi« als Suffix an der Verneinung »değil« (nicht, kein)

Person	Türkisch	Aussprache	Deutsch
Erste Singular	... **değildim**	_dää-il-dim_	ich war nicht ...
Zweite Singular	... **değildin**	_dää-il-din_	du warst nicht ...
Dritte Singular	... **değildi**	_dää-il-di_	er/sie war nicht ...
Erste Plural	... **değildik**	_dää-il-dik_	wir waren nicht ...
Zweite Plural	... **değildiniz**	_dää-il-di-nis_	Sie waren/ihr wart nicht ...
Dritte Plural	... **değildiler**	_dää-il-di-lär_	sie waren nicht ...

Funktionswort »idi« als Suffix – fragend/bejaht

Fragepartikel mit entsprechendem Personalsuffix – der letzte Vokal im Wortstamm ist ein **a** oder **ı**.

hasta (*hass-ta*; krank)

Person	Türkisch	Aussprache	Deutsch
Erste Singular	**hasta mıydım?**	*hass-ta mıj-dım*	war ich krank?
Zweite Singular	**hasta mıydın?**	*hass-ta mıj-dın*	warst du krank?
Dritte Singular	**hasta mıydı?**	*hass-ta mıj-dı*	war er/sie krank?
Erste Plural	**hasta mıydık?**	*hass-ta mıj-dık*	waren wir krank?
Zweite Plural	**hasta mıydınız?**	*hass-ta mıj-dı-nıs*	waren Sie/wart ihr krank?
Dritte Plural	**hasta mıydılar?**	*hass-ta mıj-dı-lar*	waren sie krank?

Fragepartikel mit entsprechendem Personalsuffix – der letzte Vokal im Wortstamm ist ein **e** oder **i**.

genç (*gäntsch*; jung)

Person	Türkisch	Aussprache	Deutsch
Erste Singular	**genç miydim?**	*gäntsch mij-dim*	war ich jung?
Zweite Singular	**genç miydin?**	*gäntsch mij-din*	warst du jung?
Dritte Singular	**genç miydi?**	*gäntsch mij-di*	war er/sie jung?
Erste Plural	**genç miydik?**	*gäntsch mij-dik*	waren wir jung?
Zweite Plural	**genç miydiniz?**	*gäntsch mij-di-nis*	waren Sie/wart ihr jung?
Dritte Plural	**genç miydiler?**	*gäntsch mij-di-lär*	waren sie jung?

Fragepartikel mit entsprechendem Personalsuffix – der letzte Vokal im Wortstamm ist ein **o** oder **u**.

yorgun (*jor-gun*; müde)

Person	Türkisch	Aussprache	Deutsch
Erste Singular	**yorgun muydum?**	*jor-gun muj-dum*	war ich müde?
Zweite Singular	**yorgun muydun?**	*jor-gun muj-dun*	warst du müde?
Dritte Singular	**yorgun muydu?**	*jor-gun muj-du*	war er/sie müde?
Erste Plural	**yorgun muyduk?**	*jor-gun muj-duk*	waren wir müde?
Zweite Plural	**yorgun muydunuz?**	*jor-gun muj-du-nus*	waren Sie/wart ihr müde?
Dritte Plural	**yorgun muydular?**	*jor-gun muj-du-lar*	waren sie müde?

Fragepartikel mit entsprechendem Personalsuffix – der letzte Vokal im Wortstamm ist ein **ö** oder **ü**.

ünlü (*ün-lü*; berühmt)

Person	Türkisch	Aussprache	Deutsch
Erste Singular	**ünlü müydüm?**	*ün-lü müj-düm*	war ich berühmt?
Zweite Singular	**ünlü müydün?**	*ün-lü müj-dün*	warst du berühmt?
Dritte Singular	**ünlü müydü?**	*ün-lü müj-dü*	war er/sie berühmt?
Erste Plural	**ünlü müydük?**	*ün-lü müj-dük*	waren wir berühmt?
Zweite Plural	**ünlü müydünüz?**	*ün-lü müj-dü-nüs*	waren Sie/wart ihr berühmt?
Dritte Plural	**ünlü müydüler?**	*ün-lü müj-dü-lär*	waren sie berühmt?

Funktionswort »idi« als Suffix – fragend nach der Verneinung »değil« (nicht, kein)

Person	Türkisch	Aussprache	Deutsch
Erste Singular	**... değil miydim?**	*dää-il mij-dim*	war ich nicht ...?
Zweite Singular	**... değil miydin?**	*dää-il mij-din*	warst du nicht ...?
Dritte Singular	**... değil miydi?**	*dää-il mij-di*	war er/sie nicht ...?
Erste Plural	**... değil miydik?**	*dää-il mij-dik*	waren wir nicht ...?
Zweite Plural	**... değil miydiniz?**	*dää-il mij-di-nis*	waren Sie/wart ihr nicht ...?
Dritte Plural	**... değil miydiler?**	*dää-il mij-di-lär*	waren sie nicht ...?

Das Futur (Zukunft) – bejaht

Nach konsonantisch auslautendem Verbstamm

Der letzte Vokal im Verbstamm ist ein **a**, **ı**, **o** oder **u**.

yazmak (*jas-mak*; schreiben)

Person	Türkisch	Aussprache	Deutsch
Erste Singular	**yazacağım**	*ja-sa-dschaa-ım*	ich werde schreiben
Zweite Singular	**yazacaksın**	*ja-sa-dschak-ssın*	du wirst schreiben
Dritte Singular	**yazacak**	*ja-sa-dschak*	er/sie wird schreiben
Erste Plural	**yazacağız**	*ja-sa-dschaa-ıs*	wir werden schreiben
Zweite Plural	**yazacaksınız**	*ja-sa-dschak-ssı-nıs*	Sie werden/ihr werdet schreiben
Dritte Plural	**yazacaklar**	*ja-sa-dschak-lar*	sie werden schreiben

Der letzte Vokal im Verbstamm ist ein **e**, **i**, **ö** oder **ü**.

gelmek (*gäl-mäk*; kommen)

Person	Türkisch	Aussprache	Deutsch
Erste Singular	**geleceğim**	*gä-lä-dschää-im*	ich werde kommen
Zweite Singular	**geleceksin**	*gä-lä-dschäk-ssin*	du wirst kommen
Dritte Singular	**gelecek**	*gä-lä-dschäk*	er/sie wird kommen
Erste Plural	**geleceğiz**	*gä-lä-dschää-is*	wir werden kommen
Zweite Plural	**geleceksiniz**	*gä-lä-dschäk-ssi-nis*	Sie werden/ihr werdet kommen
Dritte Plural	**gelecekler**	*gä-lä-dschäk-lär*	sie werden kommen

Nach vokalisch auslautendem Verbstamm

Der letzte Vokal im Verbstamm ist ein **a**, **ı**, **o** oder **u**.

anlamak (*an-la-mak*; verstehen)

Person	Türkisch	Aussprache	Deutsch
Erste Singular	**anlayacağım**	*an-la-ja-dschaa-ım*	ich werde verstehen
Zweite Singular	**anlayacaksın**	*an-la-ja-dschak-ssın*	du wirst verstehen
Dritte Singular	**anlayacak**	*an-la-ja-dschak*	er/sie wird verstehen
Erste Plural	**anlayacağız**	*an-la-ja-dschaa-ıs*	wir werden verstehen
Zweite Plural	**anlayacaksınız**	*an-la-ja-dschak-ssı-nıs*	Sie werden/ihr werdet verstehen
Dritte Plural	**anlayacaklar**	*an-la-ja-dschak-lar*	sie werden verstehen

Der letzte Vokal im Verbstamm ist ein **e**, **i**, **ö** oder **ü**.

beklemek (*bäk-lä-mäk*; warten)

Person	Türkisch	Aussprache	Deutsch
Erste Singular	**bekleyeceğim**	*bäk-lä-jä-dschää-im*	ich werde warten
Zweite Singular	**bekleyeceksin**	*bäk-lä-jä-dschäk-ssin*	du wirst warten
Dritte Singular	**bekleyecek**	*bäk-lä-jä-dschäk*	er/sie wird warten
Erste Plural	**bekleyeceğiz**	*bäk-lä-jä-dschää-is*	wir werden warten
Zweite Plural	**bekleyeceksiniz**	*bäk-lä-jä-dschäk-ssi-nis*	Sie werden/ihr werdet warten
Dritte Plural	**bekleyecekler**	*bäk-lä-jä-dschäk-lär*	sie werden warten

Das Futur (Zukunft) – verneint

Der letzte Vokal im Verbstamm ist ein **a**, **ı**, **o** oder **u**.

yazmamak (_jas-ma-mak_; nicht schreiben)

Person	Türkisch	Aussprache	Deutsch
Erste Singular	**yazmayacağım**	_jas-ma-ja-dschaa-ım_	ich werde nicht schreiben
Zweite Singular	**yazmayacaksın**	_jas-ma-ja-dschak-ssın_	du wirst nicht schreiben
Dritte Singular	**yazmayacak**	_jas-ma-ja-dschak_	er/sie wird nicht schreiben
Erste Plural	**yazmayacağız**	_jas-ma-ja-dschaa-ıs_	wir werden nicht schreiben
Zweite Plural	**yazmayacaksınız**	_jas-ma-ja-dschak-ssı-nıs_	Sie werden nicht/ihr werdet nicht schreiben
Dritte Plural	**yazmayacaklar**	_jas-ma-ja-dschak-lar_	sie werden nicht schreiben

Der letzte Vokal im Verbstamm ist ein **e**, **i**, **ö** oder **ü**.

beklememek (_bäk-lä-mä-mäk_; nicht warten)

Person	Türkisch	Aussprache	Deutsch
Erste Singular	**beklemeyeceğim**	_bäk-lä-mä-jä-dschää-im_	ich werde nicht warten
Zweite Singular	**beklemeyeceksin**	_bäk-lä-mä-jä-dschäk-ssin_	du wirst nicht warten
Dritte Singular	**beklemeyecek**	_bäk-lä-mä-jä-dschäk_	er/sie wird nicht warten
Erste Plural	**beklemeyeceğiz**	_bäk-lä-mä-jä-dschää-is_	wir werden nicht warten
Zweite Plural	**beklemeyeceksiniz**	_bäk-lä-mä-jä-dschäk-ssi-nis_	Sie werden nicht/ihr werdet nicht warten
Dritte Plural	**beklemeyecekler**	_bäk-lä-mä-jä-dschäk-lär_	sie werden nicht warten

Das Futur (Zukunft) – fragend

Konjugierte Form in der dritten Person Singular (bejaht oder verneint) und Fragepartikel mit entsprechendem Personalsuffix – der letzte Vokal im Verbstamm ist ein **a**, **ı**, **o** oder **u**.

anlamak (_an-la-mak_; verstehen)

Person	Türkisch	Aussprache	Deutsch
Erste Singular	**anlayacak mıyım?**	_an-la-ja-dschak mı-jım_	werde ich verstehen?
Zweite Singular	**anlayacak mısın?**	_an-la-ja-dschak mı-ssın_	wirst du verstehen?
Dritte Singular	**anlayacak mı?**	_an-la-ja-dschak mı_	wird er/sie verstehen?
Erste Plural	**anlayacak mıyız?**	_an-la-ja-dschak mı-jıs_	werden wir verstehen?
Zweite Plural	**anlayacak mısınız?**	_an-la-ja-dschak mı-ssı-nıs_	werden Sie/werdet ihr verstehen?
Dritte Plural	**anlayacaklar mı?**	_an-la-ja-dschak-lar mı_	werden sie verstehen?

Konjugierte Form in der dritten Person Singular (bejaht oder verneint) und Fragepartikel mit entsprechendem Personalsuffix – der letzte Vokal im Verbstamm ist ein **e**, **i**, **ö** oder **ü**.

gelmemek (*gäl-mä-mäk*; nicht kommen)

Person	Türkisch	Aussprache	Deutsch
Erste Singular	**gelmeyecek miyim?**	*gäl-mä-jä-dschäk mi-jim*	werde ich nicht kommen?
Zweite Singular	**gelmeyecek misin?**	*gäl-mä-jä-dschäk mi-ssin*	wirst du nicht kommen?
Dritte Singular	**gelmeyecek mi?**	*gäl-mä-jä-dschäk mi*	wird er/sie nicht kommen?
Erste Plural	**gelmeyecek miyiz?**	*gäl-mä-jä-dschäk mi-jis*	werden wir nicht kommen?
Zweite Plural	**gelmeyecek misiniz?**	*gäl-mä-jä-dschäk mi-ssi-nis*	werden Sie nicht/werdet ihr nicht kommen?
Dritte Plural	**gelmeyecekler mi?**	*gäl-mä-jä-dschäk-lär mi*	werden sie nicht kommen?

Lauterscheinungen, die im Futur zu beachten sind

Die Lauterscheinungen sind nur in der konjugierten bejahten Form in allen Personen zu beachten. In der Verneinung treten diese Lauterscheinungen nicht auf.

Verb	richtig	falsch
etmek (*ät-mäk*; machen, tun)	**edecek** (*ä-dä-dschäk*; er/sie wird machen)	**etecek**
gitmek (*git-mäk*; gehen, fahren)	**gidecek** (*gi-dä-dschäk*; er/sie wird gehen)	**gitecek**
yemek (*jä-mäk*; essen)	**yiyecek** (*ji-jä-dschäk*; er/sie wird essen)	**yeyecek, yecek**
demek (*dä-mäk*; sagen)	**diyecek** (*di-jä-dschäk*; er/sie wird sagen)	**deyecek, decek**

Die Deklination

Die Fälle

Fall	nach einem Konsonanten	nach einem Vokal
Nominativ	–	–
Genitiv	**-ın, -in, -un, -ün**	**-nın, -nin, -nun, -nün**
Dativ	**-a, -e**	**-ya, -ye**
Akkusativ	**-ı, -i, -u, -ü**	**-yı, -yi, -yu, -yü**

Fall	nach einem stimmhaften Konsonanten	nach einem stimmlosen Konsonanten
Lokativ	**-da, -de**	**-ta, -te**
Ablativ	**-dan, -den**	**-tan, -ten**

Die Personalpronomen (personenanzeigende Fürwörter)

Erste Person Singular

Fall	Türkisch	Aussprache	Deutsch
Nominativ	**ben**	*bän*	ich
Genitiv	**benim**	*bä-nim*	meiner/meines
Dativ	**bana**	*ba-na*	(zu) mir
Akkusativ	**beni**	*bä-ni*	mich
Lokativ	**bende**	*bän-dä*	bei mir
Ablativ	**benden**	*bän-dän*	von mir

Zweite Person Singular

Fall	Türkisch	Aussprache	Deutsch
Nominativ	**sen**	*ssän*	du
Genitiv	**senin**	*ssä-nin*	deiner /deines
Dativ	**sana**	*ssa-na*	(zu) dir
Akkusativ	**seni**	*ssä-ni*	dich
Lokativ	**sende**	*ssän-dä*	bei dir
Ablativ	**senden**	*ssän-dän*	von dir

Dritte Person Singular

Fall	Türkisch	Aussprache	Deutsch
Nominativ	**o**	*o*	er/sie/es
Genitiv	**onun**	*o-nun*	seiner/seines/ihrer/ihres
Dativ	**ona**	*o-na*	(zu) ihm/(zu) ihr
Akkusativ	**onu**	*o-nu*	ihn/sie
Lokativ	**onda**	*on-da*	bei ihm/bei ihr
Ablativ	**ondan**	*on-dan*	von ihm/von ihr

Erste Person Plural

Fall	Türkisch	Aussprache	Deutsch
Nominativ	**biz**	*bis*	wir
Genitiv	**bizim**	*bi-sim*	unserer/unseres
Dativ	**bize**	*bi-sä*	(zu) uns
Akkusativ	**bizi**	*bi-si*	uns
Lokativ	**bizde**	*bis-dä*	bei uns
Ablativ	**bizden**	*bis-dän*	von uns

Zweite Person Plural

Fall	Türkisch	Aussprache	Deutsch
Nominativ	**siz**	*ssis*	Sie/ihr
Genitiv	**sizin**	*ssi-sin*	Ihrer/Ihres/eurer/eures
Dativ	**size**	*ssi-sä*	(zu) Ihnen/(zu) euch
Akkusativ	**sizi**	*ssi-si*	Sie/euch
Lokativ	**sizde**	*ssis-dä*	bei Ihnen/bei euch
Ablativ	**sizden**	*ssis-dän*	von Ihnen/von euch

Dritte Person Plural

Fall	Türkisch	Aussprache	Deutsch
Nominativ	**onlar**	*on-lar*	sie
Genitiv	**onların**	*on-la-rın*	ihrer/ihres
Dativ	**onlara**	*on-la-ra*	(zu) ihnen
Akkusativ	**onları**	*on-la-rı*	sie
Lokativ	**onlarda**	*on-lar-da*	bei ihnen
Ablativ	**onlardan**	*on-lar-dan*	von ihnen

Nach konsonantisch auslautendem Wortstamm

Der letzte Vokal ist ein **a** oder **ı**.

Fall	Türkisch	Aussprache	Deutsch
Nominativ	**adam/kadın**	*a-dam/ka-dın*	der Mann/die Frau
Genitiv	**adamın/kadının**	*a-da-mın/ka-dı-nın*	des Mannes/der Frau
Dativ	**adama/kadına**	*a-da-ma/ka-dı-na*	dem Mann/zum Mann/an den Mann/ der Frau/zur Frau/an die Frau
Akkusativ	**adamı/kadını**	*a-da-mı/ka-dı-nı*	den Mann/die Frau
Lokativ	**adamda/kadında**	*a-dam-da/ka-dın-da*	beim Mann/bei der Frau
Ablativ	**adamdan/kadından**	*a-dam-dan/ka-dın-dan*	vom Mann/von der Frau

Der letzte Vokal ist ein **e** oder **i**.

Fall	Türkisch	Aussprache	Deutsch
Nominativ	**ev/iş**	*äw/isch*	das Haus/die Arbeit
Genitiv	**evin/işin**	*ä-win/i-schin*	des Hauses/der Arbeit
Dativ	**eve/işe**	*ä-wä/i-schä*	dem Haus/zum Haus/in das Haus/ der Arbeit/zur Arbeit
Akkusativ	**evi/işi**	*ä-wi/i-schi*	das Haus/die Arbeit
Lokativ	**evde/işte**	*äw-dä/isch-tä*	zu Hause/im Haus/bei der Arbeit
Ablativ	**evden/işten**	*äw-dän/isch-tän*	vom Haus/aus dem Haus/von der Arbeit

Der letzte Vokal ist ein **o** oder **u**.

Fall	Türkisch	Aussprache	Deutsch
Nominativ	**yol/kuş**	*jol/kusch*	der Weg/der Vogel
Genitiv	**yolun/kuşun**	*jo-lun/ku-schun*	des Weges/des Vogels
Dativ	**yola/kuşa**	*jo-la/ku-scha*	dem Weg/zum Weg/auf den Weg/ dem Vogel/zum Vogel/auf den Vogel
Akkusativ	**yolu/kuşu**	*jo-lu/ku-schu*	den Weg/den Vogel
Lokativ	**yolda/kuşta**	*jol-da/kusch-ta*	auf dem Weg/am Weg/auf dem Vogel/ am Vogel/beim Vogel
Ablativ	**yoldan/kuştan**	*jol-dan/kusch-tan*	vom Weg/aus dem Weg/vom Vogel

Der letzte Vokal ist ein **ö** oder **ü**.

Fall	Türkisch	Aussprache	Deutsch
Nominativ	**göl/süt**	*göl/ssüt*	der See/die Milch
Genitiv	**gölün/sütün**	*gö-lün/ssü-tün*	des Sees/der Milch
Dativ	**göle/süte**	*gö-lä/ssü-tä*	dem See/zum See/auf den See/der Milch/zur Milch/in die Milch
Akkusativ	**gölü/sütü**	*gö-lü/ssü-tü*	den See/die Milch
Lokativ	**gölde/sütte**	*göl-dä/ssüt-tä*	im See/auf dem See/beim See/in der Milch/auf der Milch/bei der Milch
Ablativ	**gölden/sütten**	*göl-dän/ssüt-tän*	vom See/aus dem See/von der Milch/aus der Milch

Nach vokalisch auslautendem Wortstamm

Der letzte Vokal ist ein **a** oder **ı**.

Fall	Türkisch	Aussprache	Deutsch
Nominativ	**baba/kapı**	*ba-ba/ka-pı*	der Vater/die Tür
Genitiv	**babanın/kapının**	*ba-ba-nın/ka-pı-nın*	des Vaters/der Tür
Dativ	**babaya/kapıya**	*ba-ba-ja/ka-pı-ja*	dem Vater/zum Vater/an den Vater/der Tür/zur Tür/an die Tür
Akkusativ	**babayı/kapıyı**	*ba-ba-jı/ka-pı-jı*	den Vater/die Tür
Lokativ	**babada/kapıda**	*ba-ba-da/ka-pı-da*	beim Vater/an der Tür/bei der Tür/auf der Tür
Ablativ	**babadan/kapıdan**	*ba-ba-dan/ka-pı-dan*	vom Vater/von der Tür/aus der Tür

Der letzte Vokal ist ein **e** oder **i**.

Fall	Türkisch	Aussprache	Deutsch
Nominativ	**anne/dergi**	*an-nä/där-gi*	die Mutter/die Zeitschrift
Genitiv	**annenin/derginin**	*an-nä-nin/där-gi-nin*	der Mutter/der Zeitschrift
Dativ	**anneye/dergiye**	*an-nä-jä/där-gi-jä*	der Mutter/zur Mutter/an die Mutter/der Zeitschrift/zur Zeitschrift/an die Zeitschrift/in die Zeitschrift
Akkusativ	**anneyi/dergiyi**	*an-nä-ji/där-gi-ji*	die Mutter/die Zeitschrift
Lokativ	**annede/dergide**	*an-nä-dä/där-gi-dä*	bei der Mutter/bei der Zeitschrift/in der Zeitschrift/an der Zeitschrift/auf der Zeitschrift
Ablativ	**anneden/dergiden**	*an-nä-dän/där-gi-dän*	von der Mutter/von der Zeitschrift/aus der Zeitschrift

Der letzte Vokal ist ein **o** oder **u**.

Fall	Türkisch	Aussprache	Deutsch
Nominativ	**vazo/soru**	*wa-so/sso-ru*	die Vase/die Frage
Genitiv	**vazonun/sorunun**	*wa-so-nun/sso-ru-nun*	der Vase/der Frage
Dativ	**vazoya/soruya**	*wa-so-ja/sso-ru-ja*	der Vase/zur Vase/in die Vase/der Frage/zur Frage
Akkusativ	**vazoyu/soruyu**	*wa-so-ju/sso-ru-ju*	die Vase/die Frage
Lokativ	**vazoda/soruda**	*wa-so-da/sso-ru-da*	an der Vase/bei der Vase/in der Vase/an der Frage/bei der Frage
Ablativ	**vazodan/sorudan**	*wa-so-dan/sso-ru-dan*	von der Vase/aus der Vase/von der Frage/aus der Frage

Der letzte Vokal ist ein **ö** oder **ü**.

Fall	Türkisch	Aussprache	Deutsch
Nominativ	**banliyö/köprü**	*ban-li-jö/köp-rü*	der Vorort/die Brücke
Genitiv	**banliyönün/köprünün**	*ban-li-jö-nün/köp-rü-nün*	des Vororts/der Brücke
Dativ	**banliyöye/köprüye**	*ban-li-jö-jä/köp-rü-jä*	dem Vorort/zum Vorort/in den Vorort/der Brücke/zur Brücke/auf die Brücke
Akkusativ	**banliyöyü/köprüyü**	*ban-li-jö-jü/köp-rü-jü*	den Vorort/die Brücke
Lokativ	**banliyöde/köprüde**	*ban-li-jö-dä/köp-rü-dä*	im Vorort/an der Brücke/bei der Brücke/auf der Brücke
Ablativ	**banliyöden/köprüden**	*ban-li-jö-dän/köp-rü-dän*	vom Vorort/aus dem Vorort/von der Brücke

Im Plural

Wenn der Plural **-lar** lautet

Fall	Türkisch	Aussprache	Deutsch
Nominativ	**masalar**	*ma-ssa-lar*	die Tische
Genitiv	**masaların**	*ma-ssa-la-rın*	der Tische
Dativ	**masalara**	*ma-ssa-la-ra*	den Tischen/zu den Tischen/auf die Tische
Akkusativ	**masaları**	*ma-ssa-la-rı*	die Tische
Lokativ	**masalarda**	*ma-ssa-lar-da*	auf den Tischen/bei den Tischen
Ablativ	**masalardan**	*ma-ssa-lar-dan*	von den Tischen

Wenn der Plural **-ler** lautet

Fall	Türkisch	Aussprache	Deutsch
Nominativ	**sandalyeler**	*ssan-dal-jä-lär*	die Stühle
Genitiv	**sandalyelerin**	*ssan-dal-jä-lä-rin*	der Stühle
Dativ	**sandalyelere**	*ssan-dal-jä-lä-rä*	den Stühlen/zu den Stühlen/auf die Stühle
Akkusativ	**sandalyeleri**	*ssan-dal-jä-lä-ri*	die Stühle
Lokativ	**sandalyelerde**	*ssan-dal-jä-lär-dä*	auf den Stühlen/bei den Stühlen
Ablativ	**sandalyelerden**	*ssan-dal-jä-lär-dän*	von den Stühlen

Mit Possessivsuffix (besitzanzeigende Endung)

Substantiv im Singular, Possessivsuffix erste Person Singular

Fall	Türkisch	Aussprache	Deutsch
Nominativ	**arabam**	*a-ra-bam*	mein Auto
Genitiv	**arabamın**	*a-ra-ba-mın*	meines Autos
Dativ	**arabama**	*a-ra-ba-ma*	meinem Auto/zu meinem Auto/auf mein Auto/in mein Auto
Akkusativ	**arabamı**	*a-ra-ba-mı*	mein Auto
Lokativ	**arabamda**	*a-ra-bam-da*	in meinem Auto/an meinem Auto/bei meinem Auto/auf meinem Auto
Ablativ	**arabamdan**	*a-ra-bam-dan*	von meinem Auto/aus meinem Auto

Substantiv im Plural, Possessivsuffix erste Person Plural

Fall	Türkisch	Aussprache	Deutsch
Nominativ	**arabalarımız**	*a-ra-ba-la-rı-mıs*	unsere Autos
Genitiv	**arabalarımızın**	*a-ra-ba-la-rı-mı-sın*	unserer Autos
Dativ	**arabalarımıza**	*a-ra-ba-la-rı-mı-sa*	unseren Autos/zu unseren Autos/auf unsere Autos/in unsere Autos
Akkusativ	**arabalarımızı**	*a-ra-ba-la-rı-mı-sı*	unsere Autos
Lokativ	**arabalarımızda**	*a-ra-ba-la-rı-mıs-da*	in unseren Autos/an unseren Autos/bei unseren Autos /auf unseren Autos
Ablativ	**arabalarımızdan**	*a-ra-ba-la-rı-mıs-dan*	von unseren Autos/aus unseren Autos

Weibliche türkische Vornamen

✔ **Alev** (*a-läw*; Flamme)

✔ **Arzu** (*ar-su*; Wunsch, Wille, Verlangen)

✔ **Ayça** (*aj-tscha*; Mondsichel)

✔ **Ayla** (*aj-la*; Lichthof um den Mond)

✔ **Aygül** (*aj-gül*; Mondrose, Bedeutung: leuchtend wie der Mond, schön wie die Rose)

✔ **Bahar** (*ba-har*; Frühling)

✔ **Çağla** (*tschaa-la*; grünes Obst (wie Mandeln, Aprikosen etc.))

✔ **Canan** (*dschaa-nan*; Geliebte)

✔ **Çiçek** (*tschi-tschäk*; Blume)

✔ **Damla** (*dam-la*; Tropfen)

✔ **Defne** (*däf-nä*; Lorbeer)

✔ **Didem** (*dii-däm*; mein Auge, Bedeutung: die, die ich wie meinen Augapfel liebe)

✔ **Dilek** (*di-läk*; Wunsch)

✔ **Dolunay** (*do-lun-aj*; Vollmond)

✔ **Esengül** (*ä-ssän-gül*; wohlbehaltene Rose)

✔ **Evrim** (*äw-rim*; Evolution)

✔ **Filiz** (*fi-lis*; Spross, Trieb, Schössling)

✔ **Fulya** (*ful-ja*; Narzisse)

✔ **Funda** (*fun-da*; Heidekraut, Erika)

✔ **Gönül** (*gö-nül*; Herz, Seele; Zuneigung)

✔ **Gül** (*gül*; Rose)

✔ **Hande** (*han-dä*; Lachen)

✔ **Hülya** (*hül-jaa*; Vorstellung, Illusion)

✔ **İnci** (*in-dschi*; Perle)

✔ **İpek** (*i-päk*; Seide)

✔ **İrem** (*i-räm*; Paradiesgarten, Eden)

✔ **Jale** (*zhaa-lä*; Tau)

✔ **Lale** (*laa-lä*; Tulpe)

✔ **Leyla** (*läj-laa*; Nacht)

✔ **Mehtap** (_mäch-tap_; Mondschein, Schein des Vollmonds)

✔ **Meltem** (_mäl-täm_; Sommerbrise, die aufs Meer hinausweht)

✔ **Meral** (_mä-ral_; Hirschkuh)

✔ **Mercan** (_mär-dschan_; Koralle)

✔ **Nesrin** (_näss-rin_; wilde Rose)

✔ **Nihal** (_ni-hal_; Schössling, Spross)

✔ **Nilgün** (_nil-gün_; indigoblau)

✔ **Nilüfer** (_ni-lü-fär_; Seerose)

✔ **Özlem** (_ös-läm_; Sehnsucht)

✔ **Pervin** (_pär-win_; Plejaden, Siebengestirn)

✔ **Pınar** (_pı-nar_; Quelle)

✔ **Sema** (_ssä-maa_; Himmelsgewölbe)

✔ **Sevda** (_ssäw-daa_; Liebe, Leidenschaft)

✔ **Sevgi** (_ssäw-gi_; Liebe)

✔ **Su** (_ssu_; Wasser)

✔ **Yaprak** (_jap-rak_; Blatt (einer Pflanze))

✔ **Yaren** (_jaa-rän_; Freundin, Gefährtin)

✔ **Yasemin** (_jaa-ssä-min_; Jasmin)

✔ **Yonca** (_jon-dscha_; Klee)

✔ **Yıldız** (_jıl-dıs_; Stern)

✔ **Zehra** (_säch-raa_; mit sehr weißem und leuchtendem Gesicht)

Männliche türkische Vornamen

✔ **Alper** (_al-pär_; Held, Recke)

✔ **Berk** (_bärk_; solide, widerstandsfähig)

✔ **Bilge** (auch weiblich) (_bil-gä_; weise, gelehrt, reif)

✔ **Bulut** (_bu-lut_; Wolke)

✔ **Bülent** (_bü-länt_; groß, hoch, erhaben)

✔ **Burak** (_bu-rak_; Name des geflügelten Reittiers Mohammeds in der Nacht seiner Himmelfahrt)

✔ **Can** (_dschan_; Seele, Leben)

✔ **Cemal** (*dschä-mal*; Schönheit)

✔ **Cemil** (*dschä-mil*; schön, ansehnlich, stattlich)

✔ **Cenk** (*dschänk*; Kampf, Krieg)

✔ **Cihan** (*dschi-han*; Welt)

✔ **Cihangir** (*dschi-han-gir*; Welteroberer)

✔ **Deniz** (auch weiblich) (*dä-nis*; Meer)

✔ **Derya** (auch weiblich) (*där-jaa*; Meer, Ozean)

✔ **Erkin** (*är-kin*; frei, unabhängig)

✔ **Erol** (*ä-rol*; sei aufrecht, sei ehrlich, sei tapfer)

✔ **Faruk** (*faa-ruk*; wer Recht von Unrecht zu unterscheiden vermag, gerecht, voll Gerechtigkeit)

✔ **Fatih** (*faa-tich*; Eroberer, Bezwinger)

✔ **Fikret** (auch weiblich) (*fik-rät*; Gedanke, Überlegung; Verstand, Vernunft)

✔ **Güneş** (auch weiblich) (*gü-näsch*; Sonne)

✔ **Hakan** (*haa-kan*; Herr, Herrscher, Khan)

✔ **Kemal** (*kä-mal*; Vollendung, Vollkommenheit)

✔ **Kenan** (*kä-nan*; das Land Kanaan (Bibel), das gelobte Land)

✔ **Kerem** (*kä-räm*; Güte, Großmut, Freigebigkeit)

✔ **Kerim** (*kä-rim*; gütig, großmütig, freigebig; erhaben, edel)

✔ **Mahir** (*maa-hir*; gewandt, geschickt, talentiert)

✔ **Mahmut** (*mach-mut*; gelobt, gepriesen; rühmlich)

✔ **Mert** (*märt*; Mann; tapfer, heldenhaft; ehrlich, zu seinem Wort stehend)

✔ **Mesut** (*mä-ssut*; beglückt, glücklich)

✔ **Murat** (*mu-rat*; Wunsch; Ziel, Zweck)

✔ **Mustafa** (*muss-ta-fa*; auserwählt, erlesen)

✔ **Mutlu** (*mut-lu*; glücklich; der Glückliche)

✔ **Muzaffer** (auch weiblich) (*mu-saf-fär*; siegreich; Sieger)

✔ **Şahin** (*schaa-hin*; Falke, Bussard)

✔ **Sami** (*ssaa-mi*; hoch, erhaben)

✔ **Savaş** (*ssa-wasch*; Kampf, Krieg)

✔ **Selim** (*ssä-lim*; fehlerfrei, rein, richtig)

✔ **Tarık** (*taa-rık*; Morgenstern, Venus)

✔ **Tolga** (*tol-ga*; Helm aus Eisen der Krieger)

✔ **Tunç** (*tuntsch*; Bronze)

✔ **Turan** (*tuu-ran*; Bezeichnung der zentralasiatischen Urheimat der Türken)

✔ **Ufuk** (*u-fuk*; Horizont; Verständnis)

✔ **Ülker** (auch weiblich) (*ül-kär*; Plejaden, Siebengestirn)

✔ **Umut** (auch weiblich) (*u-mut*; Hoffnung)

✔ **Volkan** (*wol-kan*; Vulkan)

✔ **Yavuz** (*ja-wus*; mutig, verwegen)

✔ **Yiğit** (*jii-it*; Jüngling, Held; beherzt, mutig, kräftig)

✔ **Yılmaz** (*jıl-mas*; furchtlos, unerschrocken; entschlossen, willenskräftig)

✔ **Zafer** (auch weiblich) (*sa-fär*; Sieg, Triumph)

✔ **Zeki** (*sä-kii*; intelligent, klug, scharfsinnig, schlau)

Länder, Leute und Sprachen

✔ **Almanya** (*al-man-ja*; Deutschland) – **Alman** (*al-man*; Deutsche, -r) – **Almanca** (*al-man-dscha*; Deutsch)

✔ **Amerika** (*a-mä-ri-ka*; Amerika) – **Amerikalı** (*a-mä-ri-ka-lı*; Amerikaner, -in) – **İngilizce** (*in-gi-lis-dschä*; Englisch)

✔ **Avustralya** (*a-wuss-tral-ja*; Australien) – **Avustralyalı** (*a-wuss-tral-ja-lı*; Australier, -in) – **İngilizce** (*in-gi-lis-dschä*; Englisch)

✔ **Avusturya** (*a-wuss-tur-ja*; Österreich) – **Avusturyalı** (*a-wuss-tur-ja-lı*; Österreicher, -in) – **Almanca** (*al-man-dscha*; Deutsch)

✔ **Brezilya** (*brä-sil-ja*; Brasilien) – **Brezilyalı** (*brä-sil-ja-lı*; Brasilianer, -in) – **Portekizce** (*por-tä-kis-dschä*; Portugiesisch)

✔ **Bulgaristan** (*bul-ga-riss-tan*; Bulgarien) – **Bulgar** (*bul-gar*; Bulgare, Bulgarin) – **Bulgarca** (*bul-gar-dscha*; Bulgarisch)

✔ **Çin** (*tschin*; China) – **Çinli** (*tschin-li*; Chinese, Chinesin) – **Çince** (*tschin-dschä*; Chinesisch)

✔ **Ermenistan** (*är-mä-niss-tan*; Armenien) – **Ermeni** (*är-mä-ni*; Armenier, -in) – **Ermenice** (*är-mä-ni-dschä*; Armenisch)

✔ **Fas** (*fass*; Marokko) – **Faslı** (*fass-lı*; Tunesier, -in) – **Arapça** (*a-rap-tscha*; Arabisch)

✔ **Fransa** (*fran-ssa*; Frankreich) – **Fransız** (*fran-ssıs*; Franzose, Französin) – **Fransızca** (*fran-ssıs-dscha*; Französisch)

✔ **Gürcistan** (*gür-dschiss-tan*; Georgien) – **Gürcü** (*gür-dschü*; Georgier, -in) – **Gürcüce** (*gür-dschü-dschä*; Georgisch)

✔ **Hindistan** (*hin-diss-tan*; Indien) – **Hintli** (*hint-li*; Inder, -in) – **Hintçe** (*hint-tschä*; Hindi)

✔ **Hollanda** (*hol-lan-da*; Niederlande) – **Hollandalı** (*hol-lan-da-lı*; Niederländer, -in) – **Hollandaca** (*hol-lan-da-dscha*; Niederländisch)

✔ **İngiltere** (*in-gil-tä-rä*; England) – **İngiliz** (*in-gi-lis*; Engländer, -in) – **İngilizce** (*in-gi-lis-dschä*; Englisch)

✔ **Irak** (*ıı-rak*; Irak) – **Iraklı** (*ıı-rak-lı*; Iraker, -in) – **Arapça** (*a-rap-tscha*; Arabisch)

✔ **İran** (*ii-ran*; Iran) – **İranlı** (*ii-ran-lı*; Iraner, -in) – **Farsça** (*farss-tscha*; Persisch)

✔ **İrlanda** (*ir-lan-da*; Irland) – **İrlandalı** (*ir-lan-da-lı*; Irländer, -in) – **İngilizce** (*in-gi-lis-dschä*; Englisch)

✔ **İskoçya** (*iss-kotsch-ja*; Schottland) – **İskoçyalı** (*iss-kotsch-ja-lı*; Schotte, Schottin) – **İngilizce** (*in-gi-lis-dschä*; Englisch)

✔ **İspanya** (*iss-pan-ja*; Spanien) – **İspanyol** (*iss-pan-jol*; Spanier, -in) – **İspanyolca** (*iss-pan-jol-dscha*; Spanisch)

✔ **İsrail** (*iss-ra-il*; Israel) – **İsrailli** (*iss-ra-il-li*; Israeli, Israelin) – **İbranice** (*ib-raa-nii-dschä*; Hebräisch)

✔ **İsveç** (*iss-wätsch*; Schweden) – **İsveçli** (*iss-wätsch-li*; Schwede, Schwedin) – **İsveççe** (*iss-wätsch-tschä*; Schwedisch)

✔ **İsviçre** (*iss-witsch-rä*; Schweiz) – **İsviçreli** (*iss-witsch-rä-li*; Schweizer, -in) – **Almanca** (*al-man-dscha*; Deutsch)

✔ **İtalya** (*i-tal-ja*; Italien) – **İtalyan** (*i-tal-jan*; Italiener, -in) – **İtalyanca** (*i-tal-jan-dscha*; Italienisch)

✔ **Japonya** (*zha-pon-ja*; Japan) – **Japon** (*zha-pon*; Japaner, -in) – **Japonca** (*zha-pon-dscha*; Japanisch)

✔ **Kanada** (*ka-na-da*; Kanada) – **Kanadalı** (*ka-na-da-lı*; Kanadier, -in) – **İngilizce** (*in-gi-lis-dschä*; Englisch)

✔ **Kore** (*ko-rä*; Korea) – **Koreli** (*ko-rä-li*; Koreaner, -in) – **Korece** (*ko-rä-dschä*; Koreanisch)

✔ **Lübnan** (*lüb-nan*; Libanon) – **Lübnanlı** (*lüb-nan-lı*; Libanese, Libanesin) – **Arapça** (*a-rap-tscha*; Arabisch)

✔ **Macaristan** (*ma-dscha-riss-tan*; Ungarn) – **Macar** (*ma-dschar*; Ungar, -in) – **Macarca** (*ma-dschar-dscha*; Ungarisch)

✔ **Meksika** (*mäk-ssi-ka*; Mexiko) – **Meksikalı** (*mäk-ssi-ka-lı*; Mexikaner, -in) – **İspanyolca** (*iss-pan-jol-dscha*; Spanisch)

✔ Mısır (*mı-ssır*; Ägypten) – Mısırlı (*mı-ssır-lı*; Ägypter, -in) – Arapça (*a-rap-tscha*; Arabisch)

✔ Norveç (*nor-wätsch*; Norwegen) – Norveçli (*nor-wätsch-li*; Norweger, -in) – Norveçce (*nor-wätsch-tschä*; Norwegisch)

✔ Polonya (*po-lon-ja*; Polen) – Polonyalı (*po-lon-ja-lı*; Pole, Polin) – Lehçe (*läch-tschä*; Polnisch)

✔ Portekiz (*por-tä-kis*; Portugal) – Portekizli (*por-tä-kis-li*; Portugiese, Portugiesin) – Portekizce (*por-tä-kis-dschä*; Portugiesisch)

✔ Romanya (*ro-man-ja*; Rumänien) – Romanyalı/Rumen (*ro-man-ja-lı/ru-män*; Rumäne, Rumänin) – Rumence (*ru-män-dschä*; Rumänisch)

✔ Rusya (*russ-ja*; Russland) – Rus (*russ*; Russe, Russin) – Rusça (*russ-tscha*; Russisch)

✔ Suriye (*ssuu-ri-jä*; Syrien) – Suriyeli (*ssuu-ri-jä-li*; Syrer, -in) – Arapça (*a-rap-tscha*; Arabisch)

✔ Tunus (*tu-nuss*; Tunesien) – Tunuslu (*tu-nuss-lu*; Tunesier, -in) – Arapça (*a-rap-tscha*; Arabisch)

✔ Türkiye (*tür-ki-jä*; Türkei) – Türk (*türk*; Türke, Türkin) – Türkçe (*türk-tschä*; Türkisch)

✔ Ürdün (*ür-dün*; Jordanien) – Ürdünlü (*ür-dün-lü*; Jordanier, -in) – Arapça (*a-rap-tscha*; Arabisch)

✔ Yunanistan (*ju-na-niss-tan*; Griechenland) – Yunan/Yunanlı (*ju-nan/ju-nan-lı*; Grieche, Griechin) – Yunanca (*ju-nan-dscha*; Griechisch)

Kleines Wörterbuch

Türkisch – Deutsch

A

abla/*ab-la*/ältere Schwester
acı/*a-dschı*/scharf
acıkmak/*a-dschık-mak*/hungrig werden, Hunger bekommen
aç/*atsch*/hungrig
açık, -ğı/*a-tschık*/offen, geöffnet, hell
açmak/*atsch-mak*/(er-)öffnen
ad/*ad*/(Vor-)Name
ağabey/*aa-bi*/älterer Bruder
ağaç, -cı/*aa-atsch*/Baum
ağır/*aa-ır*/schwer
ağız, -ğzı/*aa-ıs*/Mund
ağustos/*aa-uss-toss*/August
aile/*aa-i-lä*/Familie
akraba/*ak-ra-baa*/Verwandte(r)
akşam/*ak-scham*/Abend
akşam yemeği/*ak-scham jä-mää-i*/Abendessen
alışveriş/*a-lısch-wä-risch*/Einkauf
alışveriş yapmak/*a-lısch-wä-risch jap-mak*/einkaufen
almak/*al-mak*/nehmen, kaufen
ama/*a-ma*/aber
amca/*am-dscha*/Onkel väterlicherseits
anahtar/*a-nach-tar*/Schlüssel
anlamak/*an-la-mak*/verstehen
anlatmak/*an-lat-mak*/erzählen
anne/*an-nä*/Mutter
anneanne/*an-naa-nä*/Großmutter mütterlicherseits
araba/*a-ra-ba*/Auto
aralık, -ğı/*a-ra-lık*/Dezember
aramak/*a-ra-mak*/suchen, anrufen
arkadaş/*ar-ka-dasch*/Freund(in)
armut, -du/*ar-mut*/Birne
aslında/*ass-lın-da*/eigentlich
at/*at*/Pferd
atkı/*at-kı*/Schal
atmak/*at-mak*/(weg-)werfen
ay/*aj*/Monat, Mond
ayak, -ğı/*a-jak*/Fuß
ayakkabı/*a-jak-ka-bı*/Schuh
ayna/*aj-na*/Spiegel
ayrı/*aj-rı*/getrennt
ayva/*aj-wa*/Quitte
az/*as*/wenig

B

baba/*ba-ba*/Vater
babaanne/*ba-ba-an-nä*/Großmutter väterlicherseits
bacak, -ğı/*ba-dschak*/Bein
bagaj/*ba-gazh*/Gepäck
bahar/*ba-har*/Frühling
bakmak/*bak-mak*/(an-)schauen, gucken
bal/*bal*/Honig
balık, -ğı/*ba-lık*/Fisch
bardak, -ğı/*bar-dak*/Becher, Glas
baş/*basch*/Kopf
başlamak/*basch-la-mak*/anfangen, beginnen
batı/*ba-tı*/Westen
bay/*baj*/Herr (+ Nachname)
bayan/*ba-jan*/Frau (+ Nachname)
bayram/*baj-ram*/Feiertag
beğenmek/*bää-än-mäk*/gefallen

bekâr/*bä-kjaar*/ledig
beklemek/*bäk-lä-mäk*/warten
belki/*bäl-ki*/vielleicht
(Vorname +) **bey**/*bäj*/Herr
beyaz/*bä-jas*/weiß
beyin, -yni/*bä-jin*/Gehirn
bezelye/*bä-säl-jä*/Erbse
bıçak, -ğı/*bı-tschak*/Messer
biber/*bi-bär*/Paprika
bilgisayar/*bil-gi-ssa-jar*/Computer
bilmek/*bil-mäk*/wissen
binmek/*bin-mäk*/einsteigen
bira/*bi-ra*/Bier
biraz/*bi-ras*/ein bisschen, ein wenig
bisiklet/*bi-ssik-lät*/Fahrrad
böbrek, -ği/*böb-räk*/Niere
boş/*bosch*/leer, frei
bulaşık yıkamak/*bu-la-schık jı-ka-mak*/abwaschen
bulmak/*bul-mak*/finden
buluşmak/*bu-lusch-mak*/sich treffen
burada/*bu-ra-da*/hier
buradan/*bu-ra-dan*/von hier
buraya/*bu-ra-ja*/hierher
burun, -rnu/*bu-run*/Nase
bütün/*bü-tün*/ganz
büyük, -ğü/*bü-jük*/groß
buz/*bus*/Eis(-würfel)

C

cam/*dscham*/Glas
can/*dschan*/Seele, Leben
cep telefonu/*dschäp tä-lä-fo-nu*/Handy
cevap, -bı/*dschä-wap*/Antwort

cevap vermek/*dschä-wap wär-mäk*/antworten
ceviz/*dschä-wis*/Walnuss
ceza/*dschä-saa*/Strafe
ciğer/*dschii-är*/Leber
civciv/*dschiw-dschiw*/Küken
cuma/*dschu-maa*/Freitag
cumartesi/*dschu-mar-tä-ssi*/ Samstag
cumhuriyet/*dschum-huu-ri-jät*/Republik
cümle/*dschüm-lä*/Satz
cüzdan/*dschüs-dan*/Portemonnaie

Ç

çağırmak/*tschaa-ır-mak*/(herbei-)rufen
çalışmak/*tscha-lısch-mak*/arbeiten
çalmak/*tschal-mak*/klingeln, stehlen
çam/*tscham*/Tanne
çamaşır yıkamak/*tscha-ma-schır jı-ka-mak*/Wäsche waschen
çarşamba/*tschar-scham-ba*/ Mittwoch
çatal/*tscha-tal*/Gabel
çay/*tschaj*/Tee
çekmek/*tschäk-mäk*/ziehen
çıkmak/*tschık-mak*/(r-)ausgehen
çift/*tschift*/Paar
çiğ/*tschii*/roh
çikolata/*tschi-ko-la-ta*/Schokolade
çilek, -ği/*tschi-läk*/Erdbeere
çivi/*tschi-wi*/Nagel
çizme/*tschis-mä*/Stiefel
çocuk, -ğu/*tscho-dschuk*/Kind
çok/*tschok*/sehr, viel
çorap, -bı/*tscho-rap*/Strumpf
çünkü/*tschün-kü*/weil

D

da, de/*da, dä*/auch
dağ/*daa*/Berg
daha/*da-ha*/noch

dakika/*da-ki-ka*/Minute
dalmak/*dal-mak*/tauchen
dar/*dar*/eng
davet etmek/*daa-wät ät-mäk*/ einladen
davetiye/*daa-wä-ti-jä*/Einladung
davul/*da-wul*/Trommel
dayı/*da-jı*/Onkel mütterlicherseits
defter/*däf-tär*/Heft
değil/*dää-il*/nicht, kein
deniz/*dä-nis*/Meer
ders/*därss*/Unterricht, Lektion
dikmek/*dik-mäk*/nähen
dil/*dil*/Sprache, Zunge
diş/*disch*/Zahn
dişçi/*disch-tschi*/Zahnarzt
doğu/*doo-u*/Osten
doğru/*doo-ru*/richtig, geradeaus
doktor/*dok-tor*/Arzt
domates/*do-ma-täss*/Tomate
dondurma/*don-dur-ma*/Eis
düşünmek/*dü-schün-mäk*/ (nach-)denken
duvar/*du-war*/Wand
duygu/*duj-gu*/Gefühl
duymak/*duj-mak*/hören

E

edebiyat/*ä-dä-bi-jat*/Literatur
eğlenmek/*ää-län-mäk*/sich amüsieren
en ... /*än*/am ... (Superlativ)
ekim/*ä-kim*/Oktober
ekmek, -ği/*äk-mäk*/Brot
ekşi/*äk-schi*/sauer
el/*äl*/Hand
elma/*äl-ma*/Apfel
enginar/*än-gi-nar*/Artischocke
enteresan/*än-tä-rä-ssan*/interessant
erik, -ği/*ä-rik*/Pflaume
erkek, -ği/*är-käk*/Mann
erkek kardeş/*är-käk kar-däsch*/allgemein: Bruder, speziell: jüngerer Bruder
erken/*är-kän*/früh
eski/*äss-ki*/alt (Gegenstände)

eş/*äsch*/Ehepartner
eşek, -ği/*ä-schäk*/Esel
et/*ät*/Fleisch
etek, -ği/*ä-täk*/Rock
etmek/*ät-mäk*/machen, tun
ev/*äw*/Haus, Wohnung
evet/*ä-wät*/ja
evli/*äw-li*/verheiratet
evlilik, -ği/*äw-li-lik*/Ehe
evlenmek/*äw-län-mäk*/heiraten
eylül/*äj-lül*/September

F

fakat/*fa-kat*/jedoch, aber
fakir/*fa-kir*/arm
fare/*faa-rä*/Maus, Ratte
fındık, -ğı/*fın-dık*/Haselnuss
fıstık, -ğı/*fiss-tık*/Erdnuss, Pistazie
fikir, -kri/*fi-kir*/Idee, Meinung
film/*film*/Film
flüt/*flüt*/Flöte
fotoğraf çekmek/*fo-too-raf tschäk-mäk*/fotografieren
futbol/*fut-bol*/Fußball
futbol maçı/*fut-bol ma-tschı*/ Fußballspiel

G

galiba/*gaa-li-baa*/wahrscheinlich
garaj/*ga-razh*/Garage
gece/*gä-dschä*/Nacht
geç/*gätsch*/spät
gelmek/*gäl-mäk*/kommen
gezi/*gä-si*/Reise
gitar/*gi-tar*/Gitarre
gitmek/*git-mäk*/gehen, fahren
görmek/*gör-mäk*/sehen
göstermek/*göss-tär-mäk*/zeigen
göz/*gös*/Auge
gözlük, -ğü/*gös-lük*/Brille
gözlükçü/*gös-lük-tschü*/Optiker
gri/*gri*/grau
gül/*gül*/Rose
gülmek/*gül-mäk*/lachen

gün/*gün*/Tag
güneş/*gü-näsch*/Sonne
güney/*gü-näj*/Süden
güvercin/*gü-wär-dschin*/Taube
güzel/*gü-säl*/schön

H

hafta/*haf-ta*/Woche
hala/*ha-la*/Tante väterlicherseits
hamur/*ha-mur*/Teig
hangi/*han-gi*/welche
(Vorname +) hanım/*ha-nım*/ Frau
harf, -fi/*harf*/Buchstabe
hasta/*hass-ta*/krank, Patient(-in)
hatırlamak/*ha-tır-la-mak*/sich erinnern
hava/*ha-wa*/Wetter, Luft
havuç, -cu/*ha-wutsch*/Möhre
hayır/*ha-jır*/nein
hayvan/*haj-wan*/Tier
haziran/*ha-sii-ran*/Juni
hem … hem/*häm häm*/sowohl … als auch
her/*här*/jede, jeder, jedes
her zaman/*här sa-man*/immer
hesap, -bı/*hä-ssap*/Rechnung
heyecanlı/*hä-jä-dschan-lı*/aufregend
hiç/*hitsch* (+ Verneinung)/gar nicht, gar kein
horoz/*ho-ros*/Hahn
hurma/*hur-ma*/Dattel

I

ıhlamur/*ıch-la-mur*/Linde
ılık, -ğı/*ı-lık*/lauwarm
ısınmak/*ı-ssın-mak*/sich auf-, erwärmen
ısırmak/*ı-ssır-mak*/beißen
ıslak, -ğı/*ıss-lak*/nass
ıspanak, -ğı/*ıss-pa-nak*/Spinat
ışık, -ğı/*ı-schık*/Licht
ızgara/*ıs-ga-ra*/gegrillt, Grill

İ

için/*i-tschin*/für
içmek/*itsch-mäk*/trinken

iğne/*ii-nä*/Nadel
ilaç, -cı/*i-latsch*/Medikament
ile/*i-lä*/mit
ilginç, -ci/*il-gintsch*/interessant
ilkbahar/*ilk-ba-har*/Frühling
imza/*im-saa*/Unterschrift
imzalamak/*im-saa-la-mak*/unterschreiben
inanmak/*i-nan-mak*/glauben
incir/*in-dschir*/Feige
inmek/*in-mäk*/aussteigen
insan/*in-ssan*/Mensch
ipek, -ği/*i-päk*/Seide
isim, -smi/*i-ssim*/Name
iş/*isch*/Arbeit
itfaiye/*it-faa-i-jä*/Feuerwehr
iyi/*i-ji*/gut
izin, -zni/*i-sin*/Erlaubnis

J

jakuzi/*zha-ku-si*/Whirlpool
jandarma/*zhan-dar-ma*/Gendarm(-erie)
jel/*zhäl*/Gel
jelatin/*zhä-la-tin*/Gelatine
jilet/*zhi-lät*/Rasierklinge

K

kabak, -ğı/*ka-bak*/Zucchini
kaç/*katsch*/wie viele
kahvaltı/*kach-wal-tı*/Frühstück
kahve/*kach-wä*/Kaffee
kahverengi/*kach-wä-rän-gi*/ braun
kalem/*ka-läm*/Stift
kalkmak/*kalk-mak*/aufstehen
kalmak/*kal-mak*/bleiben
kapalı/*ka-pa-lı*/geschlossen
kar/*kar*/Schnee
karpuz/*kar-pus*/Wassermelone
kasım/*ka-ssım*/November
kaşık, -ğı/*ka-schık*/Löffel
kat/*kat*/Etage
kavun/*ka-wun*/Honigmelone
kedi/*kä-di*/Katze
kestane/*käss-taa-nä*/Kastanie
kırmızı/*kır-mı-sı*/rot
kış/*kısch*/Winter

kısa/*kı-ssa*/kurz
kız/*kıs*/Mädchen, Tochter
kız kardeş/*kıs kar-däsch*/allgemein: Schwester, speziell: jüngere Schwester
kim/*kim*/wer
kimde/*kim-dä*/ bei wem
kimden/*kim-dän*/von wem
kime/*ki-mä*/wem, zu wem
kimi/*ki-mi*/wen
kiminle/*ki-min-lä*/mit wem
kimse (+ Verneinung)/*kim-ssä*/ keiner, niemand
kira/*ki-raa*/Miete
kiralamak/*ki-raa-la-mak*/mieten
kiraz/*ki-ras*/Kirsche
kirli/*kir-li*/schmutzig, dreckig
kitap, -bı/*ki-tap*/ Buch
kitapçı/*ki-tap-tschı*/Buchhändler, Buchladen
kişi/*ki-schi*/Person
konuşmak/*ko-nusch-mak*/ sprechen
köpek, -ği/*kö-päk*/Hund
kuzey/*ku-säj*/Norden
kulak, -ğı/*ku-lak*/Ohr
küçük, -ğü/*kü-tschük*/klein

L

lacivert/*laa-dschi-wärt*/dunkelblau
lamba/*lam-ba*/Lampe
liman/*li-man*/Hafen
limon/*li-mon*/Zitrone
limonata/*li-mo-na-ta*/Limonade
lise/*li-ssä*/Oberschule
lokum/*lo-kum*/türkischer Honig
lütfen/*lüt-fän*/bitte!

M

makas/*ma-kass*/Schere
mandalina/*man-da-li-na*/Mandarine
mart/*mart*/März
martı/*mar-tı*/Möwe
masa/*ma-ssa*/Tisch

mavi/*maa-wi*/blau
maydanoz/*maj-da-nos*/Petersilie
mayıs/*ma-jıss*/Mai
maymun/*maj-mun*/Affe
mektup, -bu/*mäk-tup*/Brief
melek, -ği/*mä-läk*/Engel
merdiven/*mär-di-wän*/Treppe, Leiter
mevsim/*mäw-ssim*/Jahreszeit
meze/*mä-sä*/Vorspeise
mide/*mii-dä*/Magen
mısır/*mı-ssır*/Mais
mum/*mum*/Kerze
muz/*mus*/Banane
müzik, -ği / *mü-sik*/Musik
müzik çalmak/*mü-sik tschalmak*/Musik spielen
müzik dinlemek/*mü-sik din-lämäk*/Musik hören

N

nane/*naa-nä*/Pfefferminze
nargile/*nar-gi-lä*/Wasserpfeife
nasıl/*na-ssıl*/wie
ne/*nä*/was
neden/*nä-dän*/wieso, weshalb, warum
nerede/*nä-rä-dä*/wo
nereden/*nä-rä-dän*/woher
nereye/*nä-rä-jä*/wohin
neyle/*näj-lä*/womit
niçin/*nii-tschin*/wieso, weshalb, warum
nisan/*nii-ssan*/April
niye/*ni-jä*/wieso, weshalb, warum
nokta/*nok-ta*/Punkt

O

ocak, -ğı/*o-dschak*/Herd, Januar
oğlan/*oo-lan*/Junge
oğul, -ğlu/*oo-ul*/Sohn
okul/*o-kul*/Schule
okumak/*o-ku-mak*/lesen, studieren
omuz, -mzu/*o-mus*/Schulter
orada/*o-ra-da*/dort

oradan/*o-ra-dan*/von dort
oraya/*o-ra-ja*/dorthin
orman/*or-man*/Wald
otobüs/*o-to-büss*/Bus
otogar/*o-to-gar*/Busbahnhof
oturmak/*o-tur-mak*/sitzen, wohnen
oynamak/*oj-na-mak*/spielen
oyun/*o-jun*/Spiel
oyuncak, -ğı/*o-jun-dschak*/Spielzeug

Ö

öğle/*öö-lä*/Mittag
öğle yemeği/*öö-lä jä-mää-i*/Mittagessen
öğrenmek/*öö-rän-mäk*/lernen
önce/*ön-dschä*/vorher, zuerst
önemli/*ö-näm-li*/wichtig
öpmek/*öp-mäk*/küssen
ördek, -ği/*ör-däk*/Ente
örmek/*ör-mäk*/stricken
örnek, -ği/*ör-näk*/Beispiel
örümcek, -ği/*ö-rüm-dschäk*/Spinne
özlem/*ös-läm*/Sehnsucht
özlemek/*ös-lä-mäk*/vermissen

P

pamuk, -ğu/*pa-muk*/Baumwolle
park/*park*/Park
park etmek/*park ät-mäk*/parken
patlıcan/*pat-lı-dschan*/Aubergine
pazar/*pa-sar*/Markt, Sonntag
pazartesi/*pa-sar-tä-ssi*/Montag
pembe/*päm-bä*/rosa
perşembe/*pär-schäm-bä*/Donnerstag
pil/*pil*/Batterie
piliç, -ci/*pi-litsch*/Hähnchen
piyano/*pi-ja-no*/Klavier
plaj/*plazh*/Badestrand
portakal/*por-ta-kal*/Orange
postane/*poss-taa-nä*/Postamt
pul/*pul*/Briefmarke
puro/*pu-ro*/Zigarre

R

radyo/*rad-jo*/Radio
rahat/*ra-hat*/bequem, angenehm
renk, -gi/*ränk*/Farbe
renkli/*ränk-li*/bunt
resim, -smi/*rä-ssim*/Bild
resim yapmak/*rä-ssim japmak*/malen
rica/*ri-dschaa*/Bitte
rica etmek/*ri-dschaa ät-mäk*/bitten
rüzgâr/*rüs-gjaar*/Wind
rüzgârlı / *rüs-gjaar-lı*/windig

S

saat, -ti/*ssa-at*/Stunde, Uhr
sabır, -brı/*ssa-bır*/Geduld
sabırlı/*ssa-bır-lı*/geduldig
sabun/*ssa-bun*/Seife
saç/*ssatsch*/Haar
sağ/*ssaa*/rechts
salata/*ssa-la-ta*/Salat
salatalık, -ğı/*ssa-la-ta-lık*/Gurke
salı/*ssa-lı*/Dienstag
sandalye/*ssan-dal-jä*/Stuhl
saniye/*ssaa-ni-jä*/Sekunde
sarı/*ssa-rı*/gelb
sarımsak, -ğı/*ssa-rım-ssak*/Knoblauch
satmak/*ssat-mak*/verkaufen
sayı/*ssa-jı*/Zahl
saymak/*ssaj-mak*/zählen
sene/*ssä-nä*/Jahr
sevgi/*ssäw-gi*/Liebe
sevmek/*ssäw-mäk*/lieben, mögen
seyahat, -ti/*ssä-ja-hat*/Reise
seyahat etmek/*ssä-ja-hat ät-mäk*/reisen
sigara/*ssi-ga-ra*/Zigarette
sigara içmek/*ssi-ga-ra itschmäk*/rauchen
simit, -di/*ssi-mit*/Sesamkringel
sincap, -bı/*ssin-dschap*/Eichhörnchen
sinek, -ği/*ssi-näk*/Fliege
sivri sinek, -ği/*ssiw-ri ssi-näk*/Mücke

siyah/*ssi-jach*/schwarz
soğan/*ssoo-an*/Zwiebel
sol/*ssol*/links
sonbahar/*sson-ba-har*/Herbst
sonra/*sson-ra*/danach, später
soru/*sso-ru*/Frage
sormak/*ssor-mak*/fragen
su/*ssu*/Wasser
süt/*ssüt*/Milch

Ş

şaka yapmak/*scha-ka jap-mak*/ scherzen
şarap, -bı/*scha-rap*/Wein
şarkı/*schar-kı*/Lied
şarkı söylemek/*schar-kı ssöj-lä-mäk*/singen
şef/*schäf*/Chef
şeftali/*schäf-taa-li*/Pfirsich
şeker/*schä-kär*/Zucker
şeytan/*schäj-tan*/Teufel
şimdi/*schim-di*/jetzt
şimşek, -ği/*schim-schäk*/Blitz
şişe/*schi-schä*/Flasche
şoför/*scho-för*/Fahrer
şubat/*schu-bat*/Februar

T

tabak, -ğı/*ta-bak*/Teller
taksi/*tak-ssi*/Taxi
tarak, -ğı/*ta-rak*/Kamm
taramak/*ta-ra-mak*/kämmen
tarçın/*tar-tschın*/Zimt
taşımak/*ta-schı-mak*/tragen
taşınmak/*ta-schın-mak*/umziehen
tavuk, -ğu/*ta-wuk*/Huhn
telefon açmak, telefon etmek / *tä-lä-fon atsch-mak, tä-lä-fon ät-mäk*/anrufen
televizyon izlemek/*tä-lä-wis-jon is-lä-mäk*/fernsehen
temmuz/*täm-mus*/Juli
teyze/*täj-sä*/Tante mütterlicherseits
tıraş olmak/*tı-rasch ol-mak*/ sich rasieren
top/*top*/Ball

turuncu/*tu-run-dschu*/orange-farben
tutmak/*tut-mak*/(fest-)halten
tütün/*tü-tün*/Tabak
tuz/*tus*/Salz

U

uçak, -ğı/*u-tschak*/Flugzeug
uçmak/*utsch-mak*/fliegen
umut, -du/*u-mut*/Hoffnung
un/*un*/Mehl
unutmak/*u-nut-mak*/vergessen
uyanmak/*u-jan-mak*/aufwachen
uygun/*uj-gun*/passend, angebracht
uyku/*uj-ku*/Schlaf
uyumak/*u-ju-mak*/schlafen
uzak, -ğı/*u-sak*/weit
uzun/*u-sun*/lang

Ü

üflemek/*üf-lä-mäk*/pusten
ülke/*ül-kä*/Land
üniversite/*ü-ni-wär-ssi-tä*/Universität
ünlü/*ün-lü*/berühmt
üretmek/*ü-rät-mäk*/produzieren
ürün/*ü-rün*/Produkt
üşümek/*ü-schü-mäk*/frieren
ütü yapmak/*ü-tü jap-mak*/bügeln
üye/*ü-jä*/Mitglied
üzgün/*üs-gün*/traurig
üzüm/*ü-süm*/Weintraube

V

vakit, -kti/*wa-kit*/Zeit
vanilya/*wa-nil-ja*/Vanille
vapur/*wa-pur*/Dampfer
var/*war*/es gibt
ve/*wä*/und
vermek/*wär-mäk*/geben
vida/*wi-da*/Schraube
virgül/*wir-gül*/Komma
viski/*wiss-ki*/Whisky
vişne/*wisch-nä*/Sauerkirsche

vize/*wi-sä*/Visum
vurmak/*wur-mak*/schlagen

Y

yağ/*jaa*/Öl, Fett
yağmur/*jaa-mur*/Regen
yağmur yağmak/*jaa-mur jaa-mak*/regnen
yakın/*ja-kın*/nah
yani/*jaa-ni*/also, das heißt
yanlış/*jan-lisch*/falsch
yaş/*jasch*/Alter
yaşamak/*ja-scha-mak*/leben
yaşlı/*jasch-lı*/alt (Alter)
yastık, -ğı/*jass-tık*/Kissen
yatak, -ğı/*ja-tak*/Bett
yatmak/*jat-mak*/sich hinlegen
yaz/*jas*/Sommer
yazmak/*jas-mak*/schreiben
yemek, -ği/*jä-mäk*/essen, Essen
yeni/*jä-ni*/neu
yeşil/*jä-schil*/grün
yıl/*jıl*/Jahr
yıldız/*jil-dıs*/Stern
yine/*ji-nä*/wieder
yoğurt/*joo-urt*/Joghurt
yok/*jok*/es gibt nicht
yol/*jol*/Weg
yolculuk, -ğu/*jol-dschu-luk*/ Reise
yön/*jön*/Richtung
yün/*jün*/Wolle
yüzük, -ğü/*jü-sük*/Ring

Z

zaman/*sa-man*/Zeit
zaten/*saa-tän*/ohnehin, sowieso
zehir, -hri/*sä-hir*/Gift
zehirli/*sä-hir-li*/giftig
zengin/*sän-gin*/reich
zeytin/*säj-tin*/Olive
zil/*sil*/Klingel
zor/*sor*/schwierig

Deutsch – Türkisch

A

Abend/**akşam**/*ak-scham*
Abendessen/**akşam yemeği**/*ak-scham jä-mää-i*
aber/**ama, fakat**/*a-ma, fa-kat*
abwaschen/**bulaşık yıkamak**/*bu-la-schık jı-ka-mak*
Affe/**maymun**/*maj-mun*
älterer Bruder/**ağabey**/*aa-bi*
ältere Schwester / **abla**/*ab-la*
also/**yani**/*jaa-ni*
alt (Alter)/**yaşlı** *jasch-lı*
alt (Gegenstände)/**eski**/*äss-ki*
Alter/**yaş**/*jasch*
am ... (Superlativ)/**en ...** /*än*
anfangen/**başlamak**/*basch-la-mak*
angebracht/**uygun**/*uj-gun*
angenehm/**rahat**/*ra-hat*
anrufen/**aramak, telefon açmak, telefon etmek**/*a-ra-mak, tä-lä-fon atsch-mak, tä-lä-fon ät-mäk*
anschauen/**bakmak**/*bak-mak*
Antwort/**cevap, -bı**/*dschä-wap*
antworten/**cevap vermek**/*dschä-wap wär-mäk*
Apfel/**elma**/*äl-ma*
April/**nisan**/*nii-ssan*
Arbeit/**iş**/*isch*
arbeiten/**çalışmak**/*tscha-lısch-mak*
arm/**fakir**/*fa-kir*
Artischocke/**enginar**/*än-gi-nar*
Arzt/**doktor**/*dok-tor*
Aubergine/**patlıcan**/*pat-lı-dschan*
auch / **da, de**/*da, dä*
aufregend/**heyecanlı**/*hä-jä-dschan-lı*
aufstehen/**kalkmak**/*kalk-mak*
aufwachen/**uyanmak**/*u-jan-mak*
Auge/**göz**/*gös*
August/**ağustos**/*aa-uss-toss*
ausgehen/**çıkmak**/*tschık-mak*
aussteigen/**inmek**/*in-mäk*
Auto/**araba**/*a-ra-ba*

B

Badestrand/**plaj**/*plazh*
Ball/**top**/*top*
Banane/**muz**/*mus*
Batterie/**pil**/*pil*
Baum/**ağaç, -cı**/*aa-atsch*
Baumwolle/**pamuk, -ğu**/*pa-muk*
Becher/**bardak, -ğı**/*bar-dak*
beginnen/**başlamak**/*basch-la-mak*
Bein/**bacak, -ğı**/*ba-dschak*
Beispiel/**örnek, -ği**/*ör-näk*
beißen/**ısırmak**/*ı-ssır-mak*
bei wem/**kimde**/*kim-dä*
bequem/**rahat**/*ra-hat*
Berg/**dağ**/*daa*
berühmt/**ünlü**/*ün-lü*
Bett/**yatak, -ğı**/*ja-tak*
Bier/**bira**/*bi-ra*
Bild/**resim, -smi**/*rä-ssim*
Birne/**armut, -du**/*ar-mut*
Bitte/**rica**/*ri-dschaa*
bitte!/**lütfen**/*lüt-fän*
bitten/**rica etmek**/*ri-dschaa ät-mäk*
blau/**mavi**/*maa-wi*
bleiben/**kalmak**/*kal-mak*
Blitz/**şimşek, -ği**/*schim-schäk*
braun/**kahverengi**/*kach-wä-rän-gi*
Brief/**mektup, -bu**/*mäk-tup*
Briefmarke/**pul**/*pul*
Brille/**gözlük, -ğü**/*gös-lük*
Brot/**ekmek, -ği**/*äk-mäk*
Bruder/**erkek kardeş**/*är-käk kar-däsch*
Buch/**kitap, -bı**/*ki-tap*
Buchhändler, Buchladen/**kitapçı**/*ki-tap-tschı*
Buchstabe/**harf, -fi**/*harf*
bügeln/**ütü yapmak**/*ü-tü jap-mak*
bunt/**renkli**/*ränk-li*
Bus/**otobüs**/*o-to-büss*
Busbahnhof/**otogar**/*o-to-gar*

C

Chef/**şef**/*schäf*
Computer/**bilgisayar**/*bil-gi-ssa-jar*

D

Dampfer/**vapur**/*wa-pur*
danach/**sonra**/*sson-ra*
das heißt/**yani**/*jaa-ni*
Dattel/**hurma**/*hur-ma*
denken/**düşünmek**/*dü-schün-mäk*
Dezember/**aralık, -ğı**/*a-ra-lık*
Dienstag/**salı**/*ssa-lı*
Donnerstag/**perşembe**/*pär-schäm-bä*
dort/**orada**/*o-ra-da*
dorthin/**oraya**/*o-ra-ja*
dreckig/**kirli**/*kir-li*
dunkelblau/**lacivert**/*laa-dschi-wärt*

E

Ehe/**evlilik, -ği**/*äw-li-lik*
Ehepartner/**eş**/*äsch*
Eichhörnchen/**sincap, -bı**/*ssin-dschap*
eigentlich/**aslında**/*ass-lın-da*
ein bisschen, ein wenig/**biraz**/*bi-ras*
Einkauf/**alışveriş**/*a-lısch-wä-risch*
einkaufen/**alışveriş yapmak**/*a-lısch-wä-risch jap-mak*
einladen/**davet etmek**/*daa-wät ät-mäk*
Einladung/**davetiye**/*daa-wä-ti-jä*
einsteigen/**binmek**/*bin-mäk*
Eis/**dondurma**/*don-dur-ma*
Eis(-würfel)/**buz**/*bus*
eng/**dar**/*dar*
Engel/**melek, -ği**/*mä-läk*
Ente/**ördek, -ği**/*ör-däk*
Erbse/**bezelye**/*bä-säl-jä*
Erdbeere/**çilek, -ği**/*tschi-läk*

Erdnuss/**fıstık, -ğı**/*fıss-tık*
Erlaubnis/**izin, -zni**/*i-sin*
eröffnen/**açmak**/*atsch-mak*
erzählen/**anlatmak**/*an-lat-mak*
Esel/**eşek, -ği**/*ä-schäk*
es gibt/**var**/*war*
es gibt nicht/**yok**/*jok*
Essen, essen/**yemek, -ği**/*jä-mäk*
Etage/**kat**/*kat*

F

fahren/**gitmek**/*git-mäk*
Fahrer/**şoför**/*scho-för*
Fahrrad/**bisiklet**/*bi-ssik-lät*
falsch/**yanlış**/*jan-lısch*
Familie/**aile**/*aa-i-lä*
Farbe/**renk, -gi**/*ränk*
Februar/**şubat**/*schu-bat*
Feiertag/**bayram**/*baj-ram*
Feige/**incir**/*in-dschir*
fernsehen/**televizyon izlemek**/*tä-lä-wis-jon is-lä-mäk*
festhalten/**tutmak**/*tut-mak*
Fett/**yağ**/*jaa*
Feuerwehr/**itfaiye**/*it-faa-i-jä*
Film/**film**/*film*
finden/**bulmak**/*bul-mak*
Fisch/**balık, -ğı**/*ba-lık*
Flasche/**şişe**/*schi-schä*
Fleisch/**et**/*ät*
Fliege/**sinek, -ği**/*ssi-näk*
fliegen/**uçmak**/*utsch-mak*
Flöte/**flüt**/*flüt*
Flugzeug/**uçak, -ğı**/*u-tschak*
fotografieren/**fotoğraf çekmek**/*fo-too-raf tschäk-mäk*
Frage/**soru**/*sso-ru*
fragen/**sormak**/*ssor-mak*
Frau/**bayan ...** (+ Nachname)/*ba-jan*
Frau/(Vorname +) **... hanım**/*ha-nım*
Freitag/**cuma**/*dschu-maa*
Freund(in)/**arkadaş**/*ar-ka-dasch*
frieren/**üşümek**/*ü-schü-mäk*
früh/**erken**/*är-kän*
Frühling/**bahar, ilkbahar**/*ba-har, ilk-ba-har*

Frühstück/**kahvaltı**/*kach-wal-tı*
für/**için**/*i-tschin*
Fuß/**ayak, -ğı**/*a-jak*
Fußball/**futbol**/*fut-bol*
Fußballspiel/**futbol maçı**/*futbol ma-tschı*

G

Gabel/**çatal**/*tscha-tal*
ganz, ganze, ganzer, ganzes/**bütün**/*bü-tün*
gar kein, gar nicht/**hiç** (+ Verneinung)/*hitsch*
Garage/**garaj**/*ga-razh*
geben/**vermek**/*wär-mäk*
Geduld/**sabır, -brı**/*ssa-bır*
geduldig/**sabırlı**/*ssa-bır-lı*
gefallen/**beğenmek**/*bää-än-mäk*
Gefühl/**duygu**/*duj-gu*
gehen **gitmek**/*git-mäk*
Gehirn/**beyin, -yni**/*bä-jin*
Gel/**jel**/*zhäl*
Gelatine/**jelatin**/*zhä-la-tin*
gelb/**sarı**/*ssa-rı*
Gendarm(erie)/**jandarma**/*zhan-dar-ma*
geöffnet/**açık, -ğı**/*a-tschık*
Gepäck/**bagaj**/*ba-gazh*
geradeaus/**doğru**/*doo-ru*
geschlossen/**kapalı**/*ka-pa-lı*
getrennt/**ayrı**/*aj-rı*
Gift/**zehir, -hri**/*sä-hir*
giftig/**zehirli**/*sä-hir-li*
Gitarre/**gitar**/*gi-tar*
Glas/**cam**/*dscham*
Glas (zum Trinken)/**bardak, -ğı**/*bar-dak*
glauben/**inanmak**/*i-nan-mak*
grau/**gri**/*gri*
Grill, gegrillt/**ızgara**/*ıs-ga-ra*
groß/**büyük, -ğü**/*bü-jük*
Großmutter mütterlicherseits/**anneanne**/*an-naa-nä*
Großmutter väterlicherseits/**babaanne**/*ba-ba-an-nä*
grün/**yeşil**/*jä-schil*
gucken/**bakmak**/*bak-mak*
Gurke/**salatalık, -ğı**/*ssa-la-ta-lık*
gut/**iyi**/*i-ji*

H

Haar/**saç**/*ssatsch*
Hafen/**liman**/*li-man*
Hahn/**horoz**/*ho-ros*
Hähnchen/**piliç, -ci**/*pi-litsch*
halten/**tutmak**/*tut-mak*
Hand/**el**/*äl*
Handy/**cep telefonu**/*dschäp tä-lä-fo-nu*
Haselnuss/**fındık, -ğı**/*fın-dık*
Haus/**ev**/*äw*
Heft/**defter**/*däf-tär*
heiraten/**evlenmek**/*äw-län-mäk*
hell/**açık, -ğı**/*a-tschık*
herbeirufen/**çağırmak**/*tschaa-ır-mak*
Herbst/**sonbahar**/*sson-ba-har*
Herd/**ocak, -ğı**/*o-dschak*
Herr/**bay ...** (+ Nachname)/*baj*
Herr/(Vorname +) **... bey**/*bäj*
hier/**burada**/*bu-ra-da*
hierher/**buraya**/*bu-ra-ja*
Hoffnung/**umut, -du**/*u-mut*
Honig/**bal**/*bal*
Honigmelone/**kavun**/*ka-wun*
hören/**duymak**/*duj-mak*
Huhn/**tavuk, -ğu**/*ta-wuk*
Hund/**köpek, -ği**/*kö-päk*
Hunger bekommen, hungrig werden / **acıkmak**/*a-dschık-mak*
hungrig/**aç**/*atsch*

I

Idee/**fikir, -kri**/*fi-kir*
immer/**her zaman**/*här sa-man*
interessant/**enteresan, ilginç, -ci**/*än-tä-rä-ssan, il-gintsch*

J

ja/**evet**/*ä-wät*
Jahr/**sene, yıl**/*ssä-nä, jıl*
Jahreszeit/**mevsim**/*mäw-ssim*
Januar/**ocak, -ğı**/*o-dschak*
jede, jeder, jedes/**her**/*här*
jedoch/**fakat**/*fa-kat*
jetzt/**şimdi**/*schim-di*
Joghurt/**yoğurt**/*joo-urt*

Juli/**temmuz**/*täm-mus*
Junge/**oğlan**/*oo-lan*
Juni/**haziran**/*ha-sii-ran*

K

Kaffee/**kahve**/*kach-wä*
Kamm/**tarak, -ğı**/*ta-rak*
kämmen/**taramak**/*ta-ra-mak*
Kastanie/**kestane**/*käss-taa-nä*
Katze/**kedi**/*kä-di*
kaufen/**almak**/*al-mak*
kein/**değil**/*dää-il*
keiner/**kimse** (+ Verneinung)/
kim-ssä
Kerze/**mum**/*mum*
Kind/**çocuk, -ğu**/*tscho-dschuk*
Kirsche/**kiraz**/*ki-ras*
Kissen/**yastık, -ğı**/*jass-tık*
Klavier/**piyano**/*pi-ja-no*
klein/**küçük, -ğü**/*kü-tschük*
Klingel/**zil**/*sil*
klingeln/**çalmak**/*tschal-mak*
Knoblauch/**sarımsak, -ğı**/*ssa-rım-sak*
Komma/**virgül**/*wir-gül*
kommen/**gelmek**/*gäl-mäk*
Kopf/**baş**/*basch*
krank/**hasta**/*hass-ta*
Küken/**civciv**/*dschiw-dschiw*
kurz/**kısa**/*kı-ssa*
küssen/**öpmek**/*öp-mäk*

L

lachen/**gülmek**/*gül-mäk*
Lampe/**lamba**/*lam-ba*
Land/**ülke**/*ül-kä*
lang/**uzun**/*u-sun*
lauwarm/**ılık, -ğı**/*ı-lık*
Leben, Seele/**can**/*dschan*
leben/**yaşamak**/*ja-scha-mak*
Leber/**ciğer**/*dschii-är*
ledig/**bekâr**/*bä-kjaar*
leer, frei/**boş**/*bosch*
Leiter/**merdiven**/*mär-di-wän*
Lektion/**ders**/*därss*
lernen/**öğrenmek**/*öö-rän-mäk*
lesen/**okumak**/*o-ku-mak*
Licht/**ışık, -ğı**/*ı-schık*
Liebe/**sevgi**/*ssäw-gi*
lieben/**sevmek**/*ssäw-mäk*

Lied/**şarkı**/*schar-kı*
Limonade/**limonata**/*li-mo-na-ta*
Linde/**ıhlamur**/*ıch-la-mur*
links/**sol**/*ssol*
Literatur/**edebiyat**/*ä-dä-bi-jat*
Löffel/**kaşık, -ğı**/*ka-schık*
Luft/**hava**/*ha-wa*

M

machen/**etmek**/*ätmäk*
Mädchen/**kız**/*kıs*
Magen/**mide**/*mii-dä*
März/**mart**/*mart*
Mai/**mayıs**/*ma-jıss*
Mais/**mısır**/*mı-ssır*
malen/**resim yapmak**/*rä-ssim jap-mak*
Mandarine / **mandalina**/*man-da-li-na*
Mann/**erkek, -ği**/*är-käk*
Markt/**pazar**/*pa-sar*
Maus/**fare**/*faa-rä*
Medikament/**ilaç, -cı**/*i-latsch*
Meer/**deniz**/*dä-nis*
Mehl/**un**/*un*
Meinung/**fikir, -kri**/*fi-kir*
Mensch/**insan**/*in-ssan*
Messer/**bıçak, -ğı**/*bı-tschak*
Miete/**kira**/*ki-raa*
mieten/**kiralamak**/*ki-raa-la-mak*
Milch/**süt**/*ssüt*
Minute/**dakika**/*da-ki-ka*
mit/**ile**/*i-lä*
mit wem/**kiminle**/*ki-min-lä*
Mitglied/**üye**/*ü-jä*
Mittag/**öğle**/*öö-lä*
Mittagessen/**öğle yemeği**/*öö-lä jä-mää-i*
Mittwoch/**çarşamba**/*tschar-scham-ba*
mögen/**sevmek**/*ssäw-mäk*
Möhre/**havuç, -cu**/*ha-wutsch*
Monat/**ay**/*aj*
Mond/**ay**/*aj*
Montag/**pazartesi**/*pa-sar-tä-ssi*
Möwe/**martı**/*mar-tı*
Mücke/**sivri sinek, -ği**/*ssiw-ri ssi-näk*

Mund/**ağız, -ğzı**/*aa-ıs*
Musik/**müzik, -ği**/*mü-sik*
Musik hören/**müzik dinlemek**/*mü-sik din-lä-mäk*
Musik spielen/**müzik çalmak**/*mü-sik tschal-mak*
Mutter/**anne**/*an-nä*

N

nachdenken/**düşünmek**/*dü-schün-mäk*
Nacht/**gece**/*gä-dschä*
Nadel/**iğne**/*ii-nä*
Nagel/**çivi**/*tschi-wi*
nähen/**dikmek**/*dik-mäk*
nah/**yakın**/*ja-kın*
Name/**ad, isim, -smi**/*ad, i-ssim*
Nase/**burun, -rnu**/*bu-run*
nass/**ıslak, -ğı**/*ıss-lak*
nehmen/**almak**/*al-mak*
nein/**hayır**/*ha-jır*
neu/**yeni**/*jä-ni*
nicht/**değil**/*dää-il*
niemand/**kimse** (+ Verneinung)/*kim-ssä*
Niere/**böbrek, -ği**/*böb-räk*
noch/**daha**/*da-ha*
Norden/**kuzey**/*ku-säj*
November/**kasım**/*ka-ssım*

O

Oberschule/**lise**/*li-ssä*
ohnehin/**zaten**/*saa-tän*
Ohr/**kulak, -ğı**/*ku-lak*
Oktober/**ekim**/*ä-kim*
offen/**açık, -ğı**/*a-tschık*
öffnen/**açmak**/*atsch-mak*
Öl/**yağ**/*jaa*
Olive/**zeytin**/*säj-tin*
Onkel mütterlicherseits/**dayı**/*da-jı*
Onkel väterlicherseits/**amca**/*am-dscha*
Optiker/**gözlükçü**/*gös-lük-tschü*
Orange/**portakal**/*por-ta-kal*
orangefarben/**turuncu**/*tu-run-dschu*
Osten/**doğu**/*doo-u*

P

Paar/**çift**/*tschift*
Paprika/**biber**/*bi-bär*
Park / **park**/*park*
parken/**park etmek**/*park ät-mäk*
passend/**uygun**/*uj-gun*
Patient(in)/**hasta**/*hass-ta*
Person/**kişi**/*ki-schi*
Petersilie/**maydanoz**/*maj-da-nos*
Pfefferminze / **nane**/*naa-nä*
Pferd/**at**/*at*
Pfirsich/**şeftali**/*schäf-taa-li*
Pflaume/**erik, -ği**/*ä-rik*
Pistazie/**fıstık, -ğı**/*fıss-tık*
Portemonnaie/**cüzdan**/*dschüs-dan*
Postamt/**postane**/*poss-taa-nä*
Produkt/**ürün**/*ü-rün*
produzieren/**üretmek**/*ü-rät-mäk*
Punkt/**nokta**/*nok-ta*
pusten/**üflemek**/*üf-lä-mäk*

Q

Quitte/**ayva**/*aj-wa*

R

Radio / **radyo**/*rad-jo*
Rasierklinge/**jilet**/*zhi-lät*
Ratte/**fare**/*faa-rä*
rauchen/**sigara içmek**/*ssi-ga-ra itsch-mäk*
rausgehen/**çıkmak**/*tschık-mak*
Rechnung/**hesap, -bı**/*hä-ssap*
rechts/**sağ**/*ssaa*
Regen/**yağmur**/*jaa-mur*
regnen/**yağmur yağmak**/*jaa-mur jaa-mak*
reich/**zengin**/*sän-gin*
Reise/**gezi, seyahat, -ti, yolcu-luk, -ğu**/*gä-si, ssä-ja-hat, jol-dschu-luk*
reisen/**seyahat etmek**/*ssä-ja-hat ät-mäk*
Republik/**cumhuriyet**/*dschum-huu-ri-jät*
richtig/**doğru**/*doo-ru*

Richtung/**yön**/*jön*
Ring/**yüzük, -ğü**/*jü-sük*
roh/**çiğ**/*tschii*
rosa/**pembe**/*päm-bä*
rufen/**çağırmak**/*tschaa-ır-mak*
Rock/**etek, -ği**/*ä-täk*
Rose/**gül**/*gül*
rot/**kırmızı**/*kır-mı-sı*

S

Salat/**salata**/*ssa-la-ta*
Salz/**tuz**/*tus*
Samstag/**cumartesi**/*dschu-mar-tä-ssi*
Satz/**cümle**/*dschüm-lä*
sauer/**ekşi**/*äk-schi*
Sauerkirsche/**vişne**/*wisch-nä*
Schal/**atkı**/*at-kı*
scharf/**acı**/*a-dschı*
Schere/**makas**/*ma-kass*
scherzen/**şaka yapmak**/*scha-ka jap-mak*
Schlaf/**uyku**/*uj-ku*
schlafen/**uyumak**/*u-ju-mak*
schlagen/**vurmak**/*wur-mak*
Schlüssel/**anahtar**/*a-nach-tar*
schmutzig/**kirli**/*kir-li*
Schnee/**kar**/*kar*
Schokolade/**çikolata**/*tschi-ko-la-ta*
schön/**güzel**/*gü-säl*
Schraube/**vida**/*wi-da*
schreiben/**yazmak**/*jas-mak*
Schuh/**ayakkabı**/*a-jak-ka-bı*
Schule/**okul**/*o-kul*
Schulter/**omuz, -mzu**/*o-mus*
schwarz/**siyah**/*ssi-jach*
schwer/**ağır**/*aa-ır*
Schwester/**kız kardeş**/*kıs kar-däsch*
schwierig/**zor**/*sor*
Seele, Leben/**can**/*dschan*
sehen/**görmek**/*gör-mäk*
sehr/**çok**/*tschok*
Seide/**ipek, -ği**/*i-päk*
Seife/**sabun**/*ssa-bun*
Sekunde/**saniye**/*ssaa-ni-jä*
Sehnsucht/**özlem**/*ös-läm*
September/**eylül**/*äj-lül*
Sesamkringel/**simit, -di**/*ssi-mit*

sich amüsieren/**eğlenmek**/*ää-län-mäk*
sich auf-, erwärmen/**ısınmak**/*ı-ssın-mak*
sich erinnern/**hatırlamak**/*ha-tır-la-mak*
sich hinlegen/**yatmak**/*jat-mak*
sich rasieren/**tıraş olmak**/*tı-rasch ol-mak*
sich treffen/**buluşmak**/*bu-lusch-mak*
singen/**şarkı söylemek**/*schar-kı ssöj-lä-mäk*
sitzen/**oturmak**/*o-tur-mak*
Sohn/**oğul, -ğlu**/*oo-ul*
Sommer/**yaz**/*jas*
Sonne/**güneş**/*gü-näsch*
Sonntag/**pazar**/*pa-sar*
sowieso/**zaten**/*saa-tän*
sowohl … als auch/**hem … hem**/*häm häm*
spät/**geç**/*gätsch*
später/**sonra**/*sson-ra*
Spiegel/**ayna**/*aj-na*
Spiel/**oyun**/*o-jun*
spielen/**oynamak**/*oj-na-mak*
Spielzeug/**oyuncak, -ğı**/*o-jun-dschak*
Spinat/**ıspanak, -ğı**/*ıss-pa-nak*
Spinne/**örümcek, -ği**/*ö-rüm-dschäk*
Sprache/**dil**/*dil*
sprechen/**konuşmak**/*ko-nusch-mak*
stehlen/**çalmak**/*tschal-mak*
Stern/**yıldız**/*jıl-dıs*
Stiefel/**çizme**/*tschis-mä*
Stift/**kalem**/*ka-läm*
Strafe/**ceza**/*dschä-saa*
stricken/**örmek**/*ör-mäk*
Strumpf/**çorap, -bı**/*tscho-rap*
studieren/**okumak**/*o-ku-mak*
Stuhl/**sandalye**/*ssan-dal-jä*
Stunde/**saat, -ti**/*ssa-at*
suchen/**aramak**/*a-ra-mak*
Süden/**güney**/*gü-näj*

T

Tabak/**tütün**/*tü-tün*
Tag/**gün**/*gün*

Tanne/**çam**/_tscham_
Tante mütterlicherseits/**teyze**/_täj-sä_
Tante väterlicherseits/**hala**/_ha-la_
Taube/**güvercin**/_gü-wär-dschin_
tauchen/**dalmak**/_dal-mak_
Taxi/**taksi**/_tak-ssi_
Tee/**çay**/_tschaj_
Teig **hamur**/_ha-mur_
Teller / **tabak, -ğı**/_ta-bak_
Teufel/**şeytan**/_schäj-tan_
Tier/**hayvan**/_haj-wan_
Tisch/**masa**/_ma-ssa_
Tochter/**kız**/_kıs_
Tomate/**domates**/_do-ma-täss_
tragen/**taşımak**/_ta-schı-mak_
traurig/**üzgün**/_üs-gün_
Treppe/**merdiven**/_mär-di-wän_
Trommel/**davul**/_da-wul_
tun/**etmek**/_ät-mäk_
türkischer Honig/**lokum**/_lo-kum_

U

Uhr/**saat, -ti**/_ssa-at_
umziehen/**taşınmak**/_ta-schın-mak_
und/**ve**/_wä_
Universität/**üniversite**/_ü-ni-wär-ssi-tä_
Unterricht/**ders**/_därss_
unterschreiben/**imzalamak**/_im-saa-la-mak_
Unterschrift/**imza**/_im-saa_

V

Vanille/**vanilya**/_wa-nil-ja_
Vater/**baba**/_ba-ba_
vergessen/**unutmak**/_u-nut-mak_
verheiratet/**evli**/_äw-li_
verkaufen/**satmak**/_ssat-mak_

vermissen/**özlemek**/_ös-lä-mäk_
verstehen/**anlamak**/_an-la-mak_
Verwandte(r)/**akraba**/_ak-ra-baa_
viel/**çok**/_tschok_
vielleicht/**belki**/_bäl-ki_
Visum/**vize**/_wi-sä_
von dort/**oradan**/_o-ra-dan_
von hier/**buradan**/_bu-ra-dan_
von wem/**kimden**/_kim-dän_
vorher/**önce**/_ön-dschä_
Vorname/**ad**/_ad_
Vorspeise/**meze**/_mä-sä_

W

wahrscheinlich/**galiba**/_gaa-li-baa_
Wald/**orman**/_or-man_
Walnuss/**ceviz**/_dschä-wis_
Wand/**duvar**/_du-war_
warten/**beklemek**/_bäk-lä-mäk_
warum/**neden, niçin, niye**/_nä-dän, nii-tschin, ni-jä_
was/**ne**/_nä_
Wäsche waschen/**çamaşır yıkamak**/_tscha-ma-schır jı-ka-mak_
Wasser/**su**/_ssu_
Wassermelone/**karpuz**/_kar-pus_
Wasserpfeife/**nargile**/_nar-gi-lä_
Weg/**yol**/_jol_
(weg-)werfen/**atmak**/_at-mak_
weil/**çünkü**/_tschün-kü_
Wein/**şarap, -bı**/_scha-rap_
Weintraube/**üzüm**/_ü-süm_
weiß/**beyaz**/_bä-jas_
weit/**uzak, -ğı**/_u-sak_
welche/**hangi**/_han-gi_
wem/**kime**/_ki-mä_
wen/**kimi**/_ki-mi_
wenig/**az**/_as_
wer/**kim**/_kim_
weshalb/**neden, niçin, niye**/_nä-dän, nii-tschin, ni-jä_

Westen/**batı**/_ba-tı_
Wetter/**hava**/_ha-wa_
Whirlpool/**jakuzi**/_zha-ku-si_
Whisky/**viski**/_wiss-ki_
wichtig/**önemli**/_ö-näm-li_
wie/**nasıl**/_na-ssıl_
wie viele/**kaç**/_katsch_
wieder/**yine**/_ji-nä_
wieso/**neden, niçin, niye**/_nä-dän, nii-tschin, ni-jä_
Wind/**rüzgâr**/_rüs-gjaar_
windig/**rüzgârlı**/_rüs-gjaar-lı_
Winter/**kış**/_kisch_
wissen/**bilmek**/_bil-mäk_
wo/**nerede**/_nä-rä-dä_
Woche/**hafta**/_haf-ta_
woher/**nereden**/_nä-rä-dän_
wohin/**nereye**/_nä-rä-jä_
wohnen/**oturmak**/_o-tur-mak_
Wohnung/**ev**/_äw_
Wolle/**yün**/_jün_
womit/**neyle**/_näj-lä_

Z

Zahl/**sayı**/_ssa-jı_
zählen/**saymak**/_ssaj-mak_
Zahn/**diş**/_disch_
Zahnarzt/**dişçi**/_disch-tschi_
zeigen/**göstermek**/_göss-tär-mäk_
Zeit / **vakit, -kti, zaman**/_wa-kit, sa-man_
ziehen/**çekmek**/_tschäk-mäk_
Zigarette/**sigara**/_ssi-ga-ra_
Zigarre/**puro**/_pu-ro_
Zimt/**tarçın**/_tar-tschın_
Zitrone/**limon**/_li-mon_
Zucchini/**kabak, -ğı**/_ka-bak_
Zucker/**şeker**/_schä-kär_
zuerst/**önce**/_ön-dschä_
Zunge/**dil**/_dil_
zu wem/**kime**/_ki-mä_
Zwiebel/**soğan**/_ssoo-an_

Lösungen zu »Spiel und Spaß«

Hier finden Sie die Lösungen zu den Aufgaben in den »Spiel und Spaß«-Abschnitten am Ende der einzelnen Kapitel.

Kapitel 1

a. **faks** (*fakss*; Fax)

b. **şort** (*schort*; Short)

c. **tişört** (*ti-schört*; T-Shirt)

d. **çek** (*tschäk*; Check)

e. **viski** (*wiss-ki*; Whisky)

Kapitel 2

a. **on iki** (*on i-ki*; zwölf)

b. **yirmi dört** (*jir-mi dört*; vierundzwanzig)

c. **yüz otuz altı** (*jüs o-tus al-tı*; hundertsechsunddreißig)

d. **beş yüz doksan bir** (*bäsch jüs dok-ssan bir*; fünfhunderteinundneunzig)

e. **bin bir** (*bin bir*; eintausendeins)

Kapitel 3

A – **adım** (*a-dım*) / **soyadım** (*ssoj-a-dım*)

B – **Memnun** (*mäm-nun*)

A – **oldum** (*ol-dum*) / **Bey** (*bäj*)

B – **ederim** (*ä-dä-rim*) / **nasılsınız** (*na-ssıl-ssı-nıs*)

A – **de** (*dä*)

B – **Türküm** (*türk-üm*)

A – **Almanım** (*al-man-ım*)

B – **çok** (*tschok*)

Kapitel 4

a. **kış** (*kısch*; Winter)

b. **yaz** (*jas*; Sommer)

c. **ilkbahar; bahar** (*ilk-ba-har*; *ba-har*; Frühling)

d. **sonbahar** (*sson-ba-har*; Herbst)

Kapitel 5

1. **marul** (*ma-rul*; Kopfsalat)

2. **domates** (*do-ma-täss*; Tomate)

3. **patates** (*pa-ta-täss*; Kartoffeln)

4. **brokoli** (*bro-ko-li*; Brokkoli)

5. **mısır** (*mı-ssır*; Mais)

6. **salatalık** (*ssa-la-ta-lık*; Gurke)

7. **mantar** (*man-tar*; Pilz)

Kapitel 6

a. **beyaz** (*bä-jas*; weiß)

b. **mavi** (*maa-wi*; blau)

c. **yeşil** (*jä-schil*; grün)

d. **pembe** (*päm-bä*; rosa)

e. **siyah** (*ssi-jach*; schwarz)

f. **kırmızı** (*kır-mı-sı*; rot)

Kapitel 7

a. **cumartesi** (*dschu-mar-tä-ssi*; Samstag)

b. **cuma** (*dschu-maa*; Freitag)

c. **salı** (*ssa-lı*; Dienstag)

d. **çarşamba** (*tschar-scham-ba*; Mittwoch)

e. **pazartesi** (*pa-sar-tä-ssi*; Montag)

f. **pazar** (*pa-sar*; Sonntag)

g. **perşembe** (*pär-schäm-bä*; Donnerstag)

Kapitel 8

a. **tenis oynamak** (*tä-niss oj-na-mak*; Tennis spielen)

b. **dans etmek** (*danss ät-mäk*; tanzen)

c. **piyano çalmak** (*pi-ja-no tschal-mak*; Klavier spielen)

d. **yemek pişirmek** (*jä-mäk pi-schir-mäk*; kochen)

e. **fotoğraf çekmek** (*fo-too-raf tschäk-mäk*; fotografieren)

Kapitel 9

a. **telefon meşgul** (*tä-lä-fon mäsch-guul*; Das Telefon ist besetzt.)

b. **telefon kulübesi** (*tä-lä-fon ku-lü-bä-ssi*; Telefonzelle)

c. **aramak** (*a-ra-mak*; anrufen)

d. **telefon açmak** (*tä-lä-fon atsch-mak*; anrufen)

e. **konuşmak** (*ko-nusch-mak*; sprechen)

f. **telefon etmek** (*tä-lä-fon ät-mäk*; anrufen)

g. **cep telefonu** (*dschäp tä-lä-fo-nu*; Handy)

Kapitel 10

1. **banyo** (*ban-jo*; Bad)

2. **yatak odası** (*ja-tak o-da-ssı*; Schlafzimmer)

3. **mutfak** (*mut-fak*; Küche)

4. **oturma odası** (*o-tur-ma o-da-ssı*; Wohnzimmer)

Kapitel 11

1. **Bankamızda faizler *yüksektir*.** (*ban-ka-mıs-da faa-is-lär jük-ssäk-tir*; Bei uns (*wörtlich:* in unserer Bank) sind die Zinsen hoch.)

2. **Havale için kızınızın IBAN *numarası* gereklidir.** (*ha-waa-lä i-tschin kı-sı-nı-sın i-ban nu-ma-ra-ssı gä-räk-li-dir*; Für die Überweisung ist die IBAN-Nummer Ihrer Tochter erforderlich.)

3. **Para *bozdurmam* lazım.** (*pa-ra bos-dur-mam laa-sım*; Ich muss Geld wechseln.)

4. **Döviz *bürosu* nerede?** (*dö-wis bü-ro-ssu nä-rä-dä*; Wo ist die Wechselstube?)

5. **Şu köşede bir *bankamatik* vardır.** (*schu kö-schä-dä bir ban-ka-ma-tik war-dır*; An dieser Ecke gibt es einen Bankautomaten.)

Kapitel 12

a. **solda** (*ssol-da*; links)

b. **önde** (*ön-dä*; vorne)

c. **yanda** (*jan-da*; daneben)

d. **arkada** (*ar-ka-da*; hinten)

e. **sağda** (*ssaa-da*; rechts)

f. **arada** (*a-ra-da*; dazwischen)

Kapitel 13

1. **Kaç gece *kalmak* istiyorsunuz?** (*katsch gä-dschä kal-mak iss-ti-jor-ssu-nus*; Wie viele Nächte möchten Sie bleiben?)

2. **Çocuklar için *indirim* var mı?** (*tscho-dschuk-lar i-tschin in-di-rim war mı*; Gibt es Ermäßigung für Kinder?)

3. **Hesabı *ödemek* istiyoruz.** (*hä-ssaa-bı ö-dä-mäk iss-ti-jo-rus*; Wir möchten die Rechnung (be-)zahlen.)

4. **Oda numaranız *yüz yirmi üç.*** (*o-da nu-ma-ra-nıs jüs jir-mi ütsch*; Ihre Zimmernummer ist 123.)

5. **İki kişilik bir oda *ayırtmak* istiyorum.** (*i-ki ki-schi-lik bir o-da a-jırt-mak iss-ti-jo-rum*; Ich möchte ein Doppelzimmer reservieren.)

Kapitel 14

1. **araba** (*a-ra-ba*; Auto)

2. **tren** (*trän*; Zug)

3. **otobüs** (*o-to-büss*; Bus)

4. **uçak** (*u-tschak*; Flugzeug)

Kapitel 15

a. **vize** (*wi-sä*; Visum)

b. **pasaport kontrolü** (*pa-ssa-port kon-tro-lü*; Passkontrolle)

c. **takvim** (*tak-wim*; Kalender)

d. **seyahat acentesi** (*ssä-ja-hat a-dschän-tä-ssi*; Reisebüro)

e. **yolculuk** (*jol-dschu-luk*; Reise)

f. **gümrük memuru** (*güm-rük mää-mu-ru*; Zollbeamter)

Kapitel 16

a. **baş** (*basch*; Kopf)

b. **el** (*äl*; Hand)

c. **ayak** (*a-jak*; Fuß)

d. **burun** (*bu-run*; Nase)

e. **ağız** (*aa-ıs*; Mund)

f. **diz** (*dis*; Knie)

Über die CD

Diese Tracks finden Sie auf der CD, die dem Buch beiliegt:

Track 1   Einführung und das türkische Alphabet (Kapitel 1)

Track 2   Sich vorstellen (Kapitel 3)

Track 3   Jemand anderen vorstellen (Kapitel 3)

Track 4   Unterhaltung über die Familie (Kapitel 4)

Track 5   Unterhaltung über das Wetter (Kapitel 4)

Track 6   Bestellung im Restaurant (Kapitel 5)

Track 7   Einkauf auf dem Wochenmarkt (Kapitel 5)

Track 8   Kauf eines Geschenks (Kapitel 6)

Track 9   Feilschen beim Einkauf (Kapitel 6)

Track 10   Frage nach der Uhrzeit (Kapitel 7)

Track 11   Unterhaltung über einen Film (Kapitel 7)

Track 12   Freizeitplanung (Kapitel 8)

Track 13   Unterhaltung über Wochenendpläne (Kapitel 8)

Track 14   Verabredung zu einem Restaurantbesuch (Kapitel 9)

Track 15   Eine Verabredung verschieben (Kapitel 9)

Track 16   Im Restaurant reservieren (Kapitel 9)

Track 17   Gespräch mit einem Makler (Kapitel 10)

Track 18   In der Wechselstube (Kapitel 11)

Track 19   Suche nach einem Geldautomaten (Kapitel 11)

Track 20   Frage nach dem Busbahnhof (Kapitel 12)

Track 21   Eine Wegerklärung (Kapitel 12)

Track 22   Zimmerreservierung im Hotel (Kapitel 13)

Track 23   Im Hotel auschecken (Kapitel 13)

Track 24   Bei der Autovermietung (Kapitel 14)

Stichwortverzeichnis

DER EINSTIEG IN DIE SPRACHEN DER WELT

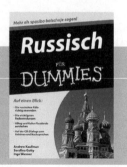

Arabisch für Dummies
ISBN 978-3-527-70521-4

Chinesisch für Dummies
ISBN 978-3-527-70522-1

Englisch für Dummies
ISBN 978-3-527-70547-4

Französisch für Dummies
ISBN 978-3-527-70545-0

Italienisch für Dummies
ISBN 978-3-527-70544-3

Russisch für Dummies
ISBN 978-3-527-70523-8

Spanisch für Dummies
ISBN 978-3-527-70543-6